中国思想史论著选刊

荣誉主编 张岂之 执行主编 谢阳举

李友广 著

诸子视野与先秦儒家政治哲学

中国社会科学出版社

图书在版编目（CIP）数据

诸子视野与先秦儒家政治哲学／李友广著．—北京：中国社会科学出版社，
2023.7

（中国思想史论著选刊）

ISBN 978 - 7 - 5227 - 1733 - 3

Ⅰ.①诸…　Ⅱ.①李…　Ⅲ.①儒家—政治哲学—研究—先秦时代　Ⅳ.①D092.2
②B222.05

中国国家版本馆 CIP 数据核字（2023）第 061713 号

出 版 人	赵剑英
责任编辑	安　芳
责任校对	张晨华
责任印制	李寡寡

出　　　版	中国社会科学出版社
社　　　址	北京鼓楼西大街甲 158 号
邮　　　编	100720
网　　　址	http://www.csspw.cn
发 行 部	010 - 84083685
门 市 部	010 - 84029450
经　　　销	新华书店及其他书店

印　　　刷	北京君升印刷有限公司
装　　　订	廊坊市广阳区广增装订厂
版　　　次	2023 年 7 月第 1 版
印　　　次	2023 年 7 月第 1 次印刷

开　　　本	710×1000　1/16
印　　　张	20.5
字　　　数	325 千字
定　　　价	108.00 元

总　　序

乘西部大开发战略部署的东风，在陕西省政府专项资金资助下，经陕西人民出版社大力支持，从 2000 年开始，西北大学中国思想文化研究所组织推出了《西部大开发与西部人文丛书》（简称"西部人文丛书"），前后相继出版 3 批，共 36 种，论域广泛，产生了一定的学术影响，然而流布不广，尚未能尽惬学界朋友所愿，这在我们多少有点遗憾。2022 年，有学者提议我们可选择性地重版该丛书，经研究商定，受经费所限，先行选择部分著作重加修订，分批提交出版社，以《中国思想史论著选刊》形式重新印行修订本。首刊六种，至于具体内容与质量如何，请读者评阅。

人文图书面对的读者比较广泛。这里，有必要对"中国思想史"稍作解释。"中国思想史"是个微型学科，侯外庐先生指出其属于边缘学科、交叉学科，这一说法今日可进一步拓展，因为从其内容交涉与研究方法看，完全可以说它是跨学科的学科。这一学科归属反映了凡思想自身必具有普遍性的特性。关于它的研究对象，张岂之先生给出了一种明确独特的规定，认为："中国思想史是中国历史、中国文明史的一个重要组成部分，是理论化的中国社会思想意识的演进史。"这也就是说，中国思想史研究的是有体系的、理论化的社会意识。这是兼容性甚强的规定。"有体系的、理论化的"，指明了思想史主要研究历代典型的思想体系。"社会意识"又给具体研究内容和研究方式预留下自由多样的选择通道与空间。

根据三分法的文化逻辑，文化包括物质文化、制度文化和精神文化（思想文化）。在这种意义上，中国思想史属于精神文化。中国思想史也被称为中国思想文化史。

中国思想史只是研究中国思想文化的学科分支之一，它与中国哲学史、中国观念史、国学等自然地同中有异、异中有同。侯外庐先生通过自己的研究为中国思想史学科确立了思想史与社会史相结合的研究原则与纲领，这就将社会思潮推到了中国思想史研究的重要位置。今后，我们依然要在这一研究原则与纲领的指引下，广泛借鉴和学习各种科学有益的研究经验、理论与方法，以期不断推进中国思想史研究的水准及其学科建设。

2014 年 9 月 24 日，习近平总书记在纪念孔子诞辰二千五百六十五周年国际学术研讨会暨国际儒学联合会第五届会员大会开幕会上指出："文明特别是思想文化是一个国家、一个民族的灵魂。无论哪一个国家、哪一个民族，如果不珍惜自己的思想文化，丢掉了思想文化这个灵魂，这个国家、这个民族是立不起来的。"伴随着中华民族伟大复兴的进程，中国思想文化的时代意义日益彰显。2023 年 6 月 2 日，习近平总书记在文化传承发展座谈会上发表重要讲话，提出："在新的起点上继续推动文化繁荣、建设文化强国、建设中华民族现代文明，是我们在新时代新的文化使命。要坚定文化自信、担当使命、奋发有为，共同努力创造属于我们这个时代的新文化，建设中华民族现代文明。"这给中国思想文化研究者提出了更高的要求。如何把马克思主义同中华优秀传统文化结合起来，这是一项重大的理论课题，需要从事中国思想文化研究的广大学者朋友们共同努力。

值此历史机缘，《中国思想史论著选刊》得以出版，我们倍感欣慰。希望它受到学界的关注和支持，祝愿它在中华民族伟大复兴的新征程上不断开出新的花朵，努力为新时代为中华优秀传统文化的传承和创新做出力所能及的贡献。

西北大学中国思想文化研究所 1978 年招收硕士生，1984 年招收博士生，1995 年成为国家历史学博士后流动站，至今已培养了 400 余名中国思想史硕士、博士、博士后，他们分布在全国的高校、科研机构和其他岗位上。我们愿与学界同行一道加倍努力，我们也有信心可持续地推进中国思想史研究。

是为序。

编者
于西安西北大学中国思想文化研究所
2023. 6. 17

前　言

　　就一般意义而言，哲学的诞生大抵与时代的更替、社会的裂变及人生际遇的变化莫不相关。至于什么是哲学，东西方或有不同的认知与界定，但对于作为类概念的"人"其自身存在的价值、意义及与天地宇宙之间的关系等问题的普遍关注，或许是双方共有的内容。如果此论能够成立的话，那么可以说，中国哲学的诞生当与先民们借助仰观俯察的方式思索自身的存在关系甚大，是故《周易·系辞》有云："仰以观于天文，俯以察于地理，是故知幽明之故。""古者包羲氏之王天下也，仰则观象于天，俯则观法于地，观鸟兽之文与地之宜，近取诸身，远取诸物，于是始作八卦，以通神明之德，以类万物之情。"在中国古典文献中，"哲"多有"智"义，或者说"智"是"哲"的基本义项之一。无论是《尚书》《诗》这样被后世称为"五经"的重要文献，还是《说文解字》《尔雅》这样具有工具书性质的典籍，都非常显著地彰显了这一点。不仅如此，在传统典籍中，与"智"相对的往往是"愚"（《论语·阳货》即云："唯上知（智）与下愚不移。"），即蒙昧、不开化。在传统语境下，与智相连的是圣，故古代文献中往往有圣智、圣哲的用法。可以说，随着历史的发展，中国哲学逐渐被世人和文化传统赋予了道德色彩、道德属性与使命担当，无论是"推天道以明人事"（《四库全书总目提要·经部·易类序》）还是"下学上达"（《论语·宪问》）的思维方式，无不透出利他的价值导向与思想底色。

　　或许有人会以道家中的老庄来作反例，实际上以此为反例并不严谨，更算不上妥当。因为在老庄思想言论的背后，实际上是对人自身本质、价值的深沉反思与人文关怀。尽管以"善""利他"等具有价值判断倾向的语词来评判老庄的道论，或有未尽之处，但在其道论中确实暗含着

"善""利他"及"公正"等价值倾向，这在老子对天道的阐释与体悟中有着集中体现："天之道，其犹张弓欤？高者抑之，下者举之；有余者损之，不足者补之。天之道，损有余而补不足。"（《老子》第七十七章）这固然深受华夏早期文明价值导向的深刻影响，同时也是对道家心忧苍生、关怀天下人文情怀的有力彰显。严谨来讲，老庄的道论虽然未必能用"善"及"利他"来加以概括与界定，但其道论必然是非恶的，也不必然反对与排斥"善""利他"与公正性。从早期道家文献来看，这种论断应该是可以成立的，而且老庄道论所含涉的这种"善""利他"及公正性，在其后盛行的黄老道家思想那里表现得愈加显著与清晰。黄老道家思想，学界一般认为主要出现于战国中期前后，而《庄子》外、杂篇则是其早期的代表性作品。黄老道家，虽贯之以"道家"之名，实则除了在形式上借鉴了老庄道家的"道"概念及相关思想以外，在理论形态及与诸子之间的融合程度等方面已是大为不同，毋宁说是一种适应了新形势的新的理论形态。故而，曹峰将黄老道家视为道家思想的现代化，他认为与老庄道家相比，黄老道家是一种极具操作性的政治思想：它"既以道家思想为主干，又援名、法入道，借用阴阳家之框架，重视儒家的伦理教化，不否定固有的文化传统，同时着眼于构建现实的价值和秩序，从而完成了道家思想的现代化"①。在这里，曹峰看到了黄老道家在解决社会现实政治问题的有效性，这是符合其时社会历史发展的趋势与潮流的。可以说，黄老道家是对老庄之"道"所作的"术"化处理，在这个意义上可以视为对老庄道家理论的"更新"。正因如此，黄老道家才在战国中晚期到秦汉之际极为盛行，影响甚大。黄老道家能够在战国中晚期盛行，从理论根源上讲，是对"道"的本根性和超越性作了弱化处理，陈鼓应将这种理论转向界定为将老子的"道"向"社会性倾斜"②。黄老道家在"道"上的这种处理，实际上是与对其实用性和可操作性的关注与重视有关，并终将"道"下落为"术"③。这在黄老帛书当中表现得尤

---

① 曹峰：《出土文献视野下的黄老道家研究》，《中国社会科学》2013 年第 2 期。

② 陈鼓应：《黄帝四经今注今译——马王堆汉墓出土帛书》，商务印书馆 2007 年版，序第 6 页。

③ 参见陈丽桂《战国时期的黄老思想》，台北：联经出版事业公司 1991 年版，第 4、65 页。

为显著，它多次强调"时""法"和"形名"，凸显了理论实现的条件性，从而使其带有浓厚的"术"的色彩，因而它对"文"与"武"、"刑"与"德"的重视自是题中之义。①

　　在这样的时代背景下，高举道德理想主义大旗的儒家自是以积极入世的姿态引世人为之注目。与遁世自守、以耕种为乐的隐士不同，与力主自然无为、逍遥虚静的老庄道家不同，与灵活务实、纵横天下的法家和纵横家也不同，儒家在先秦时期的存在可以说是孔子"知其不可而为之"（《论语·宪问》）精神的集中体现。面对天下无道的时势局面，相较于隐士的退守自保，法家和纵横家的灵活务实，儒家的立场态度、行为方式或许是最为复杂难行的。面对天下无道这样的共同境遇，不如隐者的洒脱自若，也不如法家和纵横家没有多少道德包袱的快意勇为，儒家既身怀复周兴王道之志，又需直面礼乐崩坏的混乱时局，常常要在用舍、行藏之间犹豫徘徊（《论语·述而》云："用之则行，舍之则藏，惟我与尔有是夫！"），并最终投身于世，以试图让无道之天下重回王道秩序。可以说，孔子所言"朝闻道，夕死可矣"（《论语·里仁》），"求仁得仁，又何怨"（《论语·述而》）诸语正是对这一心迹的集中表达。

　　儒家为何会呈现出如此的立场态度与行为方式，除了时代和社会的因素以外，我们是否有必要从哲学、思想层面来对这一问题加以思考和回应呢？这个问题，实际上也是本书从诸子视野入手所要解决的根本性问题，而本书名为《诸子视野与先秦儒家政治哲学》正是基于此而展开研究的。也就是说，先秦儒家的立场态度、行为方式，当然首先要置于其时的社会环境与历史情境当中去获得理解，除此之外，我们还不能放弃从诸子视野与哲学高度对于儒家在先秦时期对天人关系（包括人神关系）、人人关系、身心关系，以及传统与现代、因袭与变革等关系的思考，以期通过这种深入的思考来获得对于先秦儒家在政治理念、制度设计及政治行为诸多方面于哲学、文化意义上的理解与把握。

　　关于先秦儒家的研究，学界多以孔子及与其关系密切的文本《论语》为入手处，这既与孔子的儒家创始人身份有关，也与其所创建的思想学说之理论空间的广阔性有关。研究先秦儒学，甚至包括后来的汉代儒学、

① 详见李友广《从"道"观念看先秦子学思想的转向》，《社会科学》2016 年第 10 期。

宋明理学等方面，大概都很难完全绕开孔子及其学说来进行思想研究与理论阐述，这应该与孔子所开创的儒家学说的体系性、开放性特点密切相关。

整体而言，儒家政治学说的创立，彰显了我国古代整体性的思维方式与特点。这种整体性的思维方式与特点，从今天的学科划分来看，无疑属于中国哲学所要关注与探讨的内容，故本书名为《诸子视野与先秦儒家政治哲学》，其理论意图便是要以整体性的思维方式与特点来考量和研究儒家政治学说在春秋晚期战国时期的特点、表现、价值及意义诸方面的内容，以使儒家学派的政治立场与态度、政治行为与精神获得一种哲学式的理解与把握。

从学术理路来说，研究先秦儒家势必不能脱离历史传统与时代背景来考察，尤其是与先秦儒家诞生关系密切的周代典制礼仪与思想文化。故本书在第一章，便是从研究殷周之际天命思想的发展与变化开始的。儒家对于道德、人性的关注与重视，对于天命与人事、正命与非命、天爵与人爵、穷达与时势等命题的思考与阐释，在春秋晚期战国时期成为一股显著的思想潮流。可以说，儒家的这种思考，主要集中在了对于人本身存在的价值、意义及合理性等一系列问题上面。当然，儒家对于人本质性问题的这种思考，有一个历时性的过程问题。也就是说，儒家对于人本身的关注，毫不突兀，亦非一蹴而就，这就需要从先秦时期思想文化发展演变的角度加以考量，需要处理与解决的是夏商周三代与先秦儒家在思想文化方面的关系问题。关于思想文化在先秦这样一个大的时间跨度里面有着怎样的发展变化，新旧思想文化之间的转变是如何发生的，又该如何评价这种变化，对于这些问题的思考与回应，应该说颇为复杂，需要在研究范围与思想理路上进行限定，如此方可较为集中、深入地展开研究。

基于这种考虑，本书从《周易》的变易思想与精神入手，对于殷周之际天命思想的变化，以及周人新型天命观的确立进行研究。可以说，殷周之际，是一个在诸多方面发生剧变的时代。这种变化，不仅使天命观念发生重大变化，而且还催生了《易经》的正式出现。由于《周易》文本本身内容博杂丰富，为了便于深入研究，作者主要结合《革卦》六爻阴阳爻位变化、经传关系等内容来探讨殷周之际在宗教神学、天命鬼神、人神关系等方面发生的变化，以及这种变化对于儒家诠释《易经》、儒家思想学说构建等方面的影响。换句话说，周人新型天命观的确立，在价值理念方面主要影响了时人对于致福手段的新探索，这表现在德福关系上的变化便是：从殷人祭祀、占卜致福向周人以修德、敬德致福转变。周人新型天命观的确立，以及在德福关系上的这种创造性理解，既对《易经》卦爻象、卦爻辞的形成产生了不可忽视的影响，又对《易传》对于《易经》所作的儒家化诠释影响甚大。

概而言之，本书第一章主要是在考察殷周之际天命观念所发生重大变化的基础上，对于殷周时期人们在探索致福方式的过程中在德福关系上的不同认知进行相应研究，并借此对《周易》经传关系加以观照与探讨。与此相应，我们还从当今学科建设与发展的角度来考量，是如何从夏商周三代宗教神学文化衍生出带有显著哲学性质与特点的思想文化的，而这种新的思想形态所蕴含的问题意识、理论框架与思维方式应该可以用来重新考量今天的中国哲学学科的构成内容、特点与范式，从而真正发展、建构起适应于中国本土社会且具有中国特点与中国风格的中国哲学，而这也正是笔者撰写此书的最大原因与动力。尽管对于中国哲学合法性问题讨论的声音一直不绝于耳，但中国哲学这一学科的的确确已经在中国的很多高校里逐渐建立与发展起来了，这本身即已说明其存在有其合理性与必要性，故笔者认为，我们应该既要努力拥有广阔的、国际性的学术视野，不断汲取世界哲学体系与理论中的思想资源与丰富养料，从而逐渐形成回应国际学术共同体与思想界所提出的具有普遍价值与意义哲学问题的素养与能力，又要充分依托传统文化资源真正发掘出具有中国特点、中国风格与中国气派的哲学思想与理论体系。

不能否认，先秦儒家对于政治的理解，对于政治理念的阐释，以及在周游列国途中游说侯王、政治辩论诸种行为的出现，都与周人的政治理念、制度设计、典章礼仪密切相关。与战国晚期逐渐确立起来的中央集权政治体制（秦制）相比，大盛于西周时期以封藩建卫为特点的天下政治体系（周制），往往被儒家视为理想之治的化身，也是其言说与阐述王道理想的对象与范型。可以说，王道政治是先秦诸子共同面对的传统政治资源，各家人物都借此来阐述自己的价值立场和应对方案，对于儒家而言更是如此。以此来看，儒家王道理想的提出与建构，并非凭空想象，而是有其制度依据与思想资源的，这都可以从周制那里看到一些端倪。所以，本书的第二章重在探讨周人王道政治与儒家王道理想之间的关系。儒家认为源于天道的王道及王道政治具有自明的正当性，理应是理想且可行的政治制度。基于这一政治立场，儒家在审视春秋晚期战国时期现行政治制度的时候，往往以此为评判标准，并对王道政治作了理想化处理，进而将理想化了的王道政治视为一种必然会实现的政治制度在侯王间游说。随着礼乐的崩坏与霸道的盛行，代表王道政治的周天子其威严早已不复当初，这说明了王道政治在现实社会的落实已是困难重重，甚至有崩溃的危险与趋势，而在这种旧制崩溃的危险与趋势当中孕育着新制的产生。在新旧制度交替的特殊历史时期，面对这样的困境，儒门在产生了分化的同时，还提出了自己的解决之道，这让王道理想得以在传统政治文化资源中始终占有一席之地。

基于对王道政治所作的独特性理解①，儒家在强调"吾从周"（《论语·八佾》）的同时，也非常鲜明地持有尊王立场。这种尊王立场，尊的当然是天子及其治下的天下政治格局与奠基于分封制度之上的层级权力秩序。但是在礼乐趋于崩坏的春秋晚期战国时期，面对天子式微、诸侯势力崛起的发展趋势，儒家也不得不正视这一客观存在的历史现实，而将匡正天下秩序，重回王道政治的希望寄托在了一些实力强大的侯王身上。但问题在于，现实世界中的侯王多是好乐、好货、好色之辈，让儒家对其所持的态度往往是失望大于期待，故儒家的尊王立场与言论首先便以思想形态被保留在文献当中。故而，在本书的第三章，我们主要以《论语》为文本依据来研究孔子的尊王立场、尊王方式及其可能性。孔子的尊王立场，首先基于其对天下政治秩序的价值判断。在他看来，天下有道与否，主要取决于是否遵从与维护天子权威，礼乐征伐是否自天子出。（《论语·季氏》即云："天下有道，则礼乐征伐自天子出；天下无道，则礼乐征伐自诸侯出。"）虽然王室衰微、诸侯坐大，上下易势，至春秋晚期战国时期渐成难以改变之势，但天子受命于天，代天治民的观念（《尚书·泰誓上》言谓："天佑下民，作之君，作之师，惟其克相上

---

① 此处所言独特性，实际上指的是儒家化立场，主要包括儒家对于宗法血缘伦理的深刻认同，以及因崇古、厚古立场而对王道政治的理解与阐释具有显著的美化和理想化成分。

帝，宠绥四方"。）却深入人心与社会，对于儒家而言更是如此。（《孟子·公孙丑上》即云："无敌于天下者，天吏也。然而不王者，未之有也。"）在《论语》中可见儒家鲜明的尊王立场，无论是对周礼的尊崇，还是对管子的高度评价，都无不显示出这种立场。虽然《孟子》中有不少篇幅是游说侯王（诸如梁惠王、齐宣王），劝其行仁政的内容，进而天子在孟子语境下似有避而不谈之感，但是愿学孔子的孟子，在推崇周公与孔子的同时，也一再展现出其对王道政治与理想的追求。可以说，在尊王立场上，孟子和孔子是一致的。只不过，在特定的历史际遇下，期待好乐、好货、好色的侯王行仁政是无奈的选择和退而求其次的做法罢了。

与此相关，在中央集权制度逐步确立起来的秦汉时期，《论语》在先秦典籍中的地位愈发突出，在汉代儒生们的推崇下，随着孔子地位的不断提升，《论语》也一步一步逐渐上升入经，从而位列"十三经"当中。可以说，儒家学说在后来逐渐取得官学和主流意识形态的地位，离不开儒家自孔孟以来对于尊王立场的守持，以及支撑天子威权广为流布的礼乐文化与典章制度。在第三章，我们重点结合《论语》文本来讨论儒家在面对礼乐崩坏、天子威权荣光不再的特殊历史时期，是如何处理和应对这一现实困境的。春秋晚期战国时期，旧制式微未亡新制初显峥嵘，可以说是新旧制度交替时期，儒家将理想化后的周制视为王道理想，并以此来试图解决现实中的政治问题。但问题在于，旧制虽曾在西周时期大盛，但却未必适用于礼乐趋于崩坏而中央集权制度逐渐确立的战国时期。所以，虽然儒家试图以王道理想来弥合两种制度之间的罅隙，以此来改良孕育着新制的现实社会，但往往收效甚微，儒家在战国时期"治国、平天下"（文见《礼记·大学》）的理想抱负终难施展，故而他们便常有生不逢时的感叹，并生出"俟时"的政治立场与态度，在强调修身、端行的同时（《荀子·宥坐》云："故君子博学深谋，修身端行以俟其时。"），以等待未来可以有真正施展理想抱负的政治舞台。①

如上所言，儒家视野中的王道理想源于对西周王道政治（即周制）

---

① 参李友广《"俟时"与"用时"——先秦儒家与汉儒政治态度之比较》，《人文杂志》2013 年第 7 期。

的美化与理想化，而之所以会对其美化和理想化，是因为这种制度对于尊尊亲亲政治伦理原则的积极维护，以及在这种维护之下所形成的井然有序、家国同构式的天下政治秩序。在周天子式微、天下失序的春秋晚期战国时期，无论是儒家还是天下百姓无不希望能够重新过上安宁和平的社会生活，而西周时期曾呈现出的良好天下秩序，无疑是深谙历史文献和典章制度的儒家所推崇的。就此而言，儒家眼中的王道理想实际上还有着利他性的一面。与此相应，儒家文本中非常重要的一个概念——"仁"，同样也具有利他性的一面。或者可以说，儒家对于"仁"内涵的阐释，很可能与其王道理想密切相关，至少可以说，两者在价值诉求上是一致的，都有着济世安民的价值追求与人文情怀。

本书的第四章正是接续第三章的思想理路而来，重点探讨的是在王道理想和尊王立场影响下孔子以"仁"的标准来评价历史人物的问题。当然，不能否认的是，"仁"的特性（在本章，我们用"利他性"一语来加以概括），以及依此对历史人物的评判问题，是《论语》学史研究中的重要问题。为了更好地解决这一问题，本章主要以《论语·公冶长》"令尹子文三仕"章为考察重点，通过查考和援引《左传》《国语》《史记》等传世文献对此章所缺失的语境加以明确化，并对与此章相关的历史人物令尹子文和陈文子的形象加以具体化。在经过相应研究以后，本章认为，基于儒家所特有的"仁"的立场，孔子对历史人物的评判标准要高于史籍文献，虽对其有所肯定，但亦有批评与期待，这种立场也影响了后世儒者。可以说，孔子对历史人物的点评，并非针对脱离了具体历史情境的人，亦非只针对某个特定的历史事件，准确地说，孔子针对的是具体历史事件中的具体人物，因为在《论语》中常常会出现同一历史人物在不同的历史事件中会有不同评价的现象，比如孔子在不同的情境下对管子所作的差异性评价就很有代表性。当然，需要指出的是，虽然在孔子的政治思想里面也会关注天、天道、天命这些具有形上性质的概念，进而以此来引领儒家的政治学说建构与入世行为，但这些形上概念并不是他理论建构的最终目的。因而，就此而言，从整体上来看孔子的政治哲学思想偏重于伦理政治这种现实层面，而对于形上建构并不重视，用力也不够，故而其政治思想方面的哲学性虽存在但并不突出。

可以说，儒家对于政治的理解，同样与其对王道理想的认知密切相关。诚如上文所言，儒家对于王道理想的建构，其最终目的是济世安民，解救天下民众于水火。从"道"的高度来看，这无疑是道用的具体体现。当然，扩大范围来说，子学思想在战国时期经历了由重道体向重道用的转向，这在当时是非常显著的思想特点，故而在第五章，我们主要以《管子》四篇为考察重点对此作出研究。

从"道"的高度来考察战国时期思想文化的发展趋势可以发现，从重道体向重道用的转向是这一历史阶段思想文化发展的重要特征。有鉴于战国时期思想文化所呈现出的宏阔博杂之态势，本章主要以《管子》四篇为文本依据与考察重点，围绕《管子》四篇中的精气说、心说、名与礼法思想等方面加以分析与探讨。本章认为，从重道体到重道用的转向以及对于后者的日渐重视，经历了整个战国时期乃至秦汉，而对于道用的愈加重视与探讨则成为一种必然的历史潮流。与此同时，本章还对孟子政治哲学思想进行了集中研究。我们认为，孟子在阐述自己政治哲学思想的时候，一方面，深受西周政治传统的影响，对于伦理道德在维系政治秩序当中所起的作用给予了充分的重视，进而成为自己人性理论构建的重要思想资源；另一方面，与西周政治文化资源相比，孟子更为重视王者的德政教化以及民心向背在政治权力正当性证明方面所起的作用。可以说，孟子政治哲学思想与西周政治文化相比，弱化了天和天命对于人间政治秩序所起的作用，强化了君王和民众对于国家存在与发展的重要意义，可谓既有理想主义的一面，也正切中了时弊的要害，体现了务实的特点。

就先秦时期所涉及的重要概念与命题而言，除了命、道、天人关系（人神关系）等，人性问题由于事关人的本质及合理性存在等方面，故而也是春秋晚期战国时期诸子文献所集中关注与讨论的重要理论与现实问题。就儒家而言，由于思孟一系一直以来备受历代注家的重视而不断得到阐扬与肯定，而荀子的思想学说、人性理论与之相比，则远未受到应有的重视，一直到了清代荀子思想备受冷落的局面才逐渐得以改观。

鉴于荀子在中国思想学说史上的地位与影响力，及其所固有的儒家立场和集大成特点，在今天学术界有越来越多的学者开始重新关注荀子，并试图重估其思想学说与学术地位。在这当中，由于荀子人性论思想的特殊性与重要性，学界结合《荀子》文本对于荀子人性论、荀子与先秦诸子的关系诸多方面又掀起了一股新的研究热潮。可以说，作为当下学界的研究热点，自 2010 年以来学者们对于荀子人性理论的研究便一直呈方兴未艾之势。为了回应和解决荀子人性论这一理论问题，我们在第六章，首先对学界关于荀子人性论所提出的五种具有代表性的观点：性恶论、性趋恶论、性危说、性朴论和性恶心善说，进行综合考量与探讨。在此基础之上，结合出土文献郭店简《性自命出》中的"心""性"范畴，以老庄道家和孟子思想作为重要参照，来重点研究《荀子》文本中所呈现的心、性，以及心性之间的关系。最终，本章提出了荀子的人性论应该是性朴欲趋恶论的学术观点。这样的观点正与荀子对于其时社会现实以及涂之人的关注密切相关。"性朴"，则人性可善可恶，说明人性可伪可化；"欲趋恶"，人性有流于恶的可能，说明涂之人化性难为。故而，对于荀子"性朴欲趋恶论"的人性理论界定，整体上可以彰显出天下秩序混乱与圣王创制礼义之间的张力，体现了在统一战争愈演愈烈的战国晚期以荀子为代表的儒家人物对于明君圣主结束混乱失序时局，实现天下安定、政治清明的愿望。荀子的这一愿望，在其政治哲学理论建构上的体现便是以"天人相分"作为哲学基础，充分发掘人的主体性，进而以此为基探求圣王如何获得异于涂之人的"大清明"之心，从而为圣王创制礼义法度提供难以辩驳的正当性。

在研究完荀子的人性理论以后，接下来在第七章，我们主要对以韩非为代表的法家对于政治与道德关系的思考进行专门研究。在战争四起、社会动荡的诸子时代，政治的正当性与有效性是诸子无可回避的重大理论与现实问题，这不仅是其时国家生存与发展所亟须的理论探索，更彰显了思想家们对于天下民众命运安危以及国家社会发展走向的一种深切关怀。在本章，我们首先探讨的是，法家如何看待道德以及何为最好的政治，这两个重要的理论问题。由于对道德的理解与定位不同，进而在对政治的理解上，法家与儒家和道家都有所不同。与儒家对于道德在政治治理与政治行为中价值的充分肯定而表现出一定的泛道德化倾向不同，也与道家因对"道"的推崇与服膺而对政治治理与社会管理的理解呈现为一种超道德化的立场不同，有鉴于对人性的不信任及道德在政治运作当中所可能产生的负面影响，法家人物韩非在《韩非子》文本中整体上彰显了去道德化的政治理论建构努力。另外，我们还以韩非"援道入法"

的思想方法与理论特点为参照，对于儒家政治哲学所体现出的特点与内容进行了一定程度上的分析与研究。通过研究可以发现，韩非的"援道入法"主要是为自己法哲学理论的建构提供形上依据，而对"道"本身的思考与讨论并非其理论目的与归宿。与之相似的是，儒家无论是谈天（或天道）还是言圣人，其实也都是在试图为自己所建构的政治理论寻求价值根源与哲学依据。可以说，这是儒法两家思想理论，异中有同之处的具体表现之一。

有了前面立足于诸子视野对于先秦思想文化、政治特点比较全面的研究，在本书的第八章，我们综合反思与探讨了先秦儒家政治哲学的问题，包括对先秦儒家政治哲学所持的立场及界定，先秦儒家政治哲学的构成及特点，先秦儒家政治哲学要解决的问题与理想政治，先秦儒家政治哲学的不足与未来发展等方面。作为中国传统思想文化的源头，先秦时期有没有政治哲学，如果有，它是以何种方式展开的？对于这些颇为宏大问题的探讨，为了便于思考与行文，本章是以先秦儒家为主要考察对象的。可以说，本章对于先秦儒家政治哲学进行综合性的研究，其目的在于为当下构建中国式的话语表达方式，挖掘和发展本土化政治哲学体系提供一定意义上的启示与借鉴。

本书的结语部分，主要从德性与政治的视角对于先秦儒家立场、特征及影响进行总结性研究。在这一部分，我们认为先秦儒家具有重伦理道德又不忘家国天下，成己与成人兼具、内圣与外王并重的整体性特征，这种整体性特征在身与心、个人与社会、德性与知识、人性与政治这四对规范性概念中得以集中呈现。从这些特征来看，先秦儒家没有变成全志避世的隐者，也没有为着被君王重用而放弃道义原则，成为"以顺为正"（《孟子·滕文公下》）的纵横家。儒家之为儒家，就在于它既要执守道义原则，又要以儒家所认可的、合宜的方式入世，从而在个体德性成就与政治社会规整之间实现了比较好的协调与统一。

鉴于对人的本质和其时天下向何处去问题的集中思考，先秦儒家在这方面的探讨实际上可以化约为德性与政治的问题。至汉代，尽管在坚守道义原则与实现外王理想之间会产生冲突，但明经、注经而不失道义，以道义为先是汉儒的主流性做法，之所以会如此，是因为它既延续了先秦儒家所固有的立场与特点，也是应对新时期社会政治需要的应然方案。

本书最后的附录部分包括两篇文章,分别为:附录一,《先秦儒道两家圣人观比较研究》;附录二,《消解与建构:〈韩非子〉文本中的孔子形象》。它们既是对选题的深化和拓展性研究,也可独立成章。

附录一,笔者主要结合学界的相关研究成果,以及儒道两家不同的思想立场对于两者的圣人观进行比较研究。本篇文章认为,由于儒家的思想理论往往生发于内在心性,故而其视野中的圣人首先在德行上表现得非常突出,儒家对于圣人的考量与定位也主要集中于内在心性以及由此所显发的外在事功上。老子明言"圣人不仁"(《老子》第五章),实际上强调的是具有道性质与特点的圣人,其行为方式与行为表现已不能用"仁"的标准来简单定义。儒道两家因为立场的不同,其所建构的圣人形象也大为不同。由于儒家对于圣人形象的建构主要源于内在心性,故而其圣人具有高尚德行的特质,而这种特质正在于儒家所构筑的内圣外王理想链条中得以理论性保障,因而具有一定的理想化色彩。与儒家不同的是,道家对于圣人形象的构建源于其对道论的价值认同。在道论的理论与价值指引下,道家建构出来的圣人具有与"道"一样的性质与特点,当老子将目光投向政治领域的时候,他对侯王的政治期许同样也被附上了道的性质与特点。故而老子眼中的在位者不是儒家眼中高高在上的礼义法度制定者和人文教化实施者,而是不过多干预社会秩序和民众生活的管理者,这样的管理方式被称为"无为"。当然,这样的无为者,其价值并不仅仅止步于政治价值的实现,而是还要"辅万物之自然"(《老子》第六十四章),这就与儒家意义上的圣人有了很大不同。

附录二,笔者主要研究的是《韩非子》文本中的孔子形象。本篇文章认为,韩非在《韩非子》文本中阐述自己理论学说的时候,主要借助的是对于孔子儒家身份的消解,以及对于孔子法家新形象建构的方式。韩非批判儒家仁义立场在治国上的缺陷与不足,认为这种立场常常会使家国之间的关系处于失衡状态,是以损害国家与君主利益为代价来保全个人及其家族宗法伦理价值的。在弱化甚或消解了孔子的儒家身份以后,韩非以自己的法家立场重塑了孔子为政以法、注重刑罚的法家式新形象。可以说,孔子的这种新形象既是以法家的方式对其儒家身份的揖别,也是法家思想与精神的理想代言人。

目　　录

第一章　《周易》变易思想与周人新型天命观的确立
　　——以《革》卦为讨论中心 ……………………………………（1）
　第一节　殷周剧变与"天命不易"观念的失效 …………………（2）
　第二节　《周易》变易思想与新型天命观的确立 ………………（6）
　第三节　周人新型天命观与《易传》的诠释特色………………（12）
　第四节　畏命、知命与务德 ………………………………………（17）
　小　结 ………………………………………………………………（21）

第二章　周人的王道政治与儒家的王道理想 ……………………（23）
　第一节　王道与王道政治 …………………………………………（23）
　第二节　儒家视野下的王道政治及其理想化 …………………（27）
　第三节　理想化的王道政治及其现实困境 ……………………（33）
　第四节　困境下的应对与期待 ……………………………………（38）
　小　结 ………………………………………………………………（41）

第三章　《论语》文本与孔子尊王立场 …………………………（43）
　第一节　道、有道与无道问题 ……………………………………（43）
　第二节　人道视野下的尊王 ………………………………………（47）
　第三节　尊王的方式及可能性 ……………………………………（53）
　第四节　关于《论语》升经问题 …………………………………（62）
　小　结 ………………………………………………………………（64）

第四章 孔子论"仁"及其对历史人物的评判

    ——以"令尹子文三仕"章为例兼及孔子政治哲学……………（66）

第一节 "令尹子文三仕"章之"知"通解 …………（66）

第二节 "令尹子文三仕"章之忠、清与仁的关系…………（71）

第三节 "仁"的标准及对历史人物的评判问题…………（76）

小 结…………………………………………………………（82）

第五章 从重道体到重道用：子学思想在战国时期的转向

    ——基于《管子》四篇的考察兼及孟子政治哲学…………（84）

第一节 《管子》四篇精气说与道的具象化处理…………（84）

第二节 《管子》四篇"心"说与识道 …………（89）

第三节 《管子》四篇"名"与礼法思想及孟子政治哲学 …（94）

第四节 《管子》的学派属性及道用的影响…………（98）

小 结…………………………………………………………（99）

第六章 性朴欲趋恶论：荀子人性论新说及其政治哲学 …………（101）

第一节 性恶论及性趋恶论和性危说 …………（103）

第二节 关于性朴论 …………（107）

第三节 关于性恶心善说 …………（111）

第四节 性朴欲趋恶论：荀子人性论新说 …………（117）

第五节 性朴欲趋恶论与荀子政治哲学 …………（122）

小 结…………………………………………………………（132）

第七章 政治的去道德化努力

    ——韩非对政治的思考兼及儒家政治哲学 …………（134）

第一节 法家如何看待道德 …………（134）

第二节 何为最好的政治 …………（152）

第三节 超道德化与去道德化：道、法两家比较的一个向度 …（157）

第四节 排除道德，政治是否可能 …………（164）

第五节 关于道德、习惯与法律 …………（167）

小 结…………………………………………………………（169）

第八章　先秦儒家政治哲学论要 ················· （171）

　第一节　对先秦儒家政治哲学所持的立场及界定 ········· （174）

　第二节　先秦儒家政治哲学的构成及特点 ············· （180）

　第三节　先秦儒家政治哲学要解决的问题与理想政治 ····· （203）

　第四节　先秦儒家政治哲学的不足与未来发展 ········· （214）

　小　结 ··································· （227）

结语　德性与政治之间：先秦儒家立场、特征及影响 ····· （229）

　第一节　身与心 ························· （230）

　第二节　个人与社会 ····················· （234）

　第三节　德性与知识 ····················· （239）

　第四节　人性与政治 ····················· （242）

　第五节　对汉儒的影响 ··················· （246）

附录一　先秦儒道两家圣人观比较研究 ············· （251）

附录二　消解与建构：《韩非子》文本中的孔子形象 ······· （268）

参考文献 ······························· （287）

第 一 章

《周易》变易思想与周人新型
天命观的确立

——以《革》卦为讨论中心

　　殷周之际，是一个在社会结构、政治制度与思想观念上发生重大变化的时代，对于这个时代，自王国维著传世名篇《殷周制度论》以来学者们已多有研究。诚如王国维所言"中国政治与文化之变革，莫剧于殷周之际"①，不能否认，殷周之际确实在政治制度方面（包括立子立嫡之制，庙数之制，同姓不婚之制等②）发生了重大变化。当然也不能完全忽视殷周之间在思想文化与精神信仰上所具有的惯性力量，而周人对于天、天命敬畏的强调，便是对夏商既有宗教神学文化的一种继承与延续。不仅如此，在西周政治文化中，王道的正当性还要借助天的权威力量，以顺承天意、天命的形式来寻求正当性的获得（《尚书·泰誓上》言谓："天佑下民，作之君，作之师，惟其克相上帝，宠绥四方。"），这说明了殷周之际的政治制度与思想文化并不全然是剧变，也有着对于夏商二代

---

　　① 王国维：《殷周制度论》，《王国维儒学论集》，四川大学出版社 2010 年版，第 241—250 页。

　　② 王国维在《殷周制度论》中曾有论述，其言谓："周人制度之大异于商者，一曰立子立嫡之制，由是而生宗法及丧服之制，并由是而有封建子弟之制、君天子臣诸侯之制；二曰庙数之制；三曰同姓不婚之制。此数者，皆周之所以纲纪天下。其旨则在纳上下于道德，而合天子、诸侯、卿、大夫、士、庶民以成一道德之团体。"王国维：《殷周制度论》，《王国维儒学论集》，四川大学出版社 2010 年版，第 241—242 页。

思想文化与精神信仰继承和延续的一面。① 不过，就本章而言，我们更为关心的是，殷周之际在天命观上所发生的重大变化。鉴于对《周易》经文产生于殷周之际这样学术观点的认同，本章将主要借助《周易》革卦来探讨《周易》变易思想与周人新型天命观之间的关系，以便更好地对于殷周天命观之不同，周人新型天命观出现的原因及其对儒家诠释《易经》而形成的《易传》，《周易》经传关系等方面所产生的影响与意义进行重点考察与研究。

第一节　殷周剧变与"天命不易"观念的失效

从殷墟甲骨卜辞所反映的内容来看，殷商时期宗教色彩确实非常浓厚。就"帝"的形象而言，他"既具有超自然的力量，可以令风令雨，支配自然界，而且还可以控制人类社会，为害或福佑人间"②。

令风令雨令雷者：

> 帝令雨弗其正年。/帝令雨正年。（《甲骨文合集》10139、前 1、50、11）
>
> 贞：帝其及今十三月令雷。/贞：帝其于生一月令雷。（《甲骨文合集》14127）
>
> 贞：翌癸卯帝其令风。/翌癸卯帝不令风，夕雾。（《甲骨文合集》672 正）

降灾为害者：

> 庚戌卜，争贞：雨，帝不我董。（《甲骨文合集》10165 正）
>
> □辰卜，宾贞：佳帝令害。（《甲骨文合集》14159）
>
> ……不雨，帝受我年。二月。（《掇》一、4 六十四天 24、南师

---

① 参看李友广《先秦儒家王道理想的应然指向与现实困境——以〈孟子〉为探讨中心》，《现代哲学》2019 年第 1 期。

② 陈咏明：《儒学与中国宗教传统》，宗教文化出版社 2003 年版，第 22 页。

1、16)

戊申卜，争贞，帝其降我黑，一月。（《甲骨文合集》10171 正）

帝降其摧（摧，原指鸟害，引申为灾害之义）。（《甲骨文合集》14173 正）

帝唯其终兹邑（终绝此城邑）。（《甲骨文合集》14209 正）

贞，帝其作我孽。（《甲骨文合集》14184）

福佑人间者：

贞，唯帝肇（肇，疏导义）王疾。（《甲骨文合集》14222 正丙）

王作邑，帝若（佑）我。（《甲骨文合集》14200 正）

来岁帝降其永（引申有美善之义），在祖乙宗，十月卜。（《小屯南地甲骨》723）

帝受（授）我佑。（《甲骨文合集》14671）

由此来看，尽管卜辞中的"帝"是全能的，但其无所不能的能力却是不以殷人的意志与主观愿望为转移的，可以说是全能而非全善、宗教神性与自然属性兼具的神灵。[①] 对此，张岂之认为，"帝"具有自然属性，是自然天神[②]，持论非虚。概与"帝"的这种双重属性有关，殷人在通过祭祀、占卜等方式来与其沟通之时，对"帝"所持的态度也是复杂的：既非常畏惧又深怀希求；畏惧的是"帝"的非全善的自然属性，希求的

---

① 参李友广《先秦儒家人性论的演变——以郭店儒简为考察重点》，陕西人民出版社 2014 年版，第 17—19 页。对此，王奇伟也说："商代脱离氏族社会未远，尚处在中国早期国家的产生时期。有殷一代的大部分时期，专制王权尚未得以确立，神权在很大程度上凌驾于王权之上，而使商代政治表现出浓厚的神权政治的色彩。"所言非虚。（引文见王奇伟《论商代的神权政治——兼论商代的国家政体》，《殷都学刊》1998 年第 3 期。）根据夏商所处的社会历史阶段来看，这一时期是中国古代国家形态形成的初级阶段，对应着松散方国联盟的王权并非至高无上的，这样的王权需要借助宗教神权来抬升自己，同时宗教神权也需要依凭人间王权来对人们的社会生活和精神世界产生切实影响，因而王奇伟的这一判断是平实可信的。参见李友广《先秦儒家王道理想的应然指向与现实困境——以〈孟子〉为探讨中心》，《现代哲学》2019 年第 1 期。

② 参见张岂之《中国思想学说史》先秦卷（上），广西师范大学出版社 2007 年版，第 137 页。

是其全能的宗教神性。后世对"禮""履也，所以事神致福也"（《说文解字·示部》）的训诂，无疑与殷人祭祀致福之风关系甚大。（《礼记·表记》即云："殷人尊神，率民以事神，先鬼而后礼。"）可以说，殷人对帝的这种复杂态度实际上是基于希求心理基础上的精神信仰，并将其视为信仰系统中的至上神，这在《诗·商颂》中有着集中反映，并一再彰显帝的无上地位与主宰性作用：

> 天命玄鸟，降而生商。宅殷土茫茫。古帝命武汤，正域彼四方。（《商颂·玄鸟》）
>
> 有城方将，帝立子生商。（《商颂·长发》）
>
> 帝命不违，至于汤齐。汤降不迟，圣敬日跻。昭假迟迟，上帝是祇，帝命式于九围。（《商颂·长发》）

由所引文字可以看出，在反映殷人精神思想、思维方式的诗歌当中已经将商王与帝命相联系了，认为商王权的诞生与国祚长盛都承帝命而来，与帝命有关。故后世学者一般认为，殷人的天命思想可以用"天命不易"来加以概括，而《史记·殷本纪》所载纣王之言"我生不有命在天乎"，便是殷人基于帝神信仰传统而在天命观上的具体表现。但是，这里很快又会衍生出一个非常致命的问题：既然天命不易，那大邑商为何会被小邦周所取代？既然深信天命与上帝鬼神的商王朝会灭亡，那么继商而起的周人会怎么看待天命，又该如何把握国祚与自己的命运呢？这是殷周之际发生剧变以后，周人亟须回答的重大理论问题，也是其为政权取得的正当性在殷商遗民和周人面前所需要解决的重要现实问题。

如上文所言，"天命不易"观念在纣王自杀、殷政权被推翻以后即宣告了这种理论的破产，难以继续承担起论证政权正当性的理论功能了，故而周人必须在反思殷人天命观念的同时，着力思考永葆江山社稷的密码。众所周知，殷人重祭祀，诸事好依卜问来决断，充满了浓厚的宗教神学色彩。如果以后来诸子时代儒家人物所一再致思的德福关系命题来加以考量的话，殷人的祭祀、占卜等活动实际上更多的是一种致福行为，由于人文理性主义精神在这一时期尚未萌芽，故而殷人在致福的过程中并未将德的因素考虑在内。或者说，从字源学的角度来看，"德"字在甲骨文中即已出现，字形为 $\mathcal{H}$①，并不包括"心"部件，其字义亦无明显的道德倾向。② 由此来看，对"德"作出"得"的诠解是符合其在甲骨卜辞中的用法的，这正如《甲骨文编》所言："罗振玉释德云，卜辞皆借为得失字。"③ 由此来看，德福关系在殷人那里整体上可以理解为致福、求福，更多的是一种外在行为，与人的心性并没有产生实际的联系，而这也正与心性思潮晚出于殷周二代之后的春秋战国时期的中国思想史发展脉络相一致。

当然，殷人一味经由外在的种种祭祀、占卜方式求福的行为，并不一定就能获得与心里祈求相应的福报④。这种结果的出现，既与殷人心目中帝全能而非全善的特点有关，也与他们在人神关系构建的过程中人基本上处于匍匐于上帝鬼神脚下的局面，从而在其面前缺乏有效而稳定的沟通渠道有关。可以说，殷人的种种求福行为并不意味着必然收回相对等的福报，除了祭祀、占卜以外，他们尚未找到真正掌握自身前途与命运的钥匙。在缺乏有效沟通手段的前提下，殷人除了以祭祀、占卜的方式向上帝鬼神献媚以外，几乎没有什么更好的办法来面对这个充满未知而又神秘的世界。当周人对其进行最后一击以后，殷人所信奉的"天命不易"思想便顿时失效。

周人代商而起以后，新生政权如何面对殷人的"天命不易"思想？又如何看待新生政权的正当性呢？这是周人不得不思考，并试图加以解决的重大理论问题。周人经过理性思考以后，提出了"天命靡常"（《诗经·大雅·文王》）的新型天命观，并拈出"德"字这把钥匙来加强天人

---

① 徐中舒主编：《甲骨文字典》，四川辞书出版社 1988 年版，第 168—169 页。马如森：《殷墟甲骨文实用字典》，上海大学出版社 2008 年版，第 48 页。

② 根据孟世凯的研究，在这些甲骨刻辞中，目前还没有看出哪些字或词是属于概念性的，尤其是反映道德、伦理方面的。甲骨刻辞中最多的便是人名、地名（一部分是属国名）、祭名和气象方面的各种名称。参见孟世凯《甲骨文中的"礼""德""仁"字的问题》，《齐鲁学刊》1987 年第 1 期。

③ 中国科学院考古研究所：《甲骨文编》，中华书局 1965 年版，第 74 页。

④ "福报"一语虽多见于佛教典籍，但早在《史记·张仪列传》即已出现："夫造祸而求福报，计浅而怨深，逆秦而顺楚，虽欲毋亡，不可得也。"而《荀子·正论》虽未直接用"福报"一语，但其内容却已含有报应的思想因素了："凡爵列、官职、赏庆、刑罚，皆报也，以类相从者也。"对此，杨倞注曰："报，谓报其善恶。各以类相从，谓善者得其善，恶者得其恶也。"见（清）王先谦《荀子集解》，中华书局 1988 年版，第 328 页。

之间的联系，从而试图将自身命运与国祚长盛的决定权转移到自己的手里。

第二节 《周易》变易思想与新型天命观的确立

关于《周易》向来有"三易"之说，《易纬·乾凿度》云："易一名而含三义，所谓易也，变易也，不易也。"故郑玄依此义作《易赞》及《易论》云："易一名而含三义：易简，一也；变易，二也；不易，三也。"基于此，《周易正义卷首》将"易"视为"变化之总名"，并言谓："夫'易'者，变化之总名，改换之殊称，自天地开辟，阴阳运行，寒暑迭来，日月更出，孚萌庶类，亭毒群品，新新不停，生生相续，莫非资变化之力，换代之功。然变化运行，在阴阳二气，故圣人初画八卦，设刚柔两画，象二气也；布以三位，象三才也。谓之为'易'，取变化之义。"① 可见，依孔颖达所见，变易是《周易》的基本法则与规律。② 《周易》的变易思想不仅在《易传》中并不鲜见（《系辞》对此有着集中阐述，诸如动静刚柔，吉凶变化，相摩相荡，鼓之润之，运行成物，忧虞进退，范围曲成，显仁藏用，日新生生，成象效法，知来通变，阴阳不测，法象物宜，观其会通，等等，实难遍举），即便是在《易经》（如爻位、阴阳的变化等）以及后来代有涌现的易学家那里（如程颐、朱熹等）也多有重视与陈说。

与《周易》的"不易"义相比，"变易"说更能彰显殷周之际政治社会剧变的时代特点，由此来看，学界对于《易经》产生的时间推断为殷周之际，是平实可信的，这也与《周易·系辞》所言不悖："《易》之兴也，其于中古乎？作《易》者，其有忧患乎？""《易》之兴也，其当殷之末世，周之盛德邪？当文王与纣之事邪？是故其辞危。"实际上，殷

---

① 李学勤主编：《周易正义》，北京大学出版社 1999 年版，周易正义卷首，第 4、5 页。对此，丁四新亦曾有过疏解，可供参考。见丁四新《"易一名而含三义"疏辨》，《中国哲学史》1996 年第 3 期。

② 顺此理路，陈来进一步作了发挥："'易'的基本意义就是变易，易经的基本思想就是整个世界处于永恒的变易之中，而人必须顺应这个永久变易的世界，建立起变易的世界观。"可谓持之有据。引文见陈来《〈周易〉中的变革思想》，《社会科学研究》2019 年第 2 期。

人所信奉的"天命不易"观念与《周易》的"不易"精神在某种程度上确实具有相合之处，而"武王克商"事件的发生则让"天命不易"观念在理论和实践上宣告失效。与此相应，《周易》的"不易"精神固然不能与殷人"天命不易"观念等量齐观，但此时再大谈特谈"不易"无疑已不合时宜，难为情势所允许。

如上文所言，"天命不易"观念的失效，让周人不可能选择继续完全沿着殷人的精神信仰与思维方式前行，而不得不重新思考新生政权获取手段的正当性及其价值依据等问题。《诗·大雅·文王》有云："文王在上，于昭于天。周虽旧邦，其命维新。"就思想史的角度而言，"武王克商"事件确实非同小可①，在时人看来，这不单单是小邦周对大邑商的胜利，更是逼死商王帝辛以下犯上的严重行为。由于商王朝的统治时间较长，其精神信仰与统治理念自是对社会影响颇为深远，故代商以后周人也不太可能完全罔顾殷人对天命信仰的问题而另辟蹊径去论证权力的正当性。可以说，周人对于殷人的精神信仰与思维方式既有"因"也有"革"（或者说"因"与"损益"兼具），"因"的是殷人对于天命问题的重视，"革"的是扬弃了殷人对天命问题的旧式理解，而对天命作出了重新的认知与创造性解释：将"天命不易"成功转换为"天命靡常"（《诗·大雅·文王》）和"惟命不于常"（《尚书·康诰》）。正如《诗·大雅·文王》中所显示的，周人对于自己政权的定位首先是"旧邦"，这便意味着他们并没有彻底否认殷政权在一段时间内统治的合理性，事实上周人也曾长时段臣服、听命于商王。但与殷政权不同的是，周人认为自己之所以能够最终代殷而治，是因为继承了上天所赋予的新命来管理天下万民，是"顺乎天而应乎人"（《革卦·象辞》）的正当性行为。

对于殷周之际政治社会所发生的这种变化，以及由此在精神信仰与思想观念上的映现，在《周易》文本的"变易"精神当中有着比较集中的反映。考虑到学界倾向于将《周易》经文产生的年代确定在殷周之际，

---

① 对此，董琳利也说："作为中国古代史上的重大政治事件，'武王克商'引发了严重的政治问题，对周人的天命观和政治观形成了直接挑战。作为回应，周人提出了'天命靡常'、'以德配天'、'天从民意'的政治解释。"诚是。见董琳利《简论"武王克商"的政治正当性问题》，《中国人民大学学报》2012 年第 5 期。

为了更好地考察周人新型天命观的确立这一理论问题，本章将以《周易·革卦》为讨论中心，对于周人新型天命观确立的原因、表现及意义进行研究，以期对于殷、周天命观之差异，以及天命观在春秋战国时期演变问题的研究有所推进。

商朝晚期，正是商周势力此消彼长的历史时期。在这一时期，殷人的统治力在下降，而周人在西岐历经数代苦心经营势力渐长，但尚未达到足以与殷人相抗衡的程度，且时常要面对来自殷人的不断威胁。在这种情况下，周人常怀忧患意识，而这种忧患意识首先来自殷商政权所产生的强力威压感及对商王喜怒无常统治方式的畏惧，西伯侯被帝辛囚于羑里（事见《史记·周本纪》）则是这种忧患意识发展到极致的表现。故而后人多将此与文王演易联系起来看待［长沙马王堆汉墓帛书《要》篇即云：“文王作而《易》始兴。”《衷》篇也说：“《易》之用也，段（殷）之无道，周之盛德也。”与传世本《易传·系辞下》及《史记》所载内容相合］，不无道理。可见，被囚于羑里、有性命之忧的文王在强烈忧患意识的激发下，将伏羲八卦推演为六十四卦及三百八十四爻。一方面，可以借此来迷惑殷人监管者，掩饰自己的灭商之志；另一方面，则可以在“讳而避咎”[①] 的同时，集中考虑灭商的策略问题。是故后来的《系辞》将卦爻象与卦爻辞及吉凶悔吝相联系（《系辞传上》云：“圣人设卦观象系辞焉，而明吉凶，刚柔相推而生变化。是故，吉凶者，失得之象也。悔吝者，忧虞之象也。变化者，进退之象也。刚柔者，昼夜之象也。”），并屡言吉凶悔吝、得失进退，多少与此事有关。或者说，《易传》与《易经》虽有着不同的理论面目，但在解易的过程中确实或多或少受到了《易经》产生时代社会特点的影响。

---

① 长沙马王堆汉墓帛书《要》篇即云：“文王仁，不得其志以成其虑。纣乃无道，文王作。讳而避咎，然后《易》始兴也。”（此处文字隶定，据郭沂《帛书〈要〉篇考释》，《周易研究》2004 年第 4 期）可见，在马王堆帛书《要》篇看来，产生于殷周之际的《易经》，是周人对付商纣之有关策略。这个策略的中心是变易。同时，一起出土的帛书《易之义》里面有“《易》之用也，殷之无道，周之盛德也”这样的话语，这也清楚地说明了《易经》是和周克殷政治策略的分析有关。详见谢宝笙《读马王堆帛书〈要〉篇谈〈易经〉的若干问题》，《船山学刊》1997 年第 2 期。

革卦，䷰，离下兑上，泽中有火之象。卦辞说："已日乃孚[①]，元亨，利贞，悔亡。"意思是讲，时机成熟之时，才能真正取信于人，取信于人才可亨通守正，没有悔意。这实际上是讲，文王在推演八卦而重为六十四卦时，思考灭商大业的过程中在革卦上的集中表现便是强调时机（"已日"）和诚信（"有孚"）。可见，处于忧患意识之中的文王，已经洞悉到灭商大业的实现必须依赖于诚信之德，这既可以使自己在凶险危厉之时观察时机，动静有据不失当，还可以依之团结前来依附的部族，感化观望不前的其他部族。除此之外，什么时候应该暗暗积蓄力量，什么时候可以试探商人的反应与实力，什么时候果断兴兵伐纣，在双方实力尚未明朗的形势下，对于时机的把握就显得非常重要。实际上，革卦六爻便主要呈现出如何成功革除旧命的问题。初九，为阳爻居阳位，虽为当位，但与九四无法相应，不可妄动冒进。这说明初九之时，时机尚不成熟，只能修德而不能对外有所作为。[②] 发展到六二，由于是居中得正，又与九五相应，这预示着伐纣终将吉利，没有灾祸，其辞曰："已日乃革之，征吉，无咎。"《易说》："俟上之唱，革而往应，柔中之德，所之乃吉。"《尚氏学》："二征则遇阳，遇阳故吉。"[③] 这实际上是说，在经历了初九的修德与积蓄，到了六二便有诸多力量与九五相应，如此情势大事可成。九三，阳居阳位，虽居正，又与上六相应，但爻辞却为"征凶，贞厉。

---

① 高亨将之读作"祀日乃孚"，意思是"祀社之日乃行罚也"，认为这是"举行大享之祭"。（见高亨《周易古经今注》，《高亨著作集林》（第一卷），清华大学出版社 2004 年版，第 364 页。）邢文读作"已日乃孚"，他根据上海博物馆藏战国楚简《周易》"改日乃孚"认为，当以"已"字古义读之。"已"即是"改"，不必读作"巳""己"。《革》卦中的"已日"，即是改革之日。可以备为一说。（见邢文《〈诗论〉之"改"与〈周易〉之〈革〉》，《中国哲学史》2011 年第 1 期。）李镜池将其中的"孚"释为"俘虏"（李镜池：《周易通义》，中华书局 1988 年版，第 97—99 页）。杨庆中则读作"已日乃孚"，意为"成熟之日才能取信于人"（杨庆中：《周易解读》，中国人民大学出版社 2010 年版，第 336 页）。考虑到殷周之际的社会变化，以及文王囚羑里而演易的遭遇，本章采杨庆中的观点。下同，不再一一注明。

② 与此相似，《小畜》卦辞亦有云："密云不雨，自我西郊。"杨柳桥《周易绎传》释卦辞曰："我，周人自谓也。西郊，西岐之郊也。此文王'三分天下有其二'，以服事殷，为武王革命张本之象。"据此，杨庆中分析《小畜》上九时说："虽'月几望'，即接近成功，但毕竟还没有成功，君子当继续韬光养晦，涵育实力，不可征而致其凶也。"这实际上与《革》卦初九所处处境与情势并无二致，都意在强调需要不断修德，积蓄力量，而不可轻举冒进。所引文俱见杨庆中《周易解读》，中国人民大学出版社 2010 年版，第 94 页。

③ 引文见杨庆中《周易解读》，中国人民大学出版社 2010 年版，第 338 页。

革言三就，有孚"①。"征凶，贞厉"，这说明征伐并非意味着毫不费力、手到擒来。爻辞中的"就"字，杨庆中解释为"顺应"②，意思是在心存诚信，团结众人的同时，还要顺应成熟的时机和变革的呼声，不能再像初九那样只修德、积蓄不对外作为了，否则就会容易遭遇凶险与危厉。《彖辞》说："天地革而四时成，汤武革命，顺乎天而应乎人。革之时大矣哉！"这实际上是在配合革卦爻位、阴阳的变化来谈天时与时机，而这在六二和九三之间的阴阳、卦辞变化上表现得尤为明显。

九四处上卦之下，"处水火之际，居会变之始"，有了九三时机成熟的基础，到了九四，"见信以改命，则物安而无违"。对此，《正义》曰："九四与初，同处卦下。初九处下卦之下，革道未成，故未能变。九四处上卦之下，所以能变也。"③ 在与初九的对比中，交代了九四的不同之处，即在于其所处的爻位不同。进至九五，则是居中正之尊位，此时不需占卜便可灭商成功，赢得天下与人心。上六，辞曰："君子豹变，小人革面。"是说，变革、革命功成，天下焕然一新，这是君子助成，小人顺从的结果。革命成功以后，不可妄动激进，应该"安居守静"，"以稳定为第一要务（居贞），巩固成果，培植新生"④。从革卦六爻爻位与阴阳变化来看，最为要紧的是要立于诚信（"有孚"）⑤，以取信于周围部族，团结更多可以团结的力量，这是从初九上升到六二，进而居中得正，化险为夷、转危为安的关键因素。除了要立于诚信以外，革卦还一再强调时机的重要性，什么时候不可妄动作为，什么时候伐纣，对于成熟时机的判断与抉择也非常重要。从初九的隐忍修德，到六二的居中得正（周围部族力量不断归附），复至九三强调时机的成熟，应顺应变革之声而动（"革言三就"），再到九四的"有孚改命"、九五的"大人虎变"，最后则

①　关于九三爻辞中的"革言三就"一语，历代注家对此歧见颇多，莫衷一是，此处不赘述。相关论述，可参张蝶《各家注〈周易·革〉卦新释——论革命的策略、道德价值观与合理性》，《现代哲学》2016 年第 6 期。

②　杨庆中：《周易解读》，中国人民大学出版社 2010 年版，第 338 页。

③　李学勤主编：《周易正义》，北京大学出版社 1999 年版，第 204 页。

④　见杨庆中《周易解读》，中国人民大学出版社 2010 年版，第 340、341 页。

⑤　对此，《周易集说》引龚焕言曰："《革》以孚信为主，故《象》与三、四皆以孚为言，至五之未占有孚，则不言而信，而无以复加矣。"诚是。见（清）李光地《御纂周易折中》，《景印文渊阁四库全书》第 38 册，台湾商务印书馆 1983 年版，第 194 页。

是灭商以后的上六"征凶，居贞吉"。可见，从初九到上六，整个过程很直观地反映了文王在思考灭商大业时的策略与智慧。

与经文不同，传文则更为生动、形象地阐释了革卦六爻爻位阴阳变化，并将特定历史条件下具有明确现实指向的殷周之际的革命转化为一般意义上的社会变革。这充分说明了，战国时期的思想家们在面对《易经》的时候，不仅仅是为了"观象玩辞""观变玩占"（《易传·系辞上》），还试图将在特定历史条件下产生的《易经》内容通过具有普遍意义的理论诠释而使其进一步理论化与普遍化，进而为战国时期的君子存世与政治变革提供理论指导。与此相应，杨庆中在结合《随》卦《象传》所言"随之时义大矣哉"进行阐释时，也认为"从特殊的卦爻象辞中引申普遍意义，是《象传》将《周易》哲学化的基本思路之一"①。实际上，接续这种说法来看，经由《易传》的不断诠释而使《周易》逐步被哲学化的过程便是将《易经》思想不断理论化与普遍化的过程，而对《易经》的一再理论化与普遍化诠释也是其在传统社会与经学世界当中具有经久不衰生命力的重要原因之一。

如上文所言，周人新型天命观的确立，实际上正与殷商政权覆灭的历史现实密切相关。周人天命观之新，主要新在于天人之间建立起了更加明确有效的联系，亦即通过拈出"德"观念来提升人在天人结构当中地位的同时，还将决定自身命运和国祚长盛的主动权转移到了自己的手里。关于周人天命观的这种变化，在《尚书》当中也有着比较充分的反映，诸如："疾敬德"，"王其德之用，祈天永命"（《尚书·召诰》）。"皇天无亲，惟德是辅。民心无常，惟惠之怀。"（《尚书·蔡仲之命》）"弘于天，若德裕乃身，不废在王命。"（《尚书·康诰》）可见，在周人看来，上天虽具有无上威严，并以天命、天罚、天佑等形式影响人世间，但天命降于人间王权的长久与否已经不似殷人所认为的那般神秘无常了，到了周人这里则与王的德行修为密切相关。故而作为君临天下的天子务必要修德、敬德进而行德政教化以上达天意和帝命，否则便如夏殷一样会丧失从上天那里接受的大命："惟不敬厥德，乃早坠厥命。"（《尚书·

---

① 所引文见杨庆中《周易解读》，中国人民大学出版社 2010 年版，第 139 页。

召诰》)① 如此便可以发现，在对德福关系问题的探讨上，与殷人一味祭祀、占卜献媚上帝鬼神以求福、致福不同，周人可以说是以德致福：以修德、敬德的方式获取福佑和福运——不否定天命，亦不完全依赖于天命，而是在传统宗教神学力量与现代人文理性精神②之间寻求一种平衡、稳妥的做法，既要继承传统（即儒家所说的"因"）又要变革创新以适应新的时代与形势（即儒家所说的"损益"）。

第三节　周人新型天命观与《易传》的诠释特色

周人"天命靡常"新型天命观于周初的逐渐确立，与殷周之际《易经》对于变易精神的重视不无关系，而周人由新型天命观所彰显出的以德致福的思维方式与理论特点也深刻影响了战国时期思想家们对于《易经》的理论诠释。

当然，从《易经》的卦爻辞内容来看，里面大量出现了包括"悔""吝""厉""咎""凶""利""吉"等在内的断占术语，高亨将其称为"断占之辞"③。这些断占术语，一方面体现了《周易》作为筮占之书的显著特点④；另一方面则体现出周人于建国前后在探索与反思德福关系问题上对于殷人祭祀、占卜求福传统的继承与延续。可见，周人在深思殷周之际社会剧变与国祚如何长盛的问题上，并没有对前朝传统一概否定与拒斥，反而有所保留，并加以损益与变革，以使之适应复杂多变的政治形势与社会变化。但是，不能否认的是，周人对于前朝传统这种因与损益兼重的立场与做法，更多地发生于周人建国初期。随着天下局势的稳定，理论建设的深入以及周人新型天命观的完全确立，"因"的方面在

---

① 详见李友广《先秦儒家王道理想的应然指向与现实困境——以〈孟子〉为探讨中心》，《现代哲学》2019 年第 1 期。

② 按：与夏商二代相比，西周时代即为周人意义上的现代。

③ 高亨：《周易古经今注》，中华书局 1984 年版，第 56 页。

④ 概因为《周易》本身具有筮占的显著特点，高亨根据《周易》卦辞爻辞中所出现的为数甚多的元、亨、利、贞四字，进而认为"亨"之初义即享祀之享，"凡《周易》中单言'亨'者，举行享祭也；言'元亨'者，举行大享之祭也；言'小亨'者，举行小享之祭也。"此说虽或有武断之嫌，但如从《周易》经文筮占的特点而言，颇有道理。引文见高亨著，王大庆整理《高亨〈周易〉九讲》，中华书局 2011 年版，第 29、30 页。

周人不断"损益"的过程中一再被弱化与淡化，而与"德"有关的思想与理论则不断被深化（虽然也涉及天子的修身及对上天与下民的态度，但其主要内容是基于政治目的的关于天子侯王的行为规范，故可以称之为"政治德"①），甚至成为天子沟通天人关系的有效手段，从而被赋予浓厚的政治意蕴与形上色彩。可以说，《易经》中既体现出了占卜求福的筮占特点，也流露出了以德致福的内容②，尽管后者在其中尚未占据主导性地位。

需要指出的是，周人对于"德"思想的不断重视与发掘，再加上在《易经》中所体现出的上述略显复杂的思想特点，深深地影响了儒家学派在诞生与成长过程中对于"德"思想的接受与创造性发展，而他们的这种接受与创造性发展在战国时期对于《易经》的理论诠释表现得尤为显著。③具体而言，儒家对于周人"德"思想的接受，主要包括德与政治的关系（政治德是集中表现）、德与个体行为的关系（修养德④是集中表现）两个方面。儒家对于周人"德"思想的创造性发展，在《周易》上的表现主要包括《易经》中的形上意蕴与行为规范在《易传》中被加以

---

① 郑开称之为"政德"。他认为与天命相比，周人更为关注现实政治中德的展开。（见郑开《德礼之间》，生活·读书·新知三联书店 2009 年版，第 272 页。）晁福林则称其为"制度之德"。他认为当时人们所理解的"德"，在很大程度上是源自制度与礼的规范。（见晁福林《先秦时期"德"观念的起源及其发展》，载《中国社会科学》2005 年第 4 期。）两者叫法也略有差异，实则本质相同。与此相同，林佩儒也认为，周初德字大多体现政治领域，当与政治事务有密切关联。对君王而言，就是他政治能力的展现，这种政治能力不是修养高超品德，而是实际处理国家社会事务的能力。详见林佩儒《先秦德福观研究》，新北：花木兰出版社 2012 年版，第 9—10 页。

② 对此，杨庆中也说："在《易经》有关祭祀的卦爻辞中，祭祀主体的'德'与祭祀对象的'福'是密切联系在一起的。"诚是。杨庆中：《周易经传研究》，商务印书馆 2005 年版，第 100 页。

③ 关于《易传》的学派性质，学界多倾向于认为其属于儒家学派的作品，诚如杨庆中所言："与道家、阴阳家相较，《易传》与儒家的关系应该是最为密切的，传统易学一直以为《易传》出于孔子之手，虽然尚未得到确证，但也足以说明《易传》受儒家思想的影响之大。……一般说来，我们仍视《易传》为儒家的作品。"杨庆中：《周易经传研究》，商务印书馆 2005 年版，第 209 页。

④ 牛嗣修称为"修身之德"，并将周公之德与孔子之德区分为政治之德（工具理性）与修身之德（价值理性）。这种划分方法虽然未必完全符合思想发展的实际情况，但大体上还是可以看出"德"观念在两周时期的发展与变化。参见牛嗣修《孔子论周公之德——从孔子对周公"使骄且吝"的评价谈起》，《孔子研究》2016 年第 5 期。

弱化，进而被成功地置换为个体主体性的问题（也就是"迁善改过"的修养德）；其中的政治意蕴，则主要被化约为德位关系。① 关于《周易》经传之间的关系，张克宾结合长沙马王堆汉墓帛书《要》篇中的"夫子老而好《易》"章加以研究，并指出："'观亓德义'说是诠释视阈的根本性转换，使得《周易》不再仅仅是占筮之书，其所负载的也不再仅仅是占筮之术，《周易》成了一部德义之书，其所涵载的乃是德性之学和圣王之道"，进而认为"'观亓德义'的提出是春秋战国之时儒门《易传》类作品得以创作的理论基石，正是获得了这一诠释视阈，才有了一系列的系统性的解《易》作品的诞生"。② 与这种观点相同，丁四新也认为"在由经到传的解释过程中，以宗教的神秘成分占主流，让位于以德义为中心的实践理性成分占主导地位"③。从思想史的角度来看，此类观点是立得住脚的。

根据上文的研究，再结合殷周之际的社会变化，我们发现在《易经》中《革卦》卦爻辞主要谈的是兴周灭商的问题，主要包括革命时机的把握和如何才能取得革命成功的问题。但到了《易传》产生的战国时期，由于"武王克商"事件早已成为历史，时势业已发生重大变化，《革卦》卦爻辞所具有的特定指向并不能完全贴合战国时期的天下秩序与社会特点，故而此时的思想家们在诠释《易经》的时候，便将"革"兴周灭商的现实指向改造成具有普遍意义的"去故"。（《杂卦传》："革，去故也。"）概言之，关于《革卦》，《易传》将《易经》中现实而具体的"革命"问题诠释成了普遍性的"变革"问题。

尽管在《易传》对于《革卦》的诠释中出现"水火相息""二女同居"（《彖辞》），"泽中有火"（《象辞》）等颇具生活常识、经验化的事物与意象，但这只是言说的手段与方式，其目的还是要指向具有普遍意

---

① 关于《易传》中的政治意蕴，干春松则重点考察了乾卦九五爻中的德位关系："位以德兴，德以位叙。"（孔颖达疏）据此他认为，孔颖达的疏既强调了德对于获得位的先决性，也强调了位对于德的实现的重要性。诚是。参见干春松《文明天、天命、天道：早期中国思想中的"理性"和"信仰"》，《中国哲学的传统及其现代开展——纪念张岱年先生诞辰110周年学术研讨会论文集》清华大学，2019年10月20—21日，第267页。

② 详见张克宾《由占筮到德义的创造性诠释——帛书〈要〉篇"夫子老而好〈易〉"章发微》，《社会科学战线》2008年第3期。

③ 丁四新：《〈周易〉德义利略论》，《周易研究》1999年第2期。

义的思想理论：解决周人革命成功的经验智慧在礼乐崩坏的战国时期有无借鉴必要的问题；如果答案是肯定的话（对于崇周的儒家而言，答案当然是肯定的），那又在何种层面上是可以有效借鉴的问题。孔门后学在对《革卦》卦爻象和卦爻辞研究的基础上，在《易传·彖辞》中给出了自己明确的答案："天地革而四时成，汤武革命，顺乎天而应乎人，革之时大矣哉！"儒家认为，汤武革命的成功，是顺乎天意合乎民心的结果。这实际上是说，汤武革命成功给后人的启示是，国祚的长盛取决于天意和民心。在这里，天意大体上等同于天地阴阳四时的规律性运转与变化，在时人看来这是一种必然性的存在，变革与否以及是否成功都有赖于是否因循这种必然性而行，而最终的决定权则转移到了民心这里。这种思想变化与特点，正与战国时期孟子对于民心的重视及其仁政王道政治理论的建构相一致。（《孟子·尽心下》即云："民为贵，社稷次之，君为轻。是故得乎丘民而为天子，得乎天子为诸侯，得乎诸侯为大夫。"）当然，两周时期在《周易》经传思想上发生的这种变化，首先是与周人新型天命观的逐渐确立关系甚大；其次是民众力量在不断崛起，在政治权力结构中所起的作用也越来越大，并日益受到思想家们的重视。故而《益卦·彖辞》所言："益，损上益下，民说无疆，自上下下，其道大光。"即是教导在上者如何处理与在下者关系的问题，这也说明民众需求与民众力量已引起了注易者的重视。说，读为"悦"，喜悦。意思是说，减损上而增益下，则百姓喜悦无限。实际上是强调，在上者要自损（也就是克己①），自损需要其"永贞"（六二爻辞："永贞吉"）、"有孚"和"中行"（六三爻辞："有孚中行"；六四爻辞："中行告公从"；九五爻辞："有孚惠我德"）、"惠心"（九五爻辞："有孚，惠心，勿问元吉"），在下者则受益且心悦诚服，如此在上者终受国祚长盛之大利、长利。

在上者如果不自损，无"永贞""有孚""中行"和"惠心"，只一味向下索取的话，就会陷入《益卦》上九所言"莫益之，或击之"的凶险境地。对此，杨庆中解释说："上九处《益》卦损上益下之时，不知损益之理，心无定念，但求索取，招人怨，招人恨，所以凶险。"② 诚是。

---

① 参见杨庆中《周易解读》，中国人民大学出版社 2010 年版，第 287 页。
② 杨庆中：《周易解读》，中国人民大学出版社 2010 年版，第 297 页。

与《益》相应，《损》则强调"损下益上"的问题，损益之时要"有孚"，便可"元吉，无咎，可贞，利有攸往"（见《损》卦辞）。正因为损益之道对于在上者处理上下关系、国家治理如此重要，故而《益卦·象辞》将其与"天施地生，其益无方"相提并论，在杨庆中看来，这是"将增益之功与生生之理相联系，把损益之道上升为宇宙法则"①，从而将《易经》中生活化、经验性的道理升华为一种具有普遍意义、原理性质的哲学理论，借以更好地指引现实政治与社会生活。

不仅如此，《象辞》还将《革卦》上六中的"君子豹变"和"小人革面"分别解释成"其文蔚也"和"顺以从君也"②。基于九五的"大人虎变"，也就是居中处尊的大人"损益前王，创制立法"，《正义》认为到了上六则是"居变之终，变道已成"，"功成则事损，事损则无为。故居则得正而吉，征则躁扰而凶也"，亦即不可再妄动激进，宜安静守正，是故上六接着说："征凶，居贞吉。"③ 在此，《易传》的作者强调，经历了巨大的变革与革命以后，意味着天下秩序的重新确立。天下新秩序确立以后，无论是君子还是小人都不可再妄动作为，君子只能润色不可大变，小人也只能顺而从君。这种"变而后静"思想的产生，除了与《周易》先《革》而后《鼎》的卦序有关："井道不可不革，故受之以《革》。革物者莫若鼎，故受之以《鼎》（《序卦传》）"；"《革》去故也，《鼎》取新也"（《杂卦传》），强调除旧立新的思想，还与孔门弟子的"尊王"立场相一致。④ 在经历了《革卦》的革命、变革与除旧以后，便是《鼎卦》的立新与亨通。（《鼎卦》卦辞说："元吉，亨。"）这种立新与亨通在《鼎卦》中的表现，诚如《集解》引干宝所言："君臣相临，刚柔得节"⑤，这是对《鼎卦》上九及其《象辞》（"'玉铉'在上，刚柔节也"）的解释，呈现出尊卑有序、各得其宜的和谐天下秩序。可以说，《象辞》对《鼎卦》上九的解释，与《礼记·礼运》中的立场并不相悖，

① 杨庆中：《周易解读》，中国人民大学出版社 2010 年版，第 293 页。

② 李学勤主编：《周易正义》，北京大学出版社 1999 年版，第 205 页。

③ 李学勤主编：《周易正义》，北京大学出版社 1999 年版，第 204—205 页。

④ 关于孔子及门弟子的尊王立场，此处不赘述，可见李友广《经学视野下的〈论语〉及孔子尊王立场研究》，《中国思想史研究·2019 卷》，中国社会科学出版社 2019 年版。

⑤ 转引自杨庆中《周易解读》，中国人民大学出版社 2010 年版，第 347 页。

都有力地彰显了儒家在礼乐崩坏的战国时期对于和谐政治秩序的价值诉求。

第四节 畏命、知命与务德

命、天命与性命，是一组十分复杂的概念，尤其是前两者在很早的历史时期就已深刻影响了人们的精神世界与现实生活。三代之前的社会历史状况，由于文献资料的缺乏始终语焉不详，故而我们将研究的背景主要限定于三代时期。

夏商时期，处于天人关系当中的人常常以祭祀、占卜等方式来揣摩上帝鬼神的意志，以此来求取世俗性的福报。当然，诚如上文所言，这种以祭祀、占卜向上帝鬼神求福的方式并不可靠，处于人神关系当中的人并没有主动权，什么时候降福、降福的多少并无必然之规，完全看上帝鬼神的意志。故而殷商时期"天命不易"天命观念的出现，一方面意味着上帝鬼神力量的强大，人在其面前并无任何决定权和自主权，可以说"天命不易"是对"上帝鬼神"宗教神学观念的另外一种表述；另一方面则说明，这一时期的人们尚未找到与上帝鬼神有效沟通的手段与方式，两者也没有真正建立起稳定而牢固的联系。可以说，殷商时期的人们对于命与天命的态度整体上是畏的，《周易·萃卦》卦辞即云："用大牲吉，利有攸往。"对此，《象传》将其解释为"顺天命"。意思是说，君王用大牲畜祭祀宗庙，吉利，"献祭的目的在于通神，通神的目的在于顺天命"[1]，顺天命，故宜于有所行动。尽管我们无法从所引《萃卦》卦辞及《象传》来确定其所指涉的具体事件和历史时期，但从其所呈现出的天命神学思想来看，很可能发生于殷商时期，其下限不会晚于殷周之际。进一步来说，"畏"的背后便意味着人们在将来会另外寻找通往致福之路更为可靠有效的钥匙，而祭祀与占卜在致福方面的功用则在很大程度上会被这把新的钥匙所取代。

周代殷而起，即已宣告了"天命不易"观念在政治领域内的失效与破产。在这种情况下，周人拈出了一个"德"字，试图通过"德"的方

---

[1] 所引文见杨庆中《周易解读》，中国人民大学出版社 2010 年版，第 311 页。

式来掌握自己的未来与命运。由于周人论德多与政治治理结合起来进行，故而这一时期的德多是"王德""政治德"，即通过对周天子（广义上也可以包括诸侯王）行为的规范与约束，来加强天人之间的沟通，以影响甚至左右天命对人间所施加的作用，从而使这种作用朝向积极、有利于人间的方向发展。《尚书》在强调保民（《康诰》："用康保民。"）、养民（《大禹谟》："德惟善政，政在养民。"）与惠民（《蔡仲之命》："民心无常，惟惠之怀。"）的同时，对于天子与侯王以修德、敬德的方式来敬天同样也非常重视："皇天无亲，惟德是辅。"（《蔡仲之命》）"弘于天，若德裕乃身，不废在王命。"（《康诰》）"王其德之用，祈天永命。"（《召诰》）等。

与殷人纯粹以祭祀、占卜等方式来向上帝鬼神献媚的方式不同，到了周人这里由于其发掘与丰富了"德"观念，使得周天子与侯王可以通过修德、敬德的方式来敬天。这个时候的人再也不是完全处于被动地位了，反而彰显出一定的人文理性精神。故而，对于命的态度，在周人那里并不完全是畏惧的，而是在畏惧之外还有诚敬。这种诚敬，固然是对过往只知畏命态度的一种突破，但尚未达到春秋晚期孔子所言"知命"（《论语·为政》曰："五十而知天命。"《论语·尧曰》："不知命，无以为君子也。"）的地步。

由于深受宗教神学观念与历史传统的影响，到了春秋晚期儒家创始人孔子那里仍然没有完全否定"命"的存在，在屡言"知命"的同时，仍未放弃"畏命"思想，只不过将原来的畏惧改造成了敬畏，是故其言谓："君子有三畏：畏天命，畏大人，畏圣人之言。"（《论语·季氏》）孔子对于"命"的这种复杂态度与立场，不仅影响了其理论学说的建构，影响了其政治游说活动，甚至还影响了孔门后学对于《易经》的创造性诠释。简而言之，《易传》淡化了《易经》中原有的预测吉凶、占问祸福的筮占色彩，将重心转移到了君子如何"进德修业"（《乾文言》）、"迁善改过"（《益卦·象传》）上，从而在孔子"知天命"的思想基础上，为君子如何通过修德、敬德的方式获致福报（帛书《要》篇即引孔子的话云："君子德行焉求福，故祭祀而寡也；仁义焉求吉，故卜筮而希也。"①）提供了具有方法论意义的思想理论，彰显了儒家对于德福一致目标的价值诉求与理想追求，这正如《礼记·中庸》针对大孝的舜所言："舜其大孝也与！德为圣人，尊为天子，富有四海之内。宗庙飨之，子孙保之。故大德必得其位，必得其禄，必得其名，必得其寿。"无疑，位、禄、名、寿，皆是福的范畴，这也是儒家在道德优先的立场下所努力追求的。

当然，在现实生活中，往往会出现德福不一致的情况②，有德者未必有福，有福者未必有德。不过，由于深受西周世卿世禄官制文化的影响，世人对于有福者未必有德或许并没有那么大的困惑，但是有德者未必有福却是颇为棘手的理论难题与现实困境。对此，孔子提出了知命说，孟子区分了天爵与人爵③，在此之后的儒家人物则多强调时与势，借以化解德福之间存在的矛盾与冲突。从德福关系的视角来看，孔子提出的"知命"实际上是为人所能做努力之限度与范围划定了界限④，而孟子于《孟子·离娄下》所言："人有不为也，而后可以有为"，或许便是对孔子这种知命说的积极回应。修德、敬德属于界限之内的内容，是君子可以为之不懈努力并不断收获精神之乐之事；位、禄、名、寿等外在于己的福则属于界限之外的内容，并不为人所控制，也不是想求即可得之物。与孔子的立场一致，孟子在《孟子·告子上》言谓："有天爵者，有人爵者。仁义忠信，乐善不倦，此天爵也；公卿大夫，此人爵也。古之人修其天爵，而人爵从之。今之人修其天爵，以要人爵；既得人爵，而弃其天爵，则惑之甚者也，终亦必亡而已矣。"在孟子看来，仁义忠信，乐善不倦是天赐之爵，与人的心性有关，自是当乐而不倦修为之；公卿大夫则是外在于己身之物，属于"命"的范畴（《孟子·尽心上》云："莫非命也，顺受其正。"），为人力所无法控制。虽然在人力可及的范围内，可

① 据郭沂《帛书〈要〉篇考释》，《周易研究》2004 年第 4 期。
② 关于德福不一致的情况，杨泽波从儒家的视角对此作出了总结。对此，他说："在儒家系统中，德福不一主要有两种情景，一是圣人不能遇世，二是有德之人亦会穷居。"见杨泽波《从德福关系看儒家的人文特质》，《中国社会科学》2010 年第 4 期。
③ 与孟子的这种区分方法相类，荀子则在《荀子·正论》中提出了"义荣"与"势荣"、"义辱"与"势辱"之别，兹不赘述。
④ 详见李友广《先秦儒家人性论的演变——以郭店儒简为考察重点》，陕西人民出版社 2014 年版，第 58—61 页。

以尽量争取最佳的结果，而不是采取无所谓的态度，甚至故意立在危墙之下（《孟子·尽心上》："知命者，不立乎岩墙之下。"），但是穷达祸福寿夭这一类的东西并不是求之即得的。所以孟子强调，人不应该止步于此，更不应该以此为人生的根本目标，否则就会本末倒置，甚至是自取灭亡："今之人修其天爵，以要人爵；既得人爵，而弃其天爵，则惑之甚者也，终亦必亡而已矣。"（《孟子·告子上》）如果以德福关系来看孟子的这种思想，实际上他强调的是，知命的君子要以孜孜不倦于德性修养为务，以成仁取义尽道为人生鹄的，这是对待"德"应有的态度。至于"福"，只是在人力可及的范围内，尽量争取最佳的结果就可以了，不必强求，可谓"求之有道，得之有命"（《孟子·尽心上》）①。可以说，虽然个人福报的多寡、厚薄非人力所能控制，但是如何对待福报，如何处理德福之间的关系，却是知命的君子可以做出合理的选择的。

如此看来，孔孟将个人主观努力的范围主要限定在了"德"上面②，认为这是自己可以选择、坚持并为之付出不懈努力的。至于"福"，在孔孟那里，前者非常注重求福手段的正当性（《论语·里仁》即云："富与贵，是人之所欲也；不以其道得之，不处也。"《论语·述而》亦云："富而可求也，虽执鞭之士，吾亦为之。"），后者则强调在人力可及的范围内，可以尽量争取最佳的结果。到了天下愈加动荡、战争日益激烈的战国中晚期，务德修身的君子要想求福自是困难重重，"福"更成为可遇不可求之物。因而，这一时期的儒家除了守持一贯的道德立场以外，还非常强调时、势等客观条件对于获得福报的重要性，而前有孟子"夭寿不贰，修身以俟之"（《孟子·尽心上》），后有荀子"君子博学深谋，修身

---

① 对此，朱熹注曰："人物之生，吉凶祸福，皆天所命。"同样认为人物生死、吉凶祸福皆属命运范畴，因"不可必得"，故"不可妄求"。（宋）朱熹：《四书章句集注》，中华书局1983年版，第349、350页。

② 林佩儒认为，德福关系在孔子那里整体上呈现出"重德轻福"的特点。对此，他进一步阐述说："在这种重德的思想倾向下，个人的财禄康宁相对而言显得无足轻重，'死生有命，富贵在天'，很可以说明孔子对福的态度。孔子关心的是修德是否有成，行道是否及于天下，对于个人的福祸、寿夭、穷达，孔子在很大的程度上将之归于命限及命运。""孔子不需要福报来肯定德行，修德成德是自足的，'求仁得仁，又何怨'，也就是说，孔子虽然肯定事功的追求，但他更肯定道德实践的价值。"诚是。见林佩儒《先秦德福观研究》，新北：花木兰出版社2012年版，第42、43页。

端行以俟其时"(《荀子·宥坐》)的话语便是对这种态度的集中表达。①

概而言之，天命观念在先秦时期的演变与发展，与人们对于德福关系有着不同的理解与认知息息相关。与殷商时期的人们只知畏惧天命，一味通过祭祀、占卜等方式献媚上帝鬼神致福的思维方式不同，西周时期的人们充分发掘出"德"观念，并以修德、敬德的方式致福，从而将人事决定权逐渐转移到了自己的手里。与此相应，周人对于天命的态度除了畏惧以外，还有诚敬。到了春秋晚期战国前期，德福不一致的现象愈加显著，孔孟分别在强调知命和正命的同时，对于德福关系也进行了一定意义上的切割与分离。② 他们主张知命的君子应该以修德为己务，至于福报则在人力可及的范围内，尽量争取最佳的结果就可以了，不必强求。可以说，孔孟对于德福关系的这种立场影响了战国晚期儒家人物对于德福问题的探究，而这种探究在《周易》经传之间的变化当中也有着集中呈现。可以说，尽管这一时期的思想家们非常重视对于时、势等客观因素的考量，但整体上仍然遵循了孔孟的立场与态度，并深刻影响了后世包括汉儒及宋明理学家在内的诸多思想家们。

小　结

诚如本章所言，就春秋晚期战国时期的社会现实来看，有福者未必有德，有德者未必有福，诸如此类的现象难以胜数。针对德福不一致的现象，儒家该如何来化解呢？尤其是有德者未必有福，这非常符合儒家

---

① 在郭店儒简那里，就特别突出了对于"时"的强调与重视："有其人，无其世，虽贤弗行矣。苟有其世，何难之有哉。"（简1—2）"遇不遇，天也。"（简11）"穷达以时，德行一也。"（简14）（《穷达以时》）由所引简文可知，在郭店简阶段，这一时期的儒者尽管依然注重省己和修身（文见《尊德义》《成之闻之》诸篇），延续了先儒一贯的道德立场，但较之孔、孟，郭店儒简作者对于"时"更为重视。详见李友广《"俟时"与"用时"：先秦儒家与汉儒政治态度之比较》，《人文杂志》2013年第7期。

② 孟子虽然强调"古之人修其天爵，而人爵从之"《孟子·告子上》，但这更多的是儒家的一种期待，并不表示会必然发生。所以杨泽波说："孟子这一说法只是一种期许，一种理想，不能将其与康德提出圆善。（笔者注：牟宗三将康德最高的善译为圆善，这种善具有整全与圆满的特点。康德通过对灵魂不朽与上帝存在的双重设定，来保证纯德之善与幸福相协调一致。）问题的动机同等看待。"参见杨泽波《从德福关系看儒家的人文特质》，《中国社会科学》2010年第4期。

的现实境遇。面对这样的困境，儒家除了一再强调"俟时"，将实现理想抱负（在逻辑上也包括对福的获取与实现）的希望寄托于未来以外，实际上自孔子明言"吾从周"（《论语·八佾》）始，儒家便一直致力于对西周王道政治的理论化探寻与总结工作。

当然，由于持有厚古、崇古和托古的立场，儒家对于西周王道政治的理论化探寻与总结，不免带有一定美化与理想化色彩。可以说，这种被美化与理想化的王道政治，便是儒家在先秦时期构建王道理想的主要思维路径。

儒家构建王道理想的原因固然很多，也难以一一尽数，但显而易见的是，其中确实还有着弥合与化解德福不一致现实困境的理论愿望与价值诉求，当然这并不仅仅是为了化解自身所面临的德福不一致的问题，儒家还有着将这种愿望与诉求推及、扩展至对于天下民众的安顿问题。所以说，儒家在思想理论方面的阐释与创造，并非止步于满足智慧与思辨的需要，而是有着深沉的社会关怀与人文情怀。正因如此，儒家一直以来致力于王道理想思想理论的建构，其目的在于除了要化解自身有德无福或少福的现状以外，还要以此作为安顿天下苍生的对症良方。所以说，儒家的思想学说、理论阐释，以王道理想为代表，充分彰显了利他性的一面和浓厚的道德理想主义色彩。

与本章所关注的德福不一致的问题意识相一致，在下一章，我们将重点探究西周王道政治与儒家王道理想之间的关系。在从西周至战国这样大的时间跨度里，政治制度、社会结构与典章制度都在发生着变化，关于这种变化，处于春秋晚期战国时期的诸子在著书立说、辩论争锋的过程中有着不同的立场与态度。在这其中，儒家表达出了"从周"的立场与态度，并以此立场与态度来从事对于西周王道政治理论、政治经验与政治智慧的挖掘、整理与总结工作。儒家在思想理论上所做的这种工作，有着强烈的入世干政之用心，在让天下重回王道秩序的同时，希冀有德者有福、德福一致的理想结果终将在良善的政治秩序下得以真正实现。

那么，在王道政治与王道理想之间，儒家做了哪些理论工作，是如何对王道政治加以理论化与理想化处理的，又该如何评价儒家在先秦时期的这种理论工作呢？这是在下一章我们要重点研究的问题，并试图对此做出我们的回应。

第 二 章

周人的王道政治与儒家的王道理想

王道政治是先秦时期诸子所共同面对的传统政治文化资源，很多思想家在著书立说、思想论辩的时候都或多或少地会涉及这一问题，进而借此来阐述自己的价值立场和应对方案，对于儒家而言更是如此。在本章，我们在对王道与王道政治作出相应理论阐释的基础上，对于儒家视野下的王道政治是什么，儒家为何会对王道政治进行理想化处理，王道政治在现实社会中所面临的困境，以及儒家在面对这一困境时是如何处理的等问题，以《孟子》文本为中心进行必要的理论分析与探讨。

第一节　王道与王道政治

政治制度、治理经验及政治文化与其时的社会历史条件密切相关，或者说政治制度、治理经验及政治文化正脱胎于特定而又具体的社会历史条件。与王道相对应的，正是以封邦建国为鲜明政治特点的王权社会。

道，其义涵固然有多种，但道路、方向是其最基本的初始之意，其他包括本根、根本；原则、法则；依据、规范、规律等则是其引申之义。所谓王道，是指王权社会中君王治理天下的政治制度、方式方法及思想理念，与其后皇权社会沿承秦制的政治制度与价值理念大为不同。对于儒家而言，王道的实施者是王，其所包括的对象则更为具体，按照孔孟所言，主要包括夏商周三代之王中的禹、汤、文、武、成王、周公，而尧、舜则被视为帝道的代表，《礼记·礼运》中的"大同""小康"之别，后世经学家多认为与此有关，故而在价值层面上尧、舜要高于前者。不仅如此，王道的接受对象是天下，这与三代之王尤其是周天子所治理与所面对的是整个天下有关（《尚书·金縢》云："乃命于帝庭，敷佑四方。"《尚书·大禹谟》屡云："文命敷于四海"，"皇天眷命，奄有四海为天下君"。"无怠无荒，四夷来王。"），故而儒家视野中的王道具有公、正之义，自然是遍覆式的（《礼记·孔子闲居》即云："天无私覆，地无私载，日月无私照。"），这在彰显儒家政治立场的文献《尚书·洪范》中有着集中阐述："无偏无陂，遵王之义；无有作好，遵王之道；无有作恶，遵王之路。无偏无党，王道荡荡；无党无偏，王道平平；无反无侧，王道正直。会其有极，归其有极。"正因为王道"荡荡""平平""正直"，故而在其后《洪范》接着说："天子作民父母，以为天下王。"以此来看，要成为天下王，其逻辑前提是先做万民之父母，以伦理上的行为表现来成就天下政治事功。在这个意义上，《孟子·梁惠王上》（注：以下凡引《孟子》，只注篇名）言谓"养生丧死无憾，王道之始也"，遵循的也是从伦理到政治这样的理路，这当然与过于强调求取国家富强的法家大为不同："国富而治，王之道也。故曰：王道非外，身作壹而已矣"（《商君书·农战》），"能越力于地者富，能起力于敌者强，强不塞者王。故王道在所闻，在所塞。塞其奸者为王。故王术不恃外之不乱也，恃其不可乱也"（《韩非子·心术》）。"圣人之所以为治道者三：一曰利，二曰威，三曰名。夫利者所以得民也，威者所以行令也，名者上下之所同道也。"（《韩非子·诡使》）也与强调"自然无为"、清虚自守的老庄道家不同，如老子说："天之道，利而不害；圣人之道，为而不争。"（《老子》第八十一章）庄子说："圣人者，原天地之美而达万物之理。是故至人无为，大圣不作，观于天地之谓也。"（《庄子·知北游》）"在老庄看来，君主治理天下应积极效法天道自然，让万物兴起而不据为己有，如此统治才能稳固和得到更多的好处。"①

① 杨汉民：《先秦诸子"王道"思想的演变与发展》，《南华大学学报》（社会科学版）2013 年第 4 期。

与王道直接相关联的则是王道政治，王道政治在历史上固然曾有内容与形式上的变化，但在儒家这里，基于自己的立场与时代条件给予了较为系统的阐述。王道政治是三代之王面向天下而展开的综合性政治治理系统。在儒家这里，尤其是对于孔孟而言，他们推崇和论述最多的是西周的政治制度与礼乐文明：孔子对周公推崇备至；孟子则多言文王之治，并以此来考量和评判当世侯王的政治行为与日常表现。① 孔孟之所以言多称周制，是因为西周政治制度所彰显的政治文化特质与儒家以道德的进路来推进政治治理的立场并无二致。概而言之，西周政治文化既强调对于天、天命的敬畏，这是对夏商既有宗教神学文化的一种延续与继承，也强调对于民众尤其是社会弱势群体的体恤与关照（《尚书·康诰》云：“不敢侮鳏寡。”《尚书·无逸》则强调要“知稼穑之艰难”“知小人之依”），也就是《尚书》所屡言的“敬天保民”。一方面是对上的“敬天”；另一方面是对下的“保民”，居其中的则是“王”，亦即敬天和保民的主体首先指向的都是王。只有把这两个方面都充分地承担起来才算是符合儒家立场与标准的王，而要把这两个方面都很好地承担起来，在儒家看来就需要王“疾敬德”（《尚书·召诰》）——不断努力提升自己的德行，进而认真实施德政，这样的王其政治治理行为、政治理念及政治智慧便共同构成了王道政治的主要内容。由此来看，王道不仅要包括如下这样的政治行为与政治事实：对天下国家的构成主体——民众要爱护和体恤（《尚书·蔡仲之命》有云：“皇天无亲，惟德是辅。民心无常，惟惠之怀。”）；而且，王道的正当性还要借助天的权威力量，以顺承天意、天命的形式来寻求正当性的获得。（《尚书·泰誓上》言谓：“天佑下民，作之君，作之师，惟其克相上帝，宠绥四方。”）② 这固然是对夏商既

---

① 对于孔子而言，周公是礼乐制度、礼乐文明的创作者，是德位相配的政治楷模；对于孟子而言，文王则是体恤民情、关怀弱势群体，行仁政的王者。

② 就此而言，天子的合理性来自天意所授，天子治理天下之道同样与天有关，或者说王道的正当性来自上天、天命。不仅如此，就连人间包括君臣、父子、兄弟、夫妇、朋友之间的伦常次序也是上天安排的，故而《尚书·皋陶谟》屡言“天叙有典”“天秩有礼”“天命有德”“天讨有罪”，以天的权威与法则性力量来论证人伦秩序、等级次序的天然合理性。

有宗教神学力量的借鉴，但也正说明夏商周三代在社会结构、政治制度以及精神信仰等方面的延续性与惯性力量。①

由此来看，王道与王道政治主要由上天、中王、下民三个维度构成，缺一不可。② 在周人看来，上天具有无上威严，并以天命、天罚、天佑等形式影响人世间，而天命降于人间王权的长久与否又与王的德行修为有关，故而作为君临天下的天子务必要敬德、修德进而行德政教化以上达上天帝命和顺承天命、天意（《尚书·康诰》云："弘于天，若德裕乃身，不废在王命。"《尚书·召诰》亦云："王其德之用，祈天永命。"），否则便如夏殷一样会丧失从上天那里接受的大命："惟不敬厥德，乃早坠厥命。"（《尚书·召诰》）如此，天子的统治便被赋予了上天的威严，是上天意志的化身，是天命的主要政治载体，故而可以说，王道是天道在人世间的合理化呈现。此外，修德、敬德的天子也要承接天的遍覆性而生出"好生之德"（《尚书·大禹谟》言谓："好生之德，洽于民心。"），借以惠民、养民、保民："德惟善政，政在养民。"（《尚书·大禹谟》）这种自上而下、以王贯通上天和下民的思维方式在其时具有理论的完整性与自洽性③，以至于在很长时期内都影响了儒家在政治文化方面的致思，儒家所常言的德政、善政、仁政，并没有真正超出周人的思维框架与致思理路。

---

① 张光直从考古的角度在承认三代文化在地域和礼制方面存在差异性的同时，也认为三者之间"虽有小异，实属大同"。见张光直《中国青铜时代》二集，生活·读书·新知三联书店1990年版，第34—38页。

② 关于这三个维度之间的关系，我们可以用《尚书·多士》中的话来概括："惟天不畀不明厥德"，意思是说，上天不会把大命赐给那些不努力施行德教的人。由此来看，在天与王之间，沟通这两者的主要是"命"；而在王与民之间，则是主要依靠"德教"使得两者得以顺畅和洽的。到了墨子那里，《墨子·天志上》有云："其事上尊天，中事鬼神，下爱人。"可见，就思维方式而言，墨子在君王上尊天与下恤民之间又增加了中事鬼神一项内容，这无疑是对西周政治文化传统的一种继承与延续。

③ 《说文解字》即云："王，天下所归往也。……三画而连其中谓之王。三者，天地人也，而参通之者，王也。"这样的致思理路并非许慎独创，实际上是对西周政治文化以及西汉董仲舒相关思想理论的积极吸收与转化。引文见（清）段玉裁《说文解字注》，上海古籍出版社1988年版，第9页。

第二节　儒家视野下的王道政治及其理想化

如上文所言，王道政治是生成和适应于王权社会的政治运行机制与政治价值理念，自有其价值与合理性。这套政治运行机制与政治价值理念以礼乐制度与礼乐文明的方式有效理顺和维护了天下层级实力格局，从而使君臣、父子、夫妇得以各安其位，各司其职，各负其责，在家国同构的基础上初步实现了伦理与政治的双向互动与一体化。但是，当历史由三代进入春秋战国，政治体制由"封藩建卫"的周制向政治权力日益向君王集中的秦制过渡，而这种政制的变化在文化典制上的集中表现便是礼坏乐崩。

虽然如此，王道政治仍然是诸子在先秦所要面对的政治传统与政治文化大背景，故而《史记·十二诸侯年表》载有"孔子明王道，干七十余君，莫能用"这样的话语，《汉书·艺文志》亦云："诸子十家，其可观者九家而已。皆起于王道既微，诸侯力政，时君世主，好恶殊方，是以九家之术蜂出并作，各引一端，崇其所善，以此驰说，取合诸侯。"可见，诸子的兴起，各家思想学说的蜂出，与王道政治在春秋战国时期的急剧变化有关。可以说，王道政治的变化并不仅仅是政治体系一个方面的变化，而且还关涉到礼乐制度、诗教文化、社会规范、交往原则、价值理念诸多方面的变化。这种变化给整个社会和各阶层所带来的震撼是无与伦比的，不过对此最先觉察到的是那些既熟知古代典籍文献又深怀济世安民情怀的士人，故而他们对于王道政治存在的价值与意义，以及王道政治价值的失落对于天下政治格局与社会所带来的影响，天下政治制度、政治秩序向何处去等一系列问题有着各自的思考与探索。诸子的这种思考当然受制于其对现实政治所持立场与看法的影响，而这种看法又让他们对于现实政治所发生的变化难以作出客观、公允的解释、判断与估量，从而在对现实政治制度与政治文化的评价中呈现出价值立场先行的鲜明特点，这在儒家那里表现得尤为明显。

从儒家文献来看，孔孟针对春秋晚期战国时期天子权威因诸侯们政治野心的膨胀而急剧下降感到愤懑不已，并以"天下有道"与"天下无道"来作出不同的评价。何以如此？从王道政治的产生来看，王道政治基于血缘宗法伦理而成，是宗法伦理与政治相结合的产物。从原始社会的氏族公社与氏族部落向三代时期国家形态转进，在这一过程中实际上逐渐呈现出天子与侯王共治天下的政治权力格局，这种政治特点在西周表现得尤为明显。共治天下的良性态势须有周天子强大权威作基础，并以宗法血缘伦理来维系。当周天子式微，而诸侯因着地缘优势与政治治理政策的灵活性而逐渐发展起来的时候，相伴随的是功利主义导向的兴盛（诸如侯王、卿大夫们的肆意僭礼，纵横家、法家人物在政治舞台上的大行其道，是其重要表现），以及宗法血缘伦理在政治权力上的约束能力一再被弱化，这也表征了政治与伦理确实有着不小的差异，并有着各自所适应的领域。虽然如此，因着西周政治文明所蕴含的宗法伦理特点，儒家对此还是表现出了浓厚的兴趣，并对这一特点屡有阐释与说明。故而，在儒家文本中我们很容易就能发现，文本中往往呈现出政治的伦理化与伦理的政治化相互杂糅的政治文化倾向①，而这种倾向正呈现出儒家对于宗法血缘伦理的维护与眷恋，以及对于礼乐崩坏后华夏文明的发展走向表现出了深沉的忧虑。

无疑，基于儒家文献的描述我们可以发现，在儒家视野中王道政治是美好的，在这种政治治理下德政富有成效，保民安康（《尚书·康诰》云："用康保民。"）、秩序和谐、天下安宁。既然如此，作为儒家眼中理想政治的王道政治何以在春秋晚期战国时期逐渐失效？儒家为何对王道政治如此推崇，以至于言多称周制？

出于便于行文的需要，我们先来思考第二个问题。儒家对于王道政治的推崇，除了上文所提到的儒家崇古、厚古以至于托古的立场以外②，我们有必要首先从夏商周三代社会特点谈起。从夏商周三代社会的整体特征来看，宗教色彩浓厚与神权特点显著，政治文化上的这种氛围与特点既赋予了其时政治权力的正当性与形上价值，又对政治文化对于人本身的关注与关怀起到一定的束缚和限制作用。从反映三代社会思想文化的文献来

①　相关内容见李友广，此处不赘述：《政治的伦理化：早期儒家在政治文化领域理论构建的一种向度》，《管子学刊》2012 年第 1 期；《伦理的政治化：早期儒家政治文化的理论构建向度》，《江西社会科学》2012 年第 11 期（注：此篇文章王晓洁为第二作者）。

②　至于儒家为何会持有崇古、厚古与托古的立场，笔者曾撰文进行研究，由于此为本书的间接性问题，故不赘述。详见李友广《家庭伦理对早期儒家共同体形成的价值及影响》，《云南社会科学》2013 年第 6 期。

看，夏商时期，"天命""天罚"观念十分盛行。史载，"有夏服天命"（《尚书·召诰》），夏启征伐有扈氏时，声称"予惟恭行天之罚"（《尚书·甘誓》）。商汤讨伐夏桀时，宣称"有夏多罪，天命殛之"（《尚书·汤誓》）。商纣在陷入穷途末路时，仍然相信"我生有命在天"（文见《尚书·西伯戡黎》《史记·殷本纪》）。那么，在夏商时期为何会存在这样的特点？根据王奇伟的研究，他认为："商代脱离氏族社会未远，尚处在中国早期国家的产生时期。有殷一代的大部分时期，专制王权尚未得以确立，神权在很大程度上凌驾于王权之上，而使商代政治表现出浓厚的神权政治的色彩。"① 根据夏商所处的社会历史阶段来看，这一时期是中国古代国家形态形成的初级阶段，对应着松散方国联盟的王权并非至高无上的，这样的王权需要借助宗教神权来抬升自己，同时宗教神权也需要依凭人间王权来对人们的社会生活和精神世界产生切实影响，因而他的这一判断是平实可信的。与此相应，在宗教神权观念上，晁福林认为，"殷代的帝和土（社）、岳、河等神灵一样，既具有自然品格，又具有某种人格。帝是众神之一，而不是众神之宗。殷代尚未出现一个统一的、至高无上的神灵"。"殷代政治结构是王权、方国联盟势力、族权等的联合体，与之相适应的神灵世界理所当然地呈现着多元化的状态。"② 可以说，晁福林的相关论述正从某种意义上为王奇伟的观点作了印证。

　　如此来看，王道政治存在的正当性在三代时期确乎有宗教神学的支撑，而且由于历史传统的影响和惯性的力量，这种形式的支撑在春秋战国时期依然存在③，虽然儒家对于政治权力正当性论证的重点已经由天命

---

　　① 王奇伟：《论商代的神权政治——兼论商代的国家政体》，《殷都学刊》1998 年第 3 期。

　　② 晁福林：《论殷代神权》，《中国社会科学》1990 年第 1 期。

　　③ 关于宗教神学在春秋战国时期对于政治和社会的影响，学者郝长墀认为，"真正继承殷商和西周文化核心思想的是墨子，不是孔子"，"墨子继承了夏商周文明的天命思想"，"墨子的'尊天、事鬼、爱人'是对于古人的'敬天爱民'思想的哲学改造，是把适用于统治者的哲学转化为适用于每个人的哲学；墨子的尊天爱人思想包含了敬天爱民思想"。不仅如此，他还认为，墨子的兼爱虽然包括人之兼爱，但"只有天才能做得到兼爱，因为天是真正的无私之爱。人只能模仿天，遵循一个外在的规则"（详见郝长墀《政治与人：先秦政治哲学的三个维度》，中国政法大学出版社 2012 年版，第 234、268—269、245 页）。当然，从墨家所强调的"兼爱""天志""明鬼"等思想来看，这一学派确实具有与夏商周三代宗教神学相一致的思想立场与文化理念，故而郝长墀所言有其道理。

神学转向了民心民意。① 当然，儒家的这种转向，既是对春秋晚期人文理性精神觉醒的一种反映，又不断推动人文理性精神在春秋战国时期的进一步发展。当社会历史由周制向秦制过渡的进程中，政治权力向君王身上的日益集中是一种历史的发展趋势，而在这一过程中出现的主要情况便是诸侯势大，天子政治权力被切割。随着周制的被破坏，实际上与周制运转密切相关的礼仪制度、礼乐文化以及宗教神学（主要包括体系与观念）等也遭到了破坏与质疑。如上文所言，周制在典章制度层面的被破坏集中表现便是礼坏乐崩，而我们所说的礼乐它不仅仅是一种制度，而且也是周代宗教文化精神的载体，因而礼坏乐崩不仅使周制遭到破坏，而且也动摇了人们自三代以来对于宗教神学的固有认知与信仰。可以说，与周人对于人本身的关注与关怀相伴随的是，宗教色彩的淡化以及神性权威的逐渐弱化与动摇。与之相对应的，便是人在某种意义上的觉醒和解放，而这种觉醒和解放又是以天命神权的弱化为前提条件的。人被松绑以后，如果不注重敬德、修德的话，往往容易出现欲望膨胀、道德滑坡的社会现象，进而导致功利主义价值理念的盛行。面对日益糟糕的社会政治现实，包括侯王的骄奢淫逸，政治的失序，社会的动荡激变，以及人们价值理念的混乱不堪，这一切让持有仁义立场的儒家甚为失望，不得不将目光投向王道政治大盛的夏商周三代，并以距离春秋最近、影响最巨的西周政治制度和政治文化为现实政治改革与完善的目标与圭臬。

既然儒家视野中的王道政治如此美好，为何还会在春秋晚期战国时期逐渐失去其效力呢？在此，我们以王权特征最为显著的西周为例进行探讨。如前文所言，王道政治的有效维持与延续，需要有一个很重要的

---

① 通过研究，俞荣根认为："西方关于政治统治合法性的探讨，从苏格拉底、霍布斯、洛克、卢梭、康德直到当代的哈特、罗尔斯、德沃金，一直未有终结，其核心之点就是'同意理论'。……这种理论认为，政治统治的合法性必须建立在被统治者同意并对被统治者有所交待的基础上。"（详见俞荣根《法先王：儒家王道政治合法性伦理》，《孔子研究》2013 年第 1 期。）虽然中国传统政治思想资源中并无这方面的直接内容，但实际上孟子等思想家所提倡的"民心民意"论与西方所深为认同的"同意理论"相通。他们都已经意识到，政治统治的合法性不能靠自身来证明，必须依靠政治统治系统之外的东西来作支撑。在中国传统政治思想资源中，天命和民心是判断政治统治正当性的两大依据。随着历史的发展，至儒家产生的时代，民心对于支撑政治统治正当性的重要性已大大超过天命。这固然与宗教神学色彩逐渐淡化，人的地位不断上升有关，也与儒家仁义、王道仁政的立场密切相关。

前提，那就是处于天下政治权力格局中的王权必须强大有力的同时，肩负王权重任的天子还要敬德、修德，以上达天意，下化万民，合政治、伦理功能于一体。到了西周晚期，天子不再如文武、周公那样得谨小慎微，注重明德慎罚、敬天保民了，因而在《诗》中经常会出现刺厉王、幽王的诗篇，这也成为"变风变雅"的主要表现之一，故而《诗·大序》云："至于王道衰，礼义废，政教失，国异政，家殊俗，而变风变雅作矣。"从《诗·大序》的叙述来看，"变风变雅"首先指向了时代之变。厉幽失德，平王东迁，时代随后进入了天子式微、王纲解纽、诸侯争霸的春秋战国时代，故而《诗》中出现了对于天、天命和王权正当性的质疑，并如同《小雅·正月》一样，诗人以"我心忧伤""忧心京京""哀我小心""忧心愈愈""忧心惸惸""心之忧矣""忧心惨惨""忧心殷殷"等语汇来表达自己对于时代变化给人内心所带来的纠结、苦闷与忧伤。诗人们因时代的变化而在情绪和情感上所发生的这种变化，具有一定的普遍性，甚至在包括儒家在内的诸子身上也有所体现。

王道政治在春秋战国的逐渐失效，在儒家文献《孟子》中有着集中反映。面对天子式微，诸侯崛起的社会历史现实，孟子不再对周天子行王道仁政抱有期望，有时候反而会对梁惠王、齐宣王等侯王反复陈说，寄希望于他们能够行王道仁政。而且，孟子也不再以天子为唯一有资格统治天下的对象，反而认为只要"不嗜杀人者"皆有资格来统一天下（《梁惠王上》即云："今夫天下之人牧，未有不嗜杀人者也。如有不嗜杀人者，则天下之民皆引领望之矣。诚如是也，民之归之，由水之就下，沛然谁能御之？"），这就将行仁政王道的对象范围扩大到了所有侯王的身上。这既是孟子对政治社会现实的清醒认识，也预示着王道政治的维持与延续愈加困难，更多的只能以理想政治的形式存在。由于当世侯王的骄奢淫逸、私欲膨胀，他们往往不敬德、修德，从而致使有资格和有能力推行王道政治的王者在现实政治中缺位，因而王道政治由此时的理想性存在状态再次变成现实的机会愈加渺茫。

从理论上讲，仁政不离仁，强调施仁的对象是天下万民，利他性从范围与程度上得到最大可能的实现。由此来看，理想的施仁者当为天子，而于《孟子》则多言侯王（包括梁惠王、齐宣王、滕文公等），实则体现孟子既正视了诸侯在战国时期实力的崛起以及对现实政治影响力日益剧增的社会现实，又彰显了孟子在坚守道义原则与仁义立场的前提下所作出的一种退而求其次的权变行为。尤其需要指出的是，孟子在《万章上》篇曾多次陈说舜的大孝以及其对伦理亲情的维护，在孟子的立场之下，其所建构的舜的人物形象是一位既重视伦理亲情又兼顾社会公正的理想君王。那么，孟子何以强调舜对伦理亲情的维护（孟子于《万章上》言谓："人悦之、好色、富贵，无足以解忧者，惟顺于父母，可以解忧。""大孝终身慕父母。"），为什么又建构了舜既重伦理亲情又兼顾社会公正的理想帝王形象呢？

通过《战国策》《孟子》《史记》等传世文献我们可以发现，在孟子所处的战国时代，君王多有好乐、好货、好色的毛病，欲望的膨胀致使心之四端少有被扩充的机会，如此，则不足以事父母，更遑论保四海安天下了。（《公孙丑上》云："苟能充之，足以保四海；苟不充之，不足以事父母。"）孟子在与君王对话的时候，多次强调仁义、仁政、王道、王政等方面的举措与内容，这实际上既是孟子对理想君王的一种期待，也说明了其时的君王多不行仁政，距离孟子心中所认可的标准较远。在这种现实情况下，孟子在与弟子的对话中建构出了舜这样一位公私兼顾、仁智双全的理想君王形象。当然，舜这样的君王，在孟子所处的时代不太可能出现，这既是孟子道德理想主义的集中表现，也是其对理想政治社会的积极建构，同时也是对对内骄奢淫逸对外攻城略地的当世侯王的失望与批评。① 可以说，天下混乱，百姓困苦，天下国家和人们的出路与前景依然尚不明朗，在这种历史情境下，人们尤其需要明君圣主的出现，而孟子所建构的舜的伟大君王形象正符合人们的愿望与时代的要求。（《礼记·中庸》亦云："舜其大孝也与！德为圣人，尊为天子，富有四海之内，宗庙飨之，子孙保之。"）不仅如此，孟子还坚信不疑地宣称道："五百年必有王者兴，其间必有名世者。"他认为，从时势上看应该是出现圣贤君主的时候了："由周而来，七百有余岁矣。以其数则过矣，以其时考之则可矣"（《公孙丑下》），而他自己就是有名望且可

---

① 在孟子所处的战国时代，诸侯们甚至将载有周王室所颁布的爵禄制度的典籍给毁掉了，因为这些典籍所呈现的礼制会妨害诸侯们的利益，以至于就连孟子对于爵禄规定的详情也不清楚了。（文见《孟子·万章下》）

以辅佐君王的人。

由以上分析可以看出，王道政治在春秋晚期战国时期的逐渐失效，是与周天子式微诸侯崛起天下实力格局发生剧烈变化分不开的，而这种剧烈变化实际上又是对封邦建国政治体制背后宗法伦理价值的一种怀疑与动摇，礼坏乐崩是其表现形式，而霸道和功利主义的盛行则是对宗法伦理价值怀疑与动摇以后产生的结果。当然，对于功利主义在战国时期的盛行，虽然还要作具体分析，万不能绝对肯定或绝对否定之，而且孟子在与诸侯王的谈话中常常以功利主义的效验来诱使其行王道仁政，以使其可能获得最大的利①，但就孟子的立场而言，功利主义对于世道人心、天下国家的危害委实不小。针对这种政治社会现实，孟子一方面对侯王的失德行为大加批判，对天下的失序格局深表忧虑；另一方面又在追忆文王德政仁政荣光的过程中，对于过去曾经存在过的王道政治大为赞赏。这种赞赏当然是在法先王政治历史观念的基础上对于王道政治所作的美化和理想化处理，就如同《礼记·中庸》对于孔子所称说得一样："祖述尧舜，宪章文武。"

第三节　理想化的王道政治及其现实困境

诚如上文所言，立于宗法伦理基础之上的西周政治，以伦理亲情的方式巩固政治权力，在历史上确实曾起过积极意义，但绝没有后来儒家所想象得那样完美，其实有着儒家美化和理想化的成分。这固然与儒家厚古、法先王的政治历史观念相关，但更与春秋晚期战国时期糟糕的政治现实关系甚大。到了春秋晚期，尤其是进入战国时代以后，侯王们的表现越来越不符合儒家的政治价值标准，故而以孟子为代表的儒家对他们往往多有批评，其原因不外是不尊天子、不畏天

---

① 李景林认为，王道并不完全排斥功利和事功，他认为"儒家的王道论可以概括为一种在道义原则基础上的道义——功利一体论"，也就是说"儒家的王道对事功和人的欲望要求的肯定，仍以道义为其内在的原则和价值指向"。见李景林《论儒家的王道精神——孔孟为中心》，《道德与文明》2012 年第 4 期。

命；破坏礼乐、不重文教；不顾民生，偏重军事与外战；不敬德、修德①，一味骄奢淫逸等。

儒家与诸侯的这种冲突，在《梁惠王上》表现得尤为明显。孟子与梁惠王的相遇，本可在历史上成就一段良臣佐明君的佳话，但实际上却变成了义与利之间的冲突。孟子拜见梁惠王，意欲以仁义劝说他行王道仁政，而梁惠王的用心却全不在此，而是在风云际会、激变动荡的时代潮流中，希望通过积极参与对外战争的方式去追求土地、人口和财富等各种可以最大限度满足君王欲望与政治野心的资源。在和梁惠王的对话中，孟子并没有完全否定和排斥利益，而只是说在追求利益的过程中应以仁义价值为先导，只有将对利益的追求置于仁义价值的规范当中，才有可能最终实现统一天下、安定四海这样最大的利，而这样的利其实就是合价值与功利于一体的利。② 由于时势紧迫、王纲解纽和社会失范，大权在握的侯王们欲望上的炙热往往会呈现出对道德的冷漠与无视，这不仅表现在孟子与梁惠王的对话中，在他和齐宣王的对话中也多有反映。

孟子见齐宣王，在《梁惠王下》出现多次，涉及的主题包括音乐（乐教、王道）、明堂（王政）、桀纣之事（行仁义），实际上指向的都是王道仁政问题。齐宣王多次强调自己欲望太炽，喜欢世俗的音乐，喜欢钱财和美女，无法做到行王道仁政。对此，孟子以王道理想与仁义立场为侯王的欲望放纵设定了下限：不过度损害他人的利益，尤其是社会弱

---

① 侯王们的不敬德修德在《孟子·公孙丑下》中的突出表现就是，拥有爵位的齐宣王对拥有年龄和德行的孟子表现得非常傲慢，就连其臣子景丑氏也认为孟子应该如同《礼经》上所说的"君命召不俟驾"一样，去趋奉应命。孟子则不这样看，他认为对君王的敬重，不能仅仅表现在形式上，而在于敢于直言进谏和陈说仁义上。

② 对此，朱承也说："如果从其目的来看，其实孟子在一定意义上来看是'效果论'者。孟子既拥有道德理想，同时也重视行为的后果"，"孟子仅是说片面地强调'利'在方法上对于'王天下'这一终极政治目的是有害的，或者说急功近利对于王者来说是无益的，他认为，只有用'仁义'才更加吻合'王天下'的终极政治目的，这就是所谓'仁者无敌'"（朱承：《儒家的"如何是好"——以孟子为中心的考察》，《中国哲学史》2010 年第 4 期）。所言非虚。实际上，按照孟子的立场来看，"无敌"是道德优势在政治事功领域的有效延伸与必然胜利，而"无敌"在逻辑与事实上又必然呈现为显著的效益、效果及一定的功利性。

势群体的利益。① 在《梁惠王下》，孟子提到周文王实行仁政的时候，首先考虑的是如何妥善安置鳏夫、寡妇、独老和孤儿这四类天下穷苦无靠的人（《梁惠王下》云："文王发政施仁，必先斯四者。"），因为他们是最迫切需要王道仁政保护和关照的对象。对此，宣王认为这样做很好，但自己却做不到，因为自己喜欢钱财，又说自己喜欢女色。对于这样的君王，孟子无疑是非常失望的，但整个天下的君王多是如此，无从选择，故而孟子苦口婆心，耐心劝说宣王要与民同乐、与百姓同之。在不否定侯王私欲利益的同时，孟子希望他们能将自己的欲望普遍化，以仁政王道的方式将欲望的实现推广到民众的身上，进而实现与民同乐的政治目的，这也是孟子所一再希望的："天下溺，援之以道。"（《离娄上》）② 可以说，在当时的社会历史条件下，面对君王欲望的放纵，基于对君王的政治角色伦理要求，孟子给出了自己的解决方案。他认为，引导与化解欲望的有效方法就是要扩充自己的好乐、好货和好色之心，与民同乐，这样做的结果，不仅适当满足了自己的欲望，更重要的是还成就了自己的政治责任。当然，这是在特殊的历史际遇下，孟子对当世侯王所提出的变通性要求，自是与其心目中积极实施包括"耕者九一，仕者世禄，关市讥而不征，泽梁无禁，罪人不孥"（《梁惠王下》）在内王政的文王不能相比。

王道政治固然在三代依然存在，但由王道政治上升到王道理想以孔孟为代表的儒家是做了大量理论工作的。可以说，王道政治经儒家立场下的重塑以后形成了王道理想，重构后的王道理想，在儒家看来具有不

---

① 与孟子的这种立场相同，汉代的董仲舒同样也试图给君主政治的实现规定了"下限"。对此，葛荃说："董仲舒秉承了先秦以来'民本'思想最正面的内容，希望经由某种政策上的调整或限制，使得'民财内足以养老尽孝，外足以事上共税，下足以畜妻子极爱'，（《汉书·食货志》）给予民众最起码的生存保障，以维系稳定。董仲舒通过政策原则的设定给君主政治的实现规定了'下限'。"引文见葛荃《中国政治思想史的学理特点及方法论刍议——以董仲舒天人政治论为例》，《政治思想史》2010年第4期。

② "天下溺"，需要以王道来援救，而王道的实现不离行仁政。当然"嫂溺"与"天下溺"绝不是截然二分的，这既是因为嫂子属于天下（百姓）的组成部分，既言天下则嫂子不能被排斥在外，又是因为王道的实施离不开君王恻隐之心的生发与培固。可以说，孟子所言之"救"始于对伦理亲情的维护，止于对社会公正以及天下安宁目标的追求，从而实现了在伦理与政治之间最大限度的贯通。

言自明的价值与意义，也就是我们所说的应然性指向。根据《论语》《孟子》等儒家传世文本我们可以发现，儒家对于宗法血缘伦理亲情非常眷恋和维护，对于以之为基而确立起来的王道政治制度更是推崇备至。但是，在王道政治价值失落的战国时代，相比于王道政治本身，孟子更加呼唤伦理亲情回归现实政治，进而借助伦理亲情回归后的现实政治来彰显人的尊严与德性价值。在此过程中，孟子多次借助舜大孝的故事（诸如"窃负而逃""封象有库"等）来一再表达自己这样的立场。不仅如此，在某种情境下，孟子甚至还强调天伦之乐具有王天下所不具有的价值与意义："君子有三乐，而王天下不与存焉。父母俱存，兄弟无故，一乐也。仰不愧于天，俯不怍于人，二乐也。得天下英才而教育之，三乐也。"（《尽心上》）在孟子看来，追求进德修业的君子会有三种快乐，而统治天下则不被包括在内。在这三种快乐中，天伦之乐被置于首位，而后两种快乐包括修养之乐和传道育人之乐则是第一种快乐在个人自身和他人身上的自然延伸。这三种快乐都是发自内心的，并且超越了一定的功利性和地域局限性，而统治天下的外在事功虽然面对的是整个天下，但从先秦文献语境和逻辑上来看它依然有其边界和限制。尽管统治天下可以和君子的这三种乐趣相关联，但毕竟羼杂了很多"欲"的内容与成分，所以自不能完全与君子三乐相比。

与这种重伦理、厚亲情的立场相应，儒家认为王道理想的实现要以对伦理亲情的维护与重视为起点，轻视和脱离伦理亲情的政治制度与政治行为都很可能使天下处于无道和失序的状态。故而，无论是孔子还是孟子，都一贯主张以道德的进路来改良和完善现实政治，而道德进路的完善和实现又离不开个人德性在家族伦理环境中的长养与培固，而《礼记·大学》所讲的"修身，齐家，治国，平天下"就表达了从伦理到政治这样的一条路径。故而可以说，理想化了的王道政治，其应然指向首先就包括了对于血缘伦理亲情最大限度地肯定和维护，并以之作为王道理想实现的逻辑起点。正因为儒家如此重视伦理与政治之间的关系，所以孟子认为伦理与政治可以互相成就，并将个人道德修养与政治权力正当性两者之间视为一种必然的联系，实际上这正是他本人合价值性的政治构想，故而他说："身正而天下归之"（《孟子·离娄上》）①，"以德行仁者王"（《孟子·公孙丑下》）。

对儒家来说，王道理想是现实政治治理的理想参照与标杆。就价值层面而言，王道要高于霸道（孟子在《告子下》中认为："五霸者，三王之罪人也；今之诸侯，五霸之罪人也；今之大夫，今之诸侯之罪人也。"），但是霸道也可以跃升至王道，所以孔子在《论语·雍也》即云："齐一变，至于鲁；鲁一变，至于道。"就此来看，在价值层面上孔孟虽然尊王贱霸，但从实际语境来看，孔孟皆没有完全否定霸道的价值与意义，否则就不会分别说"今之诸侯，五霸之罪人也"，"齐一变"了。② 这就说明，儒家的王道理想并不完全排除事功和功利，或者说以王道理想规范和引导现实事功与功利，应该是符合孔孟之立场的。概因为此，宋儒程颐和朱熹都曾分别说过"君子未尝不欲利"，"仁义未尝不利"③，顺此，朱承也说："孟子在讨论义利抉择问题时，'义'既是目的，但同时也是实现长远功利的手段"④，这是符合孟子的语境与立场的。从文字的诠解来看，义者，宜也。这种解释不仅强调内在德性基础，也强调外在行为及其场域的合理性，而这种合理性自然并不完全排斥事功效果。

---

① 郭店简《唐虞之道》亦谓："必正其身，然后正世，圣道备矣。"（简3）

② 与孔孟一样，其后的董仲舒也秉持了这种立场，并进一步将霸道统摄于王道仁德之下："对于在儒家的视域中与王道相对的霸道，董仲舒着眼于现实问题，并非一概斥逐之，而是王霸结合，认为王霸两道都是治国不可或缺的方略，霸道也是仁德的体现，这就从一定意义上纳霸道于王道，将法家的重法尚力有限度地纳入他的思想体系内。"王心竹：《董仲舒王道论浅析》，《河南社会科学》2012年第7期。

③ 分见（宋）朱熹《四书章句集注》，中华书局1983年版，第202、201页。另外，关于儒家义利之辨的问题，梁涛从政治学的角度作出了自己的解释。对此，他认为："孔孟等儒者认为，政治权力应当首先追求'义'而不是'利'，但其所谓'义'实际又落实于民众的'利'，认为凡符合于民众的'利'才是真正的'义'；反之，若只是为了少数执政者的'利'，则是不'义'，故'义利之辨'某种意义上也就是公利与私利之辨。""义利之辨的政治学含义实际源自于执政者的私利与百姓民众的公利之间的紧张，它表达的是对制度（君主行为）之'私利'化、'专利'化趋势的否定。"言之有理。引文见梁涛《论早期儒学的政治理念》，《哲学研究》2008年第10期。

④ 朱承：《儒家的"如何是好"——以孟子为中心的考察》，《中国哲学史》2010年第4期。

当然，儒家眼中的三代政治模式并不一定就是历史史实，反而由于他们所持的仁义立场和王道理想而使其在一定程度上得到了美化，故而后人往往以"三代理想"来称之。对此，诚如韩德民所言："本是历史性概念的'王道'，就被有意无意地转化成了价值性概念，成了理想政治的代名词。"美国学者格里德尔（J. B. Grieder）也说："孔子和他早期的门徒把他们熟悉的、或能够回想起来的世界理想化了。"① 不仅如此，儒家还将现实世界作了道德化的理解。基于此，他们便将心中所持的王道政治不再视为理想，反而认为是一种历史的必然，认为现实世界必能实现王道政治，从而极大地消解了理想与现实之间本有的差距，也就忽视了三代社会与现实世界政治土壤之不同。如此，当儒家试图将王道政治落实于春秋晚期战国时期现实社会的时候，便遇到了重重困难，陷入了复杂的困境当中。

第四节　困境下的应对与期待

在上文虽然我们一再言说王道政治的理想性，但也不能否认，由于儒家具有入世、济世安民与关怀现实的品格，而其所建构的王道理想必然具有观照现实政治的指向与要求，因而可以说儒家为王道理想赋予了一定的现实品格。但是，此现实品格由于是基于王道理想精神而抽绎出来的，再加上受儒家仁义立场的影响和限定，从而使其与复杂多变、动荡不定、礼乐崩坏的社会现实多少有些疏离，故而梁惠王"迂远而阔于事情"（《史记·孟子荀卿列传》）的评价也非全然失当②，这也是儒家王道理想与现实政治相遇时所产生困境的具体表现。

当然，儒家对于王道理想在现实社会所产生的困境，并非至孟子时才有所觉察，事实上早在孔子去鲁周游列国之际便已深有感触："道不行，乘桴浮于海，从我者其由与？"（《论语·公冶长》）何以如此？如上

---

① 分见韩德民《荀子与儒家的社会理想》，齐鲁书社 2001 年版，第 113 页；［美］格里德尔《知识分子与现代中国》，单正平译，广西师范大学出版社 2010 年版，第 23 页。

② 任剑涛也认为，孟子的王道思想："见识悠远，但与政治疏离。一种以德性规范约束政治生活的意图是显而易见的。"任剑涛：《天道、王道与王权——王道政治的基本结构及其文明矫正功能》，《中国人民大学学报》2012 年第 2 期。

文所言，在由周制（王权社会）进入秦制（皇权社会）的历史进程中，政治制度的变化首先在礼乐文化与制度方面的变异表现出来，而这种变异实际上在孔子所处的春秋晚期即已开始。① 因而，孔子忧心忡忡、四处周游，试图稳定和维护基于宗法血缘伦理而形成的王权治下的封邦建国政治制度，而对于具有消解伦理道德倾向的侯王不敬天子、破坏礼制的行为甚为忧虑。

王道政治价值在春秋晚期现实社会的日渐失落，让孔门弟子在面对这一困境时不仅在立场、态度上产生了分化，而且在理论学说和实际行为上也有了差异。虽然儒门产生分化的原因比较复杂，很难一言以蔽之，但是如何应对王道政治价值的失落却是其所要共同面对的时代问题，也是儒门产生分化过程中共同的理论和现实背景。实际上，儒门产生分化的过程是由孔子对王道政治所作的价值预设开始遭受质疑与发生动摇的过程，也是王道政治的价值理想层面和政治制度层面逐渐发生分离并在儒家精神世界产生影响的过程。也就是说，儒门的分化，即已表征有的弟子仍与孔子一样视王道政治为指引现实政治改革与完善的价值理想，有的弟子则不再视王道政治为价值理想，反而认为它只是一种曾经存在过但已经有些不合时宜的政治制度。所以，在从事理论创建和现实政治活动的时候，有些弟子仍执守王道政治为价值理想，这样做的结果是，这部分弟子在现实政治活动中虽对当世侯王能起到一定的规劝和批判作用，但屡遭碰壁是其必然的政治命运，其后的孟子也是如此。有些弟子则将王道政治从价值理想层面还原、回落为政治制度，其立场和行为很难说完全是儒家式的，但由于或多或少地羼杂了法家、兵家式的思维方式与务实品格，反而更容易在现实政治中发挥作用从而实现自己的政治价值，这确实是一个颇为吊诡的历史现象。

到了战国时期，王道政治价值的失落则是一个愈加显著的历史现象，崇尚霸道的侯王主导现实政治，以仁义立国的侯王则往往处于岌岌可危的境地。在这个时候，在政治舞台上发挥重大作用的是法家、兵家和纵横家一类的人物，儒家若要如他们一样能够真正影响现实政治的话，就

---

① 笔者按：如果从端倪来说的话，《诗》中出现刺厉、幽的诗篇即已预示了这种危险与可能性。

必须将王道政治的价值理想暂时搁置起来，甚至承认王道政治的不合时宜性，进而认同现实政治世界的合理性或部分合理性，从而发挥其本有的军事才能和论辩才干。但假如儒家真的这样做的话，就等于是为侯王们的不世霸业推波助澜，多多少少背离了儒家的仁义立场，这也是儒家自身所面临的现实政治困境。在这种情况下，固然有不少儒家人物顺应时势而积极入世、干政，但也有抽身而出坚守王道理想者。故而，在郭店儒简中我们会发现，处于战国中期的儒家学者们往往反复强调"时""侯时"和"势"（见于《穷达以时》《唐虞之道》《性自命出》等）①，这就说明他们已逐渐意识到政治理想与政治价值的实现不仅需要儒者本身的德性修养和政治才干，更为重要的是，在当时的历史条件下尤其需要良好的时机与时势。

等到秦、汉中央集权政治制度完全确立以后，如何面对中央权力更加集中的皇权，儒家同样也产生了分化，就如同我们曾在一篇文章中所分析的②，儒家于汉初产生分化在叔孙通和鲁地那两位儒生身上表现得非常明显（事见《史记·叔孙通列传》）。而且，叔孙通这一类儒家人物的出现已完全颠覆了过去那种焦虑、徘徊、侯时的传统儒者形象。在他看来，侯时、等待的时期已经过去，一统时代的来临即已表明这是一个百废待兴、秩序重建的时代，也是儒家可以大展宏图的时代。因而，在叔孙通的眼中，一统时代便是先儒们所苦苦寻求和等待的最佳时机。于是，原来先儒们那种"侯时"的焦虑形象便演变成了叔孙通这里的"用时"和"只争朝夕"、亟不可待的人物形象。当然，并不是所有的儒生都如同叔孙通那样，虽然权力的高度集中让王道理想在汉代社会那里主要呈现为隐而未显的状态，并以儒生们明经、注经的方式得以存留，但是王道理想在传统政治领域却从未完全退场和缺席过，这对于身负历史使命与

---

① 在郭店儒简尤其是《穷达以时》中屡言："有其人，无其世，虽贤弗行矣。苟有其世，何难之有哉。"（简1—2）"遇不遇，天也。"（简11）"穷达以时，德行一也。"（简14）"穷达以时，幽明不再。故君子惇于反己。"（简15）等等。对此，王光松也说："将自身角色定位为'修身侯时'，他们在将理想实现寄于未来的同时，特别突出了'侯'（即'等待'）这一角色规定。"诚是。见王光松《在"德"、"位"之间》，华东师范大学出版社2010年版，第58页。

② 详见李友广《"侯时"与"用时"——先秦儒家与汉儒政治态度之比较》，《人文杂志》2013年第7期。

人文情怀的儒者而言更是如此。

小　结

　　尽管王道政治在春秋晚期战国时期的日渐衰微已成必然之势，而儒家所努力建构与践行的王道理想，在现实社会的落实与实现也变得困难重重。在天下政治走向尚不明朗的情况下，儒家暂时无法展望未来而只能回望历史，尤其是距离儒家最近的西周典章制度与礼乐文化，并试图以儒家化了的思想理论与政治主张来指导现实社会的变革。在新旧制度交替的特殊历史时期，以理想化了的旧制来化解因新旧制度交替所产生的矛盾与冲突，确实有些力不从心，也难以如儒家所愿。但不能否认的是，儒家在理论与实践上所做的诸种努力，绝不能仅仅以后果与效验来衡量，因为在儒家的思想学说当中还有着非功利主义的一面，其价值、精神与意义也绝非后果与效验所能涵盖得了的。

　　考虑到春秋晚期战国时期礼乐崩坏、天下政治失序的社会现实，与避世隐居、全志自保的隐士相比，儒家不避险难、入世勇为的精神在追名逐利、风云际会的乱世中显得悲壮而可贵。当面对世间的肉食者多是福厚德薄情况的时候，更是如此。

　　在面对上下易位、旧制崩解的乱世时，儒家主张正名，以探讨名实关系的方式来缓和甚至化解旧礼与新制之间的矛盾与冲突。由于上下易位所带来的政治结构动荡与社会旧秩序瓦解，让身处洪流中的人们无法置身度外，更无法袖手旁观。在这种情况下，儒家在政治理想上的构建努力，其价值并不仅仅在于彰显自身的政治立场与态度，更体现出了儒家以尊王的方式试图使天下政治重回王道秩序，从而重现万邦来朝、天下咸宁的历史盛况。可以说，儒家的这种努力在春秋晚期战国时期固然无法实现，但其努力在当时的现有条件下，是一种可能会实现的救世方案。

　　儒家的尊王立场，自孔子始便不断得到阐扬，并影响深远。从经学史的角度来看，尊王是经学当中一个经久不衰的重要议题，在历经乱世的历史时期对此讨论更盛。尽管儒学在汉代成为官方学说的原因很多，但自孔子始对于尊王立场的守持无疑是其中非常重要的一个因素。故而，在第三章，我们将以《论语》为主要文本依据，对孔子的尊王立场以及《论语》的升经等问题进行研究，进而借此来考察西周王道政治、孔子尊王立场与王道理想之间的关系。

第 三 章

《论语》文本与孔子尊王立场

就经学史的角度而言，不管是作为子学的《论语》、作为传的《论语》，还是作为经的《论语》，一经结集成书便具有非凡的价值与意义。在本章，我们将从经学的角度入手，主要围绕尊王与道、尊王立场与伦理价值、尊王方式以及尊王与《论语》升经等重要议题对《论语》展开研究。

第一节　道、有道与无道问题

从思想史的角度来看，由三代至春秋晚期战国时期，思想文化的发展整体上呈现出由宗教神学向人文理性过渡的特点。在这一过程中，决定人们命运的不再是帝和天以及沟通帝人、天人关系的龟卜与蓍占等具有宗教神秘色彩的手段与方式。从《尚书》可以看到，西周时期的当权者们已不再完全受制于帝、天的神秘意志，反而找到了可以主宰国家权力与政治命运的钥匙，而这把钥匙在周人眼里就是"德"。周人认为，只要敬德、修德，进而经由德政教化便可敬天保民，主宰国运基业和政治命运。依此，人与政治权力的命运便不复完全被帝、天等具有宗教神秘色彩的外在力量所左右，而是将个人与政权的命运在很大程度上掌握在了自己的手里。

当然，由此也可以说，从三代至春秋晚期是一个人文理性主义精神不断得到彰显的时代。在这样的时代里面，人的主体性不断上升，尤其是战争频仍、礼乐崩坏的社会历史现实，让人们无法不对自身命运、人存在的价值，天下向何处去，以及天地万物的来源等一系列关乎人生存与发展的问题有着集中关注与探讨。在这当中，"道"逐渐成为春秋晚期思想文化言说的核心概念，成为统摄"器"和观照"器"的形上依据与价值根源。可以说，"道"由道路义向本根义、生成义、规律义转进，与人们对于世界万物与自身价值、命运的思考是分不开的。固然，对于"道"的理解与界定，在诸子活跃的春秋晚期已呈多义涵、多层次的特点，但是最终都有着对于人本身关怀的鲜明指向。故而，诸子时期的"道"，既是"器"之上的"道"，又是"器"之中的"道"。"道""器"不离，合二为一。

有鉴于社会的动荡失序，侯王们的争斗不休，道家人物老子以"道"为天地宇宙运行的理想状态与趋势，而在老子看来这种理想性便是由"道"的自然而然性所呈现出来的。老子认为，在"道"的自然而然状态影响下的天地万物都呈现出一种最佳的存在状态与运行趋势，由于人以及由人所构成的社会与政治也出自"道"，故而社会与政治也应该不离"道"、不违"道"。基于此，老子认为，人应通过对地、天中间环节的效法而最终法道、依道而行。于是，道的自然而然之状态与态势到了人身上，便影响到了人的思维方式、社会行为与存在状态，这就要求人们要顺道之自然，而不要强为、妄为。这种基于道而下贯人事的思维方式，学者们则常常以"推天道以明人事"（《四库全书总目提要·经部·易类序》）来加以概括。

与道家的这种运思方式有所不同，尽管孔子也非常关注道，并言谓"朝闻道，夕死可矣"（《论语·里仁》），给予道以终极性的价值与意义，但是孔子的"道"则更多地关注人伦日用与社会人事。故而，在儒家这里他们不仅强调要体道（体悟道）、闻道（通达道），还非常重视弘道（传道），从而努力将"道"真正落实到人伦与人事上面。可以说，尽管两者都会关涉到人、社会与政治，但在层面上，道家的"道"生天生地、自本自根，儒家的"道"则更多地呈现出重亲情、厚伦理的特点，可以用"下学上达"（《论语·宪问》）来称谓儒家的这种特点与思维路径，即下学人事，上达天道。① 与此相应，春秋晚期的政治社会虽然正处于礼乐崩坏的动荡局面，但由于封邦建国的政治权力架构仍然比较稳固，故而家国同构的政治特点依然显著。在这种历史情境下，儒家在评判侯王卿相政治行为与军事行动的时候，往往以天子立场为评价的标准与依据："天下有道，则礼乐征伐自天子出；天下无道，则礼乐征伐自诸侯出。"（《论语·季氏》）② 由所征引文献可知，此处孔子所言之"道"与道家的"道"有着明显差异，后者的"道"是非可道之道（《老子》第一章即云："道可道，非常道。"），"道"的存在样态及其对天地万物发挥作用的形式并非言语所能描摹，或者说作为有限性的人是无法直接把握和认知高邈抽象的"道"的。与此不同，孔子所言的"道"从不离人伦日用，不用说人道，即便是其所屡言的"天道"往往也是基于对人自身本质、价值与合理性的探讨，这在《礼记·中庸》表现得尤为显著："诚者，天之道也。诚之者，人之道也。"可以说，在这里，言"天道"并非目的，而对"人道"以及如何实现"人道"的探讨是最终的理论旨归。从儒家的运思理路来看，儒家讲"天道"很少有完全抛开人与人道去谈的情况，也可以说，儒家讲"天道"最终是为了人的价值与尊严的挺立。所以，孔子以天下有道和天下无道来评判天下政治秩序的时候，指涉的也是政治制度、礼仪秩序与人的合理性存在之间的关系。

以殷商贵族后裔自居的孔子（《史记·孔子世家》云："夏人殡于东

---

① 关于"下学上达"的对象与内容，颜师古注云："上达，谓通于天道而畏威。"《集解》引孔安国注曰："下学人事，上知天命。"皇疏："下学，学人事。上达，达天命。"受此影响，清人宋翔凤《论语发微》亦云："下学人事、上知天命也。"至于"下学"和"上达"之间的关系，清人朱柏庐《毋欺录》则云："学之必不可以不进于上达，而教之必不可以不主于下学也。"（引文详见程树德《论语集释》，中华书局1990年版，第1019—1021页。）而关于下学的具体内容，苏辙于《古史》中则进一步确认为"洒扫应对诗书礼乐"，"洒扫应对诗书礼乐，皆所从学也，而君子由是以达其道，小人由是以得其器"。根据苏辙的注解可以看出，君子所上达的"道"与"器"相对，具有形上性质，故而解释为"上达天道"可能比"天命"更符合孔子的思想主旨。关于苏辙的引文，见程树德《论语集释》，中华书局1990年版，第1003页。

② 除了以天子立场为评价的标准与依据以外，儒家同样还以德行为重要依据："天下有道，小德役大德，小贤役大贤。天下无道，小役大，弱役强。斯二者，天也。顺天者存，逆天者亡。"（《孟子·离娄上》）"天子者，势位至尊，无敌于天下，夫有谁与让矣？道德纯备，智惠甚明，南面而听天下，生民之属莫不振动从服以化顺之。"（《荀子·正论》）当然，从儒家的立场来看，理想的天子自是有德有位者，故这两种评价标准与依据并不完全矛盾，反而可以以儒家的方式相统一。

阶，周人于西阶，殷人两柱间。昨暮予梦坐奠两柱之间，予始殷人也。"），对于三代政治制度与思想文化自是比一般人要了解得多，且怀有深沉的认同感。基于此，孔子对于西周的政治制度与礼乐文明往往在认同的基础上，仰慕不已，故言谓"吾从周"（《论语·八佾》）。身处礼乐崩坏的春秋晚期，孔子对于天下失序的政治现状痛心不已，而之所以会出现这种政治局面，在他看来恰恰是因为侯王卿相们不尊王的结果（《吕氏春秋·有始览·谨听》亦云："今周室既灭，而天子已绝。乱莫大于无天子。无天子，则强者胜弱，众者暴寡，以兵相残，不得休息。"）：就天下而言，是诸侯不尊天子；就国家而言，是权卿不尊诸侯；就采邑而言，则是家臣不尊大夫。这一切祸乱的根源，在孟子看来则是人言利的结果："王何必曰利？亦有仁义而已矣。王曰'何以利吾国'？大夫曰'何以利吾家'？士、庶人曰'何以利吾身'？上下交征利而国危矣。万乘之国，弑其君者，必千乘之家；千乘之国，弑其君者，必百乘之家。"（《孟子·梁惠王上》）① 而在孔子看来，则是不尊天子的结果。不尊天子，在典章制度上的表现便是礼乐崩坏以及侯王卿相们由下至上的种种僭越行为（《韩非子·备内》即云："有主名而无实，臣专法而行之，周天子是也。"），对此孔子言谓："天下有道，则礼乐征伐自天子出；天下无道，则礼乐征伐自诸侯出。"（《论语·季氏》）在这里，对于侯王们行为"有道"与"无道"的判定，实际上是基于对天子威严是否得到尊崇来加以考量的。

在儒家看来，生活于社会中的生命个体不离伦理与政治，伦理是修养的起点，政治则是成就伦理价值的最优方式。在这种立场之下，儒家对于"道"的追求实际上主要指向了人道：包括人的本质、人的价值与合理性，以及如何实现的问题。由此可以说，儒家的"道"具有浓厚的伦理性与利他性，而这种伦理性与利他性特点的形成又离不开日常践履，故而子夏云："博学而笃志，切问而近思，仁在其中矣。"（《论语·子张》）孟子亦谓："道在迩而求诸远，事在易而求诸难。人人亲其亲，长其长，而天下平。"（《孟子·离娄上》）不仅如此，备受孔子赞赏的子产

① 对此，司马迁评论说："余读孟子书，至梁惠王问'何以利吾国'，未尝不废书而叹也。曰：嗟乎！利诚乱之始也！"（文见《史记·孟子荀卿列传》）

亦曾说道:"天道远,人道迩"(《左传·昭公十八年》)。从所征引的文献可以看到,儒家所言之"道"具有浓厚的伦理性与践履性特征,故而在很多时候儒家的"道"往往可以被化约为"仁",或者说可以用"仁"来置换,在这种情况下,儒家的"道"便在理论指归上指向了王道:"尧舜之道,不以仁政不能平治天下。""道二,仁与不仁而已矣。""天下溺,援之以道。"(《孟子·离娄上》)关于这一点,黄克剑曾颇有见地地指出:"孔子之'道'的价值取向是由'仁'喻指的","'道'是哲理化了的一个隐喻,它由可直观的道路升华而来,却也因此把道路必当有的朝向性和那种必得在践履或践行中才得以发生和持存的性态保留了下来。'道'的朝向性使'道'有了'导'即导向的内蕴;'道'的只是在践履或践行中才得以发生和持存的性态,则注定了'道'之所'导'的实践性和非一次性"。① 可谓所言非虚。

由此来看,儒家视野中的"道"主要指向了人道(当然包括王道)。与天道的高邈、不易把握相比,人道显然体现在了人们的人伦日用当中,经由人的修身、为学与出仕等方式便可体悟与把握。在儒家看来,理想中的君王是最有条件实现平治天下,维护人道价值的人物,这样的人物不仅要有位,还要有德(在事功上必然彰显出最大的利他性)。如此人物,便是儒家王道政治的理想承担者,"天下溺"非得由此人物"援之以道"不可,扭转"天下无道"之颓势而重回"天下有道"之合理有序的天下秩序。

第二节 人道视野下的尊王

由上文研究可知,儒家视野中的"道"更多地集中于人道,而出于对人道秩序与价值的维护,儒家在探讨人道的时候往往会在理论视角上关涉到天(天道)和王(王道)两个方面。可以说,儒家尊王思想的产生,根本上是为了更好地维护伦理亲情与人的合理化存在。关于这一点,接下来我们主要以儒家的重要文本《论语》为对象进行探讨。

---

① 黄克剑:《〈论语〉的义理旨归、篇章结构及与"六经"的关系——我之〈论语〉观》,《哲学动态》2011 年第 6 期。

为何说春秋晚期儒家的尊王思想与伦理亲情、人的合理化存在这两个方面密切相关呢？或者说，儒家的尊王其目的是什么？这个问题不仅关涉到其时的天下政治秩序，而且还是一个非常重要的经学议题，这一议题不仅与《论语》文本由子入经的问题关系密切，而且还直接影响到了后世经学家们对于诸多经学文本的探讨。故而，对于这一问题的充分讨论，可以有助于我们更好地从"尊王"这一角度来把握经学议题在先秦时期的出现与发展，以及对经学与经学史发展所产生的影响。

要解决上述问题，就需要从西周的政治制度与政治体系入手来加以探讨。众所周知，西周以"封藩建卫"的方式建构起了天子—诸侯—卿大夫—士的层级权力结构①，而维系这个权力结构的则是在凸显嫡长子威严基础之上的宗法血缘伦理。可以说，西周的政治制度与政治体系既有等级森严、不可逾越的一面，同时又由于天子与诸侯、卿大夫之间的血缘伦理关系，使得他们之间并不完全是政治性的存在，除了君臣关系以外，他们还是兄弟、叔侄、舅甥等血亲与姻亲关系。在这种情况下，西周的政治制度整体上呈现出了家国同构的特点，而这种特点使得此时的政治制度与政治文化被蒙上了温情的面纱，故也可以将其称为政治的伦理化。西周政治上所呈现出的这种特点，在儒家看来，恰恰是出于对伦理价值的维护，虽然在后世经学家那里经常会有关于"从王命与从父命"的讨论，并最终以从王命的方式来解决带有伦理困境的现实政治问题，但是在探讨此类问题的时候，经学家们毕竟并没有完全倒向王命的价值判断，而是在维护王命政治立场的同时，也在反复考量如何协调与父命之间的关系，从而尽量在政治命令与伦理亲情之间实现比较完满的统一。关于这个问题，《论语·述而》曾有过相应的讨论：

> 冉有曰："夫子为卫君乎？"子贡曰："诺，吾将问之。"入，曰："伯夷、叔齐何人也？"曰："古之贤人也。"曰："怨乎？"曰："求仁而得仁，又何怨？"出，曰："夫子不为也。"

---

① 关于西周的政治权力结构，西汉初年著名政论家贾谊在《新书·阶级》中曾有过具体说明："古者圣王制为列等，内有公、卿、大夫、士，外有公、侯、伯、子、男，然后有官师、小吏、施及庶人，等级分明，而天子加焉，故其尊不可及也。"

　　此处所言卫君指的是卫灵公之孙卫出公辄，是太子蒯聩之子。太子蒯聩因得罪卫灵公的夫人南子而出逃，灵公死，立辄为君，是为卫出公。后来，蒯聩被晋国心有所图的赵简子送回，蒯聩则试图夺回君位，而辄拒绝其父回国。由于太子蒯聩与卫出公辄是父子关系，而二人又围绕着君位问题展开了互不相让的争斗。这在孔子看来，辄是从王父命不从父命（清人戚学标《论语偶谈》则认为是"拒晋非拒父"①），蒯聩则是挟父威而不从君命，不管辄还是蒯聩都不符合孔子的立场。辄尊君命（诸侯为周天子分封制体系下的产物，尊君从形式上看即为尊王②）却有失伦常，蒯聩既不尊君命更在人伦上有亏。故而，子贡借伯夷、叔齐让国之间来试探夫子的态度，通过后者"求仁而得仁，又何怨"的回答可知，夫子是不可能帮助卫出公辄的。实际上，按照孔子的立场，"面对卫国的政治局面，惟一的可能是以'让'这一政治品质来结束父子之间的战争"，与《论语·泰伯》所载"泰伯，其可谓至德也已矣。三以天下让，民无得而称焉"立场相同，但是两者之间又互不相让，故而"在蒯聩与辄父子争国的事件中，孔子面对现实，悬搁了他的立场"③。悬搁立场便意味着孔子既不可能为卫君辄，更不可能为蒯聩。当然，孔子在卫国父子争位这个历史事件当中虽然没有表明自己的立场，但没有表明立场恰

---

　　①　毛奇龄《四书剩言》则认为："古立国典礼不以父命废王父命，辄之拒聩，遵王父命也，可为也。"对于辄的举动从王父命的角度给予了同情性的理解与肯定。所引文皆见程树德《论语集释》，中华书局1990年版，第460页。

　　②　尽管尊王最直接的表述即为尊天王、尊王权，意味着贬诸侯、攘夷狄，但在封国内诸侯为尊，故在封国内尊王的直接表现便是尊君命。当然，在天子式微，诸侯崛起，权卿家臣时常僭礼的时代背景下，这既表现出了"尊王"行为的逐渐弱化，也是退而求其次的做法了。（参见崔广洲《北宋〈春秋〉尊王思想探析——以孙复、刘敞、孙觉为中心》，《江苏开放大学学报》2014年第3期。）故孙复于《春秋尊王发微》云："昔者幽王遇祸，平王东迁，平既不王，周道绝矣。观夫东迁之后，周室微弱，诸侯强大，朝觐之礼不修，贡赋之职不奉，号令之无所束，赏罚之无所加。坏法易纪者有之，变礼乱乐者有之，弑君戕父者有之，攘国窃号者有之。"（宋）孙复：《春秋尊王发微》，文渊阁四库全书第147册，上海古籍出版社1987年影印本，第3页。

　　③　所引文见陈壁生《〈论语〉的性质——论一种阅读〈论语〉的方式》，《人文杂志》2018年第1期。对于"让"这一政治品质，汉儒董仲舒在《春秋繁露》中同样也给予了很高的评价，其言谓："是故让者《春秋》之所善"，并称为"让高"，即以让为美。见苏舆撰，钟哲点校《春秋繁露义证》，中华书局1992年版，第78页。

恰是孔子的一种鲜明立场，这种立场即已彰显了辄与蒯聩皆有未及之处，与孔子的立场相去甚远。① 或者可以说，孔子对其立场的悬搁即已表明，他对于蒯聩不遵父命、与子争位的不满，对于卫出公辄与父相争同样也颇有微词。就此而言，实际上彰显的是孔子对于伦理价值与尊王立场的双重维护，进而在这种双重维护过程当中试图较好地协调两者在家国结构当中的价值与意义，从而不至于陷入为了争夺权柄而使伦理价值失落，为了维护伦理价值而让政治权力失去正当性，这两种行为在现实社会中可能会出现的各有所偏的弊端。故而，就孔子的立场而言，在如何直面矛盾复杂、价值混乱的现实政治社会的这一问题上，既然在具体的历史事件中很难实现对于伦理价值与尊王立场的双重维护，那么他所要做的只能是将自己的立场暂时悬搁起来，而在他这种悬搁的态度中即已表明了自己既要重视伦理价值又要维护尊王立场的鲜明特点。

如果说，在这个颇具争议的历史事件中，孔子并没有表露出明确的态度与立场的话，随着时间的推移，到了《公羊》《谷梁》二传那里便已明显地表现出了崇辄抑蒯的主张：

> 《春秋·哀公二年》：晋赵鞅帅师纳卫世子蒯聩于戚。
>
> 《谷梁传》解释说：纳者，内弗受也。帅师而后纳者，有伐也，何用弗受也？以辄不受也。以辄不受父之命，受之王父也。信父而辞王父，则是不尊王父也。其弗受，以尊王父也。
>
> 《公羊传·哀公二年》："戚"者何？卫之邑也。曷为不言入于卫？父有子，子不得有父也。

基于蒯聩叛父和灵公废立的历史叙事，再加上强烈的尊王立场，《公

---

①　与后世经学家多崇辄抑蒯的价值立场不同，宋人郑汝谐对辄的看法与孔子比较一致。其在《论语意原》云："辄之立，非灵公命也。有公子郢在，足以君其国，辄当委国而逃。而乃据其国以抗其父，其得罪于夷齐也大矣。以夷齐之穷犹不怨，辄之去国，非至于夷齐之穷也，何为而不去哉？"同孔子的立场一样，郑汝谐也认为辄的举动有失当之处，在父子争权这件事情上，辄应该效法伯夷、叔齐而采取"让"的办法，让位于他人。所引文见程树德《论语集释》，中华书局1990年版，第463页。

羊》明"不以父命辞王父命""不以家事辞王事"之义,《谷梁》明"尊
王父"之义,在对蒯聩争权进行强烈批评的同时,也为卫出公辄政治权
力正当性的确立进行了有力的论证。可以说,在二传文本所构筑的经学
立场与经学精神之下,王父命是高于父命的价值判断标准。在卫国父子
争权这一历史事件当中,之所以辄的举动受到肯定就在于其尊王父命,
而蒯聩争权便是对于灵公之命的一再违背,自然便丧失了获取君位的资
格。对此,黎汉基基于对二传的理解而申论说:"人们固然可以责备卫灵
公糊涂没能理顺父子关系,但蒯聩毕竟有弑母之罪,在父丧期间援引外
力回国夺位,更是标准的伐丧行为,不孝之罪十分显然。"① 这种观点的
得出,首先是基于蒯聩得罪于灵公而做出外逃举动的事实,当然也是对
卫出公辄政治权力正当性作出的辩护,与《公羊传·哀公三年》的立场
一致:"辄者曷为者也? 蒯聩之子也。然则曷为不立蒯聩而立辄? 蒯聩为
无道,灵公逐蒯聩而立辄。然则辄之义可以立乎? 曰,可。其可奈何?
不以父命辞王父命,以王父命辞父命,是父之行乎子也。不以家事辞王
事,以王事辞家事,是上之行乎下也。"对此,唐徐彦疏云:"'念母则忘
父,背本之道也,故绝文姜不为不孝,拒蒯聩不为不顺,胁灵社不为不
敬,盖重本尊统,使尊行于卑,上行于下'是也。"② 后来的刘向(《说
苑·辨物》云:"辞蒯聩之命,不为不听其父。")及郑玄③都持有崇辄抑
聩的价值立场,这无疑是尊王立场的具体体现。

当然,孔子尊王立场的出现与形成并非突发奇想的,而是有着深厚
的历史渊源与社会土壤。从西周时期的尊祖敬宗、天子威权日隆(与商
王权力相比尤为显著)到孔子的尊父尊王,以及《春秋经》和《春秋》

---

① 黎汉基:《父命抑或王父命?——从聩辄争国事件看儒家政治伦理的发展》,《中山大学
学报》(社会科学版)2018 年第 4 期。

② (汉)何休解诂,(唐)徐彦疏:《春秋公羊传注疏》,上海古籍出版社 2014 年版,第
1152 页。

③ 郑玄有云:"蒯聩欲杀母,灵公废之是也。"(唐)杨士勋疏,李学勤主编:《春秋穀梁
传注疏》,北京大学出版社 1999 年版,第 338 页。与其立场一致,清人毛奇龄《论语稽求篇》
亦云:"盖齐受父之命,辄受王父命,辄未尝异齐也。夷遵父命,聩不遵父命,是聩实异于夷,
夷让齐亦让,是让当在聩也。聩争辄亦争,是争不先在辄也。况叔齐之让,祗重私亲;卫君
之争,实为国事。"见程树德《论语集释》,中华书局 1990 年版,第 463 页。

三传屡言"王父命"①，实际上呈现出了君王政治权力日益走向集中与强大的历史趋势，也是在天下政治走势依然混沌不明的历史条件下，孔子试图解决其时政治失序、社会动荡现实问题具有可行性的思想立场与应对方案。从思想史的角度来看，孔子的尊父尊王思想，是先秦政治思想文化发展链条上的重要一环。在由父权统领部族、家族群伦到父权与王权并重，再到王权高于父权这样一个基本发展趋势当中，孔子的这种思想无疑是父权与王权并重特点的重要体现，也彰显了孔子在处理政治与伦理关系问题上的慎重与高妙。在孔子看来，对于人道价值的维护，既需要以伦理为入手处又需要德位相配的君王以安人、安百姓，这是在当时现有的历史条件下，他所能给出的理想的解决方案。不仅如此，孔子对于具体历史事件与历史情境中所彰显出的王权与父权（政治与伦理）问题的思考与应对，也深深影响了后世经学家们对于此类问题思考的立场、视角及理路。② 由此来看，孔子与经学的关系颇为密切，或者说孔子对于经学的发展确实起了非常重要的作用③，故而徐复观所言："在（指经学——笔者注）形成的历程中，孔子当然处于关键性的地位。但孔子并非形成的开始，也非形成的终结。""经学的基础，实奠定于孔子及其后学，无孔子即无所谓'经学'。……可以说，孔子及其后学所奠定的是经学之实，但尚未具备经学之形。"④ 陈壁生言谓："《论语》是一本特定

---

① 诚如崔广洲所言"《春秋》三传对尊王大义多有阐述，历代儒者经师，像董仲舒、杜预、范宁、中唐啖赵陆亦多有发挥"，但是由于汉唐国家强盛，尊王大义并没有得到足够重视与系统阐发，而到了宋代，由于少数民族政权威胁的始终存在，"宋儒一反前人治《春秋》的路子，尊王大义成为《春秋》的核心思想之一"。崔广洲：《北宋〈春秋〉尊王思想探析——以孙复、刘敞、孙觉为中心》，《江苏开放大学学报》2014年第3期。

② 这种尊君思想，到了董仲舒这里则演变为运用阴阳（或曰阳尊阴卑）理论来论证君父夫的绝对支配性地位："《春秋》君不名恶，臣不名善。善皆归于君，恶皆归于臣。"（《春秋繁露·阳尊阴卑》）"君臣父子夫妇之义，皆取诸阴阳之道。君为阳，臣为阴；父为阳，子为阴；夫为阳，妇为阴。……是故臣兼功于君，子兼功于父，妻兼功于夫，阴兼功于阳，地兼功于天。"（《春秋繁露·基义》）参见林聪舜《西汉前期思想与法家的关系》，台北：大安出版社1991年版，第161—163页。

③ 虽然孔子所处的时代并无"经书"与"六经"之名，而"六经"则开始出现于战国时期《庄子》文本中的《天运》《天下》两篇以及郭店楚简《语丛一》当中，但"六经"之名的出现当与孔子整理古代典籍不无关系（据司马迁《史记·孔子世家》记载，孔子曾经整理过六经）。参见叶纯芳《中国经学史大纲》，北京大学出版社2016年版，第15页。

④ 分见徐复观《中国经学史的基础》，九州出版社2014年版，第6、34页。

人群记录下来，且只针对特定人群的书，这一特定人群就是第一代经师。"① 两者所言并非没有道理，反而更容易彰显孔子在经学体系确立过程当中所起的作用与所作出的贡献。

第三节　尊王的方式及可能性

作为集中呈现儒家立场与态度的经典文本，《论语》的内容丰富多彩，在这当中除了包括大量强调德性修养的内容以外，还有着对于现实政治世界的反复考量以及由此所彰显出的浓厚而又鲜明的尊王立场。既然要尊王，当然会有方式方法体现出来。故而，接下来我们将主要通过对《论语》文本的分析而对于其中的尊王方式予以归纳与揭示。

1. 追慕先贤，回溯西周礼乐文明

在孔子所处的时代，由天子—诸侯所构成的国家政治权力体系已出现前所未有的松动，礼乐崩坏与政治失序只是天子威权弱化这个问题的一体两面。不仅如此，春秋晚期天下政治大势走向如何也不如战国中晚期那样得明朗。在这种情况下，既然现实政治不能令孔子满意，而未来政治走势又难以把握，那就只有回到过去，回到对春秋时代影响最巨的西周王朝了。诚如许雪涛所言："孔子是在其所能接触到的思想资源里，最大可能地为社会寻找一个合理的秩序安排。在没有新的资源加入，或者社会生活的改变没有足以让人们丢掉过去的观念的前提下，孔子自然会有对其理想的强烈认定。"② 言之有理。孔子看到奠基于天子威权之上的西周礼乐文明与家国同构性质的政治制度，是天下政治体系得以良好运转的综合性保障。故而，在审视、评判现实政治事件与社会现象的时候，孔子往往以追慕先贤、回溯西周礼乐文明的方式（《论语·八佾》云："周监于二代，郁郁乎文哉。吾从周。"）来进行，进而以其所重塑的周制及规范来审视其所处的政治与社会，就如同后世经学家在阐发儒家

① 见陈壁生《〈论语〉的性质——论一种阅读〈论语〉的方式》，《人文杂志》2018 年第 1 期。

② 许雪涛：《论孔子的崇古与天命思想——以早期公羊学和〈论语〉为中心的考察》，《学理论》2011 年第 7 期。

经典的时候往往会回到孔子的立场与主张上一样。

在《论语》文本所构筑的价值世界里，孔子最为仰慕与推崇的恐怕非周公莫属："甚矣吾衰也！久矣吾不复梦见周公。"（《论语·述而》）此虽寥寥数语，但争议颇大，后世注家对此展开了不休争论。首先，"衰"字作何解？对此，通常解释为年岁或者身体（形），皇侃《论语义疏》、何晏《论语集解》、朱熹《论语集注》、钱穆《论语新解》、杨伯峻《论语译注》及杨逢彬《论语新注新译》皆作此解释。另外，作"时世"解。朱熹、杨时等人则认为不是孔子衰，而是时世衰。（《朱子语类》卷三十四）根据诸种注解，我们可以发现，孔子所叹之"衰"，既有身体与年岁的因素，更有着对于时危政衰的慨叹，政衰则意味着让孔子对于实现王道理想的期许越发渺茫，"不梦周公"实则意味着理想抱负在他这里已无望实现，故他"去鲁凡十四岁而反乎鲁"（《史记·孔子世家》）。第二个颇具争议的问题便是，圣人那么多，孔子为何独言不梦周公？关于这个问题，当然要从孔子的立场为入手处。班固《汉书·艺文志·诸子略》云：儒家"祖述尧舜，宪章文武。"可见，尧、舜、文、武都是孔子非常崇拜的圣人形象，但是由于"他们的历史贡献主要在实践层面，留存的言论不多，并且缺少理论性"，所以总体而言，孔子创立儒家学派，对其影响最大的是周公。"周公的历史贡献不但有实践，而且有理论。被周公理论化了的敬德观念和制度化了的礼乐观念，才是孔子儒家学说最直接、最清晰的思想渊源。"① 可以说，周公制礼作乐的圣人形象，是王道与文明的象征，也是孔子最为仰慕与推崇的对象。

当然，除了周公，孔子称颂与肯定的其他人物也都是有德有位的贤能之人。孔子称颂这些人，无疑是与其拥有显赫的政治功业密切相关，其他即便是主动让贤之人也是因其德行高尚而让贤者在位从而对良好政治局面的形成产生了积极作用。故由此来看，"位"是影响现实政治，改善民众生存状态所必不可少的条件。但一个非常现实的问题是，在位者多而有德者少，僭礼越位、失序混乱，这是春秋晚期出现的一个非常普遍的现象。对此，孔子痛恨不已，故他念念不忘的是那些有位且不失德的"肉食者"："泰伯，其可谓至德也已矣。三以天下让，民无得而称

---

① 刘文英：《关于孔子梦见周公的几个问题》，《孔子研究》2004 年第 4 期。

焉。""巍巍乎！舜、禹之有天下也而不与焉。""大哉尧之为君也！巍巍乎，唯天为大，唯尧则之。荡荡乎，民无能名焉。巍巍乎其有成功也，焕乎其有文章！"（《论语·泰伯》）依此，孔子用"巍巍乎"这一评价极高之语词来称颂尧和禹，显然是因为尧、舜、禹拥有不私己和利他性的德行操守，这与春秋晚期崇霸轻王的风尚形成了鲜明对比。

2. 品评时人，批判现实政治

当然，追慕先贤，回溯西周礼乐文明，只是方式而不是目的，孔子的最终目的还是要回到现实社会，品评时人、批评时政，以匡正天下秩序。由于是直面现实政治社会，故而孔子对时人（也兼及历史人物）的品评，必然会指向僭礼乱政者，也会指向尊王为社稷者，前者是孔子借机评议时政，以表达内心的不满；后者则是孔子为现实政治与侯王卿相树立治国理政的范型与榜样。

就实际情况而言，春秋不仅无义战，而且各国政治也时常会陷入动荡失序的危险境地。对此，孔子不仅言谓"凤鸟不至，河不出图，吾已矣夫！"（《论语·子罕》）对于失德政衰的天下政治现状颇为不满，而且借助品评人物的政治表现来直陈自己注重礼法名分、尊王的立场与态度。在这当中，既有孔子对于那些违礼乱政大夫的强烈不满，也有他对于那些虽被时人称许但仍不符合其立场与标准大夫的批评与期许①。在此，我们先分析《论语》文本中的两则材料。

第一则材料是：

> 陈成子弑简公，孔子沐浴而朝，告于哀公曰："陈恒弑其君，请讨之。"公曰："告夫三子。"孔子曰："以吾从大夫之后，不敢不告也，君曰'告夫三子'者！"之三子告，不可。孔子曰："以吾从大夫之后，不敢不告也。"（《论语·宪问》）

---

① 除了大夫以外，孔子还对于其时避世全志的隐士也有所批评，这方面的内容主要集中于《论语·微子》。天下无道，是孔子与隐者的共识，但如何对待无道的天下才是两者的分歧之所在。孔子对于隐者的批评即在于，他们只在意自身的志向与节操，置社会人伦与君臣之义而不顾，与"鸟兽"并没有根本性的不同。孔子对于隐者的这种批评，无疑也是将尊王立场投射于其间。对此，子路亦曾激烈批评道："不仕无义。长幼之节不可废也，君臣之义如之何其废之？欲洁其身而乱大伦。君子之仕也，行其义也，道之不行已知之矣。"可谓深得其师之真义。

　　关于陈成子弑简公一事，可见于《左传·哀公十四年》《史记·齐太公世家》《史记·田敬仲完世家》《史记·仲尼弟子列传》。陈成子弑简公，臣下弑君上，上不尊君下不为民，只为私欲而犯险。这当然是比"八佾舞于庭"（《论语·八佾》）还要严重的事情，故为郑重起见孔子沐浴而朝，并向哀公请求出兵讨伐陈恒。由于鲁政在三桓，哀公不能自专，所以让孔子将此事告诉三桓请他们定夺。有感于鲁君不能自命三家，但由于是出自鲁君之口，故孔子尊君之命而告夫三子。① 虽最终未能实现讨伐陈恒的目的，但在孔子看来自己已尽到了责任。② 事成与否，终不能由己来决定，但曾身为大夫（笔者按：后世经学家则多认为夫子时已致仕居鲁）则不能不表明自己的立场与态度：讨伐陈恒。

　　第二则材料是：

　　　　（子张问曰）"崔子弑齐君，陈文子有马十乘，弃而违之。至于他邦，则曰：'犹吾大夫崔子也。'违之。之一邦，则又曰：'犹吾大夫崔子也。'违之，何如？"子曰："清矣。"曰："仁矣乎？"曰："未知，焉得仁？"（《论语·公冶长》）

　　崔杼弑君，以下犯上，违礼乱政，为孔子所痛恨。对此，作为大夫，有君则领君命而讨伐之，失君则当为君讨伐逆贼，而不应以保身为先。崔杼弑君，陈文子并没有留在国内与其殊死搏斗，反而是"弃而违之"。这在孔子看来，陈文子此举实际意味着，与君臣大义（《史记·宋微子世家》云："父子有骨肉，而臣主以义属。"）相比，与财产家业（"有马十乘"）相比，自身的安危才是最重要的。即便是被孔子嘉许为"清"的陈文子，看似与其所一再希冀的"志士仁人，无求生以害仁，有杀身以成

---

　　① 对此清人方观旭《论语偶记》亦云："哀公既使告三子，孔子虽知必为所沮，但君命不可不奉。"见程树德《论语集释》，中华书局1990年版，第1000页。

　　② 对此，后世学者给予了高度评价："臣弑其君，人伦之大变，天理所不容，人人得而诛之，况邻国乎？故夫子虽已告老，而犹请哀公讨之。""夫子时已致仕，权又在三子，明知其不可而请之者，亦申明其大义而已。"引文分见程树德《论语集释》，中华书局1990年版，第1000、1001页。

仁"（《论语·卫灵公》）相近，实则相去甚远，故孔子不以仁许之。对此，黄铭根据《春秋》书法也指出："按照礼义的要求，君被弑，臣应当诛讨弑君之贼，故体现在书法上，若臣子未能讨贼，则国君不书葬，以谴责臣子不尽职；至于弑君贼虽逍遥法外，未得到应有惩罚，但《春秋》则通过不再书弑君贼的方式，从而在书法上表示，此贼该死久矣。"① 由此来看，《春秋》笔法与孔子的立场是一致的，而且《春秋》在成书过程中也不可能与孔子毫无关系。

从以上两则材料来看，孔子请求鲁君讨伐陈恒和对陈文子的评价实际上都关涉到尊王这一立场。具体而言，陈成子弑简公，以臣弑君，孔子向鲁君请求讨伐，尊君命而告夫三子，处处彰显了夫子的尊王立场。孔子对陈文子的评价，尽管有着对其洁身自好的肯定，但是对于他仅仅"弃而违之"并不满意，认为他只是做到了"清"，并未达到"仁"、实现"仁"。可见，孔子对陈文子的不满是有原因的：关于崔杼弑君这件事，陈文子不但不想办法反对甚或讨伐，反而只是一走了之，后来却又返回与崔杼、庆封之流列于同朝②，故而王夫之评曰："文子仕齐，既不讨贼，未几而复反，则避乱之意居多，亦自此可见。""文子后日之复反于齐，仍与崔、庆同列者，亦持守之不足，转念为之，而非其初心。"③ 与对陈文子的评价不同，微子同样也是"去"（《论语·微子》云："微子去之。"），孔子对其的评价却是"仁"，将其与佯狂为奴的箕子、强谏而死的比干并称为"三仁"。关于三人的不同做法，钱穆基于何晏《论语集解》认为："三人皆意在安乱宁民，行虽不同，而其至诚恻怛心存爱人则一，故同得为仁人。……三人之仁，非指其去与奴与死。以其能忧乱，

---

① 《春秋繁露·王道》即云："《春秋》之义，臣不讨贼，非臣也。"文中所引文见曾亦、黄铭《董仲舒与汉代公羊学》，上海人民出版社 2017 年版，第 94 页。

② 对此，杨伯峻也说："《左传》没有记载他离开的事，却记载了他以后在齐国的行为很多，可能是一度离开，终于回到本国了。"见杨伯峻，译注《论语译注》，中华书局 1980 年版，第 50 页。

③ （清）王夫之：《读四书大全说》（上册），中华书局 1975 年版，第 264、265 页。此段对于陈文子的分析，可参见李友广《论孔子"仁"的特性及其对历史人物的评判问题——以〈论语〉"令尹子文三仕"章为例》，《中国哲学史》2019 年第 1 期。

求欲安民，而谓之仁。"① 根据钱穆的解释可以看到，微子的"去"之所以被孔子称许，即在于其"去"与箕子的"为之奴"、比干的"谏而死"一样②，在本质上都不是为自身考虑的，都是"心存爱人""求欲安民"的，是"成仁"而非"害仁"的举动，故被称为"仁"。由此也可以说，商王帝辛的三位臣子或去或为奴或谏而死，均是由于其尊王、为社稷安民而被孔子许以为"仁"的。

有必要指出的是，后世经学家对于孔子所言"雍也可使南面"（《论语·雍也》）的注解多有分歧，但如果从孔子的尊王立场来看，则就比较容易获得解决，而不至于将此处的"南面"径直理解为天子或诸侯之位。③ 关于孔子的这句话，顾立雅评论说："在孔子看来，重要的不是世袭特权，而是一个人自身的品质。……而且，孔子还认为冉雍是弟子当中唯一的一位适合于登上君主之位的人。对于一个没有什么显赫祖先的人来说，这一观点是具有革命性的，它完全取消了祖先在早期宗教中所处的中心地位。"④ 由此来看，他的这种评论更多的是看到了孔子对弟子冉雍评价背后对于个人血统、出身的否定，而忽视了中国古代伦理传统对于个人身份、角色的定位与限定。（《论语·宪问》即云："不在其位，不谋其政。""君子思不出其位。"）也就是说，对于弟子品德的赞赏是孔子的真实目的，而强调其可使南面只不过是为了更强烈地彰显这一点罢了。事实上，冉雍是不可能做君主的，孔子也不会认为他会成为君主，

---

① 钱穆：《论语新解》，九州出版社 2011 年版，第 539 页。当然，从经学思想渊源上看，钱穆此说受了何晏的影响，而何晏此解又离不开郑玄的注："仁以忧世忘己身为用，而此三人事迹虽异，俱是为忧世民也。然若易地而处，则三人皆互能耳。"郑注见程树德《论语集释》，中华书局 1990 年版，第 1251 页。

② 关于比干之死，《孔子家语·子路初见》亦对孔子所言有所记载："比干于纣，亲则诸父，官则少师，忠报之心在于宗庙而已，固必以死争之，冀身死之后，纣将悔悟，其本志情在于仁者也。"两者所言实同。

③ 包注、皇疏皆云可使为诸侯，而《论语集注》因之。《说苑·修文》则以南面为天子，刘敞《书小传》认为"可使南面，是君一国之任"。此等说辞皆有失当之处，既与先秦周制不符，又违夫子尊王立场，反而不及汉代纬书《论语摘辅象》所言确实："然身为布衣，安得僭拟于人君乎？"此处所引内容皆见程树德《论语集释》，中华书局 1990 年版，第 361、362 页。

④ ［美］顾立雅：《孔子与中国之道》，高专诚译，大象出版社 2000 年版，第 144 页。

家庭伦理的特质与孔子的尊王立场早就决定了这一点。①

此外，关于《论语·雍也》所载："季氏使闵子骞为费宰，闵子骞曰：'善为我辞焉。如有复我者，则吾必在汶上矣。'"我们也可以从尊王立场入手给予合理化解释。当难得的干政机会来临的时候，闵子骞表现得尤为镇定和冷淡，甚至不惜隐居以避季氏的邀请。对此，后人司马迁称赞他这一行为时说"不仕大夫，不食污君之禄"②（《史记·仲尼弟子列传》）。可见，季氏虽为权贵但毕竟不是君，而且时有祭山（事见《论语·八佾》）、聚敛（事见《论语·先进》）等不义、与其政治角色不符之举，闵子骞坚辞之当然首先是基于尊王立场的考虑，其次他也很容易地预见到自己从其政所可能引发的不良后果。③ 从《论语》的文本语境来看，我们不大可能将闵子骞的言辞立场理解为如同庄子拒楚王一样的行为方式（事见《庄子·秋水》《史记·老子韩非列传》），毕竟在如何应对政治权力方面儒道两家还是存在着一定程度上的差异的。

3. 正名复礼，言谈举止皆尊王

在周天子式微、诸侯势力崛起的春秋晚期，孔子已经充分意识到僭礼乱政现象的频繁出现与礼乐的崩坏是有着密切关联的。④ 面对礼乐崩坏的社会政治现实，孔子除了在思想理论上主张"纳仁于礼"，将仁爱精神注于旧礼当中，对原有的礼进行改造以外，他还主张"克己复礼"（《论语·颜渊》）、"君君、臣臣、父父、子子"（《论语·颜渊》）的正名思想，并希望通过在日常生活中对言谈举止的约束与规范来实现匡正天下

---

① 见李友广、王晓洁《传道与出仕：共同体理论视野下的先秦儒家》，人民出版社 2018 年版，第 48 页。

② 朱熹注曰："闵子不欲臣季氏，令使者善为己辞。言若再来召我，则当去之齐。"其意与司马迁实同。见（宋）朱熹《四书章句集注》，中华书局 1983 年版，第 86 页。

③ 参见李友广、王晓洁《传道与出仕：共同体理论视野下的先秦儒家》，人民出版社 2018 年版，第 140 页。

④ 对此，陈少明也说："在那个礼崩乐坏的时代，几乎所有的大事都与礼的破坏有关。由于礼是历史形成的，故任何触及礼之存亡的事件都有其历史因缘，孔子评论的价值尺度，总有历史指向在其中。"（陈少明：《〈论语〉的历史世界》，《中国社会科学》2010 年第 3 期。）故而孔子的这种评价尺度其实也暗含着尊王贱霸的价值指向。在侯王霸主、卿相大夫权力日炽的春秋晚期，孔子这种评价尺度的确立自有其维护礼制秩序与价值的意义。

政治秩序的现实目的。① 故而,《论语》当中除了一般意义上的强调"犯上作乱","使民以时","事君,能致其身"(《论语·学而》),"恶居下流而讪上者"(《论语·阳货》)以外,还特别重视充分彰显王道价值的礼乐制度与精神。

《论语·八佾》云:

> 三家者以雍彻。子曰:"'相维辟公,天子穆穆',奚取于三家之堂?"
>
> 子谓韶,"尽美矣,又尽善也。"谓武,"尽美矣,未尽善也"。

在这里,孔子既要维护礼乐秩序,也要关注政治权力的获取方式,这无疑是其针对春秋晚期政治乱象所发出的批评与议论。虽然如此,礼乐制度毕竟已遭到严重破坏,僭礼乱政现象也时有发生,修补与重建礼乐制度均非易事。当社会政治制度处于失范无序状态的时候,孔子则寄希望于个体在行为举止方面有所约束与规范,尤其是在朝堂之上面对君王的时候他更是希望官员们能够注意自己的言谈举止是否合宜得体,这方面的内容主要集中于《论语·乡党》:

> 朝,与下大夫言,侃侃如也;与上大夫言,訚訚如也。君在,踧踖如也,与与如也。
>
> 君召使摈,色勃如也,足躩如也。揖所与立,左右手,衣前后襜如也。趋进,翼如也。宾退,必复命曰:"宾不顾矣。"

_____

① 孔子强调正名,并经由对名实关系的考量来实现匡正天下政治秩序的现实目的。孔子的这种方法与理路,到了宋代经学家胡安国那里,则演变为从名实关系的角度来阐发他的尊王思想。胡安国于《春秋传》中,提出了"去其实以全名"和"正其名而统实"的正名分的方法:"'去其实以全名'即是'删去有损周王尊严的事实记载以保全其称号';'正其名而统实'即是'以周王之名号去改正有损于这个名号的事实记载'。"(所引文见侯外庐《宋明理学史》,人民出版社 1984 年版,第 238 页。)王雷松:《胡安国〈春秋传〉校释与研究》,北京师范大学出版社 2016 年版,第 389 页。

　　入公门，鞠躬如也，如不容。立不中门，行不履阈。过位，色勃如也，足蹀如也，其言似不足者。摄齐升堂，鞠躬如也，屏气似不息者。出，降一等，逞颜色，怡怡如也；没阶，趋进，翼如也；复其位，踧踖如也。

　　君赐食，必正席先尝之；君赐腥，必熟而荐之；君赐生，必畜之。侍食于君，君祭，先饭。

　　疾，君视之，东首，加朝服，拖绅。

　　君命召，不俟驾行矣。

　　由上引文字可以看出，孔子不仅非常注意面对君王时自己的言行神态，而且就是在与上大夫和下大夫言时也会表现出不同以示等级阶位的差异。即便是生病之体，当君王前来探视的时候，孔子也要在就寝位置及服饰礼仪上严加注意①，以示对君王的尊崇，而不致因为特殊原因而有失礼慢待的行为表现，更不用说有君命召见了，更要表现出急急应召的举止行为来（《荀子·大略》云："诸侯召其臣，臣不俟驾，颠倒衣裳而走，礼也。"）。② 由此来看，孔子在为礼、行礼的过程中，对于礼他时时流露出一种"敬"的态度与精神：由"修己以敬"（《论语·宪问》）到"执事敬"（《论语·子路》）、"行笃敬"（《论语·卫灵公》），孔子通过"敬"将个人修养与处事交往结合起来，而如何合乎礼、如何尊王则是"敬"的题中应有之义。与此相应，孔子反对"为礼不敬"（《论语·八

---

　　① 对此，清人王夫之《四书稗疏》注云："诸侯主其国，大夫不敢为主也。疾不能兴，寝于南牖下之西，而首东以延君。君升自阼，立于户东，使首戴君，存臣礼也。"见程树德《论语集释》，中华书局1990年版，第719—720页。不仅如此，《论语·阳货》亦云："恶紫之夺朱也，恶郑声之乱雅乐也，恶利口之覆邦家者。"体现出了孔子在服制、乐制与尊王之间关系的思考。

　　② 对于"君命召，不俟驾行矣"这句话，皇疏云："君尊命重，故得召不俟驾车，而即徒趋以往也。""大夫不可徒行，故后人驾车而随之，使乘之也。"所言诚是。所引皇疏见（梁）皇侃撰，高尚榘校点《论语义疏》，中华书局2013年版，第256页；程树德《论语集释》，中华书局1990年版，第721页。

俏》），为礼若不敬，则礼往往容易浮于表面，从而使礼流于虚礼，进而变成一种空洞的形式。在这种情形下，尊王的政治目的难以真正被实现，也为后来礼乐秩序的进一步崩坏埋下了必然性的隐患。

当然，无论是追慕先贤，回溯西周礼乐文明，还是品评时人，批判现实政治，以及正名复礼，言谈举止皆尊王，都具有强烈的现实指向性。孔子在批判现实政治的同时，还深蕴着对于尊王的价值诉求，故而具有一定的现实可能性。但是，由于由周制向秦制的过渡是其时社会发展的历史大趋势，所以尽管孔子提出了种种尊王方式并具有一定的可行性，然而在以崇尚霸道（军事武力与谋略诡计兼重）为价值主导的时代里，尊王立场与精神则更多地被保留在了文献典籍当中。

第四节　关于《论语》升经问题

就先秦时期的典籍而言，六经之名在战国时期即已出现，这表明经由孔子晚年整理而承载着儒家大义、足以垂范后世的经典在这一历史时期便开始在诸子的理论创造过程中发挥着重要作用与影响力。就此来看，《论语》并非一诞生便具有经的地位，尽管由于其与孔子关系密切而很早便在孔门弟子中间具有无与伦比的价值与意义。

根据《汉书》与《后汉书》记载，我们可以发现在汉代就已经逐渐形成了传习和重视《论语》的风气，从皇帝（西汉昭帝、西汉宣帝、西汉平帝、东汉章帝等）、皇后（和熹邓皇后、顺烈梁皇后等）与皇室成员（缪王太子去、沛献王辅等）到经师（萧望之、张禹、包咸、马融、何休等）及民间孩童（马续七岁能通《论语》；范升九岁通《论语》；荀爽年十二，能通《春秋》《论语》[1] 等）莫不以重视和诵习《论语》为尚。故田春来对此现象总结说："《论语》普遍传习，没有因武帝废除传记博士而废止，是确定的事实。当时不仅帝王诵习，平民也习读。不仅男子习读，女子也习读。大概那时不分男女，无论贵贱，《论语》都属于必修的

---

① 三人事迹分见《后汉书·马援传》《后汉书·范升传》及《后汉书·荀爽传》。

课程。并且修习之时多在年幼,除经师外,年龄最大的也不超过 12
岁。"① 基于史书记载,这种总结是平实可信的。由此来看,尽管在汉代
的大部分时间里,《论语》还是传,并不具有经的身份,但是由于"它有
传经的意义,是孔子施教经验的直接描述"②,故而随着孔子声望的日隆
与儒家地位的提高,《论语》的影响力不断在扩大,进而它由子入传,从
传升经,地位也不断得到提升。对此,刘师培在谈到孔子与"六经"的
关系时说:"班固作《艺文志》以六经为六艺列于诸子之前,诚以六经为
古籍非儒家所得私。然又列《论语》《孝经》于六艺之末,由是孔门自著
之书始与六经并崇,盖因尊孔子而并崇六经,非因尊六经而始崇孔子
也。"③ 在刘师培看来,"六经"深受人们的重视并非仅仅因为"六经"
本身的价值,反而是因为尊崇孔子的结果,又由于孔子整理"六经"的
缘故而使后者的地位大为提升。这种说法固然有失实之处,或者说刘师
培有着自己特定的经学立场,但不可否认的是,他的这一观点确实也指
出了孔子在经学体系中的重要价值与意义,而且随着儒学地位的日渐提
升,作为儒家开创者的孔子则显得愈发重要。

可以说,不管是作为子学的《论语》,还是作为传的《论语》,以及
作为经的《论语》,一经结集成书便具有非凡的价值与意义。《论语》的
价值与意义,始于此文本与孔子的密切关系,或者说作为孔子晚年整理
经书的真切体验 [《史记·孔子世家》即云:(孔子)"追迹三代之礼,
序书传,上纪唐虞之际,下至秦缪,编次其事"。"孔子以诗书礼乐教,
弟子盖三千焉,身通六艺者七十有二人。"] 与其教导弟子良苦用心的载
体,《论语》在门人弟子那里备受青睐与重视。不仅如此,《论语》的价
值与意义,还与孔子及儒学之于传统政治社会的重要性紧密相连。就此
而言,尽管"汉代以后,由于受到道教、佛教大力发展的影响,儒家一
度式微,但《论语》的传播和接受并未受到冲击,其中如王弼《论语释
疑》、皇侃《论语义疏》等《论语》注疏中的经典著作,以玄学、佛学

---

① 田春来:《〈论语〉在汉代之地位考》,《江南大学学报》(人文社会科学版) 2007 年第
2 期。

② 陈少明:《〈论语〉的历史世界》,《中国社会科学》2010 年第 3 期。

③ 刘师培:《经学教科书》,《刘师培全集》第 4 册,中共中央党校出版社 1997 年影印本,
第 175 页。

的方式注解《论语》，彰显出《论语》的巨大生命力。唐宋以后，无论是韩愈还是朱熹，都以《论语》、《孟子》作为复兴儒学、构建理学体系的首选。……因此可以说，汉代以降，《论语》作为儒家文化的经典要籍，始终受到重视，历久不衰"①。诚哉斯言！《论语》不仅之于传统政治社会非常重要，即便是在科技水平日新月异的现代社会，也同样具有不容忽视的价值与意义。而这种价值与意义既是孔子及历代经师所不断赋予的，也是作为追求亲睦人伦秩序，个体心性修养与群体和谐共存并重的现代心灵所实际需要的。

小　结

在本章，我们结合春秋晚期礼乐崩坏与天下失序的政治现实，主要以《论语》为文本依据，并辅之以《左传》《公羊传》《史记》《汉书》等典籍，从经学的角度入手来研究《论语》，对于孔子何以尊王，尊王的方式及可能性，以及关于《论语》升经的问题加以考察与探讨，进而揭示出孔子在经学体系形成过程中所发挥的重要作用。

可以说，《论语》的价值与意义，始于此文本与孔子的密切关系，或者说作为孔子晚年整理经书的真切体验与其教导弟子良苦用心的载体，《论语》在门弟子那里备受青睐与重视。不仅如此，还与孔子及儒学之于传统政治社会的重要性有关。诚如前文所言，孔子的尊王立场，首先针对的是礼乐崩坏、天下失序的社会现实，希冀天下政治重回王道秩序。孔子的这种立场实际上还充分彰显了儒家安世济民的社会关怀与人文情怀。换句话说，儒家的尊王立场还有着为天下苍生计的利他性的一面。如此，有个问题便产生了：儒家的尊王立场在孔子那里有何表现，与其所重视的仁爱思想到底是什么关系？

关于这些问题，我们将在下一章里有着集中的研究与解决。从思想特点上来看，孔子的尊王立场与其仁爱学说之间是有关联的，而使两者得以相贯通的便是利他性精神。整体来看，孔子的仁爱学说始于宗法血缘伦理亲情，并延伸至天下国家与万民，这正是其推己及人思想理路的

① 钟书林：《从子书到经书：〈论语〉地位的升格》，《孔子研究》2015年第3期。

反映。故而，经由"推"和"及"，让利他由理论变成现实成为一种可能。

在接下来的第四章，我们将以《论语·公冶长》"令尹子文三仕"章为对象，通过孔子对于历史人物的评判，来研究其评判历史人物的标准，以及在此标准之下所体现出的"仁"的精神与价值意义。可以说，孔子"仁"的精神与价值意义，并不仅仅止步于对宗法血缘伦理的积极维护，而是以此为基努力将亲亲之爱推广至他人、国家与社会，这是儒家在失序乱世当中具有道德理想主义色彩的解救方案。儒家的这种解救方案，固然因为时代的原因而未能受到时人的重视，但由其所彰显的利他精神与人文情怀却是值得后人珍视与传承的。

第 四 章

孔子论"仁"及其对历史人物的评判

——以"令尹子文三仕"章为例兼及孔子政治哲学

《论语·公冶长》"令尹子文三仕"章内容如下:

> 子张问曰:"令尹子文三仕为令尹,无喜色,三已之无愠色,旧令尹之政必以告新令尹,何如?"子曰:"忠矣。"曰:"仁矣乎?"曰:"未知,焉得仁?""崔子弑齐君,陈文子有马十乘,弃而违之。至于他邦,则曰:'犹吾大夫崔子也。'违之。之一邦,则又曰:'犹吾大夫崔子也。'违之,何如?"子曰:"清矣。"曰:"仁矣乎?"曰:"未知,焉得仁?"

短短一段文字,实际上包含的内容非常多,争议也颇多。为了更好地解读这段文字,我们首先要做的是对关键语词进行训诂,继而通过援引《左传》等文献对《论语·公冶长》"令尹子文三仕"章所缺失的语境加以明确化,并对与此章相关的历史人物令尹子文和陈文子的形象加以具体化。最后,立足于哲学史、儒学思想史的宏观视野,对孔子"仁"的特性,孔子对历史人物的评判,以及孔子政治哲学的价值与意义作出相应研究。

第一节 "令尹子文三仕"章之"知"通解

在这段文字中,有两个重要问题需要解决:一是知;二是忠、清与仁的关系。在这一部分，我们重点探讨"知"的问题，第二个问题则留待后面解决。

关于"知"，杨逢彬认为知、智二字既是古今字关系，又是通假字关系。他认为，"知"应当读作"智"（并认为找到了更为坚强的证据：除了语法句式的证据外，另外一条则是，在 11 部古籍中的全部 66 例"未知"，除了《荀子》中的 2 例外，其余 64 例全都带有宾语，由此可知，本章的"未知"应该读为"未智"。），明智之意，与王充、郑玄观点相同。对此，他进一步引申说："由于'知'是及物感知动词，'未知'通常要带宾语；'智'是性质形容词 + 抽象名词的兼类词，不带宾语；而两者字形可通，所以此章的'知'应读作'智'。又由于'焉得'往往处于因果、条件复句的后一从句，所以，我们认为'未知，焉得仁'应读为'未智，焉得仁'，是个因果复句（据子文举子玉自代，'败而丧其众'可知）。"①

当然，除了"知"读作"智"以外，还有种意见认为"知，如字"，亦即知道、了解之意。《经典释文·论语音义》即认为此章"未知"中的"知"读作"知"。②与此相应，在《论衡·问孔》中，王充认为关于对令尹子文的评价，其中的"知"即读作"知"，并解释说："子文曾举楚子玉代己位而伐宋，以百乘败而丧其众，不知如此，安得为仁？"并认为"人有信者未必智，智者未必仁，仁者未必礼，礼者未必义。子文智弊于子玉，其仁何毁？谓仁，焉得不可？"③在王充看来，子文举子玉是不知人，而智与仁并不相干，故而认为"智者未必仁"。在他这里，"仁"与"智"是并列关系，两者之间并无高下之判。

对于以上两种注解，钱穆先生在《论语新解》中进行了综合。他在注解"未知，焉得仁"时说："此未知有两解。一说，知读为智。子文举子玉为令尹，使楚败于晋，未得为智。④然未得为智，不当曰未智。且

---

①　见杨逢彬著，陈云豪校《论语新注新译》，北京大学出版社 2016 年版，第 92—94 页。

②　（唐）陆德明：《经典释文》，上海古籍出版社 2013 年版，第 1358 页。

③　关于对《论衡·问孔》的征引，见杨逢彬著，陈云豪校《论语新注新译》，北京大学出版社 2016 年版，第 92 页。

④　钱穆先生的这种说法，无疑受到皇侃《论语义疏》所引李充注［"子玉之败，子文之举，举以败国，不可谓智也。"（梁）皇侃撰，高尚榘校点：《论语义疏》，中华书局 2013 年版，第 115 页］的影响。

《论语》未言子文举子玉事，不当逆揣为说。一说，子文之可知者仅其忠，其他未能详知，不得遽许以仁。……然则孔子之所谓未知，亦婉辞。"① 按照钱穆先生的理解，"未知"不当读为"未智"，因为"未得为智"与"未智"不能等同，而且《论语》此章并未涉及子文举荐子玉一事，不能随意猜测。他认为，"知"读作"知"，为知道、了解之意。通过子文的行为，我们可以知道他的忠诚，但对于其他方面我们不能获知，故而不能用"仁"来评价他。因而，钱穆先生认为，孔子说未知，只是一种委婉的说辞罢了。其后的杨伯峻也持有这种观点："知"读为"知"，"未知"和本篇"第五章'不知其仁'。第八章'不知也'的'知'相同，不是真的'不知'，只是否定的另一种方式"②。至于"未知"的原因，《四书大全辨》有云："子文之为令尹，距孔子生时已百二十年。崔子弑齐庄公，陈文子为大夫，时孔子生四岁耳。子张复少孔子四十八岁，去陈文子已辽越，况令尹子文哉？子张掇拾往事以质于夫子，夫子因问而答，据其事而谓之忠清，皆曰未知焉得仁。盖谓其事未之前闻，未之知也，焉得论其仁不仁也。"③

根据上文梳理，我们可以获知，对于《论语·公冶长》"令尹子文三仕"章中"未知"之"知"的注解主要包括"知"与"智"两种，且均有学理上的支撑：前者主要是关于义理方面的支撑；后者主要是关于文字和句式语法上的依据。如果据此判断，实则各有优长，遽难定论。但如果结合《左传》《国语》《史记》等传世文献来使《论语》此章的语境能够加以明确化，使与其相关的历史人物令尹子文和陈文子的形象加以具体化的话，我们再看能否将"知"的读音与意义确定下来。

关于斗子文的事迹，可见于《左传》中的庄公三十年、僖公五年、僖公二十年、僖公二十三年、僖公二十七年、宣公四年，以及《国语·楚语下》《战国策·楚策一》《说苑·至公》等文献。

在《左传》的这几条材料中，除了交代斗子文的出生身世（《宣公四年》）以外，主要是对其毁家纾难（《庄公三十年》）、人才举荐（《僖公二

---

① 钱穆：《论语新解》，九州出版社 2011 年版，第 141—142 页。

② 杨伯峻：《论语译注》，中华书局 1980 年版，第 50 页。

③ 转引自程树德《论语集释》，中华书局 1990 年版，第 332 页。

十三年》、《僖公二十七年》）和赫赫战功（《僖公五年》灭弦,《僖公二十年》伐随）的描述。在这几条材料中,人才举荐（子文举荐子玉为令尹）被视为非明智的举动。① 子文率师伐随则被明确肯定,并以君子的口吻批评了随国的不自量力,认为随国如若"量力而动,其过鲜矣"（《僖公二十年》）,隐隐有肯定子文伐随明智之举的意味。② 其他见于《国语·楚语下》（"夫从政者,以庇民也""先恤民而后己之富"）、《战国策·楚策一》（"故彼廉其爵,贫其身,以忧社稷者,令尹子文是也。"）和《说苑·至公》（"恤顾怨萌,方正公平"）等文献。出现在这些文献中的子文,是一位既清廉勤政、律己恤民又兼具理性智慧的执政者形象。可见,在时人和后人的眼中,子文是一位或明智或非明智的人物形象。

关于陈文子的事迹（有时兼及崔杼弑君一事）,在《左传》中多见,比如襄公二十三年、襄公二十四年、襄公二十五年,以及《史记·田敬仲完世家》等。从史学家的立场与眼光来看这些记载,陈文子是一位具有智慧的正面人物形象。《左传·襄公二十三年》载:

> 自卫将遂伐晋。晏平仲曰:"君恃勇力以伐盟主,若不济,国之福也。不德而有功,忧必及君。"崔杼谏曰:"不可。臣闻之,小国间大国之败而毁焉,必受其咎。君其图之!"弗听。陈文子见崔武子,曰:"将如君何?"武子曰:"吾言于君,君弗听也。以为盟主,而利其难。群臣若急,君于何有?子姑止之。"文子退,告其人曰:

---

① 《左传·僖公二十七年》记载:子文举荐子玉,子玉治兵刚烈,一些老臣们都认为子文知人善任而向其庆贺。蔿贾当时还年幼,来得有些迟,也不对他表示庆贺。子文便问他为什么不庆贺,蔿贾回答说:"不知所贺。子之传政于子玉,曰'以靖国也。'靖诸内而败诸外,所获几何? 子玉之败,子之举也。举以败国,将何贺焉? 子玉刚而无礼,不可以治民。过三百乘,其不能以入矣。苟入而贺,何后之有?"由此来看,年幼的蔿贾通过子玉治兵的行为,已经预见到其既不适于治民,也不善于用兵;反过来说,子文有察人不明之失,当属不智之举。可能依于此,后来的皇侃《论语义疏》引李充云:"子玉之败,子文之举,举以败国,不可谓智也。"（梁）皇侃撰,高尚榘校点:《论语义疏》,中华书局2013年版,第115页。

② 但是,到了宋代的朱熹却因着夷夏之辨的立场而对子文有着强烈的批判:"今子文仕于蛮荆,执其政柄,至于再三,既不能革其僭王之号,又不能止其猾夏之心,至于灭弦伐随之事,至乃以身为之,而不知其为罪。""子文之相楚,所谋者无非僭王猾夏之事。"分见（宋）朱熹撰,黄坤点校《四书或问》,上海古籍出版社、安徽教育出版社2001年版,第204页;（宋）朱熹《四书章句集注》,中华书局1983年版,第81页。

"崔子将死乎！谓君甚，而又过之，不得其死。过君以义犹自抑也，况以恶乎？"

对于齐庄公攻打盟主国——晋国这件事，晏婴、崔杼和陈文子都不同意，且前两者均对君王进行了劝谏。根据崔杼的言行，陈文子判断其将不得善终，可谓是有洞察力和预见性的智士①，能够在是非问题上持有自己的立场和主张。在这方面，陈文子往往与晏婴比较一致，比如《史记·田敬仲完世家》云："田孟夷生湣孟庄，田湣孟庄生文子须无。田文子事齐庄公。晋之大夫栾逞作乱于晋，来奔齐，齐庄公厚客之。晏婴与田文子谏，庄公弗听。"在这里，根据栾逞在晋国时的行为，晏婴与田文子（即陈文子）都预见到了收留并厚客他可能带来的危害性，进而皆向齐庄公劝谏。结果随后的事实（栾逞袭绛城，叛晋平公，后被曲沃人杀死，族党也被消灭②），也证明了他们意见的正确性。

其他材料，《左传·襄公二十四年》云：

> 齐侯既伐晋而惧，将欲见楚子。楚子使蒍启强如齐聘，且请期。齐社，蒐军实，使客观之。陈文子曰："齐将有寇。吾闻之，兵不戢，必取其族。"

在这条材料中，陈文子对齐庄公的恃武用强颇有微词。他认为，齐国将要受到侵犯，并告诫说，如果再不收敛武力，还会伤害到自己。后来事情的发展也验证了陈文子敏锐的洞察力和预见性：齐庄公贪恋女色，和崔杼的妻子棠姜私通，还一再羞辱崔杼。非但如此，他还乘晋国动乱而进攻晋国，在行为上毫不收敛。崔杼为了讨好晋国和报私仇，而终弑庄公。（事见《左传·襄公二十五年》）根据《左传》和《史记》中与陈文子有关的这几条材料可见，他确实是一位具有智慧的正面人物形象。

---

① 与陈文子相同的是，斗子文也具有一定的洞察力和预见性。当楚司马子良生子越椒时，子文主张将其杀掉，若非如此，若敖氏必将被灭族，并用"狼子野心"来评价他。后来若敖氏果然因他的叛乱行为，而遭遇了灭族的结果。（事见《左传·宣公四年》）

② 关于此事，《史记·晋世家》有详细记载，可参看。

当然，作为持有儒家立场的孔子，其对陈文子的评价与史籍文献的积极肯定性观点有所差异，是可以理解的。而且，从《论语》这一文本我们也可以发现，孔子对于历史人物和门人弟子的评判往往比社会主流评判标准要严格，且有着更高的期许。以此来看，史籍文献虽多能从"智"的标准来积极肯定令尹子文和陈文子的正面人物形象，但如前所述，孔子把他们评价为"未智"，同样亦不令人费解。

综上，通过对《左传》《国语·楚语下》《战国策·楚策一》《史记·田敬仲完世家》《说苑·至公》等文献相关材料的挖掘与梳理，我们发现，这种做法基本上可以做到对《论语·公冶长》"令尹子文三仕"章所缺失语境的弥补，从而对令尹子文和陈文子这两位历史人物能够做到较好的定位与把握。在此基础之上，借助丰富的历史情境，来加深对孔子对于令尹子文和陈文子"未知"的理解与把握。尽管将"知"读如字，有义理方面的支撑，但将"知"读为"智"，不仅有文字和句式语法上的依据，而且有着更为丰富的语境空间与文献依据，既有孔子出生前也有孔子去世后的材料来佐证，读"知"为"智"可能更为合理一些。

第二节　"令尹子文三仕"章之忠、清与仁的关系

众所周知，在《论语》中孔子并未对"仁"进行明确的界定，也未作出全称性质的判断。反而是在不同的语境下，在面对不同弟子关于"仁"的提问时，孔子的回答往往会各有差异。这不仅体现了其因材施教和当下成就的教育特点，而且也彰显了孔子思想视野中的"仁"因其所具有的利他性与超越性，从而使其在与其他德目并举连言时呈现出一定的优先性和包容性。另外，随着时代与社会的发展，"仁"的内涵与外延于儒家那里也经历了一定程度的演变。但是，在此我们并不打算直接探讨作为哲学范畴的"仁"本身，在本部分，为了更好地对"仁"作出集中而又具有明确方向性的探讨，我们将主要从《论语·公冶长》"令尹子文三仕"章入手，重点探讨忠、清与仁的关系，以及由此所彰显的"仁"之特性。

关于《论语·公冶长》"令尹子文三仕"章中的"忠"字，皇侃《论语义疏》引李充曰："进无喜色，退无怨色，公家之事，知无不为，

忠臣之至也。"① 朱熹云："其为人也，喜怒不形，物我无间，知有其国而不知有其身，其忠盛矣。"② 钱穆先生则对"忠"字并无解释，只是以"以旧政告新尹"来评价子文之"忠"。③ 依据以上注解可以发现，对"忠"的解释不离朱熹《中庸章句》中"尽己之心为忠"④ 之意，亦即"忠"为尽己、尽心之意。再结合"令尹子文三仕"章语境来看，令尹子文忠的对象即是政事和国家。

关于其中的"清"字，皇侃《论语义疏》引李充曰："违乱求治，不污其身，清矣。"⑤ 又引颜延之云："每适又违，洁身者也。"⑥ 朱熹亦云："文子洁身去乱，可谓清矣。"⑦ 再结合《说文解字》"澄水之貌"的解释，可以判定"清"有"洁"义，用于人身上便可引申为洁身自好。故而从陈文子的行为来看，陈文子的"清"，主要是因为他"弃其禄位如敝屣，洒然一身，三去乱邦，心无窒碍"⑧。

那么，如此"忠"的令尹子文和如此"清"的陈文子，为何都没有被孔子许以为仁呢？这将是我们下一部分要重点讨论的问题。在这里，我们先行探讨忠、清与仁之间的关系。

如上文所言，令尹子文和陈文子在史籍中往往被肯定，是正面历史人物形象。但是，在持有儒家立场的孔子那里评价却有了变化。关于令尹子文，根据子张的描述，是"三仕为令尹，无喜色，三已之无愠色，旧令尹之政必以告新令尹"（《论语·公冶长》）。对此，孔子的评价是"忠"，认为子文对于国家和政事做到了尽心竭力。但是，孔子认为他是未智，亦没有达到仁的境地。那么，孔子为何评价子文未智呢？比较常见的观点是，子文忠于政事，失于荐人（子文荐子玉为令尹，子玉败于晋）。不仅时人蔿贾如此评价（见前文），后世也多持此类观点，如皇侃《论语义疏》所引李充的注，朱熹在《四书或问》中的看法，钱穆在

---

① （梁）皇侃撰，高尚榘校点：《论语义疏》，中华书局2013年版，第115页。
② （宋）朱熹：《四书章句集注》，中华书局1983年版，第80页。
③ 钱穆：《论语新解》，九州出版社2011年版，第141页。
④ （宋）朱熹：《四书章句集注》，中华书局1983年版，第23页。
⑤ （梁）皇侃撰，高尚榘校点：《论语义疏》，中华书局2013年版，第117页。
⑥ （梁）皇侃撰，高尚榘校点：《论语义疏》，中华书局2013年版，第117页。
⑦ （宋）朱熹：《四书章句集注》，中华书局1983年版，第80页。
⑧ 钱穆：《论语新解》，九州出版社2011年版，第142页。

《论语新解》中的观点等（均见前文）。还有一种观点，持有夷夏之辨立场的朱熹、王夫之对子文则有着别有意味的批判：朱熹认为子文"仕于蛮荆"，"既不能革其僭王之号，又不能止其猾夏之心"（见前注），王夫之则认为"子文心有所主，故事堪持久，而所失愈远"①。

　　按照史上注家的观点，既然未智，当然也不能算作仁。关于仁与智之间的关系，除了王充在《论衡·问孔》中认为智与仁不相干，两者之间并无高下之判（见前文）以外，主流观点多认为，仁高于智，仁统摄、涵盖智等其他德目。白奚研究认为，《左传》和《国语》中的"仁"观念是孔子"仁"学的直接思想来源。而且，《左传》和《国语》已经开始了在"全德"的意义上使用"仁"的理论尝试，探索在众德之外寻找一个能够包容、涵盖众德的更高、更有普遍意义的"全德"。在此基础之上，孔子对"仁"进行了关键性的提升，最终确立了"仁"之"全德"的地位，从而创立了以"仁"为核心的儒学。②继而，白奚不仅认为"'仁'的价值在春秋时期获得了较大的提升，已成为人们修己待人处事的一个普遍的道德原则，'仁'的道德份量已经明显地超出了其他德目。相比之下，其他德目则显然没有获得这样的地位"。他还认为，在《论语》中"仁"是作为统摄诸德的"全德"出现的。虽然"全德"一词，是后儒从孔孟关于"仁"的思想和论述中概括出来的，但在《论语》中确实已有了这种义涵的用法。③盖源于"仁"在《论语》中的这种价值地位，后儒多能强调"仁"在诸德中的优先性：班固《汉书·古今人表》"未知焉得仁"一语，引颜师古注曰："言智者虽能利物，犹不及仁者所

----

　　① （清）王夫之：《读四书大全说》（上册），中华书局1975年版，第265页。
　　② 详见白奚《从〈左传〉、〈国语〉的"仁"观念看孔子对"仁"的价值提升》，《首都师范大学学报》（社会科学版）2007年第4期。
　　③ 见白奚《从〈左传〉、〈国语〉的"仁"观念看孔子对"仁"的价值提升》，《首都师范大学学报》（社会科学版）2007年第4期。就《论语》文本而言，其内不乏其例：子曰："人而不仁，如礼何！人而不仁，如乐何！"（《八佾》）"有德者必有言，有言者不必有德；仁者必有勇，勇者不必有仁。"（《宪问》）"君子而不仁者有矣夫，未有小人而仁者也。"（《宪问》）等等。由此来看，《论语》往往以"仁"与其他德目并举连言的方式来彰显"仁"的优先性与价值地位。当然，不独《论语》讲"仁义""仁礼"，其他诸如《孟子·公孙丑上》讲"仁义礼智"，郭店竹简《五行》篇讲"仁义礼智圣"，长沙马王堆汉墓帛书《五行》篇讲"仁智义礼圣"，班固《汉书·董仲舒传》和王充《论衡·问孔》则讲"仁义礼智信"等，都持续彰显了仁的优先性与价值地位。

济远也。"《论语足征记·释文》谓，班固《汉书·古今人表》引"未知焉得仁"一语，"表中所列九品，智人下仁人一等"①。程颢《识仁篇》云："仁者，浑然与物同体，义、礼、智、信皆仁也。"② 朱熹《仁说》亦云："故人之为心，其德亦有四，曰仁义礼智，而仁无不包……盖仁之为道，乃天地生物之心。"③ 顺此，当今学者亦多持此种看法：如钱穆先生认为，"仁为全德，亦即完人之称"④；张岱年先生认为，"'仁'是一个统摄诸德之普遍性的最高范畴"⑤；蒙培元认为，"仁是人的最高德性，也是包括其他各种德性的一个总名"⑥；田文军则认为，"仁"范畴"既表明了儒家所理解并推崇的最高德性，又界定了儒家所主张的人们生活中普遍适用的行为规范"⑦。其他，诸如牟钟鉴《儒学价值的新探索》和《新仁学构想——爱的追寻》、陈来《仁学本体论》等大作，纷纷来为"仁"在新时期的价值与地位继续标举张本，因其非本章阐述重点，故从略。

　　既然仁高于智，仁统摄、涵盖智等其他德目⑧，那么按照孔子的思想理路来讲，忠、清等德目自然要低于仁，由仁来统摄的。故而，孔子在评价子文的时候，虽谓其"忠"，却不许其"仁"；对于陈文子也是如此，虽言其"清"，却未称其"仁"。"忠"虽能尽己之心，却未必能济世；"清"虽能洁身自好，却未必能勇为，能安民。换句话说，即便"忠""清"方面做到极致，却未必一定能济世安民；而"仁"并不只要求尽

---

　　① 转引自程树德《论语集释》，中华书局1990年版，第331页。

　　② 《二程集》（第一册），中华书局1981年版，第16页。

　　③ （宋）朱熹：《仁说》，《晦庵先生朱文公文集》卷六十七，《朱子全书》第23册（朱杰人等主编），上海古籍出版社、安徽教育出版社2002年版，第3279—3280页。

　　④ 钱穆：《论语新解》，九州出版社2011年版，第142页。

　　⑤ 张岱年：《中国哲学大纲》，中国社会科学出版社1982年版，第257页。

　　⑥ 蒙培元：《仁学的生态意义与价值》，《中国哲学史》2007年第1期。

　　⑦ 田文军：《德性之"仁"与规范之"仁"——简论早期儒家的"仁"说及其现代价值》，《道德与文明》2010年第5期。

　　⑧ 关于"仁"与"智"之间的关系，颜师古认为"智"虽亦能利他，但在利他的程度上仍不及"仁"（"言智者虽能利物，犹不及仁者所济远也"）。所引颜注见程树德《论语集释》，中华书局1990年版，第331页。

己，还要推己，并落实于外在事功上。① 可以说，要做到"仁"，光有"忠"或"清"还不够，还要有"智"②，即清楚、睿智，世事通达而适时权变，也就是还要有从"忠""清"通向"仁"的智慧与道术。如果再结合上文所提及的历史文献来看，令尹子文和陈文子尽管分别做到了"忠"和"清"，但仍有未及之处，也没有实现"仁"，因为"仁"本身还有利他性和超越性的应然要求。白奚认为，"从否定的方面来看，仁的内涵和标准可以表述为：其一，仁不含任何功利的目的；其二，仁不能仅满足于洁身自好；其三，仁排斥任何虚饰。凡不符合这三条标准的思想和行为，尚未达到仁的标准"。可以说，第一条和第三条符合仁的超越性；第二条符合仁的利他性。正是因为仁所具有的超越性和利他性，才要求"仁不止于个人的修养操守，更要有所作为，通过实际的行动而有助于人"③。由此可见，"仁"在孔子那里虽然具有德目的性质，并含摄着其他具体德性条目，但并不仅限于此。通过孔子的阐述可以看出，他虽然很重视人的主体德性与内在修养，但这并不是其思想理论的最终归宿，他还有着以此来观照个人政治行为与安顿社会政治秩序的价值诉求，这从他对令尹子文和陈文子的评价中可以很清楚地看出这种思想理路。

关于忠、清与仁之间的关系，我们可以借用蕅益大师的话来概括。他在补注《论语·公冶长》"令尹子文三仕"章时说："仁者必忠。忠者未必仁。仁者必清，清者未必仁。"④ 结合上文对三者之间关系的阐述来看，蕅益大师的概括是精当的。

---

① 沿此理路，孟子更是强调"扩充"，言谓："凡有四端于我者，知皆扩而充之矣，若火之始然，泉之始达。苟能充之，足以保四海；苟不充之，不足以事父母。"（《孟子·公孙丑上》）在此，仁、义、礼、智之四端如同"火之始然，泉之始达"，若终不能落实于外在事功上，则不能完全算作善，非得"扩而充之"不可，如此便可"事父母"和"保四海"。孟子的这种看法，无疑是对孔子"推"思想的阐释与延伸。

② 关于"智"之含义，主要有如下几种观点：1. "聪明，有智慧"。（见杨伯峻《论语译注》，中华书局1980年版，第256页。）2. "审物明辨"。[见（清）刘宝楠《论语正义》，中华书局1990年版，第358页。] 3. "明道达义"。（见钱穆《论语新解》，九州出版社2011年版，第278页。）由此来看，尽管这几种观点有程度深浅上的差异，但皆不离"明"义，有清楚、睿智的意思。

③ 白奚：《从否定的方面看孔子对"仁"的规定》，《孔子研究》2011年第4期。

④ （明）蕅益智旭撰，明学主编：《蕅益大师全集第十八册·四书蕅益解》，巴蜀书社2015年版，第122页。

第三节 "仁"的标准及对历史人物的评判问题

为了便于分析起见，在这部分的开始，我们再将《论语·公冶长》"令尹子文三仕"章列出，其文有云：

> 子张问曰："令尹子文三仕为令尹，无喜色，三已之无愠色，旧令尹之政必以告新令尹，何如？"子曰："忠矣。"曰："仁矣乎？"曰："未知，焉得仁？""崔子弑齐君，陈文子有马十乘，弃而违之。至于他邦，则曰：'犹吾大夫崔子也。'违之。之一邦，则又曰：'犹吾大夫崔子也。'违之，何如？"子曰："清矣。"曰："仁矣乎？"曰："未知，焉得仁？"

在子张与孔子的这段对话中，主要评判的是斗子文（即斗谷于菟，字子文）和陈文子这两位历史人物，同时还涉及了子文荐子玉，子玉败晋身死（注：此内容《论语·公冶长》原无，据《左传》等文献补出）和崔杼弑君两个历史事件。关于子文和子玉，史籍文献多从正面评价，关于这方面内容前文已述，此处从略。由于持有特定的儒家立场，孔子对这两位历史人物的评价并不完全如此，反而立足于儒家的标准对其有所微辞。在这个问题上，后儒接续了孔子的立场和评判标准，对斗子文和陈文子同样有所批评。[1]

孔子之所以对他们有所微辞，是因为他们只做到了"忠"和"清"，并没有体现出对"仁"应有的努力追求，也没有实现"仁"，尽己之心和洁身自好都还侧重于立己，并未做到或者做好推己：一位仅仅是"三仕为令尹，无喜色，三已之无愠色，旧令尹之政必以告新令尹"；一位则只做到"弃而违之"。按照孔子的立场，"三仕三已，无喜色无愠色"还不

---

① 钱穆先生的评价很有代表性，他认为："孔子仅以忠清之一节许此两人。若果忠清成德如比干、伯夷，则孔子亦即许之为仁矣。盖比干之为忠，伯夷之为清，此皆千回百折，毕生以之，乃其人之成德，而岂一节之谓乎？"钱穆：《论语新解》，九州出版社2011年版，第142—143页。

够，还要看到子文在位时的政绩如何，他所举荐的新令尹德才如何（皇侃《论语义疏》引李充云："子玉之败，子文之举，举以败国，不可谓智也。贼夫人之子，不可谓仁。"①）；"弃而违之"同样也不够，陈文子只"清"不"推"，对自身安危必有顾及。② 具体而言，对于崔杼弑君这件事，他不但不想办法反对甚或讨伐［《春秋繁露·精华》即云："（君）有危而不专救，谓之不忠。"］③，反而只是一走了之，后来却又返回与崔杼、庆封之流列于同朝④，故而王夫之评曰："文子仕齐，既不讨贼，未几而复反，则避乱之意居多，亦自此可见。""文子后日之复反于齐，仍与崔、庆同列者，亦持守之不足，转念为之，而非其初心。"⑤ 由此来看，孔子的政治哲学思想首先有着对于个体道德修为的要求，以道德修养来希冀修正出仕为政过程中可能出现的诸种偏颇之处。可以说，出仕为政是孔子思想理论的目的与归宿，进而以出仕为政中的具体表现与行为效验来评判个人的高下得失。故而，孔子虽许人以"忠""清"，但并未许以为"仁"，正是他以"仁"的高度来评判子文和陈文子政治行为表现的结果。

---

① （梁）皇侃撰，高尚榘校点：《论语义疏》，中华书局2013年版，第115页。

② 同样是"去之"，孔子对于微子的评价却不低，并以仁来称赞他（文见《论语·微子》）。孔子对微子的评价之所以不同于陈文子，按照其后注家包括皇侃、朱熹等人的解释，究其原因就在于，微子因纣王无道而预见到纣将亡国，去之是为了存宗祀，注家进而认为"仁以忧世忘己身为用"，是"臣法，于教有益，故称仁也。"何晏的解释与之近似。言外之意，微子对于存续国家宗祀的用心已远超个人安危得失，故而孔子称其为仁。可参考（梁）皇侃撰，高尚榘校点《论语义疏》，中华书局2013年版，第473—475页；（宋）朱熹《四书章句集注》，中华书局1983年版，第183页；（清）刘宝楠《论语正义》，中华书局1990年版，第711页。

③ 对于臣下弑君这类事件的立场与态度，孔子和陈文子判然有别。陈成子弑简公一事，发生于鲁哀公十四年（前481年），《春秋》《左传》《论语·宪问》等文献对此皆有记载。对于此事，孔子先告于哀公，后尊君命而告于三桓，意欲请求讨伐陈成子。尽管讨伐之事，因哀公大权旁落及三桓的拒绝而未能成功，但后世学者对孔子的行为却给予高度评价："臣弑其君，人伦之大变，天理所不容，人人得而诛之，况邻国乎？故夫子虽已告老，而犹请哀公讨之。""夫子时已致仕，权又在三子，明知其不可而请之者，亦申明其大义而已。"引文分见程树德《论语集释》，中华书局1990年版，第1000、1001页。

④ 对此，杨伯峻也说："《左传》没有记载他离开的事，却记载了他以后在齐国的行为很多，可能是一度离开，终于回到本国了。"见杨伯峻译注《论语译注》，中华书局1980年版，第50页。

⑤ （清）王夫之：《读四书大全说》（上册），中华书局1975年版，第264、265页。

关于子文和陈文子的行为，后儒接续了孔子的立场和态度，认为他们皆未实现仁。至于其中的原因，后儒的说法虽有差异，但本质并不大相径庭，在此我们以朱熹的评价为例来集中加以探讨。朱熹在《四书章句集注》《四书或问》和《朱子语类》中对此事皆有评述。

他在《四书章句集注》中的评述是：

> 子文之相楚，所谋者无非僭王猾夏之事。文子之仕齐，既失正君讨贼之义，又不数岁而复反于齐焉，则其不仁亦可见矣。①

他在《四书或问》中的评述是：

> 今子文仕于蛮荆，执其政柄，至于再三，既不能革其僭王之号，又不能止其猾夏之心，至于灭弦伐随之事，至乃以身为之，而不知其为罪。文子立于淫乱之朝，既不能正君以御乱，又不能先事而洁身，至于篡弑之祸已作，又不能上告天子，下请方伯，以讨其贼，去国三年，又无故而自还复，与乱臣共事。此二人者，平日之所为，止于如此，其不得为仁也明矣。②

他在《朱子语类》中的评述是：

> 盖子文之无喜愠，是其心固无私，而于事则未尽善；文子洁身去乱，其事善矣，然未能保其心之无私也。
>
> 若子文之忠，虽不加喜愠于三仕三已之时，然其君僭王窃号，而不能正救。文子之清，虽弃十乘而不顾，然崔氏无君，其恶已著，而略不能遏止之。是尽于此，而不尽于彼；能于其小，而不能于其

---

① （宋）朱熹：《四书章句集注》，中华书局1983年版，第81页。
② （宋）朱熹撰，黄坤点校：《四书或问》，上海古籍出版社、安徽教育出版社2001年版，第204页。

大者，安足以语仁之体乎？①

身处多民族政权林立的南宋社会，以朱熹等人为代表的文人士大夫对于夷夏之辨想必比以往历史时期可能都要敏感与重视②，当然，朱熹这里的夷夏之辨不仅指涉空间、地理意义上的夷夏关系，还彰显了其中的文化意义。③ 当时，与南宋并存的政权有金国、西辽、大理、西夏、吐蕃及后来逐渐兴起的蒙古，让南宋政权的外患危机从未得到真正消除。在这种历史情境下，由于子文的楚人身份，朱熹在评价他的时候往往自觉不自觉地持有夷夏之辨的立场，故而言谓子文"相楚"，"仕于蛮荆"，"所谋者无非僭王猾夏之事"，"其君僭王窃号，而不能正救"云云，言辞之间将南宋社会的民族政权并存、外患不息的社会现实投射其中。对于陈文子的评价，朱熹虽与孔子并无太大差异，但言语之间，仍透露出其匡正天下秩序，济世安民的拳拳之心，正与南宋社会之情状相印证。④

根据我们对孔子与朱熹评价立场的阐述来看，他们对于这两位历史人物的评判标准根本上是一致的。关于仁的标准，他们均认为在价值地位上仁要高于忠、清、智等德目，之所以如此，是因为忠、清、智等德

---

① 这两条材料，分见（宋）黎靖德编，王星贤点校《朱子语类》（第二册），中华书局1986 年版，第 734、736 页。

② 对此，王保国说："宋辽金元对峙时期，'夷夏之辨'与'辩'也十分激烈，宋王朝以继承中原王朝的身份自认最为正统。北宋的理学家、史学家都热衷于对《春秋》大义的阐发，先后有孙复、程颐、欧阳修、司马光、苏轼、朱熹都加入进来。他们根据宋人当时的实际情况，将'夷狄'概念固定化，把春秋的'尊王攘夷'演绎成对于辽金的对抗和对宋朝的保卫。"王保国：《"夷夏之辨"与中原文化》，《郑州大学学报》（哲学社会科学版）2009 年第 5 期。

③ 对此，许纪霖也说："到了宋代，外患危机严峻，随时有亡国（王朝倾覆）的威胁，天下主义暂时行不通，遂突出夷夏之辨的另一面，更强调夷夏之间的不相容性与中原文化的主体性。"许纪霖：《天下主义/夷夏之辨及其在近代的变异》，《华东师范大学学报》（哲学社会科学版）2012 年第 6 期。

④ 关于这一点，刘红卫以齐桓公、管仲为例作出了相似的评价。对此，他说："两宋时期疑孟派对齐桓公、管仲的褒扬就含有时代境域的因素。……以司马光、李觏为代表的疑孟派遵从荀子的德性进路，强调'礼'作为一种外在规范对人的行为的制约作用，充分肯定齐桓公、管仲尊王攘夷的霸业对维护周礼的积极意义，通过对王道、霸道进行量化分析，将王道、霸道视作同一性质而不同层次的两种为政方式。"诚是。见刘红卫《儒学的德性进路对评价管仲、齐桓公的影响》，《管子学刊》2017 年第 3 期。

目利他性的程度均远不及仁①，前者尽己尚可，推己则不足。盖因为如此，孔子在评判历史人物的时候往往不轻易以仁许人。

与对子文和陈文子的评判态度不同，孔子在对待管子的评判问题上却有了很大变化。关于管子，在《论语》中主要集中于《八佾》和《宪问》当中。《论语·宪问》有云：子路曰："桓公杀公子纠，召忽死之，管仲不死。"曰："未仁乎？"子曰："管仲九合诸侯，不以兵车，管仲之力也。如其仁，如其仁！"对于孔子对管仲的这种评价，程子认为"圣人不责其死而称其功"②。钱穆先生亦认为："管仲之相桓公，不惟成其大功之为贵，而能纳于正道以成其大功之为更可贵。"③由此来看，管仲助桓公"尊王攘夷"，既合于孔子"夷夏之辨"的立场，也合于他的正名思想。同样在《论语·宪问》中，还有：子贡曰："管仲非仁者与？桓公杀公子纠，不能死，又相之。"子曰："管仲相桓公，霸诸侯，一匡天下，民到于今受其赐。微管仲，吾其披发左衽矣。岂若匹夫匹妇之为谅也，自经于沟渎，而莫之知也。"对此，蕅益大师注云"大丈夫生于世间，惟以救民为第一义。小名小节，何足论也。天下后世受其赐，仁莫大焉。假使死节，不过忠耳，安得为仁？况又不必死者耶。"④在蕅益大师的眼中，济世救民要远超个人名节问题，因为个人名节主要涉及自身忠贞问题，而济世救民却是利世利他的大事。唯有仁者，才会在己立己达和利人达人之间真正贯通起来。故而，尽管管子"器小""不知礼"（《论

---

① 关于仁的利他性，东汉经学家郑玄注《尚书》云："仁以忧世忘己身为用。"［转引自程树德《论语集释》（第四册），中华书局 1990 年版，第 1251 页。］朱熹说："仁者通体是理，无一点私心。"朱子虽以"理"解"仁"，但和郑注一样皆充分体现出了仁的利他性。［见（宋）朱熹《朱子全书》（第 15 册），上海古籍出版社 2002 年版，第 1370 页。］明代吕柟说："君子为仁，必欲使天下各得其所，天下之物各遂其生。"（《泾野子内篇》卷二一）由此不难看出，在宋明理学家那里，"仁"是具有显著天下情怀与境界意味的。另外，张岱年先生也阐述说："仁是'立人''达人'，所以必须实际有益于人，方称为仁。如仅洁身自好，无害于人，尚不足为仁。"见张岱年《中国哲学大纲》，中国社会科学出版社 1982 年版，第 259 页。

② （宋）朱熹：《四书章句集注》，中华书局 1983 年版，第 153 页。

③ 钱穆：《论语新解》，九州出版社 2011 年版，第 420 页。

④ （明）蕅益智旭撰，明学主编：《蕅益大师全集第十八册·四书蕅益解》，巴蜀书社 2015 年版，第 181 页。与此类似，《论语补疏》评价此事亦云："有杀身以成仁，死而成仁，则死为仁；死而不以成仁，则不必以死为仁。"所言诚是。引文见程树德《论语集释》（第四册），中华书局 1990 年版，第 1252 页。

语·八佾》），但孔子并不因此而完全否定他，反而因为其辅助桓公尊周室、正天下而许以为仁。① 所以，钱穆认为，"本章舍小节，论大功，孔子之意至显"②。

由此来看，孔子对于管子的评价与其时的社会主流评价观念并不相同，其弟子子路和子贡便受社会主流评价观念的影响而在言语间对管子实有不满之意。（笔者按：《孔子家语·致思》也记载了子路对于管子的评价，其对管子所作的"不辩""不智""不慈""无愧""不贞""不忠"的评论，即详细地阐明了这种社会主流观念。此外，《荀子·大略》也多少表达出了相似的立场与态度："管仲之为人，力功不力义，力知不力仁。"）对此，孔子并不仅仅局限于是否忠于子纠的问题，而是从天下秩序和民众安危的角度来考量，认为管子辅佐桓公尊王攘夷、匡正天下秩序，其功远超个人名节问题。以此来看，在特定的社会历史条件下，孔子对于历史人物的评价并不刻意在细节和小处方面纠缠，更多的则是从事功贡献和利他性上来加以衡量的。当然，这绝不是说，孔子毫不重视名节问题，也并不意味着管子已经是一个仁人了③，而只是说在周天子式微，诸侯争霸，民众生命朝不保夕的社会历史阶段，孔子更重视天下秩序和民众安危问题。这反映了儒家评判历史人物的一贯立场与态度，也彰显了其所特有的王道理想与人文情怀。

正如上文所言，孔子对于令尹子文、陈文子和管子的评价呈现出了一定的差异，而这种差异性恰恰彰显了孔子"仁"的特点及其鲜明的儒家立场。这是因为，在孔子看来，"仁"不仅仅是德目的总纲、全德，不仅仅是对人之德性的规定与要求，更是对人之德性修养的外在落实，而这种落实在特定的历史时期就主要体现在了对于个人政治行为的考量和对于政治价值的实现上面。所以，对于管子的评价，便体现出孔子在天下失序、礼乐

---

① 对于管仲之功，马融曰："无管仲，则君不君、臣不臣，皆为夷狄。"此说确实有一定道理。见（清）刘宝楠《论语正义》，中华书局1990年版，第578页。

② 钱穆：《论语新解》，九州出版社2011年版，第421页。

③ 与这种立场相同，日本江户时期的儒学家、哲学家日尾荆山（名瑜，字德光）亦认为管仲非仁者，并在《管仲非仁者弁》中说："管仲之为人，力功不力义，力知不力仁。""管仲才优于德"。观点分见［日］日尾荆山瑜德光（门人相摸大屋直校）《管仲非仁者弁》1852年（嘉永五年）刊，写真版，第5、7页。

崩坏的春秋晚期对于执掌权柄的卿大夫的政治期许，甚至将规整天下失序置于个人名节之前，有力地彰显了孔子济世安民的儒家立场与情怀。

可以说，孔子对历史人物的评点，并非针对脱离了具体历史情境的人，亦非只是针对某个特定的历史事件，准确地说，孔子针对的是具体历史事件中的具体人物①，因为在《论语》中常常会出现同一历史人物在不同的历史事件中有不同评价的现象。进而言之，孔子评点历史人物的意图，往往是以评点具体历史事件中的具体人物为方式与手段，借机教育、教导弟子如何更好地理解、把握和践行"仁"，同时又有着教化世人与影响后世的价值预设（《左传·襄公二十四年》所言的"立德、立功、立言"，即集中彰显了儒家的这种价值诉求）。

小　结

在本章，我们重点关注的是孔子对于历史人物的评判问题，并以其评判标准为入手处与史学文献中所展现的历史人物形象加以对比，经由这种对比来进一步彰显儒家的政治思想特点及其价值意义。

在天子式微，诸侯争霸的春秋晚期，孔子的入世干政目标并没有得到充分实现的机会。尽管如此，孔子对于历史人物的评判还是展现出了儒家的利他精神与人文情怀。具体而言，在当时的社会背景与时代条件下，孔子对于历史人物的评价并没有在细节和小处方面过于纠缠，他更为重视的是天下秩序和民众安危问题，从而将事功贡献和利他性作为衡量与评判人物的根本性标准，这也是孔子对于王道政治价值的理解在历史人物评判上的具体表现。可以说，这种评判标准，与其时以名利、权势为追求风尚的功利主义思想有着很大不同，因其对利他性的重视，从

---

①　诚如张志强所言："如果把孔子之'大义'从其所依之'事'中剥离出来而不受'事'之约束，便真的成为一种离事言义或离事言理之'空言'。"所言非虚。历史人物本身有着显著的变动性与复杂性，必须将其置于具体的历史事件中方能进行合理、公允的定位与评价。盖因为如此，孔子在点评历史人物的时候，就很少会出现脱离具体历史情境与历史事件的情况。所引文见张志强《经学何谓？经学何为？——当前经学研究的趋向与"经学重建"的难局》，《经史传统与中国哲学会议论文集》，中国社会科学院哲学研究所、中国哲学史学会，2017年10月27—29日，第970页。

而使儒家的思想学说呈现出理想性与普适性的一面，并深刻影响了我国传统的政治文化和中华民族的精神气质。

不过，需要说明的是，虽然在孔子的政治思想里面也会关注天、天道、天命这些具有形上性质的概念，进而以此来引领儒家的政治学说建构与入世行为，但这些形上概念并不是他理论建构的最终目的。因而，就此而言，从整体上来看孔子的政治哲学思想偏重于伦理政治这种现实层面，而对于形上建构并不重视，用力也不够，故而其政治思想方面的哲学性虽存在但并不突出。

根据上文对孔子仁思想的研究，并结合春秋晚期老子道论的思想特点来看，这一时期对道的探究主要侧重于道体层面。此处所言的道体，实际上是从形上层面对于道所做的带有整全式的理论性思考。与老子道的整全性特点不同，孔子所言的道则主要体现为由天道下贯而来的人道，这是一种"下学上达"（《论语·宪问》）的思维路径。在这里，尽管孔子强调以下学人事为基，但毕竟还要上达天道。以此来看，孔子的思想学说就不仅仅是现实层面的问题了，还关涉到对于现实之上层面的思考。对于儒家来说，成就自身道德只不过是由人事历练通向天道的中间枢纽与过渡桥梁，经由自身德性的长养，生命个体才能向成就万物、运行不息的天道无限趋近。这样，儒家在道德修养和外在事功上便为自身的思想学说赋予了过程性、理想性及终极性的价值与目标。

随着历史的发展，当时间来到战国时期，由于日益严峻的社会政治环境与利益争斗形势，各诸侯国之间的关系变得更加脆弱多变。在这个时候，如何在复杂不定的各诸侯国关系格局中占据主动性地位，是其时侯王们所普遍关注的重要现实问题。在这种情况下，诸子对于道用的重视与探讨自是题中应有之义。与对道用的重视相关，儒家人物孟子所关注的王道政治也遭遇了前所未有的困境，这在政治哲学方面的表现便是基于上天—中王—下民的政治结构图式来思考王道政治的价值与意义，并为王道政治在战国时期政治社会的落实寻求出路。

在下一章，我们首先以《管子》四篇（包括精气说与道的具象化处理、心说与识道、名与礼法思想等方面）为考察重点，对于子学思想在战国时期由重道体向重道用的转进加以研究。在此基础之上，我们对于孟子政治哲学思想的特点及价值、意义等方面进行集中分析与探讨。

第 五 章

从重道体到重道用：子学思想在战国时期的转向

——基于《管子》四篇的考察兼及孟子政治哲学

子学，作为春秋晚期战国时期最为活跃，并试图影响和改良现实社会政治的一股思想潮流，它是伴随着天下大势由诸侯并立到逐渐走向华夏统一的历史进程而兴起的，其思想特征日益呈现为由重视道体探究到对道用铺陈的转向。关于这一显著变化的思想特征，我们可以从反映儒家、道家、法家和兵家等思想流派的先秦典籍中管窥一二，但因受个人精力与学力所限，在此我们选取《管子》四篇作为文章的考察重点，进而以此作为重要参照来对孟子的政治哲学思想加以研究。此种做法，虽有挂一漏万之可能，却能比较集中、有效地对研究目标进行探讨。

在本章，为了更好地研究子学思想由重道体向重道用转向的这一重要理论思潮与思想特征，我们首先主要围绕《管子》四篇中的精气说、心说、名与礼法思想等方面展开研究，并以之与孟子的政治哲学思想加以比较与探讨。

第一节 《管子》四篇精气说与道的具象化处理

如果从先秦思想史与哲学史的宏观视野来看，在春秋晚期战国时期，诸子在应对艰难时局和探讨治国理政方案与策略之时，一般会对其背后的价值依据和形上根源予以考量。他们思考的结果大都最终归结于对"道"的建构上，尽管"道"于诸子那里会存在层面上的差异。于此，为了更好地彰显"道"在先秦时期所经历的变化，本章主要以道家和黄老道家为考察对象，并以《管子》四篇为主要文本依据展开相应研究。

"道"于老子那里，具有无限性、超越性和不可言说性，比如："视之不见，名曰夷；听之不见，名曰希；抟之不得，名曰微。是谓无状之状，无物之象。"（《老子》第十四章）"天下万生于有，有生于无。"（《老子》第四十章）等。不仅如此，在《庄子·大宗师》中对此亦有着进一步的阐述："夫道，有情有信，无为无形，可传而不可受，可得而不可见。自本自根，未有天地，自古以存。神鬼神帝，生天生地，在太极之先而不为高，在六极之下不为深。"关于这方面的内容，学者们已多有研究，此处不再赘述。

道家人物包括老庄，他们对"道"的追问与思考，其根本目的并不在于理论建构本身，而是为了探究天地宇宙的真相及规律性，进而试图解决人存在的价值与合理性问题，以及以此为基建立起理想的政治治理模式与理想社会形态。正是出于这样的运思理路，所以我们在阅读文本的时候就会发现，《老子》和《庄子》并不完全都是形上的理论建构，其中还有着对人类社会深切的人文关怀。就此而言，在先秦诸子的思想理论当中都或多或少地体现了这一点。但是，不得不说的是，在道家尤其是在老子那里，毕竟还有着对于天地宇宙起源、创生、规律诸多方面的探讨，而这一系列的探讨皆与对"道"的反复考量密切相关。故而，"道"于老子那里不仅有着特别的地位与意义，而且由于老子并没有放弃以之为视角对于形下世界的考察与反思，因而《老子》中的"道"必有相当的本源性、超越性与普遍性方可真正统领起对形下世界的整全性思考。在这种情况下，老子的"道"是"'先天地生'，超乎天地的"[①]，具有无限性，是作为有限性的人所无法真正把握和切实运用的。故而，在《老子》中，我们看到更多的是老子对于道创生天地万物的描述，而其中虽有对圣人依"道"治世种种行为表现的陈述，但对道用的关注却较为薄弱和模糊。

当社会历史从春秋晚期进入战国时期，尤其是诸侯之间所发生的统一战争愈演愈烈，各诸侯国都处于变动纷繁的关系格局的时候，如何在

---

① 陈丽桂：《汉代道家思想》，中华书局 2015 年版，第 34 页。

这种风云际会的特殊历史时期取得政治和军事上的先机与优势，便成为各个诸侯国君王所不得不需要面对与解决的重大社会现实问题。在这种宏大历史背景下，思想文化的发展便很难彻底脱离这种时代主题与现实需求。故而，思想界由重视道体转向对道用的日渐关注便成为一种历史必然和思想潮流。

道体在老庄那里既"先天地生"，又"生天生地"，虽遍在于万物却又高渺难寻。老子除了以关注"德"①的方式来体味道用以外，并没有花费太多精力来探讨作为有限的生命个体是如何把握无限之"道"的。这样的做法，致使《老子》这一文本形成了在语言表述上的不确定性与思想上的张力空间。它在为世人打开了一扇了解天地宇宙真相之窗的同时，却在生命个体如何更为合理地生存，以及君王和政府如何管理社会民众方面并没有提出明晰且切实有效的实践方略。这一理论不足，直到《庄子》外、杂篇那里才逐步得到了重视和弥补，从而使其具有了不同于内篇的黄老之学色彩。

关于《庄子》外、杂篇对道用的关注，本章并不拟加铺陈，笔者曾专门撰写过一篇文章加以探讨②，读者如感兴趣，可以参看。在此，我们主要对《管子》四篇的道用思想进行考察。

整体而言，《老子》的"道"能"先天地生"（第二十五章），《庄子》的"道""生天生地，自本自根"（《大宗师》），都具有强烈的本根性、形上性与超越性，而到了《管子》四篇和《韩非子》那里，"道"却成为天地间之物了，这便与儒家所讲"道"的外延相一致了：儒家所讲的"道"主要包括天道和人道，而这两者均在天地之间，并不明显具有老庄之"道"那样的本根性与超越性。诸如《孟子·离娄上》有云："道在迩而求诸远，事在易而求诸难。人人亲其亲、长其长，而天下平。""事亲为大"，"事亲，事之本也"。《孟子·万章上》亦云："惟顺于父母，可以解忧。"等。于此，孟子强调儒家之道的情感性与伦理体验性，儒家之道非高高在上，而是体现于孝亲敬长这一类的伦理性、情境式的生活场景当中，将此扩充至天下便可达致太平境地。对此，陈丽桂评论

---

① 笔者按：老子认为，道生天生地以后，是以"德"的形式存在于万物之中的。
② 李友广：《从"道"观念看先秦子学思想的转向》，《社会科学》2016年第10期。

说："《管子·内业》说，'道在天地间'；'道满天下，普在民所，民不能知……上察于天，下极于地，蟠满九州岛'；'道之大如天，其广如地'。道终究只以天地为极限。《韩非子·解老》说'道''与天地之剖判也俱生；至天地之消散也，不死不衰'，道与天地同生，并不先于天地。"① 由此来看，在《老子》所构建的生成序列当中，道在时间与逻辑上都是先在的；《管子》当中并未强调这一点，似由对道体的重视转向了对道用的思考，故而《管子·白心》（注：本章下引凡涉及《管子》，只注篇名）有云："道之大如天，其广如地。"

当《管子》以天地为界去考量"道"的时候，由于老庄及庄子后学的不断努力，"道"对战国思想界的影响日盛，故而《管子》论"道"亦首先依旧承认与继承道的形上性和不可言说性，比如："虚无无形谓之道"（《心术上》）"道也者，动不见其形，施不见其德……故曰大道可安不可说。"（《心术上》）"凡道，无根无茎，无叶无荣，万物以生，万物以成，命之曰道。"（《内业》）"道也者，口之所不能言也，目之所不能视也，耳之所不能听也。"（《内业》）。但如若仅仅止步于此，道家思想对社会政治的影响依然是极为有限的。概缘于此，《管子》在道用方面的探讨可谓是不遗余力，最为突出的表现便是"以气释道"，使得"'道'由'虚无'向'道气'具象化发展"②。可以说，"道"逐渐由超越性向可体认性发展了，而"道"与"气"的共性即为遍在性。

既然在《管子》这里，已经由重视道体转向了对道用的关注，那么这种转变所产生的变化是什么呢？《形势解》对于道的功用曾有过论述："道者，扶持众物，使得生育，而各终其性命者也。故或以治乡，或以治国，或以治天下。故曰：'道之所言者一也，而用之者异。'"③ 于此，"道"并不似老子所说的那样："天地不仁，以万物为刍狗。"（《老子》第五章）老子所言的"天地"并不具有显著的道德属性，或者说是超越

---

① 陈丽桂：《汉代道家思想》，中华书局 2015 年版，第 34 页。

② 汲广林、武凌竹：《〈管子〉"道"的思想刍议》，《理论界》2010 年第 7 期。关于"道"的具象化问题，陈鼓应早有研究。对此，他说："稷下道家更将老子的'道'具象化而为精气，普遍充实、弥漫于人间。"见陈鼓应《管子四篇诠释——稷下道家代表作解析》，商务印书馆 2006 年版，第 112 页。

③ 《易·乾卦·象传》有云："乾道变化，各正性命，保合太和，乃利贞。"与此近似。

于道德属性的。老子主张对于"天地"并不能以人间的伦理规范与标准去界定和描述,因为"道"先天地生,且又"生天生地",从"道"的生成、演化序列来看,与"人"相比较,"天地"距离"道"更近,自然更具有"道"的基本属性。与《老子》所言的"道""天地"皆不同,《管子》中的"道"已隐然被赋予了一定的道德属性,故而《形势解》说"道"能"扶持众物",能够使万物得以生长、发育,进而帮助它们完成各自的性命。在此基础之上,《形势解》进一步谈到"道"可以被运用于治乡、治国方面,甚至还可以被用来治理天下,故而它说道体虽然只有一个,但功用却变化多端。

与对"道"的这种处理相应,《管子》中的"天地",甚或"气"("精气")均被赋予了不同程度上的道德色彩。对此,《内业》篇说:"见利不诱,见害不惧,宽舒而仁,独乐其身,是谓灵气。""是故此气也,不可止以力而可安以德,不可呼以声而可迎以意。"可见,由于精气与人身心关系的密切性,《管子》在以精气论人的时候,往往为精气赋予了一定的道德属性,这已与老庄所言之气有了很大不同。① 与此相应,由于孟子所言之"气"强调由"志"来统率,这就使得孟子视野中的"气"已非纯粹的自然流动之气了,也为"气"赋予了显著的道德属性。故而《孟子·公孙丑上》云:"夫志,气之帅也;气,体之充也。夫志,至焉;气,次焉。故曰:持其志,勿暴其气。""其为气也,至大至刚,以直养而无害,则塞于天地之间。其为气也,配义与道;无是,馁也。是集义所生者,非义袭而取之也。行有不慊于心,则馁矣。"由此来看,孟子谈"养气"或许在思想理路上受到了《管子》精气说的影响。

关于《管子》中"气"("精气")的这种处理方式,田探认为是对"气"的"道化",实际上就是对"气"的理性化和价值化,使"气"成为合规律并合目的的存在者。② 顺此,我们可以说,对"气"的"道化",实际上也可以理解为对"道"的"气化"。"道"于老庄那里本身

---

① 对此,陈鼓应也说:"稷下道家将天地予以道德化,这样的看法和老庄分歧,却和孟子相通,孟子将天地人伦化可能是本于稷下道家。"诚是。引文见陈鼓应《管子四篇诠释——稷下道家代表作解析》,商务印书馆 2006 年版,第 108 页。

② 田探:《〈管子〉四篇的道气关系与"气道乃生"命题的哲学意蕴》,《江汉论坛》2013年第 5 期。

就与"气"难以完全割裂开来："道生一，一生二，二生三，三生万物。万物负阴而抱阳，冲气以为和。"（《老子》第四十二章）"人之生，气之聚也。聚则为生，散则为死。若死生为徒，吾又何患！故万物一也……'通天下一气耳'。"（《庄子·知北游》）。正如笔者在《从"道"观念看先秦子学思想的转向》中所言："庄子后学在继承老子之'道'形上性与超越性的同时，还非常关注'道'与现实世界的结合问题，并在探讨这一问题的过程中用'气'作为沟通两者的桥梁与纽带，从而在对'道'的认知和把握上便成为一种可能。"① 由此来看，庄子后学思想的确彰显了浓厚的黄老色彩。

在接续庄子后学思想理路的基础上，《管子》不仅承认了道与气的密切关联，而且直接以气释道②，甚至有将"气""道化"处理的倾向："道在天地之间也，其大无外，其小无内，故曰不远而难极也。"（《心术上》）"灵气在心，一来一逝，其细无内，其大无外。"（《内业》）"气者，身之充也。"（《心术下》）"夫道者，所以充形也。"（《内业》）从所引文献可知，在《管子》中"道"和"气"都有"其大无外，其小（细）无内"以及充盈身体的特征，有着将"道"与"气"通用的种种表述。

第二节 《管子》四篇"心"说与识道

通过上文分析我们可以发现，《管子》的"以气释道"是为了更好地认知和把握"道"，而在先秦时期人们通常认为这种认知和把握能力的高低主要取决于"心"，故而《内业》有云："谋乎莫闻其音，卒乎乃在于心。"意思是说，道虽然寂然无声不可得闻，但它在收聚的时候却可以集于人的内心。于此，已经很明确地指出，内心可以和"道"发生联系，进而使心获得"道"的相应属性与功能，也可以说是《管子》对"心"作了一定程度上的"道化"处理。既然如此，有个问题便产生了：心如

---

① 李友广：《从"道"观念看先秦子学思想的转向》，《社会科学》2016 年第 10 期。

② 对此，付雪莲也说："《四篇》的最大突破是以气释道，将老子抽象的道论具象化为精气论，进而在精气论基础上提出修心和治国理论，将黄老道家的理论构架一步步搭建起来。"所言不无见地。见付雪莲《〈管子〉四篇对老子道论的继承和突破》，《四川省社会主义学院学报》2016 年第 1 期。

何识道和把握道呢？因为从"道"的种种特性来看，"心"显然是无法直接把握"道"的："道不远而难极也，与人并处而难得也"（《心术上》），"不见其形，不闻其声，而序其成，谓之道。"（《内业》），必须在"心"上作出种种调整、修养等工夫，方能使"心"和"道"真正发生联系。故而，《管子》分别以气论道和论心，其重要目的便在于以气（精气）的方式将道与人心作了勾连，从而凸显了二者之间的密切关系：将道具象化与突出心的修养工夫论。

正如上文所言，儒家所讲的"道"主要集中于天道与人道，并没有超出天地之间这一范围，这与《管子》作者以天地为界来考量"道"的做法是不谋而合的。这也正说明了至战国时期思想界对于道用的日渐重视，进而逐渐成为一股显著的思想潮流。与儒家"道"的这种特点相应，在《孟子》文本中"道"一直是以具象化的方式存在的。除此之外，与《管子》文本相类，《孟子》也非常关注"心"，强调"心"的本体性地位，以及在修身成圣与为政治国方面的价值意义，并以突出心的修养工夫的方式将家（伦理价值）国（政治价值）之间进行了合理性（合价值理性）的贯通："凡有四端于我者，知皆扩而充之矣，若火之始然，泉之始达。苟能充之，足以保四海；苟不充之，不足以事父母。"以人之内在心性将天下治理和家庭伦理作了勾连，在人之心性的观照下，公、私领域均被赋予了浓厚的伦理色彩。故而《孟子·告子下》所言之"尧舜之道，孝弟而已矣"，便是对这一思维理路的积极推演。①

从思想史的角度来看，"老子之'道'具有的玄远性格，使其未和心发生直接关联，'道'须透过'德'才落实下来而具人文意义。至战国中期，在庄子与黄老等道家思想的进一步发展中，'道'始与'心'密切相关"②。由陈丽桂教授的分析可知，鉴于"道用"的日渐受重视，"德"和"心"逐渐被关注，人的主体性也愈加彰显，"心"的地位和作用从而得以提升，甚至被赋予了道德属性与哲学意蕴。故而"心"的修养工夫被成书于战国时期的《管子》所一再提及和强调自是题中之义："不以物

---

① 参见李友广《论先秦儒家对"家"的执守、突破及依归》，《东岳论丛》2018 年第 9 期。

② 见陈鼓应《管子四篇诠释——稷下道家代表作解析》，商务印书馆 2006 年版，第139 页。

乱官，不以官乱心"(《内业》)、"无以物乱官，毋以官乱心"(《心术下》)。从这里便能隐约觉知身体之感官乃是联结物与心的纽带，外在之物的刺激、诱惑皆须通过感官方能抵达人的内心，所以《管子》才一再以"不以物乱官"来作为"不以官乱心"的重要前提与条件。另外，在《管子》一书中"心"的地位也比"官"重要，因而将"不乱心"看作了整个行为过程的目的，从而将人的修养工夫最终落实到了修心上。所以，其后《管子》才一再宣称:"我心治，官乃治;我心安，官乃安。治之者心也，安之者心也。"(《内业》)只有做到心治、心安，方能达至《心术下》所描述的高妙境地:"与时变而不化，应物而不移，日用之而不化。"实际上，《管子》一书关于心论的某些思想与郭店儒简，尤其是与《性自命出》篇有着高度的相似性。也就是说，《管子》所一再强调的"物""官"与"心"的关系，以及"心"在身体与修养上的重要地位都可以在郭店儒简当中找到相应的痕迹。只不过，"物""官"与"心"的关系到郭店儒简这里便演变成了"物""心"与"性"的关系。由这种学术理路上的沿承与变化我们可以看出，心的地位与作用依旧在提升的同时，性的地位亦得到了提升。[1]

当然，"心"作用和地位的提升，与《管子》对"心"的屡言有着很大关系:

> 凡心之刑，自充自盈，自生自成。其所以失之，必以忧乐喜怒欲利;能取忧乐喜怒欲利，心乃反济。(《内业》)
> 彼心之情，利安以宁，勿烦勿乱，和乃自成。折折乎如在于侧，忽忽乎如将不得，渺渺乎如穷无极。此稽不远，日用其德。(《内业》)
> 彼道之情，恶音与声，修心静意，道乃可得。道也者，口之所不能言也，目之所不能视也，耳之所不能听也，所以修心而正形也。人之所失以死，所得以生也;事之所失以败，所得以成也。(《内业》)
> 形不正，德不来;中不静，心不治。正形摄德，天仁地义，则

---

① 李友广:《先秦儒家人性论的演变——以郭店儒简为考察重点》，陕西人民出版社2014年版，第170—171页。

淫然而自至。神明之极，照乎知万物，中守不忒。不以物乱官，不
以官乱心，是谓中得。(《内业》)

凡人之生也，必以平正。所以失之，必以喜怒忧患。是故止怒
莫若诗，去忧莫若乐，节乐莫若礼，守礼莫若敬。内静外敬，能反
其性，性将大定。(《内业》)

心之在体，君之位也；九窍之有职，官之分也。心处其道，九
窍循理。(《心术上》)

心术者，无为而制窍者也，故曰"君"。(《心术上》)

……

从以上对于与"心"相关材料的不完全征引可以看出，在《管子》
四篇中对心与九窍的关系、心与道的关系以及心与性的关系皆有所关注
与讨论。应该可以说，《管子》四篇对于这些问题的讨论，从根本上说是
为了解决如何更好地治身和治世这一现实目标。当然，如果从理论的角
度来看，它是为了解决这样一个理论问题：人的内心应当努力保持怎样
的状态，而后才可以使其更好地认知和把握"道"？这个问题如不能得到
很好地解决，人将无法与道用发生实际联系，而道用也就无法对人本身
产生实际效用。正是从这个意义上而言，有学者指出："它（指《心术
上》和《内业》——笔者注）继承老子怎样'得道'的学说，推衍而为
'心术'、'内业'的内心修养说。"① 可以说，《管子》四篇主要就是为了
解决"心"如何"得道"这一问题而展开论述的。

既然"道"是"虚无无形"的，那么"心"如何来认知和把握它
呢？对于这个问题，《管子》主要从"虚其欲""舍（捨）己"② 等方面
来谈的。对此，陈鑫说："'道'是'虚无无形'的，故不能用感官来感
知，只能用心灵来领会，但如果心灵为欲望所遮蔽，则无法使精神停留

---

① 胡家聪：《稷下道家从老子哲学继承并推衍了什么？——〈心术上〉和〈内业〉的研
究》，《社会科学战线》1983 年第 4 期。

② 对此，胡家聪展开论述说："所谓'舍（捨）己'……是指'心'的主体捨弃忧乐喜
怒欲利以及成见、偏见，排除各种干扰，保持虚静的精神状态，以便'以物为法'。"见氏撰
《稷下道家从老子哲学继承并推衍了什么？——〈心术上〉和〈内业〉的研究》，《社会科学战
线》1983 年第 4 期。

于内心,专注于对'道'的领会。故只有'虚其欲'、'扫除不洁'才能让精神'入舍'、'留处'(《心术上》),唯虚无之心可体虚无之'道'。"① 由此来看,"心"只有通过种种修养工夫来想方设法地去除各种带有偏见成分情绪的影响与干扰②,才能使"心"在虚静、平和与安宁的状态下与"道"的性质相靠近(《内业》有云:"彼心之情,利安以宁,勿烦勿乱,和乃自成。"),从而使"心"获得"道"的属性,借以实现把握和运用道用的现实目的。在这一点上,与《荀子》所言非常相似。《荀子·解蔽》言谓"人何以知道?曰心"。那么心对道的认知与体认又靠什么呢?对此,《解蔽》接着回答说,要依赖人的修养工夫,这种修养工夫就是"虚壹而静",而后心方可达致"大清明"的境地。到了这种境地,心同样便可以了解道、把握道和运用道。对此,陈林也说:"通过长期的师法教化,心能由'蔽'的状态转化为'大清明'的状态,而当心处于大清明状态时,心必能'知道','可道','守道',最终'好道',使人具备仁心善性之'德'。"③ 由此来看,《荀子》所言的心很有可能受到《管子·内业》思维理路的影响。

当"心"获得"道"的属性以后,便可以治身乃至治世了,所以《心术上》明确指出:"心之在体,君之位也;九窍之有职,官之分也。心处其道。九窍循理。"于此,《心术上》对"心"之价值与主导地位的认知,惯于在政治治理的思维框架内进行,因而它在界定和描述"心"的时候,多次使用"君""官""位""分"等语词,与《韩非子》所言"君逸臣劳"④ 思想非常相近。当然,《管子》四篇除了着重探讨"道"

① 陈鑫:《〈管子〉四篇中的道论》,《管子学刊》2012 年第 2 期。
② 郭店简《性自命出》中还谈到了"心无定志"(简)的问题,这说明心的修养不仅仅需要土体的自为,还有赖于外在的制度与规范。故而《内业》云:"凡人之生也,必以平正。所以失之,必以喜怒忧患。是故止怒莫若诗,去忧莫若乐,节乐莫若礼,守礼莫若敬。内静外敬,能反其性,性将大定。"《管子》并未像《老子》那样一味地反对与批评礼乐制度,反而对诗乐礼等方面给予了充分肯定,从而使"心"的修持落到了实处,变得切实可行了。
③ 见陈林《"化性起伪"何以可能——荀子工夫论探析》,《道德与文明》2012 年第 2 期。
④ 比如《韩非子·主道》云:"明君无为于上,君臣竦惧乎下。明君之道,使智者尽其虑,而君因以断事,故君不穷于智;贤者敕其材,君因而任之,故君不穷于能;有功则君有其贤,有过则臣任其罪,故君不穷于名。是故不贤而为贤者师,不智而为智者正。臣有其劳,君有其成功,此之谓贤主之经也。"《淮南子·修务训》亦有云:"上操其名,以责其实,臣守其职,以效其功。"

与"心"的关系之外，还对于"名"及礼法等思想有着特别的关注，而这些也属于道用的重要组成部分。

第三节　《管子》四篇"名"与礼法思想及孟子政治哲学

正如上文所言，"道"在老庄那里有着自本自根、无形无象之特征，高渺难寻，不易把握。为了体道和用道，自战国时期始，诸子就在如何体认和把握道用方面有着浓厚的理论兴趣与现实指归。除了前文所提到的以气（精气）释道、以心识道以外，《管子》还对名和礼法等思想有着特别的关注，并对之加以张目。

《管子》文本的形成过程颇为复杂，但与齐地关系非常密切却是肯定的，故而《管子》中与礼法相关的思想往往被学者们界定为齐法家。战国时期的齐法家最大的特点是，在以"道"统率"法"的同时，并不废弃礼俗，强调礼法并举[1]："礼者，因人之情，缘义之理，而为之节文者也，故礼者谓有理也"（《心术上》），"虚无无形谓之道，化育万物谓之德，君臣父子，人间之事谓之义，登降揖让，贵贱有等，亲疏之体谓之礼，简物小大一道，杀僇禁诛谓之法"，"故礼出于义，义出乎理，理因乎宜者也……故事督乎法，法出乎权，权出于道"（《心术上》）。"名正法备，则圣人无事"（《白心》），"法者，天下之至道也"（《任法》）。"以法制行之，如天地之无私也。"（《任法》）"是故止怒莫若诗，去忧莫若乐，节乐莫若礼，守礼莫若敬。"（《内业》）"法者，天下之程式也，万事之仪表也。"（《禁藏》）"法者，天下之仪也，所以决疑而明是非也，百姓所悬命也。"（《禁藏》）由此来看，《管子》并没有将"道"与礼法、

---

[1]　对此，袁刚、任玥展开论述说："《管子》重法，却不单纯强调法的绝对，而主张礼法并举。齐法家清醒地认识到，虽然刑罚具有权威性和高效性，'禁淫止暴莫如刑'（《明法解》），但'刑罚不足以威其意，杀僇不足以服其心'（《牧民》），单纯依靠刑罚也有很大的局限性，它不能抵达人心，不能化民成俗。法的作用很容易在短时间内见效，但如果只强调法的强制性力量，而忽视道德礼义的作用，国家是不能维持长治久安的。礼义教化则能弥补法的不足，有助于争取民心，增强政权合法性。"诚是。袁刚、任玥：《从〈管子〉看齐法家的治国思想》，《人民论坛》2012年第1期。

礼俗完全对立起来,反而认为礼法本属道所包括的内容①,是道用的构成部分。因而,陈鼓应说:"稷下道家即是将礼、法等视为道的延伸。在道的准则下,倡导法制与礼仪教化的作用。"② 顺此,我们可以说,与老庄多批判仁义礼法对人性的戕害不同的是,《管子》则将其视为"道"的延伸,或曰属于道用的组成部分。因而,《管子》在对"道"之根本性地位与价值深为认同的前提下,对道体所统摄的内容有着详细的探讨。

当然,在《管子》中除了关注礼法以外,还对"名"有着特别的探讨。最为特别的是,《管子》谈"名"还言及了圣人,并对"名"于圣人的重要意义给予了相应阐述:

> 天曰虚,地曰静,乃不伐。洁其宫,开其门,去私毋言,神明若存。……物固有形,形固有名,名当,谓之圣人。(《心术上》)
> 是故圣人若天然,无私覆也;若地然,无私载也。私者,乱天下者也。凡物载名而来,圣人因而裁之而天下治。名实不伤,不乱于天下而天下治。(《心术下》)

从所征引文献来看,《管子》中的圣人③与《老子》所论之圣人已是大为不同。《老子》中的圣人"处无为之事,行不言之教"(《老子》第

---

① 长沙马王堆汉墓帛书《黄帝四经·经法》云:"道生法,法者引得失以绳,而明曲直者也。"在这里,"法"被视为"道"的直接产物。可见,"道"欲于人间充分发挥效用,则非借助中介与桥梁加以彰显道用不可,于此,"法"便充当了这个中介与桥梁。顺此理路,陈丽桂甚至认为"'道生法'的'法',不但指法度、法制、刑名,其实也泛称'政道'"(陈丽桂:《汉代道家思想》,中华书局2015年版,第61页)。如果陈教授的见解成立的话,那么黄老帛书中的"道"几乎无所不包了。在对道用的日益重视下,由于"法"对治国理政的重要作用,"法"的地位大为提高,甚至《韩非子·饰邪》说:"先王以道为常,以法为本。"于此,"法"的重要程度与"道"相比弱不了多少。

② 陈鼓应:《管子四篇诠释——稷下道家代表作解析》,商务印书馆2006年版,第151页。

③ 圣人于《黄帝四经》常常称为"执道者"。在笔者看来,执道者似比"道"有着更强烈而鲜明的主体性与主动性。在地位上,执道者并不弱于"道"本身。实际上,在《黄帝四经》中,执道者往往指的是君王。关于"执道者",曹峰评论说:"唯有'执道者'能由'道'至'名',能通过'无形'、'无名'把握'形名',或不被'形名'所束缚,这样'执道者'就控制了发源于'道'的最为根本的政治资源,从而立于无人能挑战的绝对地位,保证了君主在政治上的垄断权。"所言非虚。曹峰:《出土文献视野下的黄老道家研究》,《中国社会科学》2013年第2期。

二章),"无为""好静""无事""无欲"(《老子》第五十七章),"无
为""无执""欲不欲""学不学"(《老子》第六十四章)等,具有自然
无为之特征,而《管子》中的圣人则要名实相当,其标准便不再如以前
那样模糊难以界定了。在这里,圣人如同天地,具有普遍性。物必有名,
圣人治世因名而天下治。如此,颇富政治色彩的圣人则与君王有了更加
显著的相似性。可以说,当《管子》以"名"之标准来界定圣人之时,
由于圣人在道家那里本有的地位和影响,"名"的价值与意义得到了比较
充分的开掘:"名者,圣人所以纪万物也。"(《心术上》)"有名则治,无
名则乱,治者以其名。"(《枢言》)"用一之道,以名为首。名正物定,
名倚物徙。故圣人执一以静,使名自命,令事自定。"(《韩非子·扬
权》)"名正则治,名丧则乱。"(《吕氏春秋·正名》)"至治之务,在于
正名。"(《吕氏春秋·审分》)"〔名〕正者治,名倚者乱。正名不倚,倚
名不立。"(《黄帝四经·十六经·前道》)至于"名"于战国时期被日渐
关注,除了与名实不副的混乱社会现实相关以外,还与其时社会政治治
理变得愈加复杂有关,重视"名"无疑是为了更好地理顺和规范繁复多
变的国家政务,故而"《黄帝四经》特别强调'执道者'必须认识和把
握'刑名',只要'刑名'树立起来,天下的治理就容易做到"①。由此
来看,通过认识和把握"名",圣人(君王)就能"建立起人间的名分
系统、规则系统,然后让其发挥自我组织、自我管理的功能"②,在成功
实现天下治理的同时,圣人(君王)也成为名实相当的圣人(君王)了。

　　整体上来看,随着时间的推移,在整个战国时期,由于社会政治和
国际关系的影响,诸子对于道用的重视越来越深入,并对礼法、刑名等
思想有着特别的探讨,进而借此来加深对道的考量和认知,以便更好地
治身、治国与治世。与此相应,孟子也非常重视道用,并主要集中于对
王道问题的讨论。由于孟子在人性问题上所持的性善立场,在讨论政治
问题的时候,他往往采取的是天赋善性、以心善言性善的思维理路来阐
述仁政与王道。孟子所言的这种仁政与王道实际上正脱胎于西周时期的

---

① 曹峰:《作为一种政治思想的"形名"论、"正名"论、"名实"论》,《社会科学》
2015 年第 12 期。

② 曹峰:《出土文献视野下的黄老道家研究》,《中国社会科学》2013 年第 2 期。

政治制度，这种政治制度实际上体现了以宗法伦理维系周天子治下的层级权力政治体系的特点，具有浓厚的宗法伦理性。可以说，孟子的政治哲学思想深受西周时期上天—中王—下民政治结构图式的影响："天佑下民，作之君，作之师，惟其克相上帝，宠绥四方。"（《尚书·泰誓上》）那么，通过《尚书》文本来看，三者之间要靠什么来贯通呢？需要注意的是，《尚书》屡言"敬天保民"。一方面是对上的"敬天"；另一方面是对下的"保民"，居其中的则是"王"，亦即敬天和保民的主体首先指向的都是王。只有把这两个方面都充分地承担起来才算是符合儒家立场与标准的王，而要把这两个方面都很好地承担起来，在儒家看来就需要王"疾敬德"（《尚书·召诰》）——不断努力提升自己的德行，进而认真实施德政教化，这样的王其政治治理行为、政治理念及政治智慧便构成了王道政治的主要内容。[①]　由此来看，这三个维度之间的关系，可以用《尚书·多士》中的话来概括："惟天不畀不明厥德"，意思是说，上天不会把大命赐给那些不努力施行德教的人。显而易见的是，在天与王之间，沟通它们的主要是"命"；在王与民之间，则主要依靠王的德政教化使两者得以顺畅和洽。

到了战国时期的孟子那里，由于人文理性精神的进一步发展，天的神秘色彩已是大为减弱，而人的主体性则在不断增强。在这种历史背景下，孟子的政治哲学思想在有意弱化作为纽带的"命"在天人之间的力量与影响的同时，还强化了王的德政教化在上天与中王、中王与下民之间的积极作用与重要意义。

虽然孟子言称"尽心—知性—知天"（文见《孟子·尽心上》），强调"仁义礼智，非由外铄我也，我固有之也"（《孟子·告子上》），从而使其人性理论具有"天赋善性"的色彩，但实际上孟子此处所言的天，更多的是意在彰显人心的道德先天性，强调人的道德修养无需外假于人，只要反求诸己即可。就孟子的人性学说而言，天对于人性修养并不具有决定性的价值与意义。另外，与西周政治文化传统相比，"命"的宗教神秘色彩被孟子弱化了不少，在他的政治哲学体系当中，更多地被赋予了

---

① 参见李友广《先秦儒家王道理想的应然指向与现实困境——以〈孟子〉为探讨中心》，《现代哲学》2019年第1期。

道德化色彩。所谓"正命""非命"的划分（《孟子·尽心上》有云："莫非命也，顺受其正。是故知命者不立乎岩墙之下。尽其道而死者，正命也；桎梏死者，非正命也。"），即已表明：孟子将人间政治秩序的决定权由高高在上的客观神秘力量转移到了人类自己的手中。另外，根据《孟子》文本的阐述还可以看到，孟子对于君王德政教化在政治秩序改良与优化当中所起作用的充分重视，彰显了"命"的地位在不断下降，甚至能够被君王以修德敬德、实施德政的方式所影响与左右，同时他又强化了民心对于君主统治与国家政权稳固所产生的价值与意义。概而言之，《尚书》中所呈现的西周时期"上天—中王—下民"的政治结构图式，到了战国时期的孟子这里，对于王者德政与民心价值则有了更为充分的肯定与重视。这既体现了孟子政治哲学当中所具有的理想主义的一面，也是对西周政治传统与孔子德政思想的服膺、继承与创新，充分彰显了他"兼善天下"（《孟子·尽心上》）的济世理想与人文情怀，值得充分肯定。

第四节　《管子》的学派属性及道用的影响

在历史上，对于《管子》的学派属性向来有争议，有认为是法家者，亦有认为是道家者，故而杨柳桥说："据张守节《史记·正义》引刘向、刘歆父子所著的《七略》说：'《管子》十八篇，在法家'；而班固的《汉书·艺文志》却把它列入道家，共八十六篇。"[1] 依此，我们可以发现《管子》思想所彰显的学派属性之复杂性，故而后来有学者将其称为"法家""黄老道家"或"道法家"。关于学界对于《管子》哲学的探究，郭梨华认为"学界大抵研究其道论、气论、心学、法思想"[2]。其实学界的这种研究，并没有脱离道体和道用这一思维框架。可以说，气论是对道论的具象化处理，关注点由道体转向道用，对礼法的重视亦属于对道用的思考与探究范围。无论是道还是气（精气）都需要与人心发生联系，

---

[1]　见杨柳桥《〈管子〉的哲学思想》，《管子学刊》1987 年第 2 期。

[2]　郭梨华：《道家思想展开中的关键环节——〈管子〉"心—气"哲学探究》，《文史哲》2008 年第 5 期。

才能真正激活道用。可以说学界对道论、气论、心学、法思想等方面的研究，都会受到这种思想理论的规定与导引。

对于道用的重视，汉代道家则有着进一步的拓展与深化。对此，陈丽桂总结说："汉代道家承继先秦道家的传统，也崇道、论道，却有相当的转化。在应用论上，他们极力推阐'道'的功能与效用，循着《老子》柔弱、无为一义，把先秦道家的'道'，转化为一种深具弹性、高效不败的治事之'术'，用'术'去诠释老庄的'道'，普遍地运用于修身、治事乃至政治、军事之上。"① 当然，从道体到道用的转向以及对于后者的日渐重视，经历了整个战国时期乃至秦汉，由于天下大势渐成一统并最终确立为中央集权制国家，对于道用的愈加重视与探讨就成为一种必然的历史潮流。

小　结

在本章，我们主要以《管子》四篇为文本依据，对于战国时期诸子对于道用（包括气论、心学、礼法、刑名等方面）的重视情况进行研究，并认为从道体到道用的转向以及对于后者的日渐重视，经历了整个战国时期乃至秦汉，由于天下大势渐成一统并最终确立为中央集权制国家，故而对于道用的愈加重视就成为一种必然的历史潮流。受此潮流的影响，孟子在阐述自己政治哲学思想的时候，一方面，深受西周政治传统的影响，对于伦理道德在维系政治秩序当中所起的作用给予了充分的重视，进而成为自己人性理论建构的重要思想资源；另一方面，与西周政治文化资源相比，孟子更为重视王者的德政教化以及民心向背在政治权力正当性证明方面所起的作用。可以说，孟子政治哲学思想与西周政治文化相比，弱化了天和天命对于人间政治秩序所起的作用，强化了君王和民众对于国家存在与发展的重要意义，可谓既有理想主义的一面，也正切中了时弊的要害，体现了务实的特点。

当然，与孔孟对于心性道德格外关注的内在理路不同，其他诸子所言的一般意义上的道用，主要侧重于礼法刑政的外在制度与规范性建设，

---

① 陈丽桂:《汉代道家思想》，中华书局2015年版，第80页。

《管子》四篇、韩非子如此,《吕氏春秋》《黄帝四经》(或被称为黄老帛书)也是如此。

就儒家而言,强调"隆礼重法"(礼法结合)、礼义法度的荀子也同样体现出了对于礼法刑政外在制度与规范性建设的重视。于此,荀子与重心性道德修养的孔孟确实有所不同。至于不同的原因,除了与荀子处于华夏文化交流、互补得到不断加强的战国晚期,因而其思想学说具有集大成的特点以外,还与荀子在人性理论上所持的独特性观点关系甚大。

为了回应当下学界所提出的关于荀子人性论的诸多观点(主要包括性恶论、性趋恶论、性危说、性朴论和性恶心善说五种观点,后详),在下一章,我们将主要结合郭店简《性自命出》中的"心""性"范畴与心性关系,并以庄子和孟子对于人性(人的本质)的看法为参照,来对《荀子》文本中所呈现的心、性,心性关系及人性理论进行重点研究。在此基础上,我们将依据文中提出的性朴欲趋恶论新观点来对荀子的政治哲学思想加以研究。

第六章

性朴欲趋恶论:荀子人性论新说 及其政治哲学

相比于孟子对孔子的推崇（《孟子·公孙丑上》有云:"自有生民以来,未有盛于孔子也。""乃所愿,则学孔子也。"),以及孟子对孔子思想学说的服膺与继承,荀子与孔子的学术关系看上去远不如孔孟之间这么明晰与紧密。再加上处于思想文化发展的战国晚期,荀子的学术思想有着儒家、道家、墨家、法家,甚或阴阳五行的思想特色,整体上呈现出集大成的总结性特征。[①] 从儒家的一贯立场来看,荀子的思想学说与孔孟相比,确实已是杂而不纯了。

从学术史的角度来看,荀子对于汉代经学的确立与发展起了不容忽视的巨大作用,关于这一点,清人汪中及民国时期的学者梁启超等人皆有所述。[②] 实际上,在唐中期以前,荀子对于社会政治与思想文化的影响要大于孟子,虽然自司马迁著《史记》始便将孟荀并称,合为一传。至于荀子的影响力为何会大于孟子,其原因是多方面的。其中,最为重要的恐怕是荀子处于中国传统思想文化发展链条的战国晚期,这一历史时期有其特定的思想文化意义。根据《庄子·天下》的说法:"天下大乱,贤圣不明,道德不一,天下多得一察焉以自好。譬如耳目鼻口,皆有别所明,不能相通。犹百家众技也,皆有所长,时有所用。虽然,不该不

---

① 诚如郭沫若所言:"荀子是先秦诸子中最后一位大师,他不仅集了儒家的大成,而且可以说是集了百家的大成的。"郭沫若:《十批判书》,人民出版社 2012 年版,第 164 页。

② 今人刘述先亦说:"荀子把儒家的理想落实到礼义之统,又有传经的功劳,可以说没有荀子的贡献,儒家在汉以后成为中国历史文化的正统是不可以想象的。"诚是。见刘述先著,郑宗义编《儒家哲学的三个大时代》,中华书局 2017 年版,第 40 页。

遍，一曲之士也。"在这里，庄子后学一方面指出各家都只是"得一察焉以自好"的"一曲之士"，其学说有其片面性；同时也肯定了各家的学说"皆有所长，时有所用"。这反映了，战国中晚期是学术分裂、百家争鸣的历史时期。在这一历史阶段，人们的思想学说、文化理念及价值判断皆呈现出多样化与分歧迭出的样态，同时，在争鸣中人们逐渐认识到多种思想学派并存的合理性和它们之间的互补性，不可简单地予以否定，从而逐渐自觉地走上了汲取融合的思想文化道路。① 故而，基于这种思想认知与文化理念，自战国中期开始，思想文化融合的趋势越来越加强，在这一过程中不仅出现了兼采众家之长、为己所用的黄老道家思想，而且还出现了《吕氏春秋》和儒家思想集大成者的荀子。

但是，由于荀子对于人性的看法与孟子有着很大不同，其性恶论引起了后世学者的种种议论，尤其是对于尊崇思孟的宋明理学家而言，荀子对于人性的看法无疑是阻碍其被归入儒家道统序列的重要理论障碍。② 自韩愈、李翱在中唐试图复兴儒学以来，从韩愈的《原道》开始，荀子就被排斥在儒家道统序列之外了③，自此以后，荀子的学术思想便隐而未显，直到明清时期儒者才重新注解和重视《荀子》。

鉴于荀子在中国思想学说史上的地位与影响力，以及荀子所固有的儒家立场和集大成特点，在今天的学术界有越来越多的学者开始重新关注荀子，并试图重估其思想学说与价值地位。在这当中，由于荀子人性论思想的特殊性与重要性，学界结合《荀子》文本、荀子与先秦诸子（包括以郭店简为代表的出土材料）的关系诸多方面又掀起了一股新的研究热潮。在本章，我们将结合学界的研究成果与研究现状，总结和探讨目前关于荀子人性论的主要观点，并在此基础之上提出荀子人性论是性朴欲趋恶论的新看法，而性朴欲趋恶的人性论立场则影响了其对政治哲

---

① 蒙文通在评价这一历史阶段的诸子之学的特点时说："盖周秦之季，诸子之学，皆互为采获，以相融会。"蒙文通：《儒学五论题辞》，《古学甄微》，巴蜀书社1987年版，第238页。

② 对此，廖名春亦认为："宋代学者一般都视荀子为儒门异端，他们对荀子的攻击主要集中在性恶论、非思孟以及因李斯'焚书坑儒'而罪及荀子。"所言甚是。见廖名春《〈荀子〉新探》，中国人民大学出版社2014年版，第2页。

③ 不仅如此，韩愈还认为与孟子相比，荀子确实有些逊色："孟氏，醇乎醇者也。荀与扬，大醇而小疵。"（唐）韩愈：《读荀》，《韩昌黎文集校注》，马其昶校注，马茂元整理，上海古籍出版社1986年版，第37页。

学思想理论的建构。

第一节　性恶论及性趋恶论和性危说

　　近年来，学界对于荀子的研究呈方兴未艾之势，相关论著颇多，对于荀子人性论的研究更是如此。整体而言，学界关于荀子的人性论主要提出了五种具有代表性的学术观点：除了传统意义上的成说——性恶论以外，还有性趋恶论、性危说、性朴论和性恶心善说四种说法。① 对此，我们将在下文加以阐述与探讨。

　　将荀子人性论思想定位为性恶论是古已有之的论断，自东汉王充于《论衡·本性》中认定荀子主张性恶论以来，尤其是经过宋代理学家程颐和朱熹等人的反复论说，几成定论。近世以来，注重挖掘思孟一系心性哲学之价值与意义的港台地区的新儒家，对于荀子的人性思想亦多以性恶论视之。

　　将其人性论判为性恶论，无疑与《荀子》一书当中的《性恶》篇密切相关。《荀子》一共三十二篇，而荀子集中论述人性论思想且带有鲜明立场色彩的篇章，无疑首推《性恶》篇。概因如此，后世学者一谈到荀子的人性论思想莫不首先想到《性恶》篇，运思也无不受此影响。从学

----

　　①　当然，除了文中所述五种人性论观点以外，还有学者试图论证荀子的性论中也有善。如胡适认为荀子的性是可善可恶的（胡适：《中国哲学史大纲》，台湾商务印书馆 2008 年版，第 342—343 页），刘又铭的"弱性善观"或"人性向善论"（刘又铭：《当代新荀学的基本理念》，庞朴主编：《儒林·第四辑》，山东大学出版社 2008 年版，第 5 页），萧振声的"人性向善论"（萧振声：《荀子的人性向善论》，台湾大学哲学研究所硕士论文，2005 年），王灵康认为荀子性中具有善的根源。（王灵康：《荀子哲学的反思：以人观为核心的探讨》，台湾政治大学哲学系博士论文，2008 年，第 35—44、45—76 页），龙宇纯强调荀子的性恶论中有"良知"（龙宇纯：《荀子论集》，台北：学生书局 1987 年版，第 64 页）。诸如此类，种种观点显示了《荀子》文本中人性论思想的复杂性，学者们持续的讨论虽为荀子人性论的研究打开了广阔的空间，但诚如曾暐杰所言："当代学者对于荀子人性论的研究，都自觉或不自觉以孟子性善论、以基础主义、以追求根源的思考方式来论述荀子的性恶论，这就不免有些以孟学的意见强加在荀子之上的嫌疑"。引文见曾暐杰《打破性善的诱惑——重探荀子性恶论的意义与价值》，新北：花木兰出版社 2014 年版。

术史的角度看，将荀子的人性论判为性恶论①，实际上并不完全是一个学术问题，应该说是立场问题（或曰卫道意识）大于学术问题。仅凭《性恶》篇便将其人性论判为性恶论是有问题的，且不说荀子所言之"性"到底指的是什么，即便荀子谓"性恶"，此"性恶"是否指涉人的本质因素与层面，是否是全称判断也很成问题。作为研究者，探究荀子的人性论当然首先离不开《荀子》这一文本，通过细密考察、逻辑论证《荀子》文本、荀子与诸子的学术关联，以及结合荀子所面临的理论问题与现实困境来进行综合考量，方能将荀子所言"性恶"真正研究清楚。只是由于荀子的非思孟，以及因对其他诸子学说包括道家、墨家、法家、名家等派别思想的借鉴与吸收，而使其思想学说呈现出集大成的显著特点，从而给后世学者留下了一种杂而不纯、不守儒家立场的印象。故而自韩愈于《原道》自觉建构儒家道统始，便将荀子排除在外，其后的儒者也因荀子性恶论的提法，而对其多有非议与批评。当今学界对荀子人性论持性恶论立场的学者，多认为荀子性恶论的最大贡献，即在于对人自身追求人格完善与社会良好秩序并不具有强烈的信心，故而多强调师法教化与礼义法度建设，与西方政治文化有着某种相似之处，或者说有着可以转化、对接的可能性。

由于深受性恶论立场的影响，有学者对荀子人性论分别作出了性趋恶论和性危说的判定。② 这两种观点尽管用语不同，亦体现出了一定的差异性，但本质上都是在性恶观点基础上的延伸与申说。性恶论观点对人性作出了具有普遍意义的静态式定义，实际上忽视了性本身所具有的与生俱来的性质，以及性在人发展过程中的倾向性与动态过程性，而性趋恶论与性危说则有意识地弥补了这方面的不足。可以说，正因为人性是恶的或者说有恶的倾向，故而荀子视域中的性就不是完满的，而且对于一般人而言由于不似圣人那般的善伪、能伪（《荀子·性恶》云："圣人之所以同于众其不异于众者，性也；所以异而过众者，伪也。"注：本章以下凡引《荀

① 与学者们对荀子性恶论的常见性阐释不同，夏甄陶则认为，荀子的性恶既"是指性的粗恶不精"，又"是指性的恶劣"。观点比较新颖，可备为一说。见夏甄陶《论荀子的哲学思想》上海人民出版社 1979 年版，第 79 页。

② 性趋恶论的主要提出者是陈光连，性危说的提出者则主要是谢晓东。观点分见陈光连《论荀子为性趋恶论者，而非性恶论者——兼论人性发展三境界》，《新疆社会科学》2010 年第 4 期；谢晓东《性危说：荀子人性论新探》，《哲学研究》2015 年第 4 期。

子》,只注篇名。),仅凭自身力量难以改变性的状态,非依赖于外在的礼义法度和师法教化不可。(《儒效》即云:"人无师无法,而知,则必为盗;勇,则必为贼;云能,则必为乱;察,则必为怪;辩,则必为诞。")可以说,从荀子的思想立场来看,人应当是一种超越自然和朴状态的社会性存在,而这种社会性存在又必须经历礼义规范与师法教化的过程。荀子对于圣王制礼义法度和师法教化的反复言说与陈述,实际上即已表征了外在制度规范对于生命个体由自然和朴状态向社会性存在转进的重要价值与意义。如果没有礼义法度与师法教化,人终将一直处于"有欲""有求""有争"的自然状态(文见《礼论》),这样的人也不符合荀子立场下对于真正意义上的人的界定。当然,从表面上来看,每个人皆有成圣的可能,但实际上并非每种可能性都能变成现实,这既基于人性所具有的普遍性,也与先秦时期儒家在人性论上所持有的精英式思维方式有着很大关系。儒家虽屡言"性相近"(《论语·阳货》),"人皆可以为尧舜"(《孟子·告子下》),"涂之人可以为禹"(《性恶》),对于作为类概念的人进行普遍性的界定与定位,但由于先秦时期生产力水平、教育普及程度诸多方面的不足,先秦社会并不如今天这样多元,也不如今天教育文化普及程度这样高,才干与智慧往往集中在少数人那里。鉴于这种社会现实,儒家在考量人的本质属性的时候,往往会呈现出理论上的普遍性与现实中的圣贤少涂人众的局面。针对这种局面,今天学者所提出的性趋恶论和性危说,实际上已经指向了当时社会的整体道德状况,尽管这种状况与其时的侯王追欲逐利有着莫大关系,但由于其时圣王思想的影响,先秦儒家在考量人性的时候,往往将目光投向了一般民众。由此来看,不管是《荀子》文本中所呈现的,还是今天学者所提出的性趋恶论和性危说,实际上也是有着对于大多数人人性状况的言说。

　　不过,性趋恶论与性危说虽然都是针对人性走向的可能性而言的①,

──────────

　　① 与性趋恶论和性危说不同的是,周炽成认为自己所持的性朴论之性是中性的。在笔者看来,中性的说法看似可靠,实则最不可取。因为这种说法忽视了性的动态发展、可能倾向与过程性。(见周炽成《性朴论:〈荀子〉与〈庄子〉之比较》,《商丘师范学院学报》2015 年第 8 期。)此正如梁涛所言:"古人所言之性,不是抽象的本质、定义,不是'属加种差',而是倾向、趋势、活动、过程,是动态的而非静止的。"梁涛:《竹简〈性自命出〉与〈孟子〉"天下之言性"章》,《中国哲学史》2004 年第 4 期。

但两者之间还是存在着一定差异。性趋恶论更多的是强调人性的动态发展与过程，是一种趋势、倾向和可能性，并不意味着性必然是恶的①；性危说虽然也呈现出了一种可能性，但更多的是强调可能性的后果。也就是说，性趋恶论和性危说都强调的是荀子人性论所具有的浓厚的经验性，其所强调的性恶亦非先天的，而是后起的，并非人性本恶的主张者，这正如韦政通所说的："荀子的性恶是后起的，他不是人性本恶的主张者。"② 既然人性非本恶，那么恶从何来，性为何要化？这些都是我们后面所要集中回应和解决的问题。根据《荀子》文本的内容，我们可以发现《荀子》中的天是自然、客观之天，本身并不具有道德属性。在这个意义上，《荀子》中的天与《老子》中的天并无二致，因为《老子》文本强调的是"人法地，地法天，天法道，道法自然"（《老子》第二十五章），天、地、人都要法道，法自然。此外，《荀子》言谓"天人之分"，实际上为天与人的职分、功能进行了限定与区分。"天人之分"，不仅使人的独立性与主体性得到较为显著的彰显，而且此处的天也由于与人的职分进行了区分，使得天并没有受到人的过多影响，更没有受到儒家原有道德立场的影响，从而使《荀子》文本中的天人关系更多呈现为天人相分之势。

当然，虽然在对天的理解上，《荀子》和《老子》这两个文本比较相近，但是在对人性问题的认知与把握上却有了一定程度的差异。在道家的视野中，本于道性的人性，不仅是自然无为的，而且是完满自足的，现实中的人性则因人的刻意或任意的作为，而有扭曲与失真的可能。③ 与道家的这种立场相近或者说由于受道家立场的影响，荀子同样也认为人性是先天自然而不可为的，人性失于恶并非如道家所认为的是由于人自身的刻意作为，反而是因为人对欲情的放任、不作为的结果。但是对于

---

① 关于荀子的人性，陈光连认为："对荀子的人性不能以非善即恶的绝对的、既定的价值角度来考察，而需以动态的、层次的、发展的视域来观察人性的总体趋向。"所言甚是。所引文见陈光连《论荀子为性趋恶论者，而非性恶论者——兼论人性发展三境界》，《新疆社会科学》2010 年第 4 期。

② 韦政通：《中国思想史》（上册），上海书店出版社 2003 年版，第 248 页。

③ 在道家如何看待人性这个问题上，陈鼓应也有类似的看法："在道家的视野中，道是完满自足的，所以本于道性的人性若能保持道之自然而然的特点，则也可谓是完满自足的。"参见陈鼓应《庄子今注今译》，中华书局 2007 年版，第 618 页。

欲望的态度,儒家却也并非一味地否定、反对与排斥,反而是有所保留的肯定,尤其是郭店儒简所彰显的重情思想,更是表明了儒家对于欲望的态度是比较复杂的。那么,儒家在欲望上面为什么会有如此复杂的立场与态度呢?有人便有(人)性。正如在先秦时期,与气问题主要借助思考宇宙万有的存在形式及相互之间的关系来探讨人的存在形式以及人与天地自然之间的关系相似,人性问题则是诸子探讨人的本质,人何以称之为人的问题。在中国传统的文化背景下,人不可能完全否定自身存在的价值与意义。对于欲的立场,与孔孟一致,荀子既未否定欲存在的必要性(《大略》有云:"虽尧、舜不能去民之欲利。"),亦非一味纵欲与顺情。与孔子的克己、孟子的寡欲相似,由于《荀子》文本中的性往往以欲、情的形式表现出来,而且荀子所说的情乃为性感应、接触外物之后而产生的①,故而荀子虽言化性,实则强调节欲,以节制、克制欲情的方式来化性。

基于以上分析,可以说,性趋恶论和性危说都意在表明荀子所言之恶并非性的实然性质,而是性的潜在可能性。由可能性到实然性的实现则主要取决于对情和欲的导引与把握,而对情与欲的导引与把握,最终需要落实在心上。如果没有心的参与,仅靠外在的礼义法度与师法教化,是难以与每个生命主体真正发生联系的,反而容易滑向法家式的权威主义。②

第二节 关于性朴论

除了性恶论、性趋恶论与性危说三种观点以外,关于对荀子人性论思想的研究,性朴论也是在当今学界影响比较大的一种观点。关于性朴

---

① 王先谦在"性之好恶喜怒哀乐谓之情"一句后注释说"人性感物之后,分为此六者,谓之情"。这实际上已经谈到了情与性、物之间的关系。引文见王先谦《荀子集解》,中华书局1988年版,第412页。

② 对于心性、外在礼义与成圣之间的关系,梁涛给予了比较详细的分析:"只讲性恶,则人之主体性不明,成圣之根据在外不在内,善或礼义非性中所具,只能是圣王之制作,在人身上不能生根,没有大本,成为空头无安顿的外在物……至于圣王为何具有超出众人的能力,又是一个解释不清的问题,结果必然走向法家式的权威主义。"梁涛:《荀子人性论辨正——论荀子的性恶、心善说》,《哲学研究》2015年第5期。

论的观点，比较早的提出者是日本的儿玉六郎。20世纪70年代，儿玉六郎主张以"性朴"说来代替"性恶"说。① 那么，为何要以"性朴"说来代替"性恶"说呢，是否已经意识到了用性恶说来评介荀子人性论的不足与缺陷呢？以道德来考量人性，在《孟子》文本当中已经有了比较清晰的逻辑表述，对于心、性与善之间的关系屡次以情境呈现的方式来加以阐述。至荀子所处的战国晚期，这种评判方式在这一时期的文本中并不鲜见，但是否是其时的主流评判方式也不好遽下定论。不过，综合考量先秦时期的言性方式，我们可以发现即生言性在这一时期诸子的文本中不胜枚举。除了儒家以外，在道家、法家等文献中也比较常见。限于本章的问题意识，关于这方面的言论我们并不打算详细称引，只是在理论阐述过程中作必要的引用和说明。

除了日本学者儿玉六郎，对荀子人性论持性朴论立场的国内学者主要以周炽成为代表。性朴论的提出，无疑看到了儒家在对人本身的认知方面与道家相关思想之间的学术关联。② 周炽成曾写有《性朴论：〈荀子〉与〈庄子〉之比较》一文，在文章中，他比较了《荀子》和《庄子》在人性问题上的异同，认为道家性朴论倡导返朴，而荀学性朴论主张文朴。在道家看来，既然人类文明使朴的天性受到污染，返朴就是必然的选择。③ 而荀子一派则选择"文朴"，这是周炽成根据荀子的"礼者，文理隆盛"而创造出来的一个新词，其意思是让一些东西作用于朴之性，使之更完美。道家返朴回到初生之性，而荀学文朴则让性朝前走。④ 由此来看，基于"道"的视角与立场，道家主张复归于朴，与道相

---

① ［日］儿玉六郎：《荀子性朴说的提出——从有关性伪之分的探讨开始》，《日本中国学会报》（第二十六集），1974年，第36—68页。

② 虞圣强通过荀子的性亦指出了这一点："朴，显然是荀子从老子那里继承而来的概念，意谓道"。言之有理。见虞圣强《荀子"性恶"论新解》，《复旦学报》（社会科学版）1999年第6期。

③ 与此相应，西汉时期的黄老道家文献《淮南子》则多言"返性"，诸如《俶真训》云"是故圣人之学也，欲以返性之初，而游心于虚也。"《诠言训》云："节欲之本，在于返性；返性之本，在于去载。"无疑，《淮南子》强调"返性"是深受老庄道家"返朴"思维方式与思想立场的影响的。

④ 周炽成：《性朴论：〈荀子〉与〈庄子〉之比较》，《商丘师范学院学报》2015年第8期。

合。而荀子则认为，朴性不美，彰显不出人的本质。根据周炽成的研究，我们可以发现，强调荀子的人性论为性朴论，实际上很可能周先生已经意识到了以性恶来称谓荀子人性论的不足。如前文所言，尽管《性恶》篇屡言性之恶，但综合考量《荀子》文本，并不能完全得出人性为恶的最终结论。与孟子将善视为先验的范畴一样①，荀子视域中的性，乃是天之就的，亦属于先验的范畴，并不包括后天的人为因素。荀子以人的主体性为界，将是否有人的主体性参与作为划分性和伪的边界。可以说，人的性与万物的性并无不同，都是天之就的，这并不能构成人与万物的区别；而人的主体性参与，也就是人的后天修为便成了人之所以为人的标志。尽管荀子并不像孟子那样有意而明确地进行人禽之别，但从《荀子》的首篇《劝学》来看，荀子还是从义的角度对于人与禽兽之间的本质性差异作了说明："学恶乎始，恶乎终？曰：其数则始乎诵经，终乎读礼；其义则始乎为士，终乎为圣人。真积力久则入，学至乎没而后止也。故学，数有终，若其义则不可须臾舍也。为之，人也；舍之，禽兽也"，并寄希望于人的后天努力来充分发挥人在天地之间的职责与功能。不可否认，周炽成将荀子的人性论定位为性朴论，抓住了荀子人性论的根本特征，看到了其所具有的天之就、不可学和不可事的特点，是人生而具有的本能："不事而自然谓之性"（《正名》），"性者，本始材朴也"（《礼论》）。故而，廖名春认为"这里的'性'，是后天人为的起点，是一种自然的材质。荀子虽然认为性不是善，离开了'伪'，'性不能自美'。但是，他也没有肯定这种'本始材朴'之'性'就一定是恶的"②。确实如此，荀子的性与天相联，具有浓厚的与生俱来性，并将后天的人为因素排除在外，这种性虽不能明言是善的，但也未必一定是恶的。按照荀子的理解，人性之善恶，最终取决于人的后天是否伪，以及伪的程度。所以，代表着善与秩序的礼义法度必定不会出自不可学、不可事的性，而是与人尤其是圣人的作为密切相关："凡礼义者，是生于圣人之

---

① 根据《孟子》文本，我们可以发现，孟子的善不仅是先天的，同时还需要依靠人的后天扩充工夫才能变为现实。也就是说，孟子的善不仅是先天的，而且也包含着后天的人为因素。

② 廖名春：《〈荀子〉新探》，中国人民大学出版社 2014 年版，第 77 页。

伪，非故生于人之性也。"（《性恶》）①

　　如果回到先秦时期言性的理论背景，我们可以发现有这样两个显著特点：一是即生言性；二是言性不离言心。根据这两个特点，我们再来看以性朴论观照荀子人性论的意义。无疑，性朴论观点的提出，是看到了荀子所言之性的与生俱来性和后天发展之趋势与可能性，也与战国中前期盛行的即生言性思潮相呼应（最具代表性的是郭店儒简《性自命出》篇）。但是性朴论的不足之处，即在于没有很好地考量在《荀子》文本中所呈现出的心与性之间的关系，没有参照出土文献郭店儒简来考察《荀子》文本中的心在性伪之间的地位、价值与意义。② 此外，为了论证荀子的人性论非性恶论，周炽成认为《性恶》篇非荀子本人所作，从而将其视为荀子后学的作品，甚至认为"《性恶》很可能是西汉后期的作品"③。

---

　　①　对此，俞吾金也从先天与后天、自然属性与社会属性的角度对于中国传统的人性理论进行了专门研究。他的这种研究与我们文中对于荀子性与善恶关系的论述并不相悖，可供参考："人性是指人与生俱来的自然属性。……与人性不同，人的本质是社会属性，是在后天的社会生活中形成并发展起来的。……显然，先秦儒家提到的仁、义、礼、智、信、恻隐、羞恶、是非、辞让，包括善恶等观念，都是在后天的社会生活中形成并发展起来的。""用后天的观念，即上面提到的仁、义、礼、智、信、恻隐、羞恶、是非、辞让、善恶等观念，去规范人性是不合法的，因为人性作为人的自然属性是先天的，即与生俱来的。在人的自然属性中根本就不可能与生俱来地包含着上述后天的观念，尤其是善恶的观念。由此可见，用善恶观念和其他后天的观念去规范先天的人性，正是造成中国传统人性理论混乱、魅化并纠缠不清的根本原因。"见俞吾金《再论中国传统人性理论的去魅与重建》，《哲学分析》2013 年第 1 期。

　　②　除此之外，谢晓东还认为："性朴论忽略了'性'的字面含义，那就是作为本质的存在，是变中的不变者。性不是虚无，而是具有一些倾向，而性朴论则忽略了这一点。"此可备为一说。（所引文见谢晓东《性危说：荀子人性论新探》，《哲学研究》2015 年第 4 期。）另外，为了化解性朴论与性恶论之间的矛盾，路德斌则对本原意义之性与发用层面之性作出了区分，对此，他说："荀子言'性'有两个维度：在'人生而静'层面'性'乃'朴'也；在'感于物而动'层面'性'趋'恶'也。""荀子所谓'性朴'是从存有、本原的意义上讲的，而所谓'性恶'，则是从发用、经验的层面说的。"（路德斌：《性朴与性恶：荀子言"性"之维度与理路——由"性朴"与"性恶"争论的反思说起》，《孔子研究》2014 年第 1 期。）余开亮也从未发/性朴和已发/性恶两个层次对荀子的人性作出了自己的阐述。详见余开亮《"性朴"与"性恶"：荀子论人性的双重维度》，《中国社会科学报》2013 年 9 月 16 日。

　　③　相应观点，可参见周炽成如下文章：《董仲舒对荀子性朴论的继承与拓展》，《哲学研究》2013 年第 9 期；《性朴论：〈荀子〉与〈庄子〉之比较》，《商丘师范学院学报》2015 年第 8 期；《〈性恶〉出自荀子后学考——从刘向的编辑与〈性恶〉的文本结构看》，《中山大学学报》（社会科学版）2015 年第 6 期。不独周炽成，日本学者金谷治亦认为，《荀子·性恶》不是荀子所作，进而认为"是受到法家学派韩非的影响所写成"。［美］孟旦：《早期中国"人"的观念》，丁栋等译，北京大学出版社 2009 年版，第 85 页。

他的这些看法，实际上并没有确切的证据可以证实，我们认为不应以个人的学术立场来径直遽改。可能是意识到了这些问题与不足，梁涛在之后陆续发表的文章中，提出和论证他的性恶心善说。梁涛提出的性恶心善说，首先是已经注意到了在荀子那里心性之间的关系，注意到去如何解释作为类概念的人为何在社会上道德素质具有差别的问题。

第三节　关于性恶心善说

在对荀子人性论的研究方面，梁涛特别注意到《荀子》文本中心与性之间的关系，进而提出了性恶心善说的观点。关于荀子的"性"，梁涛认为可以理解为"性有恶端可以为恶说，荀子之谓性并非没有恶"①。性有恶端，只能说有为恶的倾向与可能，但不能说明性毫无善的可能，若性无一丝一毫之善因、善端，性何以可化，化性何以可能？换而言之，生而所具之好利、疾恶、好声色，尽管在人性中起初确实只是潜存的状态，虽然顺其发展往往会以欲情的形式流于恶的一面，但这绝不能说性是恶的。可以说，诚如胡适所言，荀子的性"其实是说性可善可恶"②，这意在强调性本身的性质并不确定，亦非善或恶所能涵盖的，必须以动态与过程性的眼光来看待。如果这种理论阐释能够立得住的话，那么我们就可以认为荀子所言的性应该既有恶端亦有善端，而且我们的这种说法与性朴论的观点并不矛盾，性朴并不意味着性绝无善恶之可能。

梁涛言谓："生而所具之好利、疾恶、好声色在人性中起初只是潜存的状态，还需进一步产生、表现出来，而'顺是'则会产生争夺、残贼、淫乱，导致辞让、忠信、礼义的消亡。这是荀子对人性的基本判断，也是其性恶论的基本内容。"③生而所具的好利、疾恶、好声色，在人性中起初确实只是潜存的状态，他看到了荀子所言之性的素朴与未加雕饰，与荀子所说的性"不可学，不可事"，"无伪"（《性恶》）相合。但由于

---

① 梁涛：《荀子人性论辨正——论荀子的性恶、心善说》，《哲学研究》2015 年第 5 期。
② 胡适：《中国哲学史大纲》，台湾商务印书馆 2008 年版，第 342—343 页。
③ 梁涛：《荀子人性论辨正——论荀子的性恶、心善说》，《哲学研究》2015 年第 5 期。

性有所向①，性的这种倾向性让人常常处于性和物的关系当中，又由于性自身的"无伪"，性和物之间则需要中介和桥梁来加以联系，而这个中介和桥梁在荀子那里主要是"欲"②，所以《荀子》不仅强调"情者，性之质也"，更是明言"欲者，情之应也"。在这里，情与性的关系更近一些，而欲则距物更近一些。因而，梁涛所说的"顺是"之后的恶果，实际上并非等同于性本身，准确地说，应该是由性发动以后的表现形式——欲——导致的。所以，虽然从表面上看，争夺、残贼、淫乱的产生和辞让、忠信、礼义的消亡可以被视为性恶论的基本内容，但实际上应该是人纵欲、不节制欲望的结果。综上，我们可以发现，荀子所说的"人之性恶"其实可以这样来理解："以欲解性，以恶解欲，以'以欲解性'的实然判断始，以'以恶解欲'的价值判断终。"③ 在这一点上，梁涛也持有相同的看法："荀子所理解的恶主要是来自欲，而不是性。……认为欲可以导致恶，但并不认为性本身是恶"，"从荀子思想的发展来看，其提出性恶，主要是将性等同于欲，以欲来理解性，性不再是规范性概念，而成为描述性概念，性恶由此始得以成立。这一转变在《正名》已经开始出现，而到了《性恶》才真正完成。"④ 在此基础上，梁涛进而认为荀子的人性是一种双重结构，"情性是'不可学、不可事'，'无待而然者也'，但知性则是'可学而能、可事而成'，必须'有待'而成"。"由于荀子的人性是一种双重结构，显然就不能简单地用善或恶来概括。如果

---

① 正如唐君毅先生所说："一具体之生命在生长变化发展中，而其生长变化发展，必有所向。此所向之所在，即其生命之性之所在。"唐君毅：《中国哲学原论·原性篇》，香港新亚研究所，1974 年，第 27—28 页。

② 情在荀子那里虽然也起到一定的中介和桥梁作用，但由于在这之前的《论语》《孟子》和郭店儒简《性自命出》中多呈现出重情特点的一面，再加上《荀子·正名》又强调"情者，性之质也"，在《荀子》文本中多次出现情、情性和性同义互换的情况，故而荀子更加注重探讨"欲"在性物之间的中介性质和桥梁作用，在这方面反而对"情"的探讨要弱一些。

③ 所引文见李岩《"以欲解性，以恶解欲"：由天道及人道——论荀子反诸"性善"而合乎德性的"性恶论"》，《船山学刊》2008 年第 4 期。

④ 梁涛：《荀子人性论的中期发展——论〈礼论〉〈正名〉〈性恶〉的性—伪说》，《学术月刊》2017 年第 4 期。

一定要概括的话，也只能说情性可恶，知性可善。"① 于此，梁涛已经充分意识到了性朴、性之恶与性如何可化的问题，并对其关系进行了比较好的解决。当然，如果情性可恶，知性可善这种观点成立的话，那么诚如上文所言，荀子所说的人性中就不仅有恶端，亦有善端②，而这种善端的存有与否，是不是主要依赖礼义法度与师法教化，那与心到底有没有关系呢？这实际上就涉及了心以及心性关系的问题。

关于荀子的心，以往学者的看法并无太大分歧，一般认为是认识心或智识心。由于深受性恶论的影响，人们对于荀子的心很少从德性的角度去考量，比如牟宗三的观点便很有代表性："孟子之心乃'道德的天心'，而荀子于心则只认识其思辨之用，故其心是'认识的心'，而非道德的心也；是智的，非仁义礼智合一之心也。可总之曰以智识心，不以仁识心也。"③ 与传统观点不同，梁涛则认为"伪并非一般的作为，而是心之作为，是心的思虑活动及引发的行为，具有明确的价值内涵和诉求"。"荀子的心并非人们所认为的认知心，而是一种道德智虑心，不仅能认知，也能创造，具有好善恶恶、知善知恶和为善去恶的能力，荀子的心首先是道德直觉心。"由此可以发现，基于郭店楚简《性自命出》篇中有慭这样的字形，与以往把《性恶》中的"伪"解释为"人为"不同，梁涛把"伪"解释为"心为"。他将"伪"与"心"联系起来，其目的在于说明心善。（心趋向于善，可以为善)④ 可见，荀子的心已不是过去学者们所认为的仅仅是认识心或智识心了，在他这里则有了道德属

① 如果如梁涛所言"知性可善"观点成立的话，而《荀子·解蔽》又强调"人生而有知"和"心生而有知"，于此"知"则将心与性联系了起来，那么由此来说心也是可善的。当然，心可善的来源又是可以进一步讨论的。所引文见梁涛《荀子人性论的历时性发展——论〈富国〉〈荣辱〉的情性—知性说》，《哲学研究》2016 年第 11 期。

② 对于荀子而言，尽管其性是朴的，但仍隐含有一定的向善、为善之可能性，因为在他眼里圣人是能够对于一般人进行"化性起伪"的，而"化性起伪"的前提条件便是人性当中应含有向善、为善的可能，若非如此，圣人教化则无从谈起。

③ 牟宗三:《名家与荀子》，台北：学生书局 1979 年版，第 224 页。

④ 梁涛:《荀子人性论辨正——论荀子的性恶、心善》，《哲学研究》2015 年第 5 期。庞朴在 2000 年发表的文章中，也曾提出过此类观点:《荀子·正名》篇"'心虑而能为之动谓之伪'句中的'伪'字，本来大概写作'慭'，至少也是理解如慭，即心中的有为……只是由于后来慭字消失了，钞书者不识慭为何物，遂以伪代之"。庞朴:《郢燕书说》，武汉大学编:《郭店楚简国际学术研讨会论文汇编》，湖北人民出版社 2000 年版，第 39 页。

性，故而他将其称为道德智虑心和道德直觉心，这就与以往牟宗三等学者所认为的荀子的心是非道德的心有了很大不同。当然，这恐怕也是学界比较有争议的地方。如果说荀子的心是一种道德智虑心的话，那么它与孟子的道德本心有何不同呢？对荀子心的这种界定和评判方式，是否受到了孟子即心言性思维方式的影响？换句话说，荀子理论视野中的心性关系以孟子即心言性之思维方式来作为参照是否是必须和必要的？要解决有关荀子心方面的问题，我们暂且不谈孟子，主要引入郭店简《性自命出》作为重要参照来加以探讨。之所以如此，是我们认同郭店简中的儒家类简与荀子的关系要比与孟子的关系更近一些，这样的学术观点。① 为了避免行文拖沓，在此我们并不打算详引这方面的观点与内容。

首先，我们考察一下郭店简中的心。② 在郭店简中，心往往与心理状态有关，故而张茂泽强调郭店简《性自命出》篇所谈的心"无独立自在性质，实际上就是人的心理活动，即心理心"。"而且，心不仅和心理活动有关，甚至可以说，它本身就是心理活动。"③ 从这个角度来看，郭店简中的心不似孟子那样具有本体性地位，也不具有显著的道德色彩。在《五行》篇中，谈到心的地方常常与忧、智、悦、安、乐等具有一定心理情绪性的语词相联系，这说明了心无所定向也无独立自在性质，需要一定的外在条件才能使心的功能与作用真正发挥出来。《性自命出》言谓："凡人虽有眚，心无定志，待物而后作，待悦而后行，待习而后定。"（简1—2）"虽有眚，心弗取不出。"（《性自命出》简6）"四海之内其眚一也。其用心各异，教使然也。"（简9）于此可知，心志的始发不离与外物的接触，心志由内至外的运行则源自内心的喜悦，而心志最终坚定下来并成为人性当中的一部分则离不开个人不懈的修习、习养。可以说，用心最终如何，并不完全取决于心本身，还要看后天的教化，还有赖于外在条件。在此基础上，《性自命出》进而强调："君子执志必有夫皇皇

① 相应观点，详见张茂泽《〈性自命出〉篇心性论大不同于〈中庸〉说》，《人文杂志》2000 年第 3 期；颜炳罡：《郭店楚简〈性自命出〉与荀子的情性哲学》，《中国哲学史》2009 年第 1 期。

② 本段对郭店简《性自命出》所作的考察与分析，可以详见李友广《先秦儒家人性论的演变——以郭店儒简为考察重点》，陕西人民出版社 2014 年版。

③ 张茂泽：《〈性自命出〉篇心性论大不同于〈中庸〉说》，《人文杂志》2000 年第 3 期。

之心"（简66），意即要求君子守持志向必须有执着之心。不仅如此，心还在眚（性）与外物的接触、发用过程中起了非常重要的牵引作用，它不仅是人的生理器官，同时还具有一定的辨知能力与思维功能。盖因为心在性物相交过程中的重要性，《性自命出》一再强调心的价值与地位："虽能其事。不能其心，不贵。求其心有伪也，弗得之矣。人之不能以伪也，可知也。"（简37—38）概而言之，郭店简简文一方面强调心不具有独立的自主性与能动性，也不具有本体性地位；另一方面则认为眚（性）的发动离不开心对外物的辨知、判断与取舍，在这一点上，与荀子所强调的认识心比较相似，诸如："人之所以为人者，非特以二足而无毛也，以其有辨也。"（《非相》）"情然而心为之择谓之虑。心虑而能为之动谓之伪。虑积焉、能习焉而后成谓之伪。"（《正名》）"心有征知，征知，则缘耳而知声可也，缘目而知形可也。然而，征知，必将待天官之当薄其类，然后可也。"（《正名》）这就说明与孟子将道德性与思辨能力注入心中不同，由于战国晚期愈加糟糕的社会政治和道德状况，荀子更加关注的是如何通过外在礼义法度的确立来挽救世道人心，故而对于人心，荀子并没有过多强调其道德性，反而更多地保留和彰显了心的辨识能力。

　　可以说，在郭店简《性自命出》中，性并没有心那样的辨知能力与思维功能，从而能够对于外物的刺激与诱引作出自己的判断与取舍。所以，就这个方面而言，心是连接性和物之间的桥梁与纽带，因而心对于性的外显所起的作用是非常重要与不可或缺的。与郭店简《性自命出》不同，在《荀子》中起连接性物之间纽带和桥梁作用的，则主要是欲。为何这样说？荀子所言的心虽然与郭店简《性自命出》所呈现得那样，也具有一定辨知能力与思维功能，能够对于物的刺激与诱惑作出相应的判断与取舍。但是由于战国晚期的人伦状况与社会现实，荀子关注更多的是欲，包括如何评价欲，如何导欲和节欲，以及通过导欲和节欲进而实现清平社会政治的问题。（《正名》即云："凡语治而待去欲者，无以道欲而困于有欲者也。凡语治而待寡欲者，无以节欲而困于多欲者也。有欲无欲，异类也，生死也，非治乱也。欲之多寡，异类也，情之数也，非治乱也。"）荀子虽然也关注心，并多次谈到社会治理与心的关系问题，但由于心时常处于被遮蔽的状态，能伪、善伪进而达致大清明境地①的人终归是少数，而且这部分人往往被视为圣人。对于少伪、难伪甚至不伪的涂之人而言，心是不易把握的，也难以通过心来下工夫。针对这种状况，荀子在言说作为类概念的人的时候，往往集中于作为涂之人的大多数，谈论最多的也是具有普遍意义的欲，以及作为大多数的涂之人如何通过对欲的把握与处理进而达致良好政治秩序的问题。

对于荀子而言，欲望作为人性内容的重要组成部分，它对于人来说是不可或缺的，亦是人的本性使然，因而追求"天之就"的欲望是完全正当的，追求欲望的满足亦是出于人的本性，此本无可厚非。然而，人的欲望并不止于此（《正名》即言"欲不可尽"；"今人所欲无多，所恶无寡"。《正论》亦曰"欲多而不欲寡"。），有些时候人们还会出现"纵欲""纵情"的情况，而这些不合礼的举动正是荀子本人所要反对与批判的，故而他说："纵性情，安恣睢，而违礼义者为小人。"（《性恶》）② 进而，他认为统治者如果"欲养其欲而纵其情，欲养其性而危其形，欲养其乐而攻其心，欲养其名而乱其行"，那么，"虽封侯称君，其与夫盗无以异"（《正名》）。因而荀子强调欲虽为人的天性，但无法求者即得，要受心的节制："欲不待可得，所受乎天也；求者从所可，受乎心也。"（《正名》）再联系到荀子所言"无伪则性不能自美"（《礼论》），如果"为"确实与心相关或者说从心而出的话，那么这句话也可以说"无心则

---

① 荀子所说的"大清明"是一种什么样的状态？是善的，还是无善无恶的？根据《荀子》文本，我们可以发现，经由"虚壹而静"工夫而达致"大清明"的心是具有辨善知恶、好善恶恶的能力的。（《不苟》言谓："君子养心莫善于诚，致诚则无它事矣。唯仁之为守，唯义之为行。诚心守仁则形，形则神，神则能化矣。诚心行义则理，理则明，明则能变矣。"）虽然不能遽言荀子的心是道德心，但其确实是具有相当的道德判断力的，再联系到荀子的"虚静"思想与老庄之间的关联（《老子》第二十五章："寂兮寥兮，独立不改，周行而不殆，可以为天地母。"《老子》第十六章："致虚极，守静笃。万物并作，吾以观复。夫物芸芸，各复归其根。归根曰静，是谓复命。"《庄子·刻意》："夫恬淡寂漠，虚无无为，此天地之平而道德之质也。……虚无恬淡，乃合天德。"），可以说荀子的心并不具有孟子心的那种本体性地位，也不具有孟子心的道德先天性，但具有明确的理性思维功能与道德辨知能力，而荀子心的这种功能与能力的获得又主要受外在社会习俗与礼义制度的影响。

② 与荀子对待欲望的这种立场相近，亚里士多德同样没有简单地将人的感性视为万恶之源，而是将合理的感性要求界定为善，将贪婪和纵欲视为恶。详见韩冬雪《政治哲学论纲》，《政治学研究》2000 年第 6 期。

性不能自美"。如果是这样，那么心确实具有一定的道德辨知能力与判断性，但这种道德辨知能力与判断性并不是完满自足的①，而是在与人们日常的社会习俗、实践活动及外在礼义规范相对应的条件下获得的，这应该是与孟子的道德本心最为不同的地方。②

第四节　性朴欲趋恶论：荀子人性论新说

在上文我们对于学界关于荀子人性论研究的五种观点进行了考量与申论，并对各种观点的优点与不足进行了探讨。结合《荀子》文本来看，荀子的性于形式上虽是朴的，但是由于物的存在及其与性之间所形成的关系，再加上具有理性思维功能与道德辨知能力之心的参与而使其有了善恶的可能性。

为了更好地考察性物关系，以及朴之性与善恶之间的关系，我们将主要借助郭店简《性自命出》展开研究。关于性物关系，在《性自命出》中主要集中于如下简文：

喜怒哀悲之气，眚（性）也。及其见于外，则物取之也。（简2—3）

---

①　对此，王威威也说：荀子的"'心'只是具有'知道'的能力，需要经过礼义之教使'心'认可礼义法度，进而通过'心之所可'来约束欲望，控制行为，促发符合礼义的行为来满足欲望，并可进一步发挥'心'的思虑功能，改变好恶之'情'及'欲'的对象，使人的情欲对象符合礼义的规定。如果'心'不经教和学，就会因为受到'欲''恶'等方面的遮蔽而不能'知道''可道'，却会认可人生而所有的欲望，从而按照欲望去促发行为。可以说，'心'并不是当然为'善'的"。诚是。见王威威《治国与教民：先秦诸子的争鸣与共识》，中国社会科学出版社 2019 年版，第 151 页。

②　对于荀子心的这种特点，梁涛曾有过论述："此时（指春秋时期，笔者注）的'心'虽有指导人们道德实践活动的功能，但这种心基本上是一种经验心，而不是道德本心，它虽然有道德实践能力，但主要是实践客观、外在的道德规范，而不能表现为自主、自觉的道德行为。这种'心'更接近于以后荀子的'心'，而不同于孟子的'心'。"曾暐杰也说："荀子的'心'是'认知心'，内在没有价值，必须从外在认知而求价值内在于心，所以必须要求其'虚'，虚则能容，如此也才能让'道'不断进入到心中。"在这里，他们都谈到了价值的来源问题，立场平实可信。分见梁涛《郭店竹简与思孟学派》，中国人民大学出版社 2008 年版，第 142 页；曾暐杰《打破性善的诱惑——重探荀子性恶论的意义与价值》，新北：花木兰出版社 2014 年版，第 189 页。

　　好恶，眚（性）也。所好所恶，物也。善不善，眚（性）也，所善所不善，势也。凡眚（性）为主，物取之也。金石之有声也，弗扣不鸣。（简4—8）

　　凡动眚（性）者，物也。（简10—11）

　　关于性，在《性自命出》中无论是以气释性还是关注好恶、善不善与性的关系，在涉及物的时候，往往以"物取之"来强调物对性的功能与作用。在郭店简中，好恶、善不善皆非性的实然性质，而只是一种潜在可能性，性之好恶、善不善，其由潜在可能性转化为现实之行为与效验，并最终落实为性的实然状态，离不开"物取之"，离不开物对性的刺激与牵引。根据简文可以发现，人之心、性价值功能的实现是以与物的对应与互动为前提条件的，尽管物所含摄的能动性是在与人的心、性相对应的条件下取得的，实际上是人的心、性所赋予的，但如果没有物的存在，人的主体性则无从显露与呈现。因而，关于性物之间的关系，根据《性自命出》可以这样来表述：性本身是自然而然的，并不具有必然的道德性，但在外物的刺激、牵引下，性便使其本身所具有的可善可不善的潜在属性开始活跃起来，而随着心对于外来作用的判断与取舍，性便以或好或恶，或善或不善的形式与样态呈现了出来。由此可见，在郭店简中性并不具有实然的道德价值与属性，也不具有充足的能动性，其道德属性与道德内容的展开与实现需要一定的外在条件，而这个外在条件便包括了物和势："动眚（性）者，物也"（简10—11）；"出眚（性）者，势也"（简11）。

　　与郭店简《性自命出》相似，荀子对于性也没有作实然的价值判断，反而往往是从倾向、可能性与动态过程来加以考察的。在《性自命出》中，好恶为性的构成因素或属性，而在《荀子》中则成为情的一部分："性之好、恶、喜、怒、哀、乐谓之情。"（《正名》）于此，荀子将"好恶"与"喜怒哀乐"连言，实际上将其视为与喜怒哀乐同类之物，本为性的属性，后因由性所发、显现于外则为情。在这里，情是性之好恶、喜怒、哀乐的显发，是性的外在表现形式，而性则为情的基础与依据，两者同处于一个生命体当中，而性、情之所以得以分别，只不过于存在层面上有所不同而已。换言之，好恶既为性的属性，又为情的内容与表现，因而，好恶实是性由内而外显发为情的产物，亦即为由性到情的过程与内容之表征。正因为好恶具有与情、性密切相关的特性，而情又实乃由性而发，于是好恶便呈现为由内而外的实际指向性。

基于荀子的思想理路来看，好恶并非性本身，而是性在与物接触的过程中所产生的实际指向与价值判断。好恶亦非欲情本身，是性运行起来以后由内而外的显现，从而成为欲情的内容与表现。可以说，荀子所言"性恶"，并非指性即恶，实际上是针对性的倾向、可能性走向来说的。从表面上看，他所谓的性恶指向了情恶、欲恶（《性恶》云："从人之性，顺人之情，必出于争夺，合于犯分乱理而归于暴。"），同时，又反过来以因情恶、欲恶所产生的种种不良社会现象来论证性恶。正是在这个意义上，池田知久提出了"在荀子那里，'性'实际上就是'情'，就是'欲'"的观点。[1] 可以说，荀子言性之所以屡屡提及欲情，是与他已经意识到种种不良社会现象的出现与人之欲情有恶的倾向、易流于恶的境地密切相关。当然，如果我们不拘泥于文字而从其思想理路来考察的话，荀子所说的欲、情本身并不是恶的，只不过由于涂之人的原因而使其有易流于恶的倾向罢了。[2]《正名》云："性之好、恶、喜、怒、哀、乐谓之情。""情者，性之质也。"于此可见，性的表现即为情，情则为性的实质内容，因而，情属于性，是性的一个子概念。当然，欲也是如此。《正名》曰："欲者，情之应也。""欲不待可得，所受乎天也。""欲不可去，性之具也。"《礼论》亦曰："人生而有欲。"故而，欲既受之于天，是人生而即有的，又是"性之具""情之应"，所以，它亦为性的一个子

① 见［日］池田知久《上海楚简〈孔子诗论〉中出现的"豊（礼）"的问题——以关雎篇中所见节制人欲的"豊（礼）"为中心》，曹峰译，《池田知久简帛研究论集》，中华书局2006年版，第2页。当然，池田知久的这种观点与苏舆注解《春秋繁露·深察名号》所言"荀子言性恶，直误以情为性"，并无二致。苏舆注文见苏舆撰，钟哲点校《春秋繁露义证》，中华书局1992年版，第307页。

② 唐端正在《先秦诸子论丛》和《先秦诸子论丛·续编》中也提出，自然情欲本身不是恶的，因为假使欲是恶的，荀子所谓礼以养欲的论述就很荒谬了，因此他批驳了以欲为恶的说法。见唐端正《先秦诸子论丛》，台北：东大图书公司1981年版，第184—185页；《先秦诸子论丛·续编》，台北：东大图书公司2009年版，第161—207页。

概念。① 由此看来，既然性于荀子乃为朴之性，且情、欲乃为性的子概念，那么从逻辑上来讲，情、欲亦当是朴的，没有道德属性的。但从性的实际发用、运行来看，由于情、欲处于性物之间，作为纽带和桥梁的它们，不仅为性所生，而且与外在之物的刺激、诱惑相关联，因而具有显著的倾向性。故而关于情、欲本身"朴"的形式，以及情、欲与恶的关系问题，路德斌云："所言'性恶'并不是就性之情欲存在本身说，而是就性之'欲多而不欲寡'的'性向'说。一言以蔽之，在荀子的观念中，情欲本身并不是恶（是'朴'），但不受节制的情欲必然导致恶。"②这实际上是说，情欲本身不是恶的，而不受内在节制与外在规范的情欲因失去朴的状态而会导致恶，这是由于物对情、欲诱引所导致的结果，故而欲和情是趋向于恶的。

那么，在本章我们为什么更多的是强调欲的中介和桥梁性作用而少言情呢，虽然情也多少具有这样的地位与功能？正如上文所言，生而所具的好利、疾恶、好声色，在人性中起初确实只是潜存的状态，由于性有所向与性的"无伪"特点，性和物之间需要中介和桥梁来加以联系，而这个中介和桥梁在荀子那里主要是欲。情在荀子那里虽然也起到一定的中介和桥梁作用，但由于在这之前的《论语》《孟子》和郭店简《性自命出》篇中或多或少地呈现出重情特点的一面，再加上《荀子·正名》又强调"情者，性之质也"，在《荀子》文本中多次出现情、情性和性同义互换的情况，故而荀子更加注重探讨"欲"在性物之间的中介性质和作用，在这方面反而对"情"的探讨要弱一些。所以《荀子》不仅强调"情者，性之质也"，更是明言"欲者，情之应也"。

整体而言，在荀子那里，性是朴的而欲是趋恶的。既然如此，那么性与欲是什么关系呢？根据上文分析可知，欲是性的内容和子概念，也是性由内而外发用过程中的显现形式。由于性朴且"无伪"（《礼论》云："性者，本始质朴也，伪者，文理隆盛也。无性则伪之无所加，无伪

---

① 参见张岂之《中国思想学说史》先秦卷（上），广西师范大学出版社2007年版，第359页。

② 路德斌：《荀子人性论：性朴、性恶与心之伪——试论荀子人性论之逻辑架构及理路》，《邯郸学院学报》2015年第1期。

则性不能自美。"),它并不能与物直接发生联系①,无论是从理论上还是从性的实际发用过程来看,都需要中间环节与桥梁来加以联结,这个环节与桥梁在郭店简《性自命出》主要是心,而在荀子这里则主要是欲。可以说,性朴说明荀子的性不是确定、静态的,实是一个动态发展的过程,是一种趋势、倾向和可能性,固然不能以善恶遽下定论,但朴之性并不意味着绝无善恶之可能,亦不必然排斥道德,故而荀子所言的性应该既有恶端亦有善端。而荀子所言朴之性,其所蕴含的恶端或善端由可能性到实然性地实现与呈现则主要取决于人如何对待和把握欲的问题。作为人性内容的重要组成部分,欲望对于人而言是不可或缺的,具有一定的合理性与正当性,故而《王霸》云"人情之所必不免",《荣辱》云"是人之所生而有也,是无待而然者也,是禹桀之所同也",等等。但问题在于,人的欲望具有无止境、不满足的特点(《正名》即言"欲不可尽";"今人所欲无多,所恶无寡"。《正论》亦曰"欲多而不欲寡"。),而且时时受物的刺激与诱引,如果内无心的节制外无规范的约束,那么往往会趋向于恶,流于恶的境地。故而,我们称荀子的人性论思想是性朴欲趋恶论,而这种观点正与《礼记·乐记》所言的"人生而静,天之性也;感于物而动,性之欲也。物至知知,然后好恶形焉"相应。同样强调在不受外力条件的干预下,感于物而使性以欲的形式由朴趋向于好或恶的过程;如若使性向善、成善,必定有赖于内心节制与外在规范的双重作用,而对于涂之人而言后者发挥的作用更大。

基于上述分析与探讨,我们认为荀子的人性论更多地呈现为性朴欲趋恶论这样一种整体性特征。性朴欲趋恶论观点的提出,可以说是我们综合考量了学界所提出的性恶论、性趋恶论、性危说、性朴论和性恶心善说五种观点的结果,应该是一种可能成立的新观点。由于荀子的心不具有本体性地位,也不具有独立自存的意义,其理性思维功能与道德辨知能力的获得,是在与人们日常的社会习俗、实践活动及外在礼仪规范

① 苏舆在注解《春秋繁露·深察名号》时亦有云:"究而论之,则性者内事,善者外事,内事在天,外事在人。在天者一成不变,在人者吾可以致力焉。"(见苏舆撰《春秋繁露义证》,钟哲点校,中华书局1992年版,第310页。)同样也强调性的"无伪",一成不变性,是人力所无法改变的。

相对应的条件下获得的，而且荀子的心也不具有孟子"即心言性"那样的思维特点，故而性朴欲趋恶论观点的提出并没有将荀子心的特点反映在内。关于这一点，包括我们所提出的性朴欲趋恶论新观点，都还有进一步讨论与研究的空间。另外，需要补充说明的是，欲、情皆由性而生，由于情在荀子那里也多少具有中介和桥梁的作用，所以我们讲欲趋恶之时也是可以包括情在内的。我们之所以主要讲欲，这是由荀子本身的思想立场及其理论的逻辑结构决定的。

第五节 性朴欲趋恶论与荀子政治哲学

正如上文所言，在荀子所处的时代，人们的生存环境日益严峻，战争的惨烈程度也远超孟子所处的战国中前期。与孟子注重树立人的道德本心，希冀经由仁政走向天下大治不同，荀子对于人性与善治的看法与前者都有所不同。

在孟子看来，人的道德本心具有先验性，并非由外部因素赋予人心的（《孟子·告子上》即云："恻隐之心，人皆有之；羞恶之心，人皆有之；恭敬之心，人皆有之；是非之心，人皆有之。恻隐之心，仁也；羞恶之心，义也；恭敬之心，礼也；是非之心，智也。仁义礼智，非由外铄我也，我固有之也，弗思耳矣。"）[1]，而这种蕴含四端的道德本心便是人之为人的本质所在，人们所要做的便是求放心（《孟子·告子上》："学问之道无他，求其放心而已矣。"）、养气（《孟子·公孙丑上》："我善养吾浩然之气。"）、寡欲（《孟子·公孙丑上》："养心莫善于寡欲。"）、先立乎其大（《孟子·告子上》："先立乎其大者，则其小者弗能夺也。"）、尽心（《孟子·尽心上》："尽其心者，知其性也。知其性，则知天矣。"），以诸种极富道德色彩的方式来涵养内心，进而挺立起人的道德本心。由此来看，孟子在强调如何达致仁政善治的时候，虽然也有政治制度设计与民生经济方面的考量，但更多的还是强调如何修养内心的问题，

---

[1] 尽管有时孟子也言谓"尽心，知性，知天"（详见《孟子·尽心上》），似乎在讲天赋善性，但此处更多的是强调心的先验性及由此所生发之性的正当性。实际上可以说，孟子所言之天更多的是充当了其心性论的价值依据，并不具有生成论、根源性的地位与意义。

进而以此为基经由善心进达善政,这是一种道德色彩浓厚的进路:"人皆有不忍人之心。先王有不忍人之心,斯有不忍人之政矣。以不忍人之心,行不忍人之政,治天下可运之掌上。""凡有四端于我者,知皆扩而充之矣,若火之始然,泉之始达。苟能充之,足以保四海;苟不充之,不足以事父母。"(《孟子·公孙丑上》)之所以会如此,是因为在孟子看来,如果让世界向人们所期望的方向发展,就必不能只务于外在制度与规范性建设,人们所有的行为一定要与内心产生联系,进而以扩充了的四端之心来确保人们在现实政治世界行动的正当性。如此,父母可事,四海可保,政治清平,天下咸宁。

那么,孟子所提出的上述由善心致善政的政治理路有效性到底如何呢? 从《孟子》文本来看,在周制向秦制过渡的特定历史阶段,孟子所提出的一系列政治主张与见解实际上更多的是基于对周制宗法伦理特点的考虑,并没有充分意识到中央集权政治制度确立时代的即将到来。当面对诸如梁惠王、齐宣王这一类"好乐""好货""好色"君王的时候,孟子的进谏收效甚微,并没有达到他所期望的政治效果。换句话说,孟子政治伦理化的处理方式①,虽与注重宗法伦理价值的周制相呼应,但在礼乐进一步崩坏的战国时期,周制监控天下实已力不从心。在国际局势日益严峻的情势下,各国自然皆以努力发展农业生产,积极提升军事实力为务,故而孟子的政治主张自然无法得到其时侯王们的认同,也难以与统一战争愈演愈烈的时代形势相契合,除了彰显儒家的道理理想主义与人文济世情怀以外,在现实政治层面并不能真正得到贯彻与落实,被束之高阁则是必然的命运。与此相类,关于政治与道德之间的差异,东方朔也有着精当的论述:"政治不同于个人的道德修身,政治是事上的现实关心,有其自身的对象和逻辑,也有其自身独特的方法。""政治是事上的现实关心,它主要通过制度、法律、政策和法令等来建立秩序,实现对社会国家的有效管控和治理,因此,它面对的是公共领域,需要解决的是权力的运用以及利益的平衡;而道德是理上的终极关怀,它是通

---

　　① 实际上,孟子政治思想所彰显出的心善—性善—仁政的思维理路,由此所推导出的政治治理主张与思想深受其心性论的影响,对于其心性论对政治主张的影响,整体上可以称为政治的伦理化。

过个人的自由意志的自律以及自我修养和说服教育，以实现个人德性的提升，并保持自由的思考和批判的心灵。"① 由此来看，政治与道德在某些层面虽有可通与相互成就之处，但从整体来说，两者又有着很大不同。就此而言，也可以理解孟子富含道德理想主义的政治主张为何难以真正见用于世了。

当然，不难发现，孟子的政治主张之所以被束之高阁，从而无法产生实际效用，这是与其思想学说以人性善为理论基石密切相关的。在战争不断、欲望横流的战国时期，过多地强调修养工夫而对当时各诸侯国的大力发展农业生产、积极提升军事竞争力关注不够，或者说由于所持的儒家仁义道德立场，使孟子并没有真正重视和认真对待它们。所以，孟子在人性论的理论建构方面收获颇丰，但对于如何发展兵力军备，如何在列国相争中脱颖而出以取得国际的主导性地位思考甚少。在这种情况下，到了战争形势愈加激烈的战国中期，高扬道德理想主义的孟子其主张更是成为梁惠王口中所评价的"迂远而阔于事情"（文见《史记·孟子荀卿列传》）了。

与孟子强调"尽心、知性、知天"（《孟子·尽心上》云："尽其心者，知其性也。知其性，则知天矣。存其心，养其性，所以事天也。"）"天人合一"式的思维理路不同，后出的荀子则强调"天人相分"（文见《天论》），这就既为天的权限划定了边界，也为人的主体性显发提供了理论依据。在荀子看来，天有天的功能，人有人的职责。换句话说，只要人充分尽到了自己的职责，那么天是无法干预人事的："强本而节用，则天不能贫；养备而动时，则天不能病；修道而不贰，则天不能祸。故水旱不能使之饥，寒暑不能使之疾，祅怪不能使之凶。"（《天论》）以此来看，荀子此论确实具有浓厚的人文理性色彩，与孟子所言的"万物皆备于我矣。反身而诚，乐莫大焉"（《孟子·尽心上》），具有迥异的思维理路与思想特点。荀子认为，人间的治乱与否主要看人在这里面起了什么作用，与天并没有多少关系，故而他强调说"应之以治则吉，应之以乱则凶"（《天论》）。荀子这种"应"的态度与立场，实际上还是在强调人

---

① 东方朔：《差等秩序与公道世界——荀子思想研究》，上海人民出版社 2016 年版，第171、185 页。

所具有的理性认知功能与实践能力,在他这里,这样的理性认知功能与实践能力看不出有什么道德属性与道德色彩,这就与孔孟所强调的"反求诸己"、思孟所重视的心性哲学一系有了很大不同。

由"天人相分"理论出发,荀子对于人的主体性地位有了进一步的发掘与重视,从而使其由此所建构起来的政治哲学少了许多宗教神秘色彩,多了几分人文理性精神。因而,可以说,荀子对于天人关系所作的这种理论建构,便"从根本上割断了自然与人类社会之间的神秘主义联系,把自然的还给自然,把人类社会的还给人类社会,充分肯定了人的主体能动性,进行了一场颇具时代意义的观念变革"①。正是在这个意义上,荀子对于君子与小人之分又有了不同于孔孟以德性为划分标准与依据的新论断:"故君子敬其在己者,而不慕其在天者;小人错其在己者,而慕其在天者。君子敬其在己者而不慕其在天者,是以日进也;小人错其在己者而慕其在天者,是以日退也。"(《天论》)以此来看,荀子对于君子、小人划分之新,即在于将对两者的评判置于了天人关系之中,从而以敬己还是慕天作为了评判的标准与依据,可谓充满了浓厚的人文理性精神。

在荀子的政治哲学体系当中,他首先建构了符合其立场的"天",这样的"天"具有不受人的主观意识干涉的客观规律性,这在《天论》中有着集中讨论:"天行有常,不为尧存,不为桀亡。""天不为人之恶寒也辍冬,地不为人之恶辽远也辍广,君子不为小人之匈匈也辍行。天有常道矣,地有常数矣,君子有常体矣。""夫星之坠,木之鸣,是天地之变,阴阳之化,物之罕至者也,怪之可也,而畏之非也。"既然荀子视域下的"天"不受人的主观意识的干扰,那么,也可以反过来说,在充分发挥主观能动性的条件下,人也不太容易受天之客观规律性的约束,甚至人还可以做到"制天命而用之"(《天论》)。可以说,在荀子的理论框架当

---

① 王孝春:《论荀子的"群"》,《东北师大学报》(哲学社会科学版) 2010 年第 1 期。

中，天人不能说毫无联系①，但呈二分之势则是很显然的，这样的"天"，也使人的主体性得到了很大程度上的显扬。职是之故，在《荀子》文本中，我们会发现大量关于强调人的主观能动性与理性认知能力的篇章与内容，诸如《劝学》《修身》《富国》《君道》《臣道》《礼论》《解蔽》《正名》《性恶》，此处仅择要列举一二，以作例证，不详述。从所列篇章来看，荀子不仅从具体层面对于特殊人群（包括君、臣）有着相应的思考与讨论，而且也从一般意义上对于人如何提升自己的主观能动性，从而充分发挥自己的理性认知能力也有着普遍意义上的阐述，这主要集中体现在了《劝学》《修身》《礼论》《解蔽》等篇章当中。

受限于特殊的历史阶段，由于君王在政治活动中所起的重要作用以及圣人观念在先秦诸子政治话语当中的深远影响，荀子对于人的关注首先主要集中在了圣王的身上："今人之性恶，必将待圣王之治，礼义之化，然后始出于治，合于善也"（《性恶》），"非圣人莫之能王"（《正论》），"圣王在上，分义行乎下，则士大夫无流淫之行，百吏官人无怠慢之事，众庶百姓无奸怪之俗，无盗贼之罪，莫敢犯上之禁"（《君子》），等等。实际上，《荀子》文本中所言的圣王，是圣与王的统一，既具伦理性又有政治性，诚如《解蔽》所言："圣也者，尽伦者也；王也者，尽制者也；两尽者，足以为天下极矣。故学者以圣王为师，案以圣王之制为法，法其法以求其统类，以务象效其人。"对此，王先谦注曰："伦，物理也。制，法度也。"② 梁启超解云："伦、谓人伦，即人生哲学；制、谓制度，即政治哲学。"③ 由于传统语境下的"物理"与"人伦"并不相违，两者所指有重合之处，再加上荀子所言的圣人具备了"尽伦"和"生礼义"两个维度，故而这已与孔孟所建构的圣人形象有所不同：一方面，延续了圣人注重德行修养的传统形象；另一方面，又增强了圣人创

---

① 对此，有学者从礼的角度来探讨荀子思想中所体现出的"天人合一"："荀子思想世界中的'天人合一'就是指，以人道秩序的'礼'来规定天道宇宙的秩序，把'礼'作为普遍宇宙秩序的体现，由此彰显其普遍性和绝对性。"这可以被视为荀子思想中关于"天人合一"方面的有关表现。所引文见孙甜甜、傅永聚《荀子"礼"论的多维意蕴》，《东岳论丛》2019 年第 6 期。

② （清）王先谦：《荀子集解》，中华书局 1988 年版，第 407 页。

③ 梁启雄：《荀子简释》，中华书局 1983 年版，第 305 页。

制礼义法度方面的职能。

可以说,荀子在不放弃关注圣人之德的儒家传统的立场与前提之下,对于圣人之功——政治功能更为重视,并多次进行了阐发与论证。在探讨礼的起源及其价值、功用的问题上,孔子往往从内心出发,将礼仪规范之基以"反求诸己"的方式落实到"心安"这一类的道德根源上,故而《论语·阳货》即云:"礼云礼云,玉帛云乎哉?乐云乐云,钟鼓云乎哉?""宰我问:'三年之丧,期已久矣!君子三年不为礼,礼必坏;三年不为乐,乐必崩。旧谷既没,新谷既升,钻燧改火,期可已矣。'子曰:'食夫稻,衣夫锦,于女安乎?'曰:'安!''女安则为之!夫君子之居丧,食旨不甘,闻乐不乐,居处不安,故不为也。今女安,则为之!'宰我出,子曰:'予之不仁也!子生三年,然后免于父母之怀。夫三年之丧,天下之通丧也,予也有三年之爱于其父母乎!'"这就说明了,孔子将评判个人行为得当与否的依据放在了是否符合人内心的真情实感上面,而非以往那种主要依凭礼仪的完备、繁缛与否来作曲直褒贬的评价了。受此影响,孟子在讨论礼的问题上,不仅将礼在孔子以仁释礼的基础上作了更为内化的处理,从而将其视为阐述人性善的依据之一(《孟子·尽心上》即云:"君子所性,仁义礼智根于心,其生色也睟然,见于面,盎于背,施于四体,四体不言而喻。"),而且还将外在礼仪规范的价值依据最终回落到了人的道德本心上,彰显了"礼本于情、礼以情为据"的特点,是"礼仪与人情的典范式结合,是经与权的统一"①。对此,李萍、吴之声评论说:"孔子以仁释礼,孟子摄礼入心,重视礼对于人的德性教化功用,通过人的道德修为与德性涵养,由内向外、由己及人地达致人伦关系与社会秩序的谐和。"② 与孔孟不同,关于礼义法度创制的问题,荀子并没有从道德根源、道德本心上来寻求价值依据,而是主要将礼义法度创制的合理性归结为了圣王(有时与先王、君子同义)的身上,如《荣辱》云:"夫贵为天子,富有天下,是人情之所同欲也。然则从人之

---

① 详见李友广《经与权的统一:孟子之礼再考察》,《中南大学学报》(社会科学版)2010年第4期。

② 李萍、吴之声:《荀子"礼"教的伦理秩序向度及其逻辑》,《伦理学研究》2020年第1期。

欲则势不能容，物不能赡也。故先王案为之制礼义以分之，使有贵贱之等，长幼之差，知愚、能不能之分，皆使人载其事，而各得其宜。然后使谷禄多少厚薄之称，是夫群居和一之道也。"《王制》亦云："君子者，礼义之始也……故天地生君子，君子理天地。君子者，天地之参也，万物之总也，民之父母也。无君子，则天地不理，礼义无统，上无君师，下无父子，夫是之谓至乱。"《性恶》又云："礼义者，圣人之所生也"，"凡礼义者，是生于圣人之伪，非故生于人之性也"。"故圣人化性而起伪，伪起而生礼义，礼义生而制法度。然则礼义法度者，是圣人之所生也。"

我们先看《礼论》中的一段文字："礼起于何也？曰：人生而有欲，欲而不得，则不能无求。求而无度量分界，则不能不争；争则乱，乱则穷。先王恶其乱也，故制礼义以分之，以养人之欲，给人之求。使欲必不穷于物，物必不屈于欲。两者相持而长，是礼之所起也。"关于礼的起源问题，荀子认为在礼出现之前的时代，曾存在过因人的欲望纷争而导致的秩序混乱的现象，这与西方思想家霍布斯在《利维坦》中所讲的前政府与前社会时代，人在自然状态下所面临的问题及困境比较相似[1]，在这个时候先王（圣王）就出现了，并以制礼义的方式来解决欲求之间的矛盾和天下秩序混乱的问题。那么，在荀子的理论视野中，圣王创制礼义法度的正当性如何来确保呢？按照他的人性理论，不管是人性恶的成说，还是我们在上文中归纳总结的学界所提出的关于荀子的各种人性理论[2]，都无法否认人存在欲望且不可去的问题："欲不待可得，所受乎天也"，"欲不可去，性之具也"（《正名》）。"人生而有欲。"（《礼论》）既然欲望的存在是普遍的，圣王也不应例外，那么为何圣王会优于一般人而可以创制礼法呢？这是一个非常重要的理论与现实兼具的问题。

关于上述问题，荀子在《解蔽》中有着集中回应："圣人知心术之患，见蔽塞之祸，故无欲、无恶、无始、无终、无近、无远、无博、无

---

[1] 参见李猛《自然状态为什么是战争状态？——霍布斯的两个证明与对人性的重构》，《云南大学学报》（社会科学版）2014年第5期。

[2] 整体而言，学界关于荀子的人性论主要提出了五种具有代表性的学术观点：除了传统意义上的成说——性恶论以外，还有性趋恶论、性危说、性朴论和性恶心善说四种说法。详见李友广《性朴欲趋恶论：荀子人性论新说》，《现代哲学》2021年第2期。

浅、无古、无今，兼陈万物而中县衡焉。是故众异不得相蔽以乱其伦也。""圣王。圣也者，尽伦者也；王也者，尽制者也；两尽者，足以为天下极矣。故学者以圣王为师，案以圣王之制为法，法其法以求其统类，以务象效其人。向是而务，士也；类是而几，君子也；知之，圣人也。"在荀子看来，圣王具有无欲、无恶、无始、无终、无近、无远、无博、无浅、无古、无今，兼陈万物而中县（悬）衡的鲜明特征。这实际上是说，圣人之心已经完成了解蔽，达到了"虚壹而静"的状态，这也就是荀子所说的"大清明"境地。作为社会上的大多数，普通人则不然，他们往往是荀子眼中少伪、难伪甚至不伪的涂之人，这样的心是不易把握的，也难以通过心来下工夫，从而实现化性起伪的问题。可以说，在荀子的理论视野中，圣人的能伪、善伪进而达致"大清明"境地的做法并不具有普遍意义，不能成为人人效法可学的对象，故而荀子虽然也关注心，但是在谈到社会治理的时候，他往往从礼义法度上来立论，而少有孔孟那样以道德引导政治的运思理路与处理方式。① 可以说，"荀子选择一条不同于孟子的修身成德、平治天下的道路自有其深刻的哲学洞见。基于治世的需要及对诸子的反思，荀子认为修身治国之道须由'仁义'转向'礼义'，彰显礼之效用，以礼来迁化人心、平治社会"②。通过这种对比我们可以发现，荀子眼中的圣王确实要优于常人（《性恶》有云："故圣人之所以同于众，其不异于众者，性也；所以异而过众者，伪也。""故圣人者，人之所积而致矣。"）③，在伪的能力、伪的程度以及尽伦、生礼义等方面均优于常人，而且在经历了解蔽的过程以后，圣王那达到"大清明"的心是具有辨善知恶、好善恶恶的能力的。这样的圣王，便是

---

① 关于这一点，张树业则从人性论的角度给予了相应的分析："荀子认定人性的自然趋向只能是恶的，且人性的基本特质无法改变，这决定了人性可能导致的争夺暴乱只能通过外在的制度化方式解决，此制度建设之核心恰是'制礼义以分之'。"言之有理。所引文见张树业《德性、政治与礼乐教化——〈礼记〉礼乐释义研究》，中国社会科学出版社 2020 年版，第 57—58 页。

② 陈林：《"化性起伪"何以可能——荀子工夫论探析》，《道德与文明》2012 年第 2 期。

③ 对此，王正评论说："荀子心目中的理想人格是圣王，即道德上的至善者和政治上的最好者。"谢晓东也说："在荀子看来，圣王和普通人不是平等的，只有圣王才是立法者。"诚是。所引文分见王正《礼与法——荀子与法家的根本差异》，《中国哲学史》2018 年第 4 期；谢晓东《人性、优良政府与正义——政治哲学视角下的先秦儒学与古典自由主义研究》，中国社会科学出版社 2019 年版，第 59 页。

"融合了道德权威与政治权威（权力）于一体的人"①。诚如上文所言，这样的心虽不具有孟子心的那种道德先天性与本体性地位，但确实具有明确的理性思维功能与道德辨知能力（笔者按：即便是一般人，《性恶》也对其心的道德辨知能力有所阐述："今人之性，固无礼义，故强学而求有之也；性不知礼义，故思虑而求知之也。"更不用说圣人之心了），这就为圣王创制礼义法度提供了理论上的证明，也确保了其所创制的礼义法度的正当性："凡礼义者，是生于圣人之伪，非故生于人之性也。""古者圣王以人性恶，以为偏险而不正，悖乱而不治，是以为之起礼义，制法度，以矫饰人之情性而正之，以扰化人之情性而导之也，始皆出于治，合于道者也。"（《性恶》）因而，可以说，"'圣王'正是其'礼义'所以能成为普遍法则的权威性保证"②。

如前所言，由于荀子在言说作为类概念的人的时候，往往集中于作为涂之人的多数，谈论最多的也是具有普遍意义的欲，以及作为大多数的涂之人如何通过对欲的把握与处理进而达致良好政治秩序的问题。正因如此，所以在本章我们提出荀子人性论的整体特征是"性朴欲趋恶论"③，这样的观点正与荀子对于其时社会现实以及涂之人的关注密切相关。"性朴"，则人性可善可恶，说明人性可伪可化；"欲趋恶"，人性有流于恶的可能，说明涂之人化性难为。故而，对于荀子"性朴欲趋恶论"的人性理论界定，整体上可以彰显出天下秩序混乱与圣王创制礼义法度之间的张力，体现了在统一战争愈演愈烈的战国晚期，自"周公以来，圣王合一的时代已经一去不返"④，天下政治陷于"圣而不王（君），王（君）而不圣"⑤的困顿局面，以荀子为代表的儒家人物对于明君圣主结束混乱失序时局，实现天下安定、政治清明的愿望。

荀子的这一愿望，在其政治哲学理论建构上的表现便是以"天人相分"作为哲学基础，充分发掘人的主体性，进而以此为基探求圣王如何

---

① 东方朔：《权威与秩序的实现——荀子的"圣王"观念》，《周易研究》2019 年第 1 期。

② 徐翔：《从"工匠制作"的隐喻看荀子的"先王制礼论"》，《中山大学学报》（社会科学版）2020 年第 5 期。

③ 李友广：《性朴欲趋恶论：荀子人性论新说》，《现代哲学》2021 年第 2 期。

④ 方同义：《儒家道势关系论》，《孔子研究》1993 年第 1 期。

⑤ 方同义：《儒家道势关系论》，《孔子研究》1993 年第 1 期。

获得异于涂之人的"大清明"之心,从而为圣王创制礼义法度提供难以辩驳的正当性。① 如此,荀子的政治哲学就有了不同于孔孟政治哲学的理论面目:在没有否定圣王之德的前提下,更为重视圣王创制礼义法度之功。就此而言,说荀子的礼具有"客观义和制度义……礼的首出意义是政治的或政治哲学的"②,是很有道理的。有鉴于战国晚期统一战争的惨烈,在王霸之辨的关系上面,不同于孔孟的尊王贱霸,荀子更为正视社会政治现实,进而主张王霸并重、王霸兼用:"故用国者,义立而王,信立而霸。"(《王霸》)"故尊圣者王,尊贤者霸。"(《君子》)"人君者,隆礼尊贤而王,重法爱民而霸。"(《强国》)"上可以王,下可以霸。"(《君道》)由此来看,"荀子思考的重点不在内在德性的培养而在外在制度的完善,从而在儒学史上开辟了一条'王霸兼用,礼法共治'的治国之道"③。对此,干春松说:"荀子正视战国末期社会形态所产生的巨变,不再拘泥于三代之治的唯一合法性,而是给霸道这种与王道不同的政治形态也赋予合理性。制度上的突破需要多样化的人才来为之服务,荀子根据道德和行为能力、认知水平的差异给各类人以不同的定位,从而使贤者居位的理念与按职论官的政治实践结合起来。"④ 所言甚是。由此来看,与孟子的道深蕴道德色彩,进而基于仁政的标准将王道和霸道两种治国理念与方式加以价值层面的高下判断有所不同,荀子则更加凸显了道的政治哲学品格,故而在《荀子》文本中,道常常被视为个人行为得当与否与国家治理之枢要的根本标准,往往与权衡(《正名》《解

---

① 与此相应,谢晓东对于圣人也作出了自己的定位与分析:"对于圣人来说,礼义乃自身所积,故而可以视为自我立法。对于礼义,圣人也是严格遵守的。……也就是说,圣人既自我立法,又有能力履行道德法则,故而(初始)圣人是自律的。"从创制礼义法度的角度而言,圣人确实是立法者,而作为善与秩序精神的体现,圣人又不能不遵守甚至破坏礼义法度,也就体现了圣人具有一定的自律性。所引文见谢晓东《人性、优良政府与正义——政治哲学视角下的先秦儒学与古典自由主义研究》,中国社会科学出版社2019年版,第133页。

② 东方朔:《差等秩序与公道世界——荀子思想研究》,上海人民出版社2016年版,第179页。

③ 参见谢晓东《政治哲学视域下荀子的礼——以人性、优良政府和正义为中心的考察》,《厦门大学学报》(哲学社会科学版)2015年第3期;吴光:《荀子的"仁本礼用"论及其当代价值》,《孔子研究》2015年第4期。

④ 干春松:《贤能政治:儒家政治哲学的一个面向——以〈荀子〉的论述为例》,《哲学研究》2013年第5期。

蔽》)、礼义（《强国》《儒效》)、国存（《君道》)及治要（《解蔽》)
等政治治理内容密切相结合，在充满了人文理性精神的同时，其形上意
蕴也不断被弱化。正因如此，可以说，与孔孟的政治哲学思想相比，荀
子的政治哲学思想无疑更加适应了战国时期由封邦建国政治权力体系
（周制）向中央集权政治制度（秦制）过渡的天下大势。此外，东方朔
也评论说："孟子对建立政治秩序的思考完全取资于个人自足的内在仁
心。就即道德而言道德的角度上看，孟子的思想的确成就了道德的尊严
和人格的伟大，并为后世儒家批难现实政治，彰显独立之精神、自由之
思想开拓了空间；但若必欲即此而言政治，却会因其对政治之特性缺乏
可靠的认知基础而导致政治上的空想主义。荀子对重建政治秩序的致思
则委诸先王制作的礼（礼义法度），而礼的内涵虽然包容甚广，但其首
出的意义是政治学的而非伦理学的，是为了去乱止争以实现'出于
治'、'合于道'的目的而形成的一套制度设计，故荀子顺孔子外王之
礼宪，正名定分，辨治群伦，知统类而一制度。在面对重建政治秩序此
一时代主题面前，若与孟子言仁心之兴发和推扩相比，荀子的此一主张
无疑更具有客观、凝重和可实行、可'设施'的特性。"① 就孟荀两者
的政治哲学特点而言，荀子的思想理路确实更具有针对性与可操作性，
是理性精神的体现，也更符合秩序重建时代的政治需求，故对秦汉及其
以后的社会政治影响深远，这就与日渐专注于心性道德、成贤成圣的孟
学有了很大不同。

小　结

在本章，我们对于荀子的人性论思想展开了研究，并提出了性朴欲
趋恶论的新观点，进而在此新人性论的视角下对于荀子政治哲学的内
容、特点及意义进行了研究。诚如本章所言，性朴欲趋恶论观点的提
出，与学界提出的诸种观点都有所不同，还有着进一步讨论与研究的空
间。我们的这种观点，也有待于进一步接受学界的检验。对此，我们毫

---

① 东方朔：《秩序与方法——荀子对政治与道德之关系的理解》，《复旦学报》（社会科学
版）2017 年第 1 期。

不讳言，也乐于对其作出进一步的思考，这正是学术研究所应有的态度与状态。

在研究荀子人性论思想的过程中，除了依据《荀子》文本以外，我们还引入了对老庄道家与孟子思想资源的关注与参照，但受限于本章的问题意识，对于荀子与法家思想之间的关系并未进行充分考察。

在下一章，我们将接续荀子的人性论思想，对于荀子与韩非之间的思想关联，儒家、道家与法家在政治立场、思想学说之间的差异，以及韩非与儒家对于政治与道德之间关系的考量之不同等方面加以研究。通过这种研究，我们可以发现，在人性思想方面，韩非与荀子有同有异，且异大于同，尤其是在对"欲"的态度方面表现得更为典型。正是因为在人性理论上的这种不同，导致两者之间在对政治的理解，对政治与道德之间关系的认知方面均有所不同。如何考量韩非在道德问题上的立场，对政治与道德关系的理解，以及如何评价道德、习惯与法律之间的关系，各自的功能与作用在今天社会生活中的价值与意义，这都是下一章所要着力思考与解决的问题。

第七章

政治的去道德化努力

——韩非对政治的思考兼及儒家政治哲学

　　由于王权对于天下的影响，政治问题是先秦社会与文化生活中不容忽视的重要问题，而诸子的兴起，各家思想学说的蜂出，也与王道政治在春秋战国时期的急剧变化有着莫大关系。在五百余年春秋战国这样大的时间跨度且激变动荡的历史时期里，天下政治态势整体上呈现出由天子与诸侯共治天下的王权政治向中央权力日益向君王集中的皇权政治过渡。在这种时代剧变与政治变革中，诸子学应势而生，它们对于天下政治向何处去有着共同的理论兴趣，并多有探讨。在这种理论探讨中，或多或少都会关涉到政治与道德的关系问题，而在这当中，尤以儒、道、法三家最为显著。在本章，我们将以儒家和道家为重要理论参照，以政治与道德之间的关系为切入角度，对于以韩非为代表的法家在政治问题上的立场、特点及影响诸方面作出必要的研究与探讨，并在此基础之上对于儒家政治哲学进行相应研究，从而为下一章对于先秦儒家政治哲学作整体性、综合性的研究奠定基础。

第一节　法家如何看待道德

　　道德是什么？如何看待道德的含义，如何处理道德与伦理、道德与政治之间的关系？先秦诸子对于这些问题的考量与讨论，不仅关涉到其立场的差异性问题，而且还会深刻地影响到他们对于人的本质（包括价值及合理性）的理解，对于政治文化的建构。鉴于法家政治理论对于战国政治局势发展的不可或缺性，以及道德问题在春秋晚期战国时期的重要性，在此我们将主要以《韩非子》文本为考察基础，以儒家和道家为重要参照，对于法家如何看待道德，以及由此所衍生出的道德与伦理、道德与政治等重要理论命题展开研究。

一　何谓道德

就中国传统语境而言，道德问题从来都不是一个孤立的问题。换句话说，对其的思考与讨论，往往会关涉到宗法血缘伦理、个体存在的价值、政治治理诸多方面。故而，就道德的外延来看，道德问题既可以含摄人们社会生活中的人伦日用，也可以指向天地宇宙存在的方式及意义，人的本质及合理性等形上哲学问题。就道德的内涵而言，"道德"实际上就是"得道"，而"德"者"得"也①，是从训诂学角度对"德"作出的基本界定。如果再结合先秦诸子兴盛时期人们对于"道德"问题的讨论就可以发现，这一时期的人们虽因立场的差异而对"道德"的理解呈现出异彩纷呈的理论样态，但这种理论上的差异还因与其对"道"的理解与判定是分不开的。也就是说，由"道德"而作出"得道"的理解，所

---

① 虽然在出土器物中，常以敬［西周中期的班簋铭曰："唯敬德"（《集成》04341）］、慎［西周中期的番生簋铭曰："穆穆克慎厥德"《集成》04326，师望鼎铭曰："慎厥德"《集成》02812；西周晚期的大克鼎："淑慎厥德"《集成》02836，梁其钟铭曰："克慎厥德"《集成》00187］修饰德，故西周中晚期的"德"确实有内在指向的一面，但考虑到"德"在殷周之际及周初的发展与演化情况，以及西周金文中也存在着威仪与"德"并言的现象（庞钟铭文、虢叔旅钟铭文以及叔向父禹簋铭文等，皆有此类现象），故而"德"又有着得之于外的理论向度。（参见中国社会科学院考古研究所《殷周金文集成》，中华书局1994年版，括号内的数字为该器在书中的编号；杨小召《西周春秋金文中的威仪与德》，《第二届西周金文与西周史学术研讨会论文集》，陕西师范大学，2019年9月20—22日，第129页。）至于由何而"得"以及"得"的内容是什么，通过对先秦"德"观念发展的考察，晁福林认为："起初之德，是指得于天和先祖，意即由天和先祖所赐而'得'；后来则指得于制度，意即由分封与宗法制度之规范而'得'；最后出现的才是自得于心，意即心得体会。只有到了自得于心的时候，可以说才有了丰富而完备的道德观念，才有了自觉的道德修养和君子人格的要求。"由此来看，由于早期"德"的产生往往与天和先祖以及分封、宗法制度密切相关，故而这样的"德"确实会和宗法血缘伦理杂糅在一起。所引文见晁福林《先秦时期"德"观念的起源及其发展》，《中国社会科学》2005年第4期。

得的"道"到底是什么"道"？毫无疑问，对此的理解便直接影响到对于"何谓道德"问题的讨论与解决。

结合先秦诸子文献来看，由于立场、出身的不同，以及对于三代文化资源撷取重点的差异而使诸子对于"道"的定位与把握呈现出有所不同的理论风貌。道是什么？是日月交替轮转（或曰日月星辰运转的轨道），是不可道之道（可谓其大无外，其小无内①），是规律、规则与准则，是仁义礼智信。② 对此，我们很难判定哪一种理解更与道本身相符合，只能说人们的种种理解与定义是对道某个层面与某个方面的把握。不过，正是由于道在外延上的这种至大至广性，故而道家对道所作的带有开放式的理解或许更接近道本身。当然，由对道的这种多样性理解，我们可以看出，道的高邈与难以把握性直接影响到了人们对于道德的理解与定位。那么，什么是道德呢？就理论所含摄内容的广阔性而言，理论上的问题不能只从理论层面去试图解决，而应该扩大考察范围，首先从社会历史条件方面（就本章而言，主要是指西周社会）来加以探讨。

考虑到夏商周三代社会时间跨度之大，社会结构之繁复，以及三代与诸子时代之间的关系，就本章而言，我们主要以影响诸子时代甚巨的西周社会作为分析对象与考察重点。就历史文献来看，西周社会的政治特点主要是政治权力上的嫡长子继承制和封蕃建卫的天下层级权力政治体系。实际上，无论是嫡长子继承制还是封蕃建卫的分封制度都是以宗法血缘伦理为根本依据的（《诗经·大雅·板》即云："大邦维屏，大宗维翰。怀德维宁，宗子维城。"），故而侯外庐将国家的这种特征称为"血

---

① 《管子·心术上》云："道在天地之间也，其大无外，其小无内，故曰'不远而难极也'。"《庄子·天下》亦云："至大无外，谓之大一；至小无内，谓之小一。"都是讲得道的这一特点。

② 对此，魏书胜也说："'道'从'应'的指向上来说，是与'应'的各种可能指向相对应的。就是说，'道'在最初的意义上并不是指向'一'而是指向'多'，这种'多'的指向表达的是'道'在日常性中的本真状态，其中也包括那些具有偶然性的可能。"言之有理。魏书胜：《从人的生命本性看道德与伦理的区分》，《道德与文明》2009 年第 2 期。

族纽带所联结的氏族统治"①。也就是说，周天子治下的权力资源分配不是盲目随意的，而是在克商以后根据大小宗之别、血缘关系上的远近亲疏来重新划分天下政治权力资源的。异姓还是同姓（是否为姬姓），小宗还是大宗（是否为嫡长子一脉），在封国的地理位置、疆域大小、礼制规定等方面均呈现出重大差别。可以说，西周初年政治权力资源的重新分配，是宗法血缘伦理特点在这一历史阶段进一步强化的表现。换句话说，周人克商取得天下，不仅仅是因为文王武王克勤克俭、精于治理与军力渐盛的结果，从根本上说，周人的成功还离不开其以宗法血缘伦理作为团结部族核心力量的重要手段，同时又辅之以缔结婚姻的方式来团结其他政治力量。由此，我们可以这样认为，周人政治上的成功是三代社会由宗教神性伦理向宗法血缘伦理转型的重要表现，故而周人政治上的成功正得益于社会出现重大转型的结果。不可否认，社会的转型影响了周人在政治上的成功以及对于权力资源的重新分配，这又影响了周人对于德性与道德的理解、定位与把握。

那么，什么是德性呢？在《诗经》《尚书》《周礼》《周易》《春秋》等反映周人礼乐文化的典籍当中曾有着大量语句对其加以描述、阐释与论证。由于周人建国之初，除了忙于戡定东方局势和分封天下诸侯以外，更多的精力则放在了如何论证政权存在的合理性，以及如何确保国祚长盛的现实问题上面。故而，我们发现在五经这一类的典籍当中，周人在谈论德性的时候往往与国家治理紧密结合在一起。由于王权在国家治理、社会规整方面所起的不可替代性作用，以《尚书》为代表的早期文献往往会有大量篇幅在讨论王如何做的问题，在这个时候天命、民众便被引

---

① 侯外庐：《中国古代社会史论》，张岂之主编：《侯外庐著作与思想研究》（第 5 卷），长春出版社 2016 年版，第 326 页。对此，他将东西方古代文明发展路径进行比较，进而展开论述说：与"从家族到私产再到国家，国家代替了家族"的"古典的古代"不同，"'亚细亚的古代'是由家族到国家，国家混合在家族里面，叫做'社稷'"。他将前者称为"革命的路线"（"新陈代谢，新的冲破了旧的"），把后者称为"维新的路线"（"新陈纠葛，旧的拖住了新的"）。在此，他指出中国古代社会进入文明阶段虽然也是经历了由家族到国家的方式，但与西方古代进入文明社会是经历了土地私有化和私有制度阶段不同，前者则是土地变为国家所有（侯外庐称之为"大土地所有制"），没有经历私有地域化的所有形态，也没有土地私有制度，并保留了以血缘关系为纽带的氏族制度。参见侯外庐、赵纪彬、杜国庠《中国思想通史》（第一卷），人民出版社 1957 年版，第 7—12 页。

入进来而反复铺陈论说。王如何确保有德性，才能保证国祚长盛而不被其他政治力量所轻易取代呢？在《尚书》中，其反复讨论的一个核心命题便是王如何有德的问题，而王德的确立，则需要上敬天命，下恤万民，从而终使三者构成了上天—中王—下民的政治结构图式。在这个图式中，能够将三者成功贯通起来的便是王的德性，其具体表现便是王的敬天和保民。① 诚然，王的德性的形成离不开诚敬上天和体恤下民，但其根本来源却是孕育出宗法血缘伦理的社会生活与政治制度。

正是受此社会生活与政治制度的深刻影响，先秦时期的人们在谈论道德的时候，莫不自觉或不自觉地归向于宗法血缘伦理。可以说，先秦文献中对于道德问题的讨论，常常会出现宗法血缘伦理化的显著特点，可以简称为道德的伦理化。② 结合中国早期文明发展态势来看，道德与伦理并不能完全等同，虽然"道德的发用需要在伦理生活及其人文制度中展开，且伦理是道德的现实化与客观化"③，但如果仅仅以伦理的视域来讨论道德的话，无疑会缩小道德的外延，从而将道德问题狭窄化。不仅如此，还会在无形中凸显了道德论域中的私门、私家之德，而与国家利益相关的公德部分则会相应地被弱化与忽视。也就是说，在先秦诸子时代，人们在讨论道德的时候，不能不受宗法血缘伦理传统的影响（儒家基于共同体的立场而有着大量关于政治的伦理化与道德的伦理化的内容④），但又不能完全受限于此，毕竟宗法血缘伦理对于国家治理而言可

① 参见李友广《先秦儒家王道理想的应然指向与现实困境——以〈孟子〉为探讨中心》，《现代哲学》2019 年第 1 期。

② 传统语境中所言的道德与伦理之关系与今日西学所言确实有所不同。对此，陈赟指出，"儒家对道德与伦理的思考具有值得注意的内涵，道德处理的是性分问题，回答的是人是什么的问题，它指向的是主体与自身、主体与天道，乃至与世界整体的关系；而伦理处理的则是位分与职分问题，回答的是我是谁的问题，它指向政治社会中人与人的关系，以便为我的权责定位，因而它往往集中体现为人的名分"。在此基础之上，他接着又说："在当代语境中，道德与伦理似无根本区别，道德往往被理解为'社会意识形态之一，是人们共同生活及其行为的准则和规范'。这一理解内蕴着某种西方近代的信念前提与理论预设，但却非古典中国思想的体现。"可见，传统所言道德与伦理的内涵是不同的，其所指也有差异，不能完全以今日西学之视角与标准来加以言说。所引文见陈赟《儒家思想中的道德与伦理》，《道德与文明》2019 年第 4 期。

③ 参见陈赟《儒家思想中的道德与伦理》，《道德与文明》2019 年第 4 期。

④ 详见李友广、王晓洁《共同体理论视野下的先秦儒家》，人民出版社 2018 年版，第 80—105 页。

谓是一柄"双刃剑"，尤其是当天下政治在由封国林立格局向地域性国家转进的时候，宗法血缘伦理在国家治理过程中所带来的这种消极性影响便愈加突出。概与此相关，道家和法家对于道德问题的探讨便有着与儒家不同的理论面向与精神风貌。

有鉴于"公德"概念的复杂性，以及对于本章研究的重要性，在此我们先略作界定与探讨，以便使接下来的讨论更为有效。不能否认的是，本章所言的"公德"与今日所言公共品德与公众道德并不完全一致。基于传统语境及对《韩非子》文本的考察，我们认为先秦诸子文献中所说的"公"主要是指与基于私利目的（传统语境下，其范围主要指向国家层面之下的家族、村落及封邑利益）而养成和提倡的品德、德目相对的为维护国家利益（在法家语境下，往往会指向君主利益）而备受肯定的忠君为国等品质，这种品质有时候又被慎到和韩非等法家人物称为公正、公信、公义、公忠、公利等，常常含有官场道德的意味。可以说，在先秦诸子时代的语境当中，公德主要指向了国家义务以及对于国家利益（很多时候会集中表现为君主利益）的维护，而非主要指向公共生活与社会道德，这是与现代所言公德的不同之处。徐克谦在研究道德在韩非法家学说中地位的时候也说："所谓'公德'是涉及社会公共领域的道德，是不具有父子、兄弟、夫妇、朋友等熟人关系的人们在公共交往领域应当遵守的道德。包括各种职业道德。而从政者的政治道德，显然也属于'公德'范畴。"[1] 之所以会如此，恐怕正如上文所言，道德的产生与形成有其复杂性的一面，而这种复杂性直接影响到了人们对于伦理、道德、政治等问题的理解与把握，且由于对各自边界并没有清晰界定的原因，致使这些问题常常被杂糅在了一起。这种情况到了战国晚期的睡虎地秦简那里表现得尤为明显，以至于在《为吏之道》当中甚至还出现了大量借用儒家德目与道德价值标准来阐述法家理论的现象。不仅如此，根据段秋关的研究，他认为："整个春秋战国的变革，在制度上表现为从'礼制'到'法制'的变革，在思想观念上表现为从'礼治'到'法治'的

---

[1]　徐克谦：《私德、公德与官德——道德在韩非子法家学说中的地位》，《国学学刊》2013年第 4 期。

转化。"① 依此来看，处于这种变革思潮当中的韩非所言之"德"便体现了礼（宗法贵族政体）法（君主集权政体）结合、偏重于法的整体性特点。

道家人物老子一再强调"道不可道""天地不仁""圣人不仁""圣人无为"，实际上即已意识到了宗法血缘伦理在国家治理上的潜在不足与缺陷。这是因为，在《老子》这部道家代表性文献中，由于老子所要集中探讨与解决的问题是人的合理化生存问题，从政治的角度来说，便是如何安顿天下百姓的问题。尽管在《老子》中有着对于天地宇宙来源、万物生成的哲学式与形上化探讨，但从老子的整体思想架构而言，最终还是为了解决人的问题，这也是《老子》的理论旨归。基于此，我们可以发现，《老子》中的圣人在很多时候可以与侯王相提并论，其身上也颇具政治化色彩。老子强调"圣人不仁"，并不完全是其独创，把它理解成对于其时宗法血缘伦理于政治治理上消极意义的反思，以及对于儒家式的"仁义治国"理论②的批判，或许更为客观、公允一些。进一步来看，老子所言的道德，便多了几分自然（因循道的运行趋势与状态）与无为（不强为、不妄为）的味道。

与老子的这种运思理路相一致，法家人物韩非也是从反思宗法血缘伦理入手来谈论道德与政治问题的。处于天下趋于统一大势中的韩非自然也非常关注政治治理问题，而又由于战国时期诸子对于政治问题的讨论常常处于宗法伦理、仁义道德的价值预设与浓厚语境之中，故而韩非对于政治问题的研究首先是对何谓道德这一问题的反思进行的。个体道德的养成，固然离不开宗法伦理环境，但伦理不是道德，或者说伦理只是道德养成的影响因素之一。韩非对于道德问题的讨论，既反思了对道德的伦理化处理所带来的消极性影响，同时又着力突出了道德如何与政治治理相结合的问题。对此，韩非在一再弱化道德中的私门、私家之德的基础上，着力突出与夸大了其中与国家利益相关的公德部分，甚至暗

---

① 段秋关：《中国传统法律文化的形成与演变》，《法律科学》1991 年第 4 期。

② 对此，姚蒸民也说："儒家混道德政治为一谈，不脱古代思想之色彩。"如果从西周社会生活与政治制度的角度来看，儒家"仁义治国"理论非但没有脱离古代思想之色彩，反而正是脱胎于西周社会生活与政治制度。所引文见姚蒸民《法家哲学》，台北：东大图书股份有限公司 2006 年版，第 105 页。

含以后者取代前者之势。① 就《韩非子》文本而言，韩非学说中的公德突出表现为："对包括君主在内的政府官员的道德品行的要求，亦即官德，或曰执政者、为官者的职业道德。具体内容包括公私分明，奉法去私，公平正直，诚实守信，安于职守等等。"②

二 道德的有效性问题

道德，不是凭空产生的，其产生既受风俗习惯、社会历史条件的影响，也受其时人们对于价值理念、伦理规范认知的影响。可以说，道德的产生与形成有其复杂性的一面，而这种复杂性直接影响到了人们对于伦理、道德、政治等问题的理解与把握，且由于对各自边界并没有清晰界定的原因，致使这些问题常常被杂糅在了一起，我们后来常常提及的政治的伦理化、伦理的政治化、道德的伦理化、政治的道德化，这些讲法实际上即已表征了这种杂糅不清的思想状况。③ 由此便衍生出一个非常重要的理论问题，那就是道德的有效性问题，或者换个说法，道德在什么范围限度内是非常有效的，而越过这个范围限度其有效性则不仅会大为弱化，甚至还会产生出相当的消极性影响。在探讨这个问题之前，我们先对传统道德与伦理之间的关系作出研究。

诚如前文所言，在西周社会，由于政治与伦理之间关系的密切性，或者说，其时的政治社会确实体现出了浓厚的宗法伦理性特点。西周时期的人们对于家族、政治、社会的理解，往往很难摆脱宗法伦理传统的影响，进而在建构政治文化的时候，常常从宗法伦理出发。不仅如此，

---

① 这在战国早期法家人物商鞅那里，即已有所表现："民有二男以上不分异者，倍其赋。""而令民父子兄弟同室内息者为禁。"（《史记·商君列传》）这除了有增加赋税、富国强兵的现实考量以外，实际上还体现了商鞅对于家族势力（包括私德）的大力消解，以及对于国家力量（包括公德）的积极彰显。

② 徐克谦：《私德、公德与官德——道德在韩非子法家学说中的地位》，《国学学刊》2013年第4期。

③ 关于政治与伦理之间这种杂糅不清的状况，笔者曾有专门的研究："由于公、私领域之间的较大差异性，先秦儒家在处理和应对带有一定伦理性的公共事务时，往往在突破和依归'家'精神与文化之间徘徊，从而集中彰显了血缘亲情维护与社会公义伸张之间存在的张力与复杂性，以及儒家视野当中政治与伦理之间的纠缠，致使两者之间在价值、功能及边界等方面呈现出了含混、杂糅的历史特点。"可供参考。见李友广《论先秦儒家对"家"的执守、突破及依归》，《东岳论丛》2018年第9期。

人们对于传统道德的理解，在上溯至部族祖先克勤克俭、艰苦创业功绩的同时，往往也会将他们的这种行为与精神视为一种可贵而值得继承与发扬光大的政治品质与道德传统。可以说，这种道德传统自周人建国伊始在反思政权合理性何以确立这一问题时，便与祖先勤俭进取、顾全大局的政治品格结合在了一起。由此也可以说，周人在追溯族人兴盛崛起历史的过程中，既观照到传统道德中的公德部分（周人的整体崛起，自然离不开部族首领为了团结部众而拥有开明、舍私利的政治品格），也同样没有忽视其中的伦理性部分（周部族的崛起史实际上是基于宗法伦理构建起来的政治组织力量对宗教神性权力的胜利）。不得不说，周政权的成功建立确实与宗法伦理的深刻影响关系密切，周人运用血亲与姻亲的两手而将政治核心力量成功地团结在了一起，最终克殷建周，并发展、建立起了一整套的礼乐文化与典章制度。正与此相关，周人在建国以后，梳理与总结建国经验与政治智慧的时候，并没有将伦理与道德区分开来，也没有充分反思两者之间的关系，反而更加凸显了传统道德中的伦理色彩，以至于到后来人们也往往在很大程度上将道德与伦理等同起来看待，确实是渊源有自。

那么，道德与伦理到底是什么关系？道德的有效性范围与限度是什么呢，我们该如何看待与处理道德的有效性问题？接下来，我们将结合道德与政治的关系问题，对此加以研究。

我们说，道德的产生确乎与宗法伦理有关，并且使前者具有浓厚的伦理化色彩，但宗法伦理并不能完全等同于道德。就道德的构成而言，虽然西周的政治制度呈现出家国同构的特点，并以宗法伦理的形式将家与国贯通了起来，但与宗法伦理相关的那部分实际上可以主要化约为私门、私家之德。既然是私门、私家之德，自然与个人、家族及封邑息息相关，国家层面以下的这些构成部分更多的是依赖惯性、风俗及传统形成的私门、私家之德来加以维系的。当然，在家国同构的政治权力运作系统中，周天子与侯王们在西周初年往往以宗法伦理的形式来治理天下国家，并取得了比较理想的效果。但是，这种理想效果的取得，自然是以其时宗法伦理对于政治社会的巨大影响力为根本前提的。等到了春秋时期，随着周天子的逐渐式微以及诸侯势力的不断崛起，尤其是士阶层、军功阶层等政治力量的兴盛，宗法血缘伦理对于政治格局与政治力量分配所起的作用越来越小。这正如《韩非子·说林上》所说："大国恶有天子，小国利之。"从韩非所言可以看出，天子威权与诸侯大国之间存在着比较尖锐的利益冲突，这让宗法血缘伦理关系处于松动，甚至破裂的状态。在这种情境下，在国家治理过程中，再不加区分私门私家之德、公德地一味强调道德的价值与作用，无疑已不合时宜。从兼并战争走向天下统一的历史进程中，考量道德在国家治理中的消极影响，以及如何合理运用道德因素以推进国家治理与天下争锋，这是诸子尤其是法家所不得不直面的重大理论与现实问题。可以说，法家在此基础上所形成的治国理念，实际上是"以法治秩序替代传统礼治秩序的一次积极努力"①。再结合宗法血缘伦理在春秋战国时期于政治治理当中地位的下降情况来看，这种说法是可以成立的。

为了更好地解决国家治理过程中如何运用道德手段与道德因素的问题，法家首先要做的是，对道德中的私门、私家之德与公德加以明确区分（《韩非子·饰邪》即云："必明于公私之分，明法制，去私恩。"）②，并对前者在国家治理中的消极影响多加反思与批判："爱多者则法不立"（《韩非子·内储说上七术》），直陈爱多则情有私而亲有别的常见弊病。对此，韩非认为："个人的私事、私情、私德不能应用到有关国家的公共事务之中，公共事务与个人的修养、伦理之间存在着一定的界限和不同的适用标准。因为道德可能会因为主、客体关系的不同而发生冲突，不同的道德主体所秉持的道德观念都会不同。"③可见，韩非之所以一再批判私门、私家之德，是因为其更多地关注与国家相对的个人利益，可以说是从欲利家（《韩非子·饰邪》云："污行从欲，安身利家，人臣之私心也。"），国家、君主的威权与利益便相应地会被轻视，甚至会处于被漠不关心的境地。这是主张尊君、重视国家利益的韩非所不能接受的，故而他在私门、私家之德与公德上的褒贬立场非常明显。与此相应，在张

———————

①　彭新武：《论先秦法家的道德观》，《北京行政学院学报》2013 年第 1 期。

②　正是基于此种立场，韩非对于人主之孝（社稷之利）与匹夫之孝（主母之利）有意作了区分，其言谓："不为人主之孝，而慕匹夫之孝，不顾社稷之利，而顾主母之令，女子用国，刑余用事者，可亡也。"（《韩非子·亡征》）

③　张昭：《"道"与"德"、道德与非道德——韩非道德观的历史唯物主义考察》，《哲学研究》2016 年第 4 期。

公德的基础上，韩非对于公德在国家治理上的有效性一再彰显，从而为道德在国家治理过程中的有效性划定了界限。可以说，基于尊君的政治目的，韩非道德观的主要特色，"是将道德置于政治范畴中强化其政治内涵，仁义忠顺的价值完全建立在他们所能发挥有益于君王统治的政治功能上，一切皆以君王象征的公利公义为依归"①。

虽然如此，但传统道德毕竟与宗法伦理关系密切，甚至两者有相互杂糅、纠缠不清的现象。尽管韩非对于私门、私家之德与公德作出了比较严格的清理与区分，却无法与宗法伦理完全撇清关系。在这种情况下，法家对于道德的固有阐释便在理论上显得不足，从而在韩非那里便试图以援道入法的方式②来对这种理论不足加以改造与补强。

三 援道入法：法家理论固有的不足及其改造之方

如上文所言，由于韩非对于私门、私家之德在国家治理上的消极影响有着深刻认知，故而不欲如儒家那样对道德作传统意义上的理解。在这种情况下，韩非对于道家文献《老子》中关于道德思想的阐释作了研究，并以之作为自己刑法律令制定的背后依据。

经由《韩非子》中的《解老》《喻老》两篇，我们可以看到韩非对于《老子》的理论兴趣，并试图援道入法，以弥补法家理论固有的不足。法家理论固有的不足之处是什么呢？通过《韩非子》文本我们可以发现，其文本内部潜藏着这样一个非常重要的理论与现实问题：国家治理为什么一定要通过法的手段与精神？儒家所讲的"为政以德"（《论语·为政》），不也是很好吗，如同孔子所描述得"有耻且格"（《论语·为政》）那样？不仅儒家这样讲，墨家也会讲"尚贤"，对于贤能政治并不排斥。由于"天下之言不归杨则归墨"（《孟子·滕文公下》），可见作为显学的墨家，以及被韩非在《韩非子·显学》中视为显学的儒家，其政治言论对于战国时期的君王与社会影响可谓不小。有鉴于此，作为崇尚法的手段与精神的法家代表人物，韩非必须对世人带有普遍性的疑问进行回应

---

① 林佩儒：《先秦德福观研究》，新北：花木兰出版社 2012 年版，第 144 页。

② 对此，白奚则称之为"道法结合、以道论法"。详见白奚《论先秦黄老学对百家之学的整合》，《文史哲》2005 年第 5 期。

与解释。

不用说道家人物老子对于天地宇宙来源与生成的开创性理解，即便是与儒家强调"朝闻道，夕死可矣"（《论语·里仁》），强调"下学上达"（《论语·宪问》）相比，务于耕战强兵、重农抑商的商鞅等战国早期法家人物关注更多的是切实的治国方略与措施，在形上思考与理论建构方面明显不足。在这种情况下，韩非为了在法的理论构造方面提供最终的价值依据，而对老子的"道"积极加以借鉴①，从而不仅使韩非不再是传统意义上的法家人物，而且更具有了哲学家的意味，其理论创造也颇具法哲学的特点。可以说，韩非"援道入法"的做法，有力地弥补了法家思想理论在形上建构方面本有的不足，通过对道与人性两个方面的挖掘与阐释，从而使法家理论具有了不同于以往的更为厚重的思想风貌、更为开阔的理论空间与更为坚实的哲学基础。对于法家理论出现的这种变化，白奚也评论说："道家哲理的引进使其法治的主张获得了前所未有的理论深度，避免了以往那种疏于理论、缺乏论证、对抽象的理论问题不感兴趣的缺陷，有力地推动了变法运动的发展。"② 确实如此，极富务实色彩的法家思想一旦被赋予了形上的哲学式的理论论证，便具有了以往所一直比较匮乏的哲学基础与形上依据，从而更有助于推动其时变法运动的深入开展。

与韩非思想理论所具有的法哲学特点相比，儒家在政治理论上所表现出的特点可以称之为道德哲学。与韩非"援道入法"的具体做法不同，儒家则主要采取的是：纵向上的天道下贯人事；横向上的政治的伦理化。

作为在思想特质与政治立场上一以贯之的学派，儒家对于政治的关注并不全是实然层面。这是因为，在政治主张、理论样态异彩纷呈的诸子时代，各家各派的学说构想与理论创建都或多或少受到三代文化的影响，而三代文化又颇具宗教神学色彩，故而儒家对于政治的思考也不能不从形上层面对于政治主张的正当性加以考量。

---

①　对此，英国学者葛瑞汉也说："在《韩非子》的部分作品中存在着一种在《老子》思想中为法家寻找形而上学语境的持续努力。"诚是。所引文见［英］葛瑞汉《论道者：中国古代哲学论辩》，张海晏译，中国社会科学出版社 2003 年版，第 327 页。

②　白奚：《论先秦黄老学对百家之学的整合》，《文史哲》2005 年第 5 期。

正如前文所言，《尚书》中所集中呈现的西周时期"上天—中王—下民"的政治结构图式，是深为儒家所认同的，并在孟子那里得到了继承与弘扬。关于"上天—中王"这部分结构图式具有一定的形上性质，在《礼记·中庸》中被继承了下来，并得到了充分的阐释。《礼记·中庸》开篇即云："天命之谓性，率性之谓道，修道之谓教。"它意在强调人性由天所赋，在这一点上与郭店简《性自命出》所言"眚（性）自命出，命自天降"（简2—3），以及《孟子·尽心上》言谓"尽心，知性，知天"，"存心，养性，事天"的思维理路相一致。可以说，具有道德意志的天为人存在的价值及合理性提供了依据与保障，作为生命主体所要做的便是积极养护与培固这种性，用孟子的话说就是这种性集中表现为心之四端，而这四端"非由外铄我也，我固有之也"（《孟子·告子上》），具有显著的先验性，而这种先验性则正是由道德之天所赋予的。这种思维理路的代表，是以《礼记·中庸》和孟子为代表的。在《礼记·中庸》看来，对于上天所赋予的这种性，人们只有不断遵循它、修养它，才能既可以成就自己，也可以完成对民众的教化。这实际上是在强调拥有势位的天子以修德、敬德的方式来成就自己，而后以此作为教化天下的依据与正当性。很显然，修德、敬德的政教方式与内容源自《尚书》对于西周政治文明的理论化思考与总结，而以修德、敬德的方式来巩固与维系天人关系无疑与《尚书》有关，以此为视角将思考的范围由天人关系扩展到天地秩序则是《礼记·中庸》的贡献："小德川流，大德敦化"，"唯天下至诚为能化"。由以上简要分析可以看出，儒家思孟一系对于人的本质及存在合理性的讨论往往在人的头上设置一个道德之天（或曰天道），以此作为价值根源与依据。在儒家思孟一系看来，在此价值根源与依据之下，不但人存在的合理性得到了有效保障，而且也为政治的合理性与正当性提供了保障。在这种情况下，孔子所言的"下学上达"（《论语·宪问》），便经由人的修德、敬德将政治、人事与天道之间进行了很好地勾连。不过，由于儒家所言的修德、敬德，其对"德"的认同在很大程度上受周人家国同构政治模式的影响，因而儒家所理解的"德"往往富含伦理性。所以当儒家强调"为政以德"（《论语·为政》），以道德的进路引导政治的时候，其所建构的政治文化常常会呈现出政治的伦理化的显著特征，这也就是上文中所说的横向上的政治的伦理化。关于这方面，我们曾有专文进行集中研究，此处不再赘述。①

与思孟一系有所不同，秉持"天人相分"理念的荀子则强调人与天各有自己的职责与界限，人只要充分发挥自己的能动性便可以做到"制天命而用之"，这在《荀子·天论》当中有着非常集中的讨论："天行有常，不为尧存，不为桀亡。应之以治则吉，应之以乱则凶。强本而节用，则天不能贫，养备而动时，则天不能病；修道而不贰，则天不能祸。故水旱不能使之饥，寒暑不能使之疾，祆怪不能使之凶。本荒而用侈，则天不能使之富；养略而动罕，则天不能使之全；倍道而妄行，则天不能使之吉。故水旱未至而饥，寒暑未薄而疾，祆怪未至而凶。受时与治世同，而殃祸与治世异，不可以怨天，其道然也。故明于天人之分，则可谓至人矣。""治乱天邪？曰：日月、星辰、瑞历，是禹桀之所同也，禹以治，桀以乱，治乱非天也。时邪？曰：繁启蕃长于春夏，畜积收藏于秋冬，是又禹、桀之所同也，禹以治，桀以乱，治乱非时也。地邪？曰：得地则生，失地则死，是又禹、桀之所同也，禹以治，桀以乱，治乱非地也。"对此，王先谦注曰："皆言在人，不在天地与时也。"② 诚然，在这种立场之下，人存在的本质及合理性源头便不再是天，荀子将其归结为经历解蔽过程以后拥有"大清明"之心的圣人的身上。在荀子看来，与圣人有关的礼义法度、社会规范与师法教化，这一切都是涂之人化性起伪，整个社会走向善治的客观性保证。与思孟一系，将政治作道德化的处理不同，荀子对于政治的理论化思考则呈现出了客观化的一面。③ 两者对于政治文化所进行的不同思考，代表了中国传统政治文化的两种主要路向，也表征了两种政治文化在现实政治上所产生的深远影响及张力。

从对儒家政治哲学的讨论可以看到，儒家无论是谈天（或天道）还是言圣人，其实都是在试图为自己所建构的政治理论寻求价值根源与哲

---

① 详见李友广《政治的伦理化：早期儒家在政治文化领域理论建构的一种向度》，《管子学刊》2012 年第 1 期。

② （清）王先谦：《荀子集解》，中华书局 1988 年版，第 311 页。

③ 参见李友广《先秦儒家人性论的演变——以郭店儒家为考察重点》，陕西人民出版社2014 年版，第 178—180 页。对此，牟宗三先生亦曾说道："荀子重义与分，足见其有客观精神。……荀子重群，重分，重义，隆礼义而杀诗书，知统类而一制度，皆客观精神之显示。"诚是。见牟宗三《名家与荀子》，台北：学生书局 1979 年版，第 217—218 页。

学依据。相类似的是，韩非的"援道入法"也是为自己法哲学理论的建构提供形上依据，而对"道"本身的思考与讨论并非其理论目的与归宿。

那么，韩非是如何援道入法的，其具体做法是什么？从理论上讲，道与法当然不同，但两者必然有其可通之处，否则所谓的援道入法就无法真正进行下去，即便这首先是一种理论上的创造。那么，作为形而上的道与形而下的法，两者之间的沟通是如何可能的呢？对此，韩非认为，道具有普遍性与无私己性，而作为理想形态的法在具体运用过程中自然也应当具备这种普遍性与公正性，这正出于对治"皆挟自为心"（《韩非子·外储说左上》）普遍人性的现实需要。在理想形态的法上面安置一个最高形上概念"道"，自然在理论构造上便为法的推行提供了不可缺少的依据与说明。具体来说，韩非在援引道家之"道"的时候，保留了道的遍在性，并凸显了其必然性（《韩非子·解老》："道者，万物之所然也，万理之所稽也。"《韩非子·显学》："有术之君，不随适然之善，而行必然之道。"）与公正性（《韩非子·有度》："法不阿贵，绳不挠曲。法之所加，智者弗能辞，辩者弗敢争。刑过不避大臣，赏善不遗匹夫。"），弱化了道的自然运转趋势与形态，因为后者无疑与强调统一天下、锐意进取的法家精神并不相符。

当然，为了弥补形上之道与形下之法（法具有工具性）之间的罅隙，韩非也有着相应的思考与做法，在提出了"理"等范畴的同时，并在对"理"的阐释过程中加强了两者之间的联系①，从而最终为法的顺利推行，以及法精神的深入人心尤其是深入君主之心做好了一系列理论上的准备。对此，陶佳也说："道与法之间有诸多的共性，但道始终是形而上的，法始终是形而下的，理论上的沟通可能依然要寻找现实的发展路径。在此，韩非论证了一个新的概念——理，以此来沟通道与法。……道是万物生成的抽象根据，理则是万物生成的具体可能，而治乱之理，就是刑赏。""理是具体事物的规定性，道则是万物的所以然，前者形而下，后者形而

---

① 实际上，"与道家对道体的重视相比，韩非更关注的是道用，即由道体所衍生出来的诸种道用，包括理、法、刑，赏、罚，名、实，王、霸，等等。因为这些东西对于治国理政确实很快就能生效，而且可操作性强"。见李友广《政治的去道德化努力——韩非对政治与道德关系之思考》，《哲学动态》2019 年第 2 期。

上，道是理的总和，理是道的分化。在沟通道与法的过程中，理就是其中的关键，是使道社会化的连接环节。"① 可见，韩非在道与法中间确实做出了一番理论上的阐释工作。

至此，有一个比较重要的问题，需要我们进行研究并作出必要的回应，那就是作为法家重要的代表人物韩非有没有完全否定儒学的价值呢？经过研究，我们的回答是：韩非并没有完全否定儒学的价值。② 对此，徐克谦亦曾详加申论说："韩非子并不是一个没有道德价值观的人，道德在他的政治学说中是有一定地位的。在终极层面上，他的道德观与儒家并非根本对立。这种道德价值构成了他的社会政治学说的前提。不过，韩非子与儒家等其他学派不同之处，在于它严格区分私德和公德两个不同的道德领域。对于像儒家所提倡的家庭内部的孝道，道家提倡的个人的清高，侠客所奉行的私人之间的仗义，这些私德在韩非子看来，不仅不值得提倡，有时还应该禁止。但是在社会公共事务领域的公德，则是必须的，应该加以提倡和鼓励。这种社会公共领域的道德，在韩非子学说中突出表现为对君主和官吏的官德要求，也即君主和官吏应该遵守的从政者的职业道德。"③ 关于这个问题，我们还将在后文中予以讨论。

四　实用主义立场下的儒法互补潮流

在战争形势愈加激烈，天下统一大势日趋明朗的战国时期，诸子的思想也日益呈现出实用主义的特征④，或者说诸子的思想创造都要经受血

---

① 陶佳：《形上与形下：韩非之法的老子渊源》，《湖北第二师范学院学报》2013 年第 11 期。

② 武树臣基于儒、法两家在宗法家族秩序与意识形态上的立场而对其进行了申论。对此，他说："在社会基层组织领域，'法治'并没有宣布以宗法家族秩序为敌，更没有一般地否定忠孝仁爱等宗法道德观念。……在意识形态方面，儒、法两家都程度不同地维护宗法道德规范。两者的差别在于儒家重视忠孝仁爱的内在感情，而法家则重视它们的外在行为。"诚是。所引文见武树臣《变革、继承与法的演进：对"古代法律儒家化"的法文化考察》，《山东大学学报》（哲学社会科学版）2012 年第 6 期。

③ 徐克谦：《私德、公德与官德——道德在韩非子法家学说中的地位》，《国学学刊》2013 年第 4 期。

④ 对此，白奚也说："先秦时期的各家学说，其理论的重心无不在社会政治的领域，具有参与并指导政治的强烈的自觉意识，这既是中国古代学术的优点，同时也是其缺点所在。"见白奚《学术发展史视野下的先秦黄老之学》，《人文杂志》2005 年第 1 期。

与火、生与死残酷现实的考验，进而为诸侯争雄、天下政治的前途与出路尽可能作出具有实际意义的指导。在这种情况下，一味追求形而上的哲学建构并不合时宜，一味高扬道德理想主义同样也不现实。① 故而，在战国时期，诸子思想逐渐呈现出互补会通的趋势并不突兀，反而更能彰显出特定时代之残酷性在其时诸子的思想创造上所留下的深刻烙印。

且不说于战国时期出现的道家思想的黄老化特征，也不用说儒家思想的逐渐法家化与阴阳化，单就法家思想来看，尽管学界多以法、术、势三者来称谓韩非思想的整体特点，但实际上法家思想到了韩非这里已经具有了较为复杂的理论风貌。根据学者们的研究，法家思想在战国时期出现了黄老道家化与儒家化的新变化与新特点。根据上文的研究，我们知道韩非曾借助"援道入法"的方式来有意弥补法家理论本身的不足，这在《韩非子》文本中的《解老》和《喻老》两篇有着集中表现，从而使其成为诠释老子思想的第一人。可以说，韩非在理论上作出的这种努力，有力地补强了法家思想本身在形上层面的薄弱之处，从而为侯王富国强兵、天下称雄的现实目标提供了坚实的理论根基。

不仅如此，处于战国时期诸子会通互补思想潮流当中的韩非，不仅"援道入法"让法家思想呈现出了黄老道家化的特点，而且韩非对于传统道德以及儒家思想中的道德因素也进行了自觉思考，并对于道德与政治之间的关系一再作出考量。通过《韩非子》文本，我们可以发现，韩非并未一味否定道德，也没有完全否定道德的价值与意义，否则他也不会如孔孟那样去称赞尧舜这样的圣王了："尧无胶漆之约于当世而道行，舜无置锥之地于后世而德结。能立道于往古，而垂德于万世者之谓明主。"（《韩非子·安危》）尽管韩非所言的圣王更具有重法务实理性色彩（《韩非子·奸劫弑臣》云："圣人之治国也，赏不加于无功，而诛必行于有罪

①　虽然道德理想主义在很大程度上确实有其价值与意义，但儒家式的道德往往与宗法血缘伦理杂糅在一起，尤其是在战国时期对道德的强调无疑具有张私利弱国家的倾向与危险，这也是韩非所一再警惕的，故而其言谓："凡人主之国小而家大，权轻而臣重者，可亡也。"（《韩非子·亡征》）

者也。"）①，而与儒家所言的圣人已有了很大不同。不过，持有历史主义立场的韩非认为，像尧舜那样的圣人，在"争于气力"（《韩非子·五蠹》）的今天君主们是很难做到的，更何况《韩非子·难势》也说尧舜那样的圣人是"千世而一出"的。而且在他的眼中，道德价值的发挥、道德理念与道德手段的实现也需要相应的条件性：不事力而养足，人民少而财有余。（详见《韩非子·五蠹》）可见，韩非的理论前提并未完全拒斥道德意味②，不仅如此，他还试图在"道德底线被突破的人世间找到一条恢复道德的路径。但由于旧有道德在新的世事面前基本不起作用，因此这条新道德路径的开辟者在初始阶段反而是反道德的"，韩东育将其概括为"用反旧道德的手法去建设新道德"③。但是，有鉴于对人性与道德的不信任，在实际运用中道德意味淡薄，故而在政治治理领域道德只是起到十分有限的辅助性作用，进而他将道德的价值与作用主要限定在了官员和百姓的思想道德与个人修养方面。④ 这在睡虎地秦简《为吏之道》当中也有所反映，在其中曾大量出现借用儒家德目与道德价值标准来阐述法家理论的现象，如"仁""廉""宽""正直""慎谨""父兹（慈）子孝""正行修身"，等等。⑤

---

① 韩非在诠解《老子》"不敢为天下先"这一句话时说："圣人尽随于万物之规矩"，就体现了务实理性的这种特点。以此来看，韩非所言之圣人与老子所言确实已有所不同。［见（清）王先谦《韩非子集解》，中华书局 2013 年版，第 162 页。］不仅如此，在《韩非子·内储说上七术》中从鲁哀公就救火一事与孔子的对话可以看到，孔子更是已全然改变了《论语》中"为政以德""谆谆教诲"的温和形象，俨然成为注重赏罚刑罚的法家式人物了。

② 不仅如此，从功用主义的立场来看，韩非还主张"君王要善用仁义道德，如'故明主厉廉耻、招仁义'（《用人》），'仁义无有，不可谓明'（《忠孝》），也要求臣民'下尽忠而少罪'（《用人》），'群臣居则修身'（《说疑》）"。黄裕宜：《〈韩非子〉的法哲学探义——以中西比较哲学为进路》，《国学学刊》2016 年第 4 期。

③ 韩东育：《法家的发生逻辑与理解方法》，《哲学研究》2009 年第 12 期。

④ 对此，靳腾飞亦云："在秦代，儒家思想的政治指导作用逐渐弱化，被更加实用有效的法家思想所取代，但仍保留了其修养教化的功能，对官员和百姓的思想道德与个人修养方面还继续起着指导作用，继续为秦代统治者所用，而非被完全摈弃。"（靳腾飞：《从秦简中的吏治思想看秦代儒法关系》，《中华文化论坛》2016 年第 6 期。）与这种观点相似，基于对睡虎地秦简《为吏之道》《法律答问》等的考察，洪燕梅认为在出土秦简中出现了儒道思想糅合的显著特点。参见洪燕梅《出土秦简牍文化研究》，台北：文津出版社有限公司 2013 年版，第 157—176 页。

⑤ 参见李友广《政治的去道德化努力——韩非对政治与道德关系之思考》，《哲学动态》2019 年第 2 期。

简而言之，韩非之所以对道德的应用范围作出上述的处理与限定，是因为在他看来，仁慈、慈惠等德性内容对于个人而言或许不应轻率地被否定与反对，但对君王而言却并非是值得肯定的品德。因为同情心会使赏罚失当，政令难行，轻则政乱兵弱，重则亡国失位。这正如其在《韩非子·内储说上七术》中所言："夫慈者不忍，而惠者好与也。不忍则不诛有过，好予则不待有功而赏。有过不罪，无功受赏，虽亡不亦可乎！"故而，韩非又云："欲利而身，先利而君；欲富而家，先富而国。"（《韩非子·外储说右下》）很显然，在法家的立场之下，公利要高于私行："自环者谓之私，背私谓之公。"（《韩非子·五蠹》）卢文弨认为"环"当作"营"，"营""环"本通用。[1] 可见，君、国具有价值上的优先性，而个人利益则逐渐具有了很强的依附性，或者说，个人利益的实现有赖于君、国在价值上的优先满足与实现。

第二节　何为最好的政治

既然政治问题是春秋晚期战国时期诸子重点关注的理论与现实问题，那么他们在探讨这一类问题的时候，所绕不开的一个重要问题便是：何为最好的政治？

诸子关注政治问题，充分彰显了他们关注社会现实与民众安危的人文情怀，故而他们对于政治问题的思考自然寄希望于能够以自己所特有的理论思考来影响甚至引领现实政治变革与政治发展走向。在这当中，有的将探索的目光投向了三代乃至更为久远的过去；有的则基于法先王的历史观念视先王序列当中德性色彩较为浓厚的尧舜禹汤文武周公为理想王道政治的最佳执行者，为了论证其执政的合理性，他们往往从天、天道和天命出发；有的则强调一切遵从成文法的条文和精神行事，以其管理臣工与国家便是最好的政治。

说到好的政治，那什么才是好的，一般会关涉哪些要素，包含什么标准呢？由于立场和对政治理解的不同，诸子的看法也并不尽相同。在道家看来，世俗意义的道德并不可靠，也不值得信赖，因为这个层面的

---

① （清）王先谦：《韩非子集解》，中华书局 2013 年版，第 491 页。

道德往往摆脱不了名利之心和目的性①，如同《庄子·骈拇》所批评的：
"自虞氏招仁义以挠天下也，天下莫不奔命于仁义。""小人则以身殉利；
士则以身殉名；大夫则以身殉家；圣人则以身殉天下。"庄子后学认为，
为仁义、为名利而奔波虽然确实可能会产生某种程度上的利他性效果，
但从本质上来看最终却是对于自然本真情性的一种伤害。顺着这种思路
来看，有违自然本真的举动不仅会伤害到人的情性，而且如果身为在位
者的话，也很有可能会伤害到国家治理和社会的正常运转。按照道家的
逻辑思维，一个心怀名利欲望之心的执政者，是不可能对社会与民众行
"不言之教"的，反而是以将种种举措施加于其身的方式来彰显自己存在
的价值与作用的，这样必然会将国家治理与社会运转搅得一团糟，背离
了自然本真精神的举措往往也与"道"渐行渐远。可以说，道家对于政
治的理解与定位离不开其对"道"的尊崇，因而道家对政治的定位就有
着超道德化的价值诉求，并相信社会与民众有着自我治理的良好能力。
与道家源于对"道"的形上建构不同，儒家对于政治的理解与其所依据
的由"天""天道"下贯而形成的"王道"密切相关。儒家认为，完整
的政治治理理论包含着上天（天道）、中王（王道）和下民三个层面
（《尚书·泰誓上》言谓："天佑下民，作之君，作之师，惟其克相上帝，
宠绥四方。"），而天与王之间主要依靠命来贯通，王与民之间则要依靠德
政和教化。② 故而，依此来看，儒家认为好的政治之关键即在于王是否有
德行，是否行德政教化，而好的表现则是要考虑和制定不忽视多数人
（指其时的社会底层民众）利益的政策与措施，从而真正做到重民、保
民、养民与惠民，"德惟善政，政在养民"（《尚书·大禹谟》）。所以儒
家所言的政治虽包括礼乐刑罚这一类带有一定制度性建构的举措，但整
体上更倾向于文化性与道德性的政治文明伸张。

---

① 对此，罗安宪申论说："在儒家看来，仁义就是道德，就是道德的根本。而在老子看来，
道德的根本并不是仁义，而是自然、素朴、淳真。"可见，对于道德的看法，在儒家和道家那里
确实有着内容与层面上的差异。引文见罗安宪《以道治国与以德治国——儒道治国理念的比
较》，《现代哲学》2015 年第 1 期。

② 关于这三个维度之间的关系，我们可以用《尚书·多士》中的话来概括："惟天不畀不
明厥德"，意思是说，上天不会把大命赐给那些不努力施行德教的人。由此来看，在天与王之
间，沟通这两者的主要是"命"；而在王与民之间，则是主要依靠"德教"使两者得以顺畅和
治的。

与道家和儒家的立场不同，法家认为好的政治即是对社会所有成员管理有效的制度，而这种制度在逻辑上要求它是普遍的、客观的和公正的。如若一种政治制度缺失了其所应有的普遍性、客观化与公正性，那么对于法家而言则很难称得上是一种好的政治制度，而失去了这种政治制度支撑的国家政治就谈不上是好的政治。① 那么，法家对政治为何作如此理解呢？实际上，法家在制定法令条文的时候，并不是凭空想象、任意作为的，而是有着强烈的价值诉求与现实用意的。法家人物韩非认为，道德在"竞于道德"（《韩非子·五蠹》，注：本章以下凡征引此书，皆只注篇名）的上古时期或许有效，但在"争于气力"（《五蠹》）的战国时代并不合宜："言先王之仁义，无益于治。"（《显学》）如果在欲望横流、争斗不已的今天（《五蠹》称之为"人民众而货财寡，事力劳而供养薄"）还试图运用道德来加以治理的话，这在法家看来无疑是守株待兔的做法，只能受人讥笑，故而《五蠹》有云："今欲以先王之政，治当世之民，皆守株之类也。"基于"世异则事异""事异则备变"（《五蠹》）立场的韩非，不仅对儒家的"法先王"② 加以嘲讽，认为儒、墨皆称先王兼爱天下，"如欲以宽缓之政，治急世之民，犹无辔策而御马，此不知之患也"（《五蠹》），而且还将儒家列为五蠹之一，认为儒家"称先王之道以籍仁义，盛容服而饰辩说，以疑当世之法，而贰人主之心。其言古者，为设诈称，借于外力，以成其私，而遗社稷之利"，如果对五蠹之民不加以清除禁绝的话，很可能会造成出现"破亡之国，削灭之朝"（《五蠹》）的不幸局面。那么，韩非为何对道德如此不信任呢？关于人们道德状况的好坏，《五蠹》针对不同时代的社会条件有着不同的描述，其言谓："古者丈夫不耕，草木之实足食也；妇人不织，禽兽之皮足衣也。不事力而养足，人民少而财有余，故民不争。是以厚赏不行，重罚不用，而民

---

① 对此，彭新武说："法家的治国理念，实质上是以法治秩序替代传统礼治秩序的一次积极努力。在法家那里，法就像度量衡一样，是一套客观规则。……而相比之下，在儒家礼治秩序中，社会地位与社会关系的格局总是处于优先地位，所以儒家礼治的合理性程度要低得多。"此说从客观效验上来看，确实有一定道理，但完全无视传统礼治与道德因素的治国理念其持续有效性同样也值得人们怀疑。引文见彭新武《论先秦法家的道德观》，《北京行政学院学报》2013 年第 1 期。

② 《韩非子·五蠹》云："今有美尧、舜、汤、武、禹之道于当今之世者，必为新圣笑矣。"

自治。今人有五子不为多，子又有五子，大父未死而有二十五孙。是以人民众而货财寡，事力劳而供养薄，故民争，虽倍赏累罚而不免于乱。"不仅如此，在同一篇文章的后面，韩非接下来又列举了生活中的现象来论证自己对道德的看法："今有不才之子，父母怒之弗为改，乡人谯之弗为动，师长教之弗为变。夫以父母之爱、乡人之行、师长之智，三美加焉，而终不动，其胫毛不改。州部之吏，操官兵，推公法，而求索奸人，然后恐惧，变其节，易其行矣。故父母之爱不足以教子，必待州部之严刑者，民固骄于爱、听于威矣。"从所征引的韩非这两段文字中，我们可以很清楚地看出其对道德所持的观点。在他看来，人的道德表现与行为好坏并不完全取决于自身，反而更容易受社会环境与时代条件的影响，似乎有点环境决定论的倾向，这自然与其所认为的人性皆"自为""好利恶害"有关。从韩非的立场来看，既然人性皆"自为"，皆"好利恶害"，那就不能寄希望于人自身的道德修养和个人努力，而且必须放弃这种不切实际的想法，只有不断加强法令刑罚的规范性建设才有可能对国家治理与民性引导合理而有效。故而，亨里克·斯内德认为韩非实际上是支持程序意义上的正义（这样的正义可以理解为有效性、效率以及程序平等），而反对道德意义上的正义［这样的正义则可以理解为正当（righteousness）］，并认为前者是韩非哲学理论的基础。[1] 可以说，韩非的这种思想实际上是希望借助霸道的方式来实现富国强兵的现实政治目的，彰显了鲜明的实用主义特征（《问辩》云："夫言行者，以功用为之的彀者也。"《六反》云："明主听其言必责其用，观其行必求其功"，《显学》云："举实事，去无用"，等等），故而姚蒸民对此也评论说："至其实用主义，则着眼于一般国家之共同需要，以能适应时代环境而收其效果者为是，反之则为非。时代环境之需要为富强，而法令之所定者则为富强之急务"[2]，可谓所言非虚。

---

① ［奥］亨里克·斯内德：《韩非子与西方法哲学的正义：一种非比较的方法》，《哲学研究》2014 年第 3 期。

② 引文见姚蒸民《法家哲学》，台北：东大图书股份有限公司 2006 年版，第 129 页。

鉴于对人性的不信任，尤其是不相信仅仅依靠个人的努力人性可以变好，也不相信生发于心性的道德可以大有裨益于现实政治，这种立场让法家在阐述自己治国理念的时候，往往将道家的"道"视为理论依据。与道家非常重视道体理论建构不同的是，由于有见于道家思想之"恍惚"与"恬淡"（见《忠孝》），其论说之"迂深闳大"（见《外储说左上》），以韩非为代表的法家则更为重视由"道"所衍生出的理、法、刑这一类彰显"道用"的思想与理念，以及道在驭臣、治国上的实践与运用，而由于法家将这一类具有强烈实用性和操作性的思想理念之源头与依据上推至"道"，从而使其顺理成章地蕴含着普遍性、公正性的理论旨归与价值诉求①："是故诚有功则虽疏贱必赏，诚有过则虽近爱必诛。"（《主道》）"法不阿贵，绳不挠曲。法之所加，智者弗能辞，辩者弗敢争。刑过不避大臣，赏善不遗匹夫。"（《有度》）故而，与道家在对"道"理论建构过程中所呈现出的超道德化倾向相比，由于对人性的极端不信任，对于道德对政治所可能产生的负面影响深有体会，法家在政治理论建构过程中更重视理、法、刑这一类可操作性强，带有显著客观化色彩的思想理念与政治手段，从而整体上呈现出了去道德化的一面。法家之所以会在政治理论建构中呈现出去道德化的一面，当然与对道家"道"的借用有关②，因为"道"于道家本来就有自然无为的意蕴，且表现为超道德化的倾向，只不过由于法家对人性所持的极端化怀疑态度，让其对于道德在政治活动与行为中的消极影响与负面作用加以夸大，从而最终走向

---

① 可能正源于法家的这种理论旨归与价值诉求，故而宋洪兵认为："法治的政治功能指向政治领域的公正与客观，目的在于克服政治领域因人的主观好恶而导致的不公，超越'心治'与'身治'，将治国的标准寄托于客观化的'法治'。"言之有理。引文见宋洪兵《方法与理论：面向未来的法家研究》，《"当代法家研究的新视野"学术研讨会》，中国人民大学国学院，2018年11月3—4日，第50页。

② 正是由于对道家"道"的借用，《扬权》言谓："事在四方，要在中央。圣人执要，四方来效。虚而待之，彼自以之。"于此，韩非强调，遵照"道"之自然态势（包括状态与趋势），人应如"道"般无为，尤其是作为治理国家的君王而言，更应该"虚而待之"（《扬权》），"去好去恶"（《二柄》），如此方能使臣劳国治而"君有其成功"（《主道》）。

了试图将道德因素完全排除在政治领域之外的境地。①

第三节 超道德化与去道德化：道、法 两家比较的一个向度

关于道德与政治之间的关系，以及道德在社会政治治理当中的价值与作用，不只儒家对此有所考量与探讨，在道家和法家那里同样也有着自己的论述。之所以他们都会关注道德与政治之间关系的问题，其原因固然不可能是单一的，但其时整个社会发生的重大变化也是不容忽视的因素：由宗法血缘伦理社会逐渐向地域性国家转进，世袭性的政治结构也逐步被打破②，打破世袭便意味着阶层的流动和政治力量的重组，意味着家族势力在政治舞台上所起的作用正不断走向衰落。在这种情形下，道德与伦理因素在政治力量构成和地域性国家治理中所起的作用一再被弱化③，故而伦理道德在国家治理当中到底还能否起作用，能起多大的作用？换句话说，政治治理是否必然离不开道德因素的辅助，将道德因素排除于政治之外是否是必要的？对于这一系列问题的思考，构成了诸子研究中不可忽视的重要问题意识，从而充分彰显了诸子的人文理性精神

---

① 与以韩非为代表的晋法家的这种立场不同，以管子为代表的齐法家（亦有学者称之为黄老道家或道法家）并不单纯强调法的绝对，而主张礼法并举。体现管子思想的《管子》文本认为，法的作用很容易在短时间内见效，但如果只强调法的强制性力量，而忽视道德礼义的作用，国家是不能维持长治久安的。礼义教化则能弥补法的不足，有助于争取民心，增强政权合法性。因此《管子》同样重视伦理道德的作用，强调礼义廉耻是"国之四维"，"四维不张，国乃灭亡"，主张"饬八经以导之以礼"（《王辅》），相信"厚爱利足以亲之，明智礼足以教之。上身服以先之，审度量以闲之，乡置师以说道。然后申之以宪令，劝之以庆赏，振之以刑罚。故百姓皆曰为善，则暴乱之行无由至矣"（《权修》）。礼与法兼容并蓄，礼中有法的约束，法中有礼的内涵，礼法并举，社会方能安治。详见袁刚、任玥《从〈管子〉看齐法家的治国思想》，《人民论坛》2012 年第 1 期。

② 对此，何怀宏也说："从春秋末到战国时期，社会的主要趋势是打破世袭"，诚是。参见何怀宏《世袭社会——西周至春秋社会形态研究》，北京大学出版社 2011 年版，第 187 页。

③ 当然，关于道德与伦理因素在政治治理中的作用所发生变化，还可以从另一个角度作出解释："进入战国中期以后，随着社会动荡的加剧和统一战争的愈加激烈，基于经济和军事基础之上的综合实力日益被重视，成为衡量与支配各国实力格局的最重要因素，而宗法血缘伦理及与此关系密切的礼仪文化在国际关系和国家内部权力结构中所起的作用愈加被削弱。"见李友广《从"道"观念看先秦子学思想的转向》，《社会科学》2016 年第 10 期。

与济世情怀。

　　与儒家对于伦理道德在政治生活中所起的作用给予充分肯定相比，道家和法家对其则呈现出了不同于儒家的认知与定位。道家认为，一般意义上的伦理道德，往往会暗含着某种是非判断、价值诉求和现实用意。针对春秋晚期战国时期的困顿时局与混乱现状，道家指出所谓的礼仪规范和仁义道德不仅背离了自然之"道"，而且还会伤身害性，以至于让人与"道"所呈现的样态和趋势渐行渐远，也让社会失去了自我运转与自我调适的空间和能力。当然，人们之间的争斗与迷茫，政治局势的困顿，社会秩序的混乱，这一切都不应该由道德来承担全部责任，甚至可以说与道德本身毫无关系。既然如此，那为何老庄道家如此批判道德，尤其是当道德与政治产生关联的时候？

　　在《老子》第八十章，老子说："小国寡民。使有什伯之器而不用；使民重死而不远徙。虽有舟舆，无所乘之，虽有甲兵，无所陈之。使民复结绳而用之。"与此相应，《庄子·马蹄》中也展现了类似的情景："故至德之世，其行填填，其视颠颠。当是时也，山无蹊隧，泽无舟梁；万物群生，连属其乡；禽兽成群，草木遂长。是故禽兽可系羁而游，鸟鹊之巢可攀援而窥。""夫至德之世，同与禽兽居，族与万物并。恶乎知君子小人哉？同乎无知，其德不离；同乎无欲，是谓素朴。素朴而民性得矣。及至圣人，蹩躠为仁，踶跂为义，而天下始疑矣。""夫赫胥氏之时，民居不知所为，行不知所之，含哺而熙，鼓腹而游。民能以此矣！及至圣人，屈折礼乐以匡天下之形，县跂仁义以慰天下之心，而民乃始踶跂好知，争归于利，不可止也。此亦圣人之过也。"在庄子后学看来，等到圣人出现的时代，矫造礼乐来匡正天下百姓的形象，标榜不可企及的仁义来慰藉天下百姓的心，于是人们便开始千方百计地去寻求智巧，争先恐后地去竞逐私利，而不能终止①，这是圣人造成的罪过。由此来看，庄

────────────

　　① 关于仁义在治国上的局限性，庄子后学曾于《庄子·天运》有过论述："仁义，先王之蘧庐也，止可以一宿而不可久处，观而多责。古之至人，假道于仁，托宿于义，以游逍遥之墟，食于苟简之田，立于不贷之圃。"人们看到君主推行仁义就会过多地索取，由于人们的欲望无穷，而用来施惠的财富又有限，因此，庄子主张不可时常行仁义。此外，文子也认为仁义并非"通治之道"，而只是用来救败的权宜之计："仁义礼乐者，所以救败也，非通治之道也。"（《文子·下德》）详见周耿《先秦道家人性论研究》，湖南大学博士学位论文，2011年，第157页。

学一派对于圣人的理解与儒家大为不同，他们不认为圣人的出现对于天下百姓就是幸事，反而由于圣人立场与着眼点的原因，其从己出发所创制的礼乐制度和仁义标准未必完全适合形色不一的天下百姓，因为这样的圣人虽然符合儒家立场但未必合于"道"，与老子"烹小鲜"的治国理念相悖，也就如同老子所说的是"圣人伤人"现象。（《老子》第六十章云："治大国，若烹小鲜。以道莅天下，其鬼不神；非其鬼不神，其神不伤人；非其神不伤人，圣人亦不伤人。"）当然，老子所说的"圣人伤人"并不是一个全称判断，这里主要指向的是沉溺于仁义道德之中而不知有"道"，不知法"道"的儒家式的圣人，而真正的圣人在老子看来则是要合乎"道"以至于成为"执道者"的。① 所以，按照老子的立场来看，儒家式的圣人很难称得上是上士，因为"上士闻道，勤而行之"，所以即便是儒家式的圣人闻道、明道，这样的道也还局限于天道、人道和地道（《荀子·儒效》即云："道者，非天之道，非地之道，人之所以道也，君子之所道也。"），没有真正达到道家之"道"的宏阔高度，只能算作中士，故而《老子》第四十一章言谓："上士闻道，勤而行之；中士闻道，若存若亡；下士闻道，大笑之。不笑不足以为道。"

由此来看，虽然按照老子的立场，儒家式的圣人称不上是上士，但与闻道大笑的下士以及骄奢淫逸的侯王卿相相比，自然是高出不少。所以，他们虽然比不上勤而行道的上士，但毕竟是要高于闻道大笑的下士的。从老子的角度来看，道既是宇宙本体，又具有宇宙生成意义，在逻辑上自然会将人类社会、伦理道德等内容包括在内，只不过由于私欲、自利之心的存在，会让维系生命个体与人类社会发展的伦理规范、仁义道德等因素离"道"越来越远，所以老子会讲"为道日损"（《老子》第四十八章）。从老子的论述来看，他所讲的"道"虽多形上意涵与性质，

---

① 虽然在《老子》文本中并无直接出现过"执道者"，但于文字中间确实曾表达出这样的意思，老子所讲的法道的圣人实际上便可称之为"执道者"。至于"执道者"这个词汇，在《庄子》外篇和《黄帝四经》中都有过明确表述。《庄子·天地》即云："执道者德全，德全者形全，形全者神全。神全者，圣人之道也。"

但并不必然反对道德①，所以我们或可以将这种理论特质称为超道德化。②

　　根据上述分析，我们可以看到，世俗层面的伦理道德固然有其存在的原因与合理性，但在道家看来，这种伦理道德往往出于儒家式的圣人设计，但由于他们对"道"并不能做到"勤而行之"，其所设计的礼仪制度、道德规范并不能与"道"的自然态势相合。故而，当我们试图用这样的礼仪制度、道德规范治理国家与社会的时候，往往难以达到理想的预期效果。所以，道家对于儒家所提倡的仁义道德往往持有怀疑与警惕的态度，对于以此理念治理下的国家与社会所呈现的态势也往往多加批判。

　　实事求是地说，伦理道德在三代社会与政治治理中确实起到过莫大的作用，尤其是在周天子分封天下和嫡长子权力继承制度确立过程中，宗法血缘伦理能够很好地起到整合和凝聚政治向心力的作用，从而为政治权力的运作蒙上了一层温情的面纱。周代政权，如果将东周包括在内的话，应该是有史可查的存在时间最为久远的一个朝代，它的这种稳固自然与其权力构成中能够将血缘亲情、伦理道德、礼乐制度、礼法规范很好地结合在一起，从而能够在权力运作时发挥出各自作用的结果。这当然离不开道德因素在其中所发挥的效用，只是说当历史进入春秋晚期

---

　　① 关于道家之"道"与道德之间的关系，学界早有学者作出研究，比如陈鼓应指出："道成为价值的母体，透过'德'的中介，仁义、礼乐根植在人性的天真本德中。"（陈鼓应：《老庄新论》，上海古籍出版社1992年版，第105页。）王中江亦认为："在老子眼里，'道'既是万物的生成者，又是万物的最高养育者，有至上的美德（'玄德'）。万物既然根源于'道'，万物的一切美德自然也来源于道，它分别表现（于）万物中，这就是事物的德。"王中江：《早期道家的"德性论"与"人情论"：从老子到庄子和黄老》，《江南大学学报》2012年第4期。

　　② 笔者按：此处所谓的"超道德化"，意味着道家的自然并不必然排斥与反对道德与人伦秩序，而是要对其有所超越。由于文章篇幅问题，相关内容此处不予详细展开，可参见李友广《从"道"观念看先秦子学思想的转向》，《社会科学》2016年第10期。另外，关于这一问题，刘笑敢曾以老子之自然与孔子之仁学为对比视角作出了自己的阐发，他说："老子之自然与孔子之仁学中确有一致之处，在一定范围内，老子不必然反对儒家之道德，而孔子也不必然反对老子之自然。从社会生活实践的角度来看，老子之自然有利于孔子之仁发挥影响，而儒家之仁德也有利于实现老子所向往的自然之秩序。"所言非虚。见刘笑敢《孔子之仁与老子之自然——关于儒道关系的一个新考察》，《中国哲学史》2000年第1期。另外，徐梵澄亦认为，老子之学亦"超道德论"（super-moralism），因为《老子》宣称"道常无名"，犹如赫拉克利特说上帝"双超善恶"。参见徐梵澄《玄理参同》，《徐梵澄文集》（第一卷），华东师范大学出版社2006年版，第147—148页。

战国时期的时候，社会与政治处于转型过程当中，周天子式微，诸侯势力崛起，天下政治权力处于日益被切割的状态，强调宗法血缘伦理的家族势力在政治权力结构中所起的作用日益衰弱，从而导致世袭制度难以为继，新兴的士阶层以及军功阶层则多是以个人的面目出现的。① 故而，不仅道家对于政治权力与社会阶层出现的这种新变化予以反思，直接参与治国理论建构与政治制度变革的法家对此自然也不可能毫无思考。可以说，法家对于道德与政治之间关系的探讨自然是题中应有之义。

道德对于政治治理所起的作用是否无需条件性，是否是普遍有效的？关于这个问题，对宗法血缘伦理持肯定性立场的儒家并没有过多思考，依据西周政治治理的成功经验与模式，儒家甚至认为宗法血缘伦理对于政治治理具有不言自明的巨大价值与意义从而呈现出泛道德化的倾向。与儒家不同，道家立足于"道"的精神与高度，对于世俗意义的道德在政治治理与社会管理中的消极影响与负面意义进行了相应探讨，并在《老子》文本的表述中整体上呈现出一种超道德化的立场与态势。与道家的理论相似，法家对此的思考一个方面也是从对"道"的重新诠释与理解开始的；另一个方面则是基于其对社会历史发展变化的一种思考："上古竞于道德，中世逐于智谋，当今争于气力。""世异则事异"，"事异则备变"（《五蠹》）。"世易时移，变法宜矣。"（《吕氏春秋·察今》）

与道家对道体的重视与多次讨论相比，法家人物韩非更关注的是道用，即由道体所衍生出来的诸种道用，包括理、法、刑，赏、罚，名②、

① 对此，日本学者山崎正也说："标志桓公成为霸主的葵丘盟约大会通过的五个盟约中，包含了禁止世袭官职的内容。""禁止官职世袭，打开了下一个时代的大门。走进这扇大门，可以看到不具有豪族背景只依靠能力的人物不断涌现，被称为诸子百家的人才群像为百家争鸣的局面提供了基础。"诚是。[日] 山崎正：《〈史记〉人物四十五讲》，许云鹰译，中华书局2018年版，第85页。

② 关于先秦时期诸子所讨论的"名"，有学者将其分成了三类：儒家的"名"（大致属于伦理意义层次，在政治上起调节性而非规范性作用）；战国中晚期法家及黄老思想家的"名"（与"法"思想密切相关，具有规范性意义，是统治者可以把握和操作的工具）；惠施、公孙龙及墨辩学派的"名"（语言、逻辑意义上的"名"，注重认知的原理与方法，倾向于时空与物性的抽象辨析）。详见梁涛主编《中国政治哲学史》（第一卷），中国人民大学出版社2017年版，第187页。

实，王、霸，等等。因为这些东西，对于治国理政确实很快就能生效，而且可操作性强，之所以在这些具有技术性的治理手段上面安置一个"道"，更多的是出于为其寻找价值依据与形上根源的现实考量①，而并非真正对于"道"本身产生理论兴趣。② 其原因在于，老庄道家文本中的"道"具有无私己性、公正客观性③："天地不仁，以万物为刍狗；圣人不仁，以百姓为刍狗。"（《老子》第五章）"天道无亲"（《老子》第七十九章），而法家所寻求的治国之术同样也需要这种客观性，故而韩非说："人主使人臣虽有智能不得背法而专制，虽有贤行不得蹦功而先劳，虽有忠信不得释法而不禁，此之谓明法。"（《南面》）于此，韩非意在用法的客观性来说明执法过程中应尽量排除外在因素的影响和内心情感的驱使，从而使客观性的法既能够与无私己性的道相合，也就在理论建构过程中呈现出了去道德化的个人主观性努力。虽然《韩非子》文本中偶尔会出现仁义道德方面的一些内容，这不能说韩非本身就有这方面的理论导向与价值诉求，只能说伦理道德在三代政治尤其是西周政治中确实曾起过积极的作用，持有现实主义立场的韩非不能完全无视这一点，而且以往对伦理道德的言说传统与思维习惯也确实会影响到其理论建构的方式与形式。或者也可以说，在韩非带有法哲学意义的理论建构过程中

---

① 英国汉学家葛瑞汉也说："在《韩非子》的部分作品中存在着一种在《老子》思想中为法家寻找形而上学语境的持续努力。"［英］葛瑞汉：《论道者：中国古代哲学论辩》，张海晏译，中国社会科学出版社 2003 年版，第 327 页。

② 但是，不管怎么说，对于韩非这样的法家人物来说，道家哲理的引入确实使得其治政主张获得了以《商君书》为代表的三晋法家所没有的理论深度，并使法作为根本法则的体现者获得了绝对的权威性。参见花琦《董仲舒体系构建对黄老学的吸收借鉴》，《重庆师范大学学报》（哲学社会科学版）2006 年第 1 期。

③ 在梁涛主编的《中国政治哲学史》（第一卷）中，则将"道"的这种性质称为"既是绝情又是大爱"，从万物的角度对"道"作出了自己的界定。其书曰："对万物而言，'道'一视同仁的立场既是绝情又是大爱。'天地不仁，以万物为刍狗'（第五章），天道任万物自存自毁。'天道无亲'（第七十九章），天道没有偏爱，无分亲疏。这表现为绝情，因为任何的仁爱都会有偏私。但'道'让每一种'物'都有生存的空间，让万物自己救自己，因此，在冷峻的外表下，其实内含着对万物的大爱之心。"见梁涛主编《中国政治哲学史》（第一卷），中国人民大学出版社 2017 年版，第 28—29 页。

虽然非常重视法①，也已经明显地意识到道德与法之间存在的矛盾与冲突，可能也会隐约感觉到自己对于道德的处理与安置方式或有极端之处，但由于法家固有的言法方式与思维逻辑所形成的理论形态，以及时代的激变与统一趋势的日渐加强，让韩非并无太多的时间与精力来从容考量道德与政治之间的关系，只能以更为直接有效的方式来建构自己的法哲学思想了。

当然，韩非对于道德也并非一味地排斥与否定，只是说道德在政治社会中的有效性是有条件的，而非普遍有效的："故文王行仁义而王天下，偃王行仁义而丧其国，是仁义用于古不用于今也。"（《五蠹》）② 他认为，道德在政治治理中的有效性只是适应于"人民少而财有余"（《五蠹》）的上古时期，而在"人民众而货财寡，事力劳而供养薄"（《五蠹》）的今天是不可能只运用道德的力量就能将国家治理好的。因为时代发生变化了，治国的方略也应该随之调整与变化，不能一成不变，否则就如同"守株待兔"的宋人一样受人讥笑。故而，韩非看到在社会历史条件发生剧变的情况下，就应该依靠法的力量来治理国家与民众，进而认为："国无常强，无常弱。奉法者强，则国强；奉法者弱，则国弱。"（《有度》）不仅如此，韩非还意识到，儒家的仁义道德标准并不是每个人都能够做到的，能够做到的毕竟只是少数，如果以此来治国那么作奸犯

---

① 关于对法哲学的界定，宋大琦认为："法哲学本质上是形而上学，或者起码是关于法的形而上层次的探讨，它起于经验观察而超越经验观察。""法哲学回答的应该是那些基础性、终极性，跳出法律自身的概念体系，而能为法律知识体系本身的合法性奠基的问题，对那些问题的回答，就构成了法哲学。"（宋大琦：《论中国法律思想史学向中国法哲学转进》，儒家法政哲学研讨会，中国人民大学国学院主办，2018 年 10 月 27 日。）如果以此界定来考量的话，韩非借助道之"道"对自己法的思想与理论的构建，确实具有相当的法哲学意味。故而，黄裕宜明确指出："《韩非子》的价值体系实已涉及形上学、伦理学、与法哲学（法理学）三方面的哲学领域。""其法学属性虽具有法实证主义的形式条件，但最终仍离不开自然法预设形而上学的自然之道可作为法的形上基础。"接下来，我们将直接以法哲学来整体称谓韩非关于法的思想与理论。引文见黄裕宜《〈韩非子〉的法哲学探义——以中西比较哲学为进路》，《国学学刊》2016 年第 4 期。

② 所以，诚如宋洪兵所言："韩非子之所以反对仁义道德，并非就仁义道德的'存在价值'而言，而是就仁义道德相对于他所处的现实社会是否能够真正解决问题而言的，是就古今、虚实、多寡层面而言的。"宋洪兵：《韩非子政治思想再研究》，中国人民大学出版社 2010 年版，第 231 页。

科之事将难以禁绝①，故而他以孔子为例来加以说明："仲尼天下圣人也，修行明道以游海内，海内说其仁，美其义，而为服役者七十人。盖贵仁者寡，能义者难也。"（《五蠹》）《商君书·画策》亦云："仁者能仁于人而不能使人仁，义者能爱于人而不能使人爱，是以知仁义不足以治天下也。"这样，我们就会看到，与法的公开性与确定性相比（《难三》即云："法者，编著之图籍，设之于官府，而布之于百姓者也。"），伦理道德则往往有其私意与不确定性，而这种私意往往会因为人们远近亲疏的差异而造成对道德情感的表达具有相当程度的不同，这种不同如果投射到治国层面则弊会远大于利，法的推行与运用就困难重重了，这也是韩非在进行法哲学理论建构过程中所呈现出去道德化倾向的主要原因之一。

第四节　排除道德，政治是否可能

在上文，我们主要阐述了儒、道、法三家对于道德与政治之间关系的看法，尤其是对于法家人物韩非在法哲学建构过程中对于道德的立场、看法与态度进行了重点研究，并得出了其在进行法哲学理论建构过程中呈现出了去道德化的整体倾向的结论。那么，在这里有个问题就产生了，排除道德，政治是否可能？换句话说，在理论建构过程中排除道德或许可行②，但在实际政治操作与政治治理当中完全排除道德因素是否是可能的？从政治体系与政治制度在传统社会的实际运转来看，完全排除道德因素的政治制度与政治行为往往可能只是制度设计者的一厢情愿。且不

---

① 就此而言，任建峰也洞悉到了儒家仁义道德与现实政治秩序之间所存在的矛盾与冲突，进而申论说："世间肯定存在不好名利亦不自利的人，而人亦有忘利的时候，但这毕竟是少数与偶然，政治秩序的建立当立足多数与必然，即'不随适然之善，而行必然之道'（《韩非子·显学》）。"引文见任建峰《何谓法家？——先秦法家的政治观探析》，"当代法家研究的新视野"学术研讨会，中国人民大学国学院，2018 年 11 月 3—4 日，第 274 页。

② 对此，黄裕宜认为，韩非救亡图存痛陈时代沉疴，首要之务为统一社会混乱的价值观，其时代精神即为纠正"毁誉赏罚之所加者，相与悖缪也"将道德凌驾于法律之上的乱象。故从国君"以法为教"（《五蠹》）、贤臣"能明法辟"（《忠孝》）、境内之民"其言谈者必轨于法"（《五蠹》），由上至下皆以法为唯一的价值观，所以文本每每倡行法治的精神，如"不务德而务法"；"奉法者强，则国强；奉法者弱，则国弱"（《有度》）。详见黄裕宜《〈韩非子〉的法哲学探义——以中西比较哲学为进路》，《国学学刊》2016 年第 4 期。

说政治制度在运转过程中实际上包含着好几个层面的问题，即便是个人亦非仅具有政治角色、政治功能这单一向度，虽然在政治参与过程中确实会使这一向度得到较为充分地彰显，但人本身的情感需求与在公共领域所呈现出来的面向是复杂而又多元的。如果没有道德因素参与的政治制度，是否可以有效而又持久地延续下去，其实是个很大的问题。（《史记·太史公自序》评价法家时便说："可以行一时之计，而不可长用也。"）诚如杨阳所言："将情感与道德因素排除于具体政治问题之外，以理性与科学的态度，认识政治关系和社会问题，当然有利于形成相对真实的政治知识，更有利于就事论事，解决具体问题。但是政治毕竟是由人的活动所构成，政治的合理运行不仅要以真实为前提，更需要真实以外的意义赋予，真实而现实的政治，需要超越性价值来引领、矫正、批判，才能逐渐贴近人性的需要。"①

　　韩非为了打破儒家圣王贤能道德的神话②，便以现实主义的立场并结合其时的社会历史条件对于儒家眼中的圣王尧舜禹之间的"禅让"情形进行了经验性的重构："尧之王天下也，茅茨不翦，采椽不斫；粝粢之食，藜藿之羹；冬日麑裘，夏日葛衣，虽监门之服养，不亏于此矣。禹之王天下也，身执耒臿以为民先，股无胈，胫不生毛，虽臣虏之苦，不苦于此矣。以是言之，夫古之让天下者，是去监门之养，而离臣虏之苦也，古传天下而不足多也。"（《五蠹》）很显然，韩非的这种重构无疑与庄子后学的立场非常接近，因为《庄子·在宥》言谓："昔者黄帝始以仁义撄人之心，尧、舜于是乎股无胈，胫无毛，以养天下之形。"但与庄子后学基于养生的目的不同，韩非则主要以此来重新解释"禅让"这一权力交接方式产生的原因。韩非认为，尧舜禹时期的部落联盟首领位子以禅让的方式实现了最高权力的和平交接，其主要是为了使自己能够从艰

---

① 杨阳：《韩非非道德主义政治思想述论》，《政治学研究》2015 年第 2 期。

② 儒家圣王贤能道德的神话，其中的表现之一便是尧、舜、禹、汤、武等"圣王"的历史形象，几千年来一直呈严重的"被同质化"情形。对此，王灿认为："其实这些'圣王'形象各有不同，实分属为'道德圣王'型、'功绩圣王'型、'革命圣王'型。'被同质化'的原因在于当时的历史文化需要一种不变的'存在'来使人们获得社会稳定感和道德向心力，这就需要造成一种社会和道德'体系'来表示这种'存在'。"这种观点可以参考。详见王灿《〈尚书〉"圣王"形象"被同质化"研究——尧、舜、禹、汤、武形象考察》，《广西社会科学》2011 年第 7 期。

苦辛劳的工作事务中解放出来，从而也就与儒家关于德性这一类的说辞有了完全不同的面目。当然，韩非做这种重新解释的工作，最主要还是为了让自己法哲学的理论建构得以奠定坚定的立场与客观理性精神。故而，韩非还对儒家所称颂不已的尧舜禹之间的禅让现象进行批评，认为这是将道德凌驾于法律之上的错误做法："皆以尧、舜之道为是而法之，是以有弑君，有曲于父。尧、舜、汤、武，或反君臣之义，乱后世之教者也。尧为人君而君其臣，舜为人臣而臣其君，汤、武为人臣而弑其主、刑其尸，而天下誉之，此天下所以至今不治者也。"（《忠孝》）与儒家式的圣人相比，韩非所称颂的圣人常常具有非常显著的法家式的务实理性色彩："圣人之治也，审于法禁，法禁明著则官法；必于赏罚，赏罚不阿则民用。"（《六反》）"夫圣人之治国，不恃人之为吾善也，而用其不得为非也。恃人之为吾善，境内不什数；用人不得为非，一国可使齐。为治者用众而舍寡故不务德而务法。"（《显学》）① 基于这种立场，韩非进而认为，世界上不可能有真正能够超脱利益的君子，即便是被儒家所一再标榜、以德性著称的曾子和史鳅②，在特定情境下其行为能否经得起考验也颇值得怀疑："夫陈轻货于幽隐，虽曾、史可疑也；悬百金于市，虽大盗不取也。"（《六反》）对于韩非的这种思维理路，熊十力曾给予了中肯的评价与批评："今如韩非之说，只从人之形骸一方面着眼，专从坏处看人，本末尝知性，而妄臆人之性恶，妄断人皆唯利是视之天生恶物，是戕人之性，贼人之天，而人生永无向上之机也。悲夫！"③

　　在韩非的理论阐述中，他通过揭示道德在政治治理与政治活动中所可能产生的消极意义与负面影响来印证自己对于人皆"挟自为心"（《外储说左上》）、皆"好利恶害"（《难二》）的判断，进而认为"举实事，去无用；不道仁义者故，不听学者之言"（《显学》），"君不仁，臣不忠，则可以霸王矣"（《六反》），以此来为自己法哲学的思想理论建构提供人性层面的支持，也可以说"是在政治领域对道德情感的揖别而不是对道

---

　　① 与韩非的圣人观一致，或者说韩非可能是受了商鞅对圣人所持立场的影响："圣王者，不贵义而贵法。法必明，令必行，则已矣。"（《商君书·画策》）"君臣释法任私必乱。故立法明分，而不以私害法，则治。"（《商君书·修权》）

　　② 《论语·卫灵公》称颂史鳅云："直哉史鱼！邦有道如矢，邦无道如矢。"

　　③ 熊十力：《韩非子评论》，台北：学生书局 1984 年版，第 310 页。

德价值的整体否定"①。

第五节　关于道德、习惯与法律

当然，从《韩非子》文本可以发现，韩非虽然也试图制衡与约束愈发膨胀与强大的君权②，故而他在借用道家"道"概念的时候，既有为法的公正性与普遍性作形上论证的理论意图，同时这种理论意图又无法回避与摆脱对于君权的限制问题。但是，当他借用道家之"道"的时候，关注的并非道体和道本身，而是道用以及由此所衍生出的理、刑、法等内容，这种自觉与不自觉理论视角上的转换，恰恰表征了在实际政治操作过程中君权的强大，以至于这种强大甚至影响到了韩非对于政治的理解与认知，以及在君权制约下所特有的政治理论建构向度。

在韩非法哲学与治国之术的理论阐述中，整体上呈现出对于法、术、势一体化的偏向追求。这种偏向性追求既彰显了他正视礼崩乐坏、君臣易位社会现实之后的一种以君王权力的有效运作为核心的权谋性纠正，也是针对"上不及尧、舜，而下亦不为桀、纣"（《难势》），"中君"所作的一种万全设计。在韩非看来，依照他的万全设计，即便是对于拥有中等才能的"中君"而言，只要"抱法处势"（《难势》），天下便可得到治理。可以说，韩非的这种思想理路，恰恰是与其去道德化的理论诉求相合的。不可否认，这种追求展现给世人的便是繁密的法令和酷烈的吏治，根据地下出土材料睡虎地秦简《语书》的记载，可以看到其时地方曾出现过强烈抵制的不利局面，而《语书》中所载"今法律令已具矣，而吏民莫用"即是对此的真实写照。③ 或许正因为仅凭法令治国难以持久的缘故，从出土简牍中的秦律内容可以看出，"在秦

---

① 宋洪兵：《韩非子政治思想再研究》，中国人民大学出版社 2010 年版，第 232 页。

② 在《韩非子·有度》篇里便表达了他的这种意图："故明主使法择人，不自举也；使法量功，不自度也。能者不可弊，败者不可饰，誉者不能进，非者弗能退，则君臣之间明辩而易治，故主雠法则可也。"

③ 参见李平《秦"法治"的理论困境透析——以睡虎地秦简〈语书〉、〈为吏之道〉为中心》，《学术探索》2012 年第 11 期。

代，儒家思想的政治指导作用逐渐弱化，被更加实用有效的法家思想所取代，但仍保留了其修养教化的功能，对官员和百姓的思想道德与个人修养方面还继续起着指导作用，继续为秦代统治者所用，而非被完全摈弃"①。这在睡虎地秦简《为吏之道》当中也有所反映，在其中曾出现过大量借用儒家德目与道德价值标准来阐述自己理论的现象，诸如："仁""廉""宽""正直""慎谨"；"毋喜富，毋恶贫"，"父兹（慈）子孝"，"正行修身"，等等。这种现象到了黄老道家那里更为明显，在长沙马王堆汉墓帛书《黄帝四经》中不仅提出了"道生法"（《经法·道法》）这一著名命题，而且还主张"刑德相养"（《十六经·姓争》），"在大力强调以法治国的同时，对儒家的德治思想予以了认真的对待和一定程度的吸取"②，充分彰显了从战国至秦汉时期诸子各家政治治理经验与政治智慧的融通与综合。

最后需要着重指出的是，在愈加多元与复杂的现代社会，仅凭道德、习惯或者法律中的其中任何一个方面来治理国家与社会都是有缺失的。道德能够给人以向上的力量，对于当下的自我有着超越性的追求；习惯，作为因长期遵循而形成的具有自发性的行为，给人以可以自我调适与修正的空间；法律则可以对于损害他人与社会的既成行为和事实予以必要惩戒，从而对于人的行为止于不作恶的底线，维持国家、社会与民众生活的正常运转。可以说，如果没有道德，不提倡道德的社会，生活于此的人们多会成为功利务实之辈；如果无视习惯（《奸劫弑臣》即云："古秦之俗，君臣废法而服私，是以国乱兵弱而主卑。商君说秦孝公以变法易俗而明公道，赏告奸，困末作而利本事。"）③，失去了习惯——道德与

---

①　靳腾飞：《从秦简中的吏治思想看秦代儒法关系》，《中华文化论坛》2016 年第 6 期。与这种观点相似，基于对睡虎地秦简《为吏之道》《法律答问》等的考察，洪燕梅认为在出土秦简中出现了儒道思想糅合的显著特点。详见洪燕梅《出土秦简牍文化研究》，台北：文津出版社有限公司 2013 年版，第 157—176 页。

②　白奚：《论先秦黄老学对百家之学的整合》，《文史哲》2005 年第 5 期。

③　尽管商鞅强调"观俗立法"（《商君书·算地》），"因世变俗"（《商君书·壹言》），韩非强调"称俗而行"（《五蠹》），但他们并没有真正重视习俗、习惯，尤其是对于后者而言，主要肯定的是法的制定与修订要考量社会条件的变化，要切合时势的需要，说到底，还是在强调时势与条件性（《心度》即云："法与时转则治，治与世宜则有功。"），反而恰恰是以消解习俗、习惯的价值与意义为代价的。

法律之间的调适空间与中间地带，生活于这种社会模式中的人们，要么自我追求德性修为，要么活得战战兢兢、谨小慎微；没有法律，同样也很难想象，日益复杂与多元的社会是如何给人们以安全感与基本生活保障的。[①]

当然，与道德和习惯相比，法律更具有明确、客观与可操作性强的特点，在日益复杂与多元的当代社会，制定、修订与完善法令法规的时候切不可完全忽略道德、习惯因素的潜在价值与影响，否则就很可能会出现孔子所担心的情况："道之以政，齐之以刑，民免而无耻。"（《论语·为政》）可以说，无论是在传统社会还是在 21 世纪的今天，道德、习惯与法律在国家治理与社会运转中皆不可或缺，各有其价值与功用，我们应以辩证的眼光来看待它们，并让其在今天的社会生活中发挥各自所应有的作用。

小 结

在本章，我们主要以法家中的代表人物韩非为研究对象，并从诸子的视野高度来对政治与道德之间的关系进行研究。不仅如此，我们还对韩非阐释自己法思想的理论方式进行了研究。经过研究，我们认为，他借助道家的"道"概念对于法思想的理论建构确实具有相当的法哲学意味。与此同时，我们还以韩非"援道入法"的思想方法与理论特点为参照，对于儒家政治哲学所体现出的特点与内容进行了一定程度上的分析与研究。

当然，韩非思想学说的这种法哲学意味主要是就阐述方式而言的，这并不意味着就能与西方近代意义上的法哲学直接等同。但不管怎么说，韩非这种针对政治治理所作的理论阐释与论证方式，确实体现出了一定的哲学性，从而相应地具有了政治哲学的某些形式与特点。

---

① 对此，宫桂芝阐述说："不可否认的是，道德理想对于人们来说属于高层次的行为规范，在这些可做可不做的'应该'之前必须界定出人人共守的'不应该'，作为其基本点才是第一步，而这个基本点显然不是道德而是法律来构建的。"诚是。引文见宫桂芝《论韩非法治思想的本体依据和理论阐释》，《求是学刊》1998 年第 1 期。

　　在下一章，我们将以先秦儒家为研究对象，来综合探究与其相关的政治哲学的内容、特点、价值及影响、意义等方面。在前文有了较为全面而充分的理论探讨以后，接下来我们可以更加从容、深入地思考先秦儒家政治哲学这一理论问题。

第 八 章

先秦儒家政治哲学论要

在诸子活跃的春秋晚期战国时期，天下政治于失序混乱（主要表现为天下秩序是诸侯坐大周天子式微，封国内则往往是大夫势力强于公室）当中正由封邦建国、天子诸侯共治天下的政治格局①向权力日益集中于君王的趋势转进。在这一过程当中，与天子、诸侯宗法血缘深厚相连的贵族势力在政治权力结构当中所发挥的作用日渐变弱②，至于其原因恐怕和

---

① 对于这种政治格局，陈赟申论说："周公之制作乃在于以礼乐的方式构筑一'家天下'的政教结构，自天子观诸侯，皆其兄弟伯叔甥舅，封建不过将天下分由天子的兄弟伯叔甥舅共同治理，权力没有流放在外边，还是在周人一大宗族之间共享；自诸侯看卿大夫，诸多卿大夫亦不过是一宗族之人。"引文见陈赟《"家天下"与"天下一家"：三代政教的精神——以王国维〈殷周制度论〉为中心》，《安徽师范大学学报》（人文社会科学版）2012年第5期。徐良高则通过对夏商周三代考古的总体发现成果进行研究，也同样认为："西周时期，王权表现不突出，而享受世卿世禄的贵族家族和封国诸侯的政治、经济地位非常突出，势力强大，在当时的社会中发挥着巨大作用，显示出西周社会权力与财富共治、分享的特征。"无论从传世文献还是从考古成果来看，周王朝所形成的政治体制都具有分权和权力共享的特点，"世家大族和世袭制的诸侯封国、方国、部族的广泛存在使王权受到制约，难以做到专制独裁"。引文见徐良高《由考古发现看商周政体之异同》，《南方文物》2017年第4期。

② 当然，春秋晚期贵族势力在政治权力结构中所发生的这种变化还与法家学说的兴起有关。蒙文通认为，法家学说具有尊君权，抑贵族的重要特点。对此，他说："自春秋逮于战国，法家之说独为世重，而法家所亟论者，抑贵族而尊君权，于是春秋以来之贵族废，布衣卿相，盛于一世，而君权极矣。夫由世族政治以入于君权扩张，此历史之一大进步，惟法家能认识之，此法家所以能独盛者也。乃儒者犹欲维护贵族势力，与时背驰，其不为世重，岂偶然哉？"引文见蒙文通《法家流变考》，载《蒙文通全集》第二卷，巴蜀书社2015年版，第83页。与此相应，喻中也认为："法家讲的平等，是把贵族从以前享有的崇高地位上拉下来，让贵族与庶人在法律面前一律平等，只有君主一个人高高在上。"诚是。见喻中《经史之间：蒙文通对法家的阐释》，"当代法家研究的新视野"学术研讨会，中国人民大学国学院，2018年11月3—4日，第457页。

宗法制度本身的原则与国家结构的要求并不完全一致有关，甚至两者常常处于冲突与矛盾之中①，也是固有贵族势力在特定历史情境下与君王进一步分权所造成的结果②：天下诸侯意欲进一步分割周天子权力，封国内则是卿大夫日渐侵蚀诸侯权力。权力被过分侵蚀与切割自然是天子与侯王们所不能接受的，再加上学术文化下移和私学发展（《左传·昭公十七年》即云："天子失官，学在四夷。"），为各种人才在春秋晚期战国时期的大量涌现创造了条件。同时，尽管后世学者多用"礼乐崩坏"来评价这一历史阶段的社会政治特点，但实际上礼法规范对于其时政治与社会依然具有相当的约束力与影响力③，如果不是天子或者侯王之大宗，想要冲破礼制约束而称王几乎是不可能的。在这种情况下，固有贵族势力既无法称王，又不安于已有名分位置，故而其逐渐失势便成为一种必然的历史趋势。与此相应，则是身受家族势力影响甚微的个人依凭自身政治素养与各种才干而在政治舞台上日益发挥重要作用，比如家臣、士、军功阶层等。作为新兴政治势力，他们的不断崛起，不但充分彰显了原有固化政治体系、等级秩序与政治权力结构日渐被打破，上下阶层之间流动加快，而且也为身处社会中下层且怀有理想抱负的人群带来了希望，并给予其时整个天下政治秩序与各种政治势力得以重组与重新洗牌的机会，而这种重组与重新洗牌的过程便预示着政治变革与政治体系新生机会的到来。身处这样的历史时势和政治变局中，作为士阶层的诸子与传

---

① 对此，高婧聪也由此展开论述说："宗法制度在周代社会一直与政治和国家结构等方面保持着紧密的联系，但是事实上宗法制度与国家结构真正意义上的紧密配合只限于周初以至西周中期一段时期内，在此之后，宗法制度本身的原则与国家结构处于冲突与矛盾之中，是西周中晚期以来社会变迁的重要因素。"所言甚是，所引文见高婧聪《宗法制度视角下的西周社会变迁》，《第二届西周金文与西周史学术研讨会论文集》，陕西师范大学，2019 年 9 月 20—22 日，第210 页。

② 对此，徐良高通过对考古成果中的文化遗存现象与传世文献记载进行对比研究，认为周代政治体制具有"明显的分权现象、王权受到制约和贵族世家大族共享权力等"特点，同时他还认为"这些不仅是西周分封制的社会基础，也是东周时期周王王权衰落，诸侯并争，诸雄争霸的历史原因"。观点颇有见地。见徐良高《由考古发现看商周政体之异同》，《南方文物》2017年第 4 期。

③ 对此，李学勤也说，东周时期"礼制的规定遭到冲击，出现了一定变化，列国的制度也并不尽一致，不过决不能认为等级的阶梯已经彻底摧毁了"。李学勤：《东周与秦代文明》，文物出版社 1984 年版，第 206 页。

统政治势力之间毕竟还有着千丝万缕的联系——有的出身贵族公室，有的曾供职于庙堂，有的则是没落贵族，他们对于政治权力的结构构成与具体运作想必并不陌生，对于处于变革当中的天下政治也因各自的立场与视角而有着不同的价值判断与解决方案。在诸子生活的时代，政治权力问题（或曰天下向何处去的问题）是他们不得不直面的问题，故而对于现实政治的价值判断，对于社会秩序的名实考量，对于民众生活的妥善安顿以及对于理想政治社会的建构，诸如此类的现实省思与理论探讨在反映先秦诸子思想言论的文献中并不鲜见。

当然，对于政治的理论思考会有多种方式，既有具体入微的，也有宏观形上的；既有从伦理人性入手的，也有从自然无为考量的；既有考察社会文明历时形态的，也有比较共时政治制度与政治生态的，可谓不一而足。但总体来说，诸子对于政治的考量主要集中于现实层面与形上层面，这既是在形上理论引领下对现实政治的反思与探讨，又是对现实政治的理论归纳而推动相关形上理论的发展与完善，进而在形式上加以系统化，在价值上加以普遍化。就儒家而言，整体上他们持有崇古、厚古与法先王的历史观念，不管是"从周"（《论语·八佾》："周监于二代，郁郁乎文哉！吾从周。"），"表尧舜"（《孟子·告子下》："人皆可以为尧舜。"），还是"称禹"（《荀子·性恶》："涂之人可以为禹。"），他们在思考与应对现实政治问题的时候反复从夏商周三代及五帝时代政治文化中找寻思想资源与汲取养料，并以此来观照和考量各种社会现实问题，当然也包括与政治制度、社会治理及国际关系密切相关的一系列问题。

除了"向后看"这一理论视角以外，儒家还注重"向上看"，即在儒家看来，在面对动荡时局时仅仅依赖于现实主义的立场是不足以提供令人满意的解决方案的。这是因为，务实的做法，现实主义的立场，在解决具体问题上确实在很多时候能起到立竿见影的效果，但政治制度、政治体系以及政治治理等方面并不都是具体入微的现实问题。作为具有复杂性、多元性与结构性的政治治理系统，在进行相应理论探索的时候，就不仅仅思考礼乐刑政这一类规范性的问题，而且还需要为诸如此类的规范性制度探寻其存在的必要性与价值依据，以及包括对道德与政治，人与社会，人与天地诸种关系具有形上价值与意义的一再考量，从而为现实政治的运转提供必要的价值依据与形上支撑，而关于这方面的内容与思考形式便是政治哲学的主要范围与内容。

第一节　对先秦儒家政治哲学所持的立场及界定

　　要讨论什么是政治哲学，首先应该弄清楚什么是中国哲学，只要中国哲学的问题弄清楚了，何为政治哲学其实就比较容易界定了。[①] 在这里，我们首先要作出考察的是学界新近关于中国哲学研究在内涵、方法论及学术态度方面的反思成果，而对于何为政治哲学这一问题我们并不打算详细探讨。[②] 李巍认为，中国哲学的研究，在内涵上可以表述为："其对象是中国思想中依逻辑地讲述普遍道理的成分，其目的是把没讲清

[①]　关于中国有无哲学，以及先前学界对于"中国哲学的合法性"的讨论，黄裕生认为这个问题实际上可以首先变换为这样一个问题："在中国古典文化中有没有一部分相对独立又自成系统的内容担当起了西方 Philosophie 所担当的任务，提出并回答了 Philosophie 所提出和回答的问题?" 对此，他认为，"任何一个成熟的民族，特别是本源性民族或所谓'轴心民族'，都不可能没有 Philosophie。因为一个民族之所以能够被称为本源性民族，就在于它的宗教和思想不仅能够使本民族保持自己的同一性与长时段的延续性，而且具有教化与提升其他民族的普遍意义"，"就历史事实看，中华民族无疑是一个本源性民族，它的古典文化里理应有承担起'立心—立命'任务的基本内容；而从学理上分析言，我们也可以发现，在儒、道思想里，都隐含着对本源问题的追问与对绝对原则的觉悟和坚持"。"我们可以简单地说，'哲学'就是一门探求本源与确立绝对原则的学问，它的使命或任务就是为人类生活提供安身立命之所而使人类过智慧的生活。就我们这样所理解的'哲学'而言，在中国古典文化里，当然有哲学。"所言极是。详见黄裕生《什么是哲学与为什么要研究哲学史?——兼谈中国哲学的合法性》，《中国哲学史》2004年第 3 期。对于这个问题，杨国荣也回应说："如果不认同中国哲学是哲学，把中国哲学隔绝在哲学这个大家族之外，那么，这在逻辑上就意味着中国传统思想尚未达到哲学思维的层面，这显然是缺乏自信的表现。同样，完全否定中国哲学的独特品格，则意味着未能承认中国哲学自身的独特魅力，这也是自信阙如的表现。"见杨国荣《中国哲学：内涵和走向》，《上海师范大学学报》（哲学社会科学版）2018 年第 5 期。

[②]　陈霞认为，要解决中国哲学的"合法性"问题既要看到其普遍性"哲学"，又要看到其特殊性"中国"。这是以哲学之普遍性和特殊性回应合法性问题。张岱年在《中国哲学大纲》中就已经从此角度说明了中国哲学的正当性。（见陈霞《从哲学史到哲学——中国哲学知识体系的回顾、反思与重构》，《中国哲学的传统及其现代开展——纪念张岱年先生诞辰 110 周年学术研讨会》论文集，清华大学，2019 年 10 月 20—21 日。）张先生指出，如果哲学仅指西方哲学，与其相异者就是另一种学问，不能称为哲学，那么，中国思想也不能称作哲学。如果把哲学看作一个类称，而非特指西方哲学，那么，以哲学指称中国思想中的部分内容便不成问题。参见张岱年《中国哲学大纲》，《张岱年全集》（第二卷），中华书局 2017 年版，第 2—3 页。张先生所言非虚。如果从类称的角度来看，中国思想中确实包含着属于哲学方面的部分内容。

的道理讲清楚，没讲出的道理讲出来。"在方法论上则明确了中国哲学的研究是"以哲学的方式研究中国思想"。在此基础之上，他进而认为："我们对待古代思想时，除了体验之、感悟之、在个人与公共生活中运用之的价值态度，还应该有一种知其然、知其所以然的认知态度。虽然这两种态度本身并不冲突，但要强调的是，只有后者才是作为现代学术的中国哲学面对中国思想的基本态度，也就是学术的态度。"① 根据李巍的观点，我们可以形成这样的认识：当前中国哲学的研究既不能否定古代思想的伦理价值，同时更要在对古代思想的理性认知与逻辑阐释上下功夫，而要做到理性认知与逻辑阐释就不能局限于对现象、事实层面的描摹②，虽然这也很基础、很重要，但从哲学本身的要求来看，这个层面的研究并不属于哲学探讨的核心论域与范围，而是必然又很自然地向诸如道③、本根、天、命等形上层面的理论问题延伸。当古代思想家考量传统政治问题并不满足于对现象、事实层面的描摹，试图摆脱于政治内部思考政治问题，而从道、本根、天、命等角度来加以思考的时候，这样的研究不仅使其具备了可能性的宏观视野、理论空间与思想张力，更为重要的是，正如我们所一再重视的，其运思理路和诠释方式都具有了浓厚的哲学意味与哲学性。可以说，这种对传统政治问题带有浓厚哲学意味与哲学性的运思理路和诠释方式，便是政治哲学特点在古代思想研究上的具体体现。

与道家"推天道以明人事"（《四库全书总目提要·经部·易类序》）的运思理路不同，儒家主要采取的是"下学上达"（《论语·宪问》）的

---

① 李巍：《中国哲学：从方法论的观点看》，《深圳大学学报》（人文社会科学版）2018年第5期。

② 对此，韩水法也指出："政治哲学并不描述实际的政治现象，也不对之进行实证的分析，因此它之构造理想的政治行为或活动重在其模式，而后者的观念形式就是规范或原则。"韩水法：《什么是政治哲学》，《中共中央党校学报》2009年第1期。

③ 关于"道"，既包括先秦诸子所具体讨论的道、天道、人道及地道，也包括《周易·系辞上》所整体称谓的"形而上者谓之道"。关于"形而上之道"，黄裕生认为"就是一切有形事物即现象事物背后的绝对根据或绝对原则。所以，在汉语里，我们也可以把 Philosophie 称为'形而上学'"。黄裕生：《什么是哲学与为什么要研究哲学史？——兼谈中国哲学的合法性》，《中国哲学史》2004年第3期。

路径，也可以说是下学人事，上达天道。① 于此，人事和天道分别指什么，人事和天道之间是什么关系？或者说，人事和天道之间是怎么发生联系的，为何说下学人事便可上达天道，上达天道需经下学人事呢？对于诸如此类问题的探讨，就不仅仅是现实层面的问题了，还关涉到对现实之上层面的思考。关于这样的思考，即便是探讨的内容与西方有着形式上的差异，但在问题域上却是有着重合之处的，当然也可以算作哲学的范畴。

根据儒家文献，我们可以发现，其所说的人事内容很广泛，既包括从地域范围而言的家庭家族、社会国家与天下；也包括所指对象而言的鬼神、父母兄弟、君臣、民众；还包括所关涉内容而言的祭祀、战争，婚丧嫁娶、日常交往、修身养德、游学辩论及参与政事，等等，不一而足。对于儒家而言，人世间的一切事项与行为，凡是有利于成就道德的无一不可知，无一不可学，而成就自身道德尚属于"内圣"的范围，还不是最终的目的。从儒家文献所展现的思维理路来看，成就自身道德只不过是由人事历练而通向天道的中间枢纽与过渡桥梁，经由自身德性的长养，生命个体才能向成就万物、运行不息的天道（《论语·阳货》云："天何言哉？四时行焉，百物生焉，天何言哉？"②《周易·乾·象》亦云："天行健，君子以自强不息。"）无限趋近，而这个向天道无限趋近的过程，从社会与伦理的意义上来看，便是成就外王事功。可以说，就利他的广阔性上而言，儒家的圣人与圣格（《论语·雍也》云："博施于民而能济众。"）在很大程度上是可以和天道（《论语·阳货》云："天何言

---

① 关于"下学上达"的对象与内容，颜师古注云："上达，谓通于天道而畏威。"《集解》引孔安国注曰："下学人事，上知天命。"皇疏："下学，学人事。上达，达天命。"受此影响，清人宋翔凤《论语发微》亦云："下学人事、上知天命也。"至于"下学"和"上达"之间的关系，清人朱柏庐《毋欺录》则云："学之必不可以不进于上达，而教之必不可以不主于下学也。"（引文详见程树德《论语集释》，中华书局1990年版，第1019—1021页。）而关于下学的具体内容，苏辙于《古史》中则进一步确认为"洒扫应对诗书礼乐"，"洒扫应对诗书礼乐，皆所从学也，而君子由是以达其道，小人由是以得其器"。根据苏辙的注解可以看出，君子所上达的"道"与"器"相对，具有形上性质，故而解释为"上达天道"可能比"天命"更符合孔子的思想主旨。关于苏辙的引文，见程树德《论语集释》，中华书局1990年版，第1003页。

② 李景林将这句话解释为："天道生物，不言而信，无为而物成"，颇为符合孔子旨意。见李景林《论〈中庸〉的方法论与性命思想》，《史学集刊》1997年第2期。

哉？四时行焉，百物生焉，天何言哉？"）相通约的。至于两者之间何以
能够通约，后世注解家对此多有探讨。刘宝楠《论语正义》在注解"博
施于民而能济众"时说："仁训爱，圣训通。……通之为言，无疑滞也，
无阻碍也。是故通乎天地阴阳柔刚之道，而后可以事天察地。"① 刘宝楠
对"圣"的这种看法正与《说文解字·耳部》"圣，通也"相一致。由
此来看，圣与天道都具有"通"的特点。② 圣之"通"即在于施民济众
的广博性与普遍性，也就是说圣人在利他性的程度上是常人难以企及的，
唯有则天而通方能广施教化，故而皇侃《论语义疏》引王弼注"天何言
哉？四时行焉，百物生焉，天何言哉"云："既求道中，不可胜御，是以
修本废言，则天而行化，以淳而观，则天地之心见于不言，寒暑代序，
则不言之令行乎四时，天岂谆谆者哉？"③ 王弼之意，即在于强调圣人在
应然层面当以天地之心为范型，则天之不言而使四时行，从而行不言之
教。他的这种解释固然有老子之意与玄学化色彩，但确实点出了儒家思
想自孔子始便与道家之间存在着千丝万缕的联系。与王弼的诠释立场有
所不同，明清之际的理学家张履祥于《经正录》云："知而言之以著其
道，不如默成者之厚其德以敦化也。故尝曰讷，曰耻，曰讱，至此而更
云无言，则终日乾乾，以体天之健而流行于品物各正其性命者，不以言
间之而有所息，不以言显之而替所藏也。"④ 张履祥的这个解释无疑深受
《周易·乾·象》的影响，并从儒家的立场来判定厚德（"默而成之"）
比著道（"知而言之"）更重要，而终能参赞天地之化育非言语之功，而

　　① 程树德：《论语集释》，中华书局 1990 年版，第 427 页。
　　② 除了都具有"通"的特点以外，《礼记·中庸》则认为两者都还具有"诚"的共性，故
而言谓："诚者，天之道也。诚之者，人之道也。诚者不勉而中，不思而得，从容中道，圣人
也。诚之者，择善而固执之者也。"显见，诚者，是天之道和天之性，与此相应，圣人的性也是
"诚"，能够合于天道，其具体表现是"不勉而中，不思而得，从容中道"，与"择善而固执"
的人之道并不相同。正因为《中庸》文本有意识对人所作出了这种区分，故而《礼记正义》认
为"择善而固执"的是贤人："由学而致此至诚，谓贤人也。"关于《礼记正义》引文，见李学
勤主编《礼记正义》，北京大学出版社 1999 年版，第 1447 页。正因为圣人和天道都具有"诚"
的共性，故而王夫之也接续了《中庸》的立场而将圣人之德上升到天道的高度："圣人之德，浑
然天理，真实无妄，不待思勉而从容中道，则亦'天之道'也。"见（明）王夫之《船山全书
第四册·礼记章句》，岳麓书社 1988 年版，第 1288 页。
　　③ 程树德：《论语集释》，中华书局 1990 年版，第 1227 页。
　　④ 程树德：《论语集释》，中华书局 1990 年版，第 1228 页。

是圣人厚德、法天以成敦化的结果。尽管《周易·乾·象》言谓"天行健，君子以自强不息"，强调法天、则天的主体是君子，但言有不及之处实际上强调，圣人仰观俯察而设卦观象察变明吉凶实则既是法天、则天的结果，同时又是参赞天地化育的过程，而于参赞天地化育的过程中终能如天地一样厚生万物："小德川流，大德敦化。"（《礼记·中庸》）这种厚生万物的大德，从原理上讲非天地不能拥有，但从世间来讲，唯有圣人与天子方能真正与天道相合、相通，最有条件成其敦化之大德。

如此来看，儒家在阐述道德修养和外在事功这两个维度的时候，从来没有为其设定一个完满的限度，或者说没有言及达到什么样的限度才是完满的，儒家反而认为在道德修养和外在事功这两个方面都是一个永无止境的过程。① 儒家的这一立场与运思理路，从思想传统上来看具有一定"奉天法古"与"法先王"的经学特点（《春秋繁露·楚庄王》即云："春秋之道，奉天而法古。是故虽有巧手，弗修规矩，不能正方圆；虽有察耳，不吹六律，不能定五音；虽有知心，不览先王，不能平天下；然则先王之遗道，亦天下之规矩六律已！故圣者法天，贤者法圣，此其大数也；得大数而治，失大数而乱，此治乱之分也；所闻天下无二道，故圣人异治同理也，古今通达，故先贤传其法于后世也。春秋之于世事也，善复古，讥易常，欲其法先王也。"），同样也彰显了儒家的哲学式思考，从而以哲学的方式宣示在道德修养和外在事功上儒家为其赋予了过程性、理想性及终极性的价值与目标。孔子所言的"朝闻道，夕死可矣"（《论语·里仁》）在很大程度上也是从这种意义上来讲的：终极性的价值与目标不仅可以超越生死这样的无常与有限性，而且还可以使其具有超越时空的价值成为一种可以预见的可能性。

诚如上文所言，先秦儒家整体上持有崇古、厚古与法先王的历史观念，从而在理论阐述与面对现实政治困局时常常呈现出"向后看"的理

---

① 比如在《荀子·劝学》中，荀子曾屡言："学不可以已"，"君子博学而日参省乎己，则知明而行无过矣"，"君子居必择乡，游必就士，所以防邪辟而近中正也"，"学数有终，若其义则不可须臾舍也"，"君子之学也，入乎耳，着乎心，布乎四体，形乎动静"，"伦类不通，仁义不一，不足谓善学"，等等。在这里，荀子强调学的不间断性，实际上正意味着道德的修养与提升也是一个不间断、不停歇的过程，尽管这种修养与提升荀子强调更多的是依赖外在的条件与手段。（《劝学》言谓："君子生非异也，善假于物也。""为善不积邪？安有不闻者乎？"）

论视角与思想特点。① 概与这种立场相关，孔子对于周人的政治制度与权力统治方式是深为服膺的，其服膺的原因大概可归纳为：1. 在统治形式上，以礼乐的温和方式来加以维系贵族集团及其与诸侯之间的关系，较好地彰显了贵族政治势力（包括周天子、诸侯王和卿大夫）之间均衡、稳定的态势；2. 在治理方式上，呈现出浓厚的宗法伦理特点，颇为符合孔子以伦理道德介入政治治理的进路和其对政治的理解；3. 在政治权力资源的分配上，主要呈现为天子与诸侯共治天下的良性态势，天子与诸侯之间政治畅通。另外，还需要指出的是，在这一历史时期，礼法未分，法刑杂糅，还没有正式出现成文法。由于不成文法不公开，主要由习惯和判例组成而缺乏明确化与系统性，从而具有一定模糊性、神秘性的特点，再加上立法权和执法权皆在贵族阶层，从而能够使贵族阶层的尊严、礼仪与等级秩序得到充分保障。

当然，虽然孔子在主观上非常认同周人的政治体系与统治方式，但至其所处的时代，封建体制已是难以维系，而支撑其运行的宗法血缘伦理的价值则不断遭受怀疑与动摇，进而使周礼的伦理性意蕴一再被弱化，致使周礼因繁缛而逐渐流于表面化和形式化。可以说，孔子强调纳仁于礼，不仅是对周礼的革新与改造，也宣告了周制具有不合时宜的一面。故而，他虽以王道政治理想来批判社会秩序与现实政治，并试图"从周"（《论语·八佾》），但实际上随着周制的不断被破坏，以家族、宗族势力为依托的卿大夫集团在国际政治与国家权力的支配地位日渐衰微，随之崛起的则是各种各样的士和军功阶层。所以，实际上孔子看得很清楚，恢复周礼很难甚至已不太可能，故而他在遇到叛臣、家臣征召的时候一再犹豫，而这种犹豫也正昭示了周制已是明日黄花。他的纳仁于礼，他的犹豫，他对命的感叹，乃至于他最终归鲁整理文献典籍，其实都一再说明主观上虽有恢复周天子之制的愿望，但在客观情势上已是不太可能，故而他在实际行为和思想上也不断作出变通与调整，甚至也可以说是在

---

① 儒家之所以在面对政治困局时常常呈现出"向后看"的理论视角与思想特点，除了因为三代政治尤其是西周政治社会具有政治与伦理相杂糅的显著特点非常符合儒家的政治立场以外，还与在春秋晚期战国早期天下政治大势不够明朗化有关。既然天下政治的未来难以把握，那么最可参照与依据的便是已成为过去的，且在儒家看来极富成效的三代尤其是西周政治文明。

某种意义和某个层面上的妥协，虽然还只是一种端倪，直到荀子那里才显著了起来。

第二节 先秦儒家政治哲学的构成及特点

如上文所言，先秦儒家在处理和应对现实政治问题的时候，并非仅仅就事论事，反而是采取了"向后看"与"向上看"的思维路径。"向后看"，既体现了以孔子为代表的先秦儒家对于传统政治资源"法先王"的立场与态度，同时又彰显了其对现实政治秩序与社会现状的不满。因而可以说，这种立场与态度既是历史主义的也是现实主义的：以历史资源为反思和评判现实政治的参照依据；以现实问题为发掘和转化历史资源的导向与旨归。与"向后看"有所不同的是，"向上看"则意味着儒家在解决现实政治与社会问题的时候，不只是从历时性的维度一味依赖于传统资源的精神与力量，尽管经过西周礼乐刑政的长期性建设（《礼记·乐记》有云："礼节民心，乐和民声，政以行之，刑以防之。礼乐刑政，四达而不悖，则王道备矣。"），到儒家产生的春秋晚期人文理性精神已经得到了相当程度的发展，但是由于巫史传统的长远影响（《左传·成公十三年》即云："国之大事，在祀与戎。"）①，儒家在对现实政治问题进行理论思考的时候，虽然以人事为目的却又常常从天、天道和天命那里寻求形上根源与价值依据。

除了受历史传统和道家影响而对"天"偶尔作自然式的理解以外，在《论语》文本中，"天"被儒家更多地作了道德化的理解，从而为儒家的道德修养与出仕干政提供了在当时的历史条件下最难以辩驳的理由与牢固的形上依据。孔子对"天"的这种立场也影响到了孟子，以至于在

---

① 有学者认为，儒学的产生与巫史传统存在着一定联系："孔子创立的儒学与商周的巫史有着直接的或间接的关系，甚至还可以说，后世各学派的学说与这些上古的宗教官——巫史均有一定的关系。"孔祥骅：《先秦儒学起源巫史考》，《社会科学》1991 年第 12 期。与此种立场相同，李泽厚也提出，与民间巫文化信仰的小传统相比，巫史传统则是中国古代思想文化的大传统。他认为中国巫术的理性化、礼仪化，巫君合一、巫史合一构成了大传统，儒家、道家老子，甚至庄子和先秦诸子百家莫不如是，进而总结性地说道："中国则由'巫'而'史'，而直接过渡到'礼'（人文）'仁'（人性）的理性化塑建。"此种观点可供参考。引文见李泽厚《由巫到礼 释礼归仁》，生活·读书·新知三联书店 2015 年版，第 13 页。

《孟子》文本中，孟子将人的心性与上天作了贯通式理解，从而为人道德尊严的挺立作了更为细致的阐述。如此，儒家对于人道的体认与把握就不仅仅是平面式的，当然如果止步于平面式理解的话，儒家的这种运思方式就更多地呈现为了伦理性特点，便会因缺失形上的思考而使其在形式和特点上并不具有多少哲学意味。

当儒家将天、天道纳入对人道讨论的理论框架内，这就使得儒家的思想理论具有了较为开阔的空间与张力，正如汉初儒生陆贾于《新语·道基》所言："于是先圣乃仰观天文，俯察地理，图书乾坤，以定人道，民始开悟，知有父子之亲，君臣之义，夫妇之别，长幼之序。于是百官立，王道乃生。"对此，林聪舜亦认为，"这里以'人道'、'王道'出于仰观俯察而来的'天道'，连结了天、地、人的关系，也为'人道'（人伦秩序）建立了形上基础"[①]。与此立场、理路相一致，在郭店简《性自命出》和传世文献《礼记·中庸》中对人的探讨也上可达于"天"，下可贯于人事，故而儒家视野中的"人"不仅仅是生物性的人，而且还具有宇宙本体论式的价值与意义。这样的人不仅要承载起人文化成的伦理价值与功能，还要更进一步，成为"赞天地之化育，可以与天地参"的人［杨儒宾则将此称为"大生命的同胞之感（weness）"[②]］，故而这就不仅要求"观乎人文，以化成天下"，同时还要"观乎天文，以察时变"（《周易·贲卦·彖辞》），从而将人文精神置于天人之际的理论框架与宏阔视野内，这便超越了一般意义上的伦理价值。[③] 这样能够与天地相并立的人，从现实的角度来看实际上就是"德为圣人，尊为天子"（《礼记·

---

① 林聪舜：《汉代儒学别裁——帝国意识形态的形成与发展》，台北：台湾大学出版中心2014年版，第63—64页。

② 关于这种大生命的同胞之感（weness）的产生，杨儒宾认为是深受春秋战国时期农业文明特有的宇宙机体观的影响。对此，他展开论述说："在农业文明长大的知识人，很容易得到下列的观念：宇宙是依循自然律则运行的机体；万物一体，大家是同一天地之家族成员；人在某种意识中，很容易感到自己与天地合而为一。"详见杨儒宾《〈中庸〉的"参赞"工夫论》，《湖南大学学报》（社会科学版）2016年第1期。

③ 关于《中庸》所呈现的这种思想特色，杨儒宾认为是"强调个体与存在的整合；意识的本质与自然的本质的融通"，"人的主体与自然的本质、超越的存在有深层的连结，《中庸》从超越的向度界定人性。"在此基础之上，他进而认为"《中庸》作者不可能接受道德与存在可以断层，也不能接受价值可以从绵延一片的生机流行中抽离出来"。诚哉斯言！引文见杨儒宾《〈中庸〉的"参赞"工夫论》，《湖南大学学报》（社会科学版）2016年第1期。

中庸》）的舜可以有条件做到，而从理论上讲便是与"天之道"相合的"不勉而中，不思而得，从容中道"的圣人才是最为理想、最为完满地能够做到"赞天地之化育"的人。正是从这种意义上来讲，儒家在讲人道时不离政事，认为政事是让人道通达和谐的有力途径，而"为政在人，取人以身，修身以道，修道以仁"（《礼记·中庸》），要处理好政事就要重视从政者的道德水准，而道德水准的提升离不开个人在"事亲""知人""知天"的过程中不断实现修身、修道的目的："故君子不可以不修身；思修身，不可以不事亲；思事亲，不可以不知人；思知人，不可以不知天。"（《礼记·中庸》）根据《礼记·中庸》的阐述理路来看，人之所以能够成为圣人，之所以可以"赞天地之化育"可以"与天地参"，其在根本上是以天的高度与方式来要求自己的修身、修道（《礼记·中庸》即云："唯天下至诚，为能尽其性。"①），进而在完满的事亲和为政中实现与"天之道"的相合，真正成为具有宇宙本体论式价值与意义的人。②实际上，《论语·泰伯》所言"唯天为大，唯尧则之"③，《孟子·尽心上》所言"上下与天地同流"，《礼记·中庸》所言"大哉圣人之道！洋洋乎！发育万物，峻极于天"等内容，都蕴含着这样的思维框架与价值诉求，从而彰显了先秦儒家政治哲学将或道德的，或"自然的、宇宙的整体性和人的生命存在结合在一起来解释"④ 的鲜明特点。

　　根据上文的分析，我们可以看到，儒家政治哲学在先秦时期的致思对象与范围主要是由横向层面的个人（家族）—社会（国家）—天下，

---

　　① 《正义》注曰："'为能尽其性'者，以其至极诚信，与天地合，故能'尽其性'。"见李学勤主编《礼记正义》，北京大学出版社 1999 年版，第 1448 页。

　　② 蒙培元则将这种思维方式称为整体论，并结合《礼记·中庸》文本认为"这种整体论是有机生命意义上的整体论，也是哲学层次上的整体论。它必须为人的生命存在找到宇宙论本体论的根源，即天道、天命，然后才能说明人在宇宙自然界的地位和作用，说明人的生命意义，最终解决人与自然的关系问题"。在这种整体性思维方式下所探讨的人，就在天地之间获得了自身存在的最大价值，并于成己和成物之间实现天地人三才之间的良性互动，在参赞天地之间大化流行与宇宙间和谐的同时，也成就了自身"即凡而圣"的可能性意义。引文见蒙培元《〈中庸〉的"参赞化育说"》，《泉州师范学院学报》（社会科学版）2002 年第 5 期。

　　③ 对此，《论衡·自然篇》引申云："尧则天而行，不作功邀名，无为之化自成。"

　　④ 与此相应，景海峰进而认为"'中庸'是一种具有终极意义的生命意识，这种终极性是和对整个宇宙自然、天道性命的理解联系在一起的"。详见景海峰《从〈中庸〉所言"诚"看儒家人文精神的宗教性》，《社会科学战线》2016 年第 2 期。

以及纵向层面的道（天道）—人（人道）—地（地道）构成的。由于崇尚天地宇宙间的自然运转所呈现出的过程、态势与趋势，并以之为最佳和最合理的样态，道家认为无论是国家治理、社会发展还是个人的生存与生活都应以此为效法和模仿的对象。不仅如此，道家还认为个人、社会乃至国家最为理想的境地便是要与天地宇宙间自然运转所呈现的过程、态势与趋势合而为一，故而道家人物老子呈现给世人的是"人—地—天—道"这样趋向于合理、最佳的递次序列。在这样的序列当中，人虽然处于端首，但人也是目的，是整个序列所要应对和观照的对象，老子对于"地""天"和"道"的理论建构也正是为了充分挖掘和阐述人的本质，进而为人的合理化存在指明自我改进的途径与方向。与道家建构的序列有所不同，儒家整体上呈现出的是"下学上达"——天道与人事之间的双向互动，或者也可以称之为对于横向与纵向两种思维方式的双重重视。当然，从整体上看横向层面的家—国—天下，属于人事、人道的范围，也从属于纵向层面的人道和地道。故由此来看，儒家思想体系整体上可以用"下学上达"来加以概括。如果我们的这种概括能够比较准确地彰显出儒家思想的结构特点与学派性质的话，那么应该可以说，儒家所说的"上达"就确实具有哲学的性质与特点，而"下学"又不离人事、政治，"上达"与"下学"相关联确实会形成一种哲学式的观照，而在这种哲学式的观照下，人世间的政事与政治权力运作又被赋予了形上的价值与意义，故而如此便形成了儒家政治哲学的主要内容与结构性特点。①

　　在此，我们可以说，先秦儒家政治哲学的讲法是完全可以成立的。不仅如此，我们还试图通过对先秦儒家类文献的考察与整理而归纳出儒家政治哲学的构成要素，具体来说可以这样来概括：先秦儒家以探究人（人道）为本，以三代政治（王道）为据，以天道为价值指引，整体上呈

① 关于政治哲学的内容，海伍德则有着更为清晰的阐述，当然他的这种阐述与我们文中所言也并不相悖，其内容如下："政治哲学通常被视为伦理学或道德哲学的分支，因为它专注于本质上是规定性或规范性的问题，反映的是什么应该（should）、什么本当（ought）或什么必须（must），而不是什么是（is）。其核心问题包括：'我为什么应该服从国家'，'应该由谁来统治'，'收益应该分配给谁'，以及'个人自由的限度应该是什么。"［英］海伍德：《政治学核心概念》，吴勇译，天津人民出版社 2008 年版，第 118 页。

现出天地人相贯通，过去、现在、未来相衔接的立体式结构。先秦儒家政治哲学所呈现出的这种结构，恰恰体现出在儒家的立场与视野之下政治哲学是有着强烈的价值目标与现实指向的，而与西方有些学者所讲的强调价值、道德中立的政治科学并不相同。①

从儒家的学派性质和理论旨归上来看，称儒学为人学毫不为过。生活于礼乐崩坏、动荡激变春秋晚期战国时期的诸子，多少都具有一定的人文情怀，儒家更是如此。儒家强调修身，注重习礼，周游列国游说君王，以及著书立说等行为方式，无不指向了对人本身的关怀与重视，其理论创建与实践行为无不彰显了对人本身价值与意义的开掘与显扬。正是在这个意义上，我们认同李洪润在其译著《政治哲学史》的译者前言中所指出的，"政治哲学旨在探讨人类最好的政治制度和生活方式，为此要研究人的本性或本质，国家的起源或基础，社会经济制度的组织原理，道德或价值取向的根据，正义或公正的实质等基本问题"②。实际上这些基本问题最终都可以归结为人如何更好地生存与生活这一根本问题上，无论是宏观地探讨政治制度和生活方式，还是具体地研究人性、国家与社会经济制度都以人的生存与生活为最终目的，也可以说，人本身就是政治哲学所要解决的根本性问题。

要解决人生存与生活的问题，从理论上看，主要便是历史的和哲学的这两种思维路径。如前文所说的，"向后看"，以三代政治为据，主要体现的便是历史的思维与方法。儒家为何在礼乐崩坏的春秋晚期战国时

---

① 作为实证主义的社会科学分支的政治科学，强调道德中立地描述和刻画各类政治参与者的行为模式。政治科学家相信，唯有对各种政治行为实施价值中立的"科学"研究，才可能发现变量之间具有统计意义的政治规律。参见刘莘《现代性政治哲学的基础共识：从施特劳斯到罗尔斯》，《西南民族大学学报》（人文社会科学版）2014 年第 6 期。关于政治科学和政治哲学之间的区别，孙晓春认为："政治科学是实证的和描述性的，其任务是要说明现实生活中的政治是什么（to be），而政治哲学则是有关社会政治生活的应然性判断，在政治哲学领域里，所有讨论都围绕'我们应该（ought to be）有什么样的社会政治生活'展开的。"孙晓春：《政治哲学的使命及其当下意义》，《天津社会科学》2016 年第 6 期。正是因为两者之间在立场上存在着这样的差异，故而施特劳斯注意到政治哲学与价值的不可分离性，并认为："价值无涉（value-free）的政治科学是不可能的。"［美］列奥·施特劳斯：《什么是政治哲学》，李世祥等译，华夏出版社 2011 年版，第 14 页。

② 引文见［美］列奥·施特劳斯、约瑟夫·克罗波希主编《政治哲学史》，李洪润等译，法律出版社 2009 年版，译者前言第 1 页。

期要向后看呢，三代政治会给儒家带来哪些有益的启示？儒家对于传统文化采取的是"因""损""益"的态度："殷因于夏礼，所损益，可知也。周因于殷礼，所损益，可知也。其或继周者，虽百世，可知也。"（《论语·为政》）也就是说，对于传统文化，儒家强调既要传承，还要创新，是创新条件下的传承和传承立场下的创新。这种复杂的历史文化态度，不仅体现了儒家对待前期文明的历史观念，也充分彰显了其在处理传统与现代、传承与创新问题上的辩证发展态度。当然，儒家的这种态度，不仅仅反映在历史文化方面，对于政治制度与礼乐文化他们也是持有如此的立场。诞生于宗法血缘伦理社会的儒家学派，孔门弟子大多出身贫寒，在早年多数都有着基层社会生活的经历与体验，对于这种由血缘伦理所构筑的共同体式的生活群体具有天然的亲切感。弟子们之所以能够走出血缘共同体围绕在孔子身边而形成一个共同体性质的存在——我们可以称为知识共同体或道德共同体，当然与他们中的多数人有着共同或相似的生活体验与记忆有关。我们固然要重视孔子因超于常人的德性和知识所产生的威严与魅力，也要重视弟子们求学问道的精神与决心，但也绝不能忽视礼俗社会与传统生活对于他们能够结成新的共同体式的群体所产生的重要影响，而这种影响往往是隐而未显，不太容易引起研究者们的重视与兴趣。[①] 可以说，儒家群体的形成与此相关，而儒家对于传统文化与三代政治的立场也与此关系甚大。

除上述原因以外，儒家对于三代政治的服膺还与夏商周三代，尤其是西周时期政治与宗法伦理相杂糅的特点密切相关。[②] 这样的政治体系与政治特点，就是有别于中央集权政治制度的王道政治，只不过在儒家文本中被不断美化与理想化了，从而成为儒家心目中最为理想的政治制度，故可以称为王道理想。事实上，王道政治是生成和适应于王权社会（由

[①] 关于共同体理论，以及以此为理论视角对先秦儒家所进行的研究，请参看笔者的两篇文章，限于文章篇幅，此处不予展开。见李友广《家庭伦理对早期儒家共同体形成的价值及影响》，《云南社会科学》2013 年第 6 期；《论先秦儒家对"家"的执守、突破及依归》，《东岳论丛》2018 年第 9 期。

[②] 王国维在谈论周制与商制不同之处时，第一点就谈到了"立子立嫡"之制，并认为"由是而生宗法及丧服之制，并由是而有封建子弟之制，君天子臣诸侯之制"。由此可见，西周政治制度确实呈现出了显著的宗法伦理性特点。引文见王国维《殷周制度论》，《观堂集林》（卷十），河北教育出版社 2003 年版。

原始氏族公社进入国家形态的初级阶段）的政治运行机制与政治价值理念，自有其价值与合理性。这套政治运行机制与政治价值理念以礼乐制度与礼乐文明的方式有效理顺和维护了天下层级权力体系，从而使得君臣、父子、夫妇得以各安其位，各司其职，各负其责，在家国同构的基础上初步实现了伦理与政治的双向互动与一体化。但是，当历史由三代进入春秋战国，政治体制由"封藩建卫"的周制向政治权力日益向君王集中的秦制过渡，而这种政制的变化在文化典制上的集中表现便是礼坏乐崩。与这种糟糕不已的社会历史现实两相对照，儒家更倾向于认同和恢复周天子与诸侯共治天下的稳定政治秩序。可以说，孔孟之所以言多称周制，是因为西周政治制度所彰显的政治文化特质与儒家以道德的进路来推进政治治理的立场并无二致。

另外，在儒家文献中，我们可以很轻易地就能看到儒家对于家（家族）伦理重视的话语，不仅如此，儒家还往往会将家和家族视为个人修身、学习和为政的起点，私领域的伦理规范是公领域社会事务完成好坏的基础与前提。这种将血缘亲情伦理向公共领域、社会事务上投射的做法，彰显了儒家对于血缘亲情伦理价值的充分信任与肯定。他们对于伦理价值的这种信心甚至扩展到了政治领域与公共事务上，致使伦理价值的影响超出了私领域范围，轻易地进入了儒家对于政治理论与政治文化的建构当中。可以说，儒家对于伦理价值有效性的乐观立场，事实上与公领域事务的广阔性及复杂性并不完全相称，甚至还会出现矛盾与冲突，故而在儒家理论当中常常会在血缘亲情维护与社会公义伸张之间产生紧张感与复杂性。与此同时，由于在儒家视野当中伦理与政治之间的纠缠，致使两者之间在儒家思想理论中于价值、功能及边界等方面呈现出了含混、杂糅的历史特点，这也是不难理解的事情。①

既然儒家所深为信任的伦理价值需要在政治领域得到印证，再加上天下失序、礼乐崩坏社会现实的刺激，那么在春秋晚期战国时期这一特定历史阶段，儒家对于三代尤其是西周政治制度与礼乐文化的重视、推崇与理想化阐述就再正常不过了。当然，由于深受早年生活经历的影响，

---

① 相应分析与阐述，可参见李友广《论先秦儒家对"家"的执守、突破及依归》，《东岳论丛》2018 年第 9 期。

儒家对于群体性生活的依赖与认知想必无比深刻，故而他们对于个体生命的安顿不是如隐士般置于山林和偏僻乡间，而是置于家庭家族、村落乡党和庙堂之上。正因如此，儒家才非常重视政治生活，强调社会对于个人价值实现的作用与意义。反过来说，儒家也十分强调人在社会与政治生活中的价值与意义，或者说，人的价值与意义正是在与社会、政治生活的良性互动中得以完整呈现的。如果没有社会与政治生活的存在，人的价值与意义反而无从显现，这实际上是在强调个人与社会、政治生活的良性互动关系，个人也只有被置于社会与政治生活当中才能充分彰显其所应有的价值与意义。①

　　虽然我们一再强调社会与政治生活对于儒家彰显个体生命存在的重要价值与意义，但不能否认的是，正如上文所讲的，儒家还有"向上看"的理论视角与思维路径。换句话说，仅仅"向后看"还不足以充分论证与彰显人存在的合理性、价值及意义，由于至上神崇拜、祖先崇拜、巫史传统以及宇宙四时的转换等综合因素的影响，再加上农业社会的生产方式与天时、气候、季节关系密切②，从而使得儒家思想理论不仅具有显著的人文理性精神，而且还具有一定的宗教色彩，而这种宗教色彩实际上便是儒家"向上看"的表现与结果。当然，儒家能够"向上看"受上述因素的综合影响是毫无疑问的，但这还不是最根本的原因。在儒家看来，人不应该一直处于自然状态之中，不应该一直作为自然人而存在（儒家所讲的"人禽之别"与此不无关系），否则人和动物没有质的区别。基于这种立场，儒家认为人的发展走向是要通过种种努力从自然人转化为社会人和文化人，成为君子，成为贤人，乃至成为圣人。那么，人为

---

　　①　关于个人与社会之间的关系，与儒家的立场相似，亚里士多德也强调，人是一种整体的存在而非个体的存在，其原因不仅在于人们之间生存关系意义上的互相依赖，而且更为根本的是作为个体的人只有以群体的方式，通过对价值的共同的认知和情感的相互交流，方能使自己成其为真正的人。个体只有通过社会公共生活方式，才能形成和获得道德意识、情感和共同的价值认知。详参见韩冬雪《政治哲学论纲》，《政治学研究》2000年第6期。

　　②　对此，杨儒宾结合《中庸》所喜欢用的意象进一步阐述说："可以想像得到的，春秋战国时期许多思想家仍旧生活在农业社会里，农业文明特有的宇宙机体观自然而然即会深烙在他们的意识上。……在农业文明长大的知识人，很容易得到下列的观念：宇宙是依循自然律则运行的机体；万物一体，大家是同一天地之家族成员；人在某种意识中，很容易感到自己与天地合而为一。"杨儒宾：《〈中庸〉的"参赞"工夫论》，《湖南大学学报》（社会科学版）2016年第1期。

什么必须要这样做，不这样做难道不可以吗，成为道家式的怀素抱朴的、道化（或者说合于道而在）的人不好吗？这是在经过历时性和横向面的思考以后，儒家所不得不面对与思考的问题。在这种情况下，儒家便要从天、天道、天命等形上意蕴浓厚的概念那里寻求依据与解决的答案了。不管是孔子所讲的"天何言哉？四时行焉，百物生焉，天何言哉？"（《论语·阳货》）还是《周易·乾·象》所言的"天行健，君子以自强不息"。孟子所说的"尽心，知性，知天"，"存心，养性，事天"（《孟子·尽心上》），以及郭店简《性自命出》所说的"眚（性）自命出，命自天降"（简2—3）和《礼记·中庸》所说的"天命之谓性"，在儒家文献中的"天"，有时候具有自然义，但更多的则是具有道德属性，故而可以称之为道德之天或者义理之天。据此，儒家便可以为人类的道德尊严树立信心，是人类不断提升自我道德修养的形上根源与价值依据。儒家从天和天道那里找到了道德的形上依据，正如《礼记·中庸》所讲的"诚者，天之道也。诚之者，人之道也。诚者不勉而中，不思而得，从容中道，圣人也。诚之者，择善而固执之者也"。在这里，人之所以能够与天产生联系，正在于"诚"是天和人（准确地说是圣人）之间的共性。只要人能够"自明诚"，通过漫长的修养工夫而尽可能地达到"诚"和实现"诚"，这样的人便能够成为"不勉而中，不思而得，从容中道"的圣人，而圣人的性就是"诚"。如此，人经由"明"而"诚"进而成为圣人，成为圣人便可与天道相通、相应。这样的人，不仅德性很高，而且利他的范围也很宏阔，是内圣与外王的完美统一，也是人在天地间存在的价值、意义与合理性得到最大限度的实现。不过，有必要指出的是，正如前文所说，儒家并没有为人的修养水准与利他性设定一个完美的标准与范围，准确地说，在儒家看来，这是一个永无止息的过程，可以无限趋近但似乎又永远到达不了完满境地。实际上，儒家对于成人成圣所作的过程性与动态性的理解，用现实主义或者人文主义这样的语词很难全面地去界定它，在这里面很有可能还体现了一定的宗教色彩。

以上，我们主要对先秦儒家政治哲学的构成要素进行了研究，接下来，我们再对先秦儒家政治哲学的特点进行归纳、阐述与论证。根据上文对先秦儒家政治哲学构成要素的研究，我们认为儒家政治哲学在先秦时期主要呈现为德性特质与政治伦理化、家庭主义与天下情怀、执两用中与改良立场这三个特点。

1. 德性特质与政治伦理化

政治哲学，当然要关注政治，只不过受儒家立场与价值观念的影响，使其具有了自己的显著特点。儒家对于宗法血缘伦理的推崇，对于周制中所蕴含的伦理价值的肯定，以及对于王道理想的阐述与建构，都让儒家政治哲学呈现出浓厚的德性特质。换言之，儒家认为，政治制度与政治事务存在的价值并不在于政治本身，而是维系与推动人更好地生存、生活与发展，而作为一种社会的、文化的存在方式，人必然会被附加上德性要求与目标。

在儒家看来，人理应过着一种修持德性而对欲望有所节制的生活，而不应以口腹之欲作为人生的价值目标与根本追求，故而《论语》多次有云："君子食无求饱，居无求安，敏于事而慎于言，就有道而正焉，可谓好学也已。"（《学而》）"士志于道，而耻恶衣恶食者，未足与议也。"（《里仁》）"君子谋道不谋食。耕也，馁在其中矣；学也，禄在其中矣。君子忧道不忧贫。"（《卫灵公》）孔子说这些话，为的是激励弟子们求学问道、修身干政，肩负起作为士和君子所应承担的责任与使命，匡正天下秩序，解救黎民于水火。依此理路，孔子所强调的道德修养，最终必然要在个体生命与政治事务之间发生联系，故而《礼记·大学》所言的"修身，齐家，治国，平天下"也正体现了这样的路数。个人的道德修养不能止步于个体生命境界的提升，必然要向政治领域延伸，在政治事务上得到安顿，这样的德性修养才符合儒家的立场与要求，否则便很有可能会成为儒家所一再批判的隐逸之士了，比如子路云："不仕无义。长幼之节不可废也，君臣之义如之何其废之？欲洁其身而乱大伦。君子之仕也，行其义也，道之不行已知之矣。"（《论语·微子》）同样在《论语·微子》，孔子又列出了几位逸民①，诸如伯夷、叔齐、虞仲、夷逸、朱张、

---

① 当然逸民并不似隐者那样全然避世全志，但确有隐逸之风，并时有隐逸之举。故而孔子对他们虽有所批评，但批评中也有肯定。基于这种立场，谢良佐评论说："然清而不污也，权而适宜也，与方外之士害义伤教而乱大伦者殊科。是以均谓之逸民。"见（宋）朱熹《四书章句集注》，中华书局 1983 年版，第 186 页。

柳下惠、少连等人。对于他们，孔子虽然激赏有加①，但也不无批评，认为他们或"不降其志，不辱其身"（伯夷、叔齐），或"降志辱身矣，言中伦，行中虑"（柳下惠、少连），或"隐居放言，身中清，废中权"（虞仲、夷逸），过于关注自身的志向与节操，置社会与人伦于不顾，这是孔子所不能接受的。② 世既已恶浊，若皆避之，天下或将更为险恶，孔子救世济民的意义即显之。所以，孔子于此才会接着又说："我则异于是，无可无不可。"③ 孔子所说的与隐逸之士的不同即在于，不拘泥于隐逸还是出仕这种外在形式，一切以义为价值规范与行为先导。

当然，儒家这种道德优先的价值立场不仅孕育于宗法血缘伦理社会，同时还与西周家国同构的政治权力体系密切相关，而且更为重要的是，儒家对于这种价值立场作了非常乐观的估量，以至于使儒家思想文化呈现出泛道德主义的倾向，从而使其在政治文化的理论建构上必然会很自然地呈现出政治的伦理化特点。④ 关于儒家的这种道德优先性立场以及由

① 对于这一类人，孔子有时以"贤者"来称谓他们，可见并不全是批评："子曰：'贤者辟世，其次辟地，其次辟色，其次辟言。'子曰：'作者七人矣。'"对于伯夷、叔齐，孔子多有肯定，诸如"不念旧恶，怨是用希"（《论语·公冶长》），"求仁而得仁，又何怨"（《论语·述而》），"饿于首阳之下，民到于今称之"（《论语·季氏》），等等。

② 孔子的这种立场无疑也影响到了汉初儒生陆贾，他也曾激烈批评隐居避世的行为，并于《新语·慎微》言谓："夫播布革，乱毛发，登高山，食木实，视之无优游之容，听之无仁义之辞，忽忽若狂痴，推之不往，引之不来，当世不蒙其功，后代不见其才，君倾而不扶，国危而不持，寂寞而无邻，寥廓而独寐，可谓避世，而非怀道者也。故杀身以避难则非计也，怀道而避世则不忠也。"陆贾的这种批评可谓一针见血，振聋发聩。对此，林聪舜认为，此一对隐者的强烈批评与丑化，在儒、道，甚至法家传统中是罕见的，进而提出"它反映了陆贾对'士'角色的全新认知，也反映他意识到'士'即将面临大有作为的时代的自觉，及在政治上出头的强烈企图"。所言甚是。所引林聪舜文，见氏著《汉代儒学别裁——帝国意识形态的形成与发展》，台北：台湾大学出版中心 2014 年版，第 78 页。不仅如此，《韩诗外传》甚至将"尊隐"传统中的重要人物，伯夷、叔齐、卞随、介子推、原宪等人视为不祥之人，正是由于他们过度廉直，无法承担社会、政治责任的缘故。参见林聪舜《汉代儒学别裁——帝国意识形态的形成与发展》，台北：台湾大学出版中心 2014 年版，第 92 页。

③ 关于"无可无不可"，马融注云："亦不必进，亦不必退，惟义所在也。"于此，马融认为，不必拘泥于进退之行迹，一切应以义为先导。引文见程树德《论语集释》（四），中华书局 1990 年版，第 1285 页。

④ 诚如李祥俊所言："在中国这样一个以家庭、家族为社会组成基础的传统社会里，社会政治结构与基本的伦理关系紧密相连，各家各派学说都离不开对这些基本伦理关系的思考"，确实如此。引文见李祥俊《儒家思想中的"父亲"》，《当代中国价值观研究》2016 年第 1 期。

此对政治文化与政治领域所产生的伦理化影响，道家自老子始便从"道"的高度对其进行了全面而又深入的反思，并对儒家这种在政治文化与政治领域里的泛道德化倾向加以批判。道家认为，无论是天地、国家、社会还是人，最佳的存在趋势与状态便是如同道那样以自然运转的方式存在着，而国家、社会与个人都拥有自我调适的空间与能力并不需要人们的过度干预，而老子则往往会把人们的这种过度干预性行为强烈地称为"妄作"："不知常，妄作凶。"（《老子》第十六章）故而，老子视野中的圣人是不妄作、不强为的，而且拥有"后德""不争之德"，而关于这种德性在《老子》中则多处有所阐述："水善利万物而不争"（第八章）；"功成身退，天之道"（第九章）；"不自见，不自是，不自伐，不自矜"（第二十二章、第二十四章）；"不敢以取强"（第三十章）；"无为，无执"（第六十四章）；"不敢为天下先"（第六十七章）；"不敢为主而为客，不敢进寸而退尺"（第六十九章）；"天之道，不争而善胜"（第七十三章）；"弱之胜强，柔之胜刚"（第七十八章）；"天下道，利而不害；圣人之道，为而不争。（第八十一章）"而这种难得的品性，正是道之用在人世间的最佳表现方式，集中于圣人那里便是不但要"去甚，去奢，去泰"（《老子》第二十九章），而且还要："处无为之事，行不言之教"（《老子》第二章），"无为，好静，无事，无欲"（《老子》第五十七章），"治大国，若烹小鲜"（《老子》第六十章），"无为故无败，无执故无失"，"以辅万物之自然，而不敢为"（《老子》第六十四章），等等。

　　虽然道家对儒家这种泛道德主义的思想立场有着强烈的批判，但由于儒家采取的是积极入世的态度，而且还时常以不断调整和完善思想理论与实践行为的方式来应对自己在出仕过程中所遭遇的种种挫折。所以，在这种情况下，儒家所持有的道德优先立场会影响到其对政治文化的建构，进而使其政治文化呈现出伦理化的特点。

　　2. 家庭主义与天下情怀

　　由于氏族性社会结构在三代的延续以及宗法血缘伦理浓厚的特点，

在传统文化语境中，尤其是先秦文献所一再言说的"家"，与战国①、秦汉及其以后所说的"家"并不相同，更不用说今天所说的主要涵盖上下三代的"家庭"了。先秦文献中所说的"家"实际上主要指向了一般意义上并不局限于家庭的家族、宗族村落，也指向了卿大夫的采邑、封地，故而《礼记·大学》言谓"齐家"，在个体德性修养与国家治理之间搭起了一座桥梁。既然如此，那么我们在研究先秦政治哲学思想的时候，为何还要用"家庭主义"这一讲法？这是有必要作出澄清与交代的。

家庭主义，是在讲家族内部对于个人起居、修养起直接作用的伦理生活环境，这样的伦理环境当然不会局限于涵盖上下三代血缘伦理关系在内的家庭，但家庭确实会对个人产生最为直接、切实的影响与感受。当然，家庭也绝不是作为社会上的孤立性单元而存在的。因为在先秦社会中家庭是家族、宗村村落中的家庭，是采邑、封地内的家庭，包括家庭、家族、宗族村落、采邑封地在内共同构成了国家与天下，而国家与天下的存在、运转及其组织架构、政治理念等方面特点的呈现又与此不无关系。换个形象一点的说法，国家与天下这样的巨人之所以会存在并得以延续，是由家庭、家族、宗族村落、采邑封地共同构筑了其肌理纹路与内在架构的。从先秦社会历史背景与文献语境来看，虽然我们不能把家庭、家族、宗族村落、采邑封地（注：此处是指卿大夫的采邑封地，如无特别说明均在这个意义上使用，下同，不再一一注明）中的任何一个单独拿出来说是真正意义上的国家，但是在一定程度上却可以把国家

---

① 战国时期的法家人物商鞅在变法中推行分户令（分家立户），他颁布法令废除大家庭制，禁止百姓父子兄弟同居一室（《史记·商君列传》即云："民有二男以上不分异者，倍其赋。""而令民父子兄弟同室内息者为禁。"），一改秦国过去"父子无别，同室而居"（《史记·商君列传》）的习俗。在战国晚期云梦秦简所载的秦律中甚至还有着对"匿户"的处罚规定："何谓匿户……匿户弗繇、使，弗令出户赋之谓也。"（《睡虎地秦墓竹简·法律答问》）至于国家为何对民户所出赋税十分重视，晁福林认为"其目的在于通过赋税收入的增加以达到国富兵强"（见晁福林《战国授田制简论》，《中国历史文物》1999 年第 1 期）。这样做产生的后果是，除了使家庭结构被简化、小型家庭增多以外，更为重要的是，还会以法令许可的方式使得土地所有权日益被切割，原来在西周年间盛行的土地国有制度（周天子名义上拥有土地所有权）遭到破坏，进而带来的是嫡长子威严的下降，宗法制约束力与影响力的减弱以及宗族集团势力的日趋没落。至于《分户令》的社会历史意义及影响，此处不赘述，可以参见高士荣《秦国商鞅变法中〈分户令〉的重大意义》，《西安财经学院学报》2013 年第 6 期。

视为某种意义、某个层面上的家庭、家族、宗族村落、采邑封地，这便是中国三代文化的独特之处。中国三代文化呈现出来的这种思维理路及其特点，在整体上我们可以称之为"家族主义"，但在本章为了更好地突显主要由祖孙三代所构成的家庭对于生命个体的直接影响与意义，在此我们主要运用"家庭主义"这一讲法展开相应论述与研究。

根据之前的研究我们可以获知，先秦儒家成员中的多数出身贫寒，早年大多有着基层社会生活的真切体验。在这种生活体验中，他们常常能够从与父母、兄弟之间的交往中切实地感受伦理亲情的温馨感与包容性，进而在每日所经历的衣食住行、洒扫应对当中来不断修正自己言谈举止中的不合宜之处。实际上，与人交往的种种场景，这种修正的过程，便是生命个体在德性修养与举止仪态方面不断成长与完善的一种具体表现。可以说，儒家在德性修养上所呈现出的情境化、伦理性的特点，不仅彰显了家庭伦理环境对于一个人在成长期间所产生的直接影响，而且还体现了儒家在对道德的理解与认知上与宗法伦理有着密切的关系。儒家在对道德理解上所产生的这种特点，便意味着判定一个人品行优劣带有根本意义的标准，便是其在家庭伦理生活中的表现如何："其为人也孝弟，而好犯上者，鲜矣；不好犯上，而好作乱者，未之有也。君子务本，本立而道生。孝弟也者，其为仁之本与!""弟子，入则孝，出则弟，谨而信，凡爱众，而亲仁。""事父母，能竭其力；事君，能致其身；与朋友交，言而有信。"(《论语·学而》)"书云：'孝乎惟孝，友于兄弟，施于有政。'是亦为政，奚其为为政?"(《论语·为政》)从我们对《论语》文本的不完全征引中可以看到，儒家在谈论德性修养与为政的时候，常常把传统社会中最重要的伦理关系——父（母）子一伦置于优先地位，具有源初性意义，何以如此? 这当然与宗法伦理社会的宗族性生活息息相关。在个人自我意识尚未完全觉醒的三代时期，人们对于自我的认知与规范的把握往往基于习惯及其背后所依托的伦理生活与宗法秩序，而随着中国古代社会由氏族公社生活进入早期国家形态阶段，家族被保留在了国家当中，使得这种社会特点也被延续了下来。故而在孔子生活的春秋晚期，虽然人文理性精神有着一定程度的发展，而且儒家在思考人的本质、价值及意义的时候，也已经观照到人的内在追求与主体价值，但由于孔子强调"因""损益"（《论语·为政》）的文化态度和"吾从周"（《论语·八佾》）政治文化立场，对于人的本质、价值与意义的思考并没有完全丢弃宗法血缘伦理这一传统意义上的思维特点。

以上，我们主要结合其时的社会历史特点，来对儒家的家庭主义立场及特点作出了必要说明。那么，接下来需要解决的是，基于家庭主义立场的儒家是如何彰显其天下情怀的，或者说守持家庭主义立场的儒家其拥有天下情怀是否可能，家庭主义与天下情怀同时体现在了先秦儒家的身上，我们应该如何来理解这一现象呢？当然，要更好地理解这一现象，还需要解决的是：对于儒家而言，家庭主义与天下情怀有何共通之处，它们之间可以发生联系的中介与桥梁是什么？

在这里，我们先考察一下"天"在三代社会中的价值、地位与意义。根据学者们的研究，"天"在中国传统文化当中具有多重义涵，是一个兼具宗教神性、自然性、道德意志的概念，在不同历史时期所呈现的义涵也有所差异。关于三代时期至上神的转换，学界已多有研究，我们也倾向于认同殷周时期的至上神经历了由"帝"到"天"的变化。[①] 与全能而非全善（不具有应然的道德性）、宗教神性与自然属性兼具的殷人至上神"帝"相比，周人的至上神"天"则具有更加鲜明、集中的权威性与道德性，这正是对"小邦周"代替"大邑商"历史现实的反映，同时也彰显了周制与殷制之大不同在精神信仰层面所产生的变化。殷商的政权组织形式主要呈现为松散的、各自为政的多个族邦联盟性质的政权联合体，与之不同的是，西周政权则主要采取的是大规模"封藩建卫"的方式将王室子弟与异姓贵族分封到各地建立诸侯国家，代表周天子行使对地方的统治权，以拱卫王室。由于被分封的王室子弟本身与周天子多是兄弟、叔侄关系，异姓贵族与周天子则通过婚姻缔结成姻亲关系，多是舅甥关系；而在政治权力与组织架构上则都要听命于周天子，属于君臣关系，这就是后人所说的西周政治权力的"家国同构"特点，所以在西

---

① 关于这方面的研究成果及观点可参见李友广《先秦儒家人性论的演变——以郭店儒家为考察重点》，陕西人民出版社 2014 年版，第 14—29 页。此处不予展开。

周政治体系下的家国体制中，"国与国之间的关系虽非完全家族之间关系的升级，但在制度设定上又的确是一种家族道德的扩展体"①。由于周人在政权组织架构上的发明，使得周王朝的统治版图迅速扩大，远远超过以往的任何历史时期。统治疆域的广袤，政权组织架构的严密，使得周人有了强烈的地理意识与王权观念，故而《诗·小雅·北山》所谓"普天之下，莫非王土，率土之滨，莫非王臣"，正是这一历史语境下的产物。

如前文所言，由于殷人的至上神"帝"是全能而非全善（不具有应然的道德性）的，其时的人们只能通过占卜的方式来揣摩神意，并通过各种祭祀的方式来向其献媚，即便是商王也无法完全洞悉"帝"的意志，故而"帝"与人间君王并不能直接发生联系，商王自然也难以具有"帝"的权力与威严。到了西周时期，这种情形发生了变化。由于周人的"封藩建卫"和嫡长子继承制的确立，周天子的地位和威望得到极大提升，这种变化所带来的便是周人的至上神"天"具有明确的惩恶扬善的道德意志，周天子通过修德、敬德进而敬天保民的方式便可以获取天和天命的佑护。可以说，到此时，人间时王便完全可以通过自己"进德修业"（《周易·乾·文言》）的方式来与天意合一，周天子从而成为上天在人间的最大代理者，代替上天来管理天下万民，《尚书》在言及周天子的时候，往往便是这种思维理念的具体表现。

孔子在谈到周文化时曾经说"周鉴于二代，郁郁乎文哉！吾从周"（《论语·八佾》），这既彰显了他对于周代礼乐文明的推崇，同时也表征了他对于"天下有道，则礼乐征伐自天子出"（《论语·季氏》）天下政治秩序的肯定，以及对于周天子威权至高地位的维护："天下有道，丘不与易也。"（《论语·微子》）可以说，天下有道离不开周天子在人间至高地位的牢不可破，虽然在周人话语中还有着"天"的存在，但由于人间时王此时已经完全可以通过自己的方式来与天意相合，故而此时的"天"在人间影响力上实际已有淡化和虚化的趋势，毕竟周天子才会对现实世

①　干春松：《世界和谐之愿景：〈中庸〉与儒家的"天下"观念》，《学术月刊》2008 年第 9 期。

界产生切实而直接的影响，故而周天子不仅是王权的化身，而且还是天意的最大代理人，周代礼制在祭祀权力方面的规定更是强化了天子的这一身份：天子不仅可以祭天，还可以祭天下的名山大川；诸侯只能祭封国内的山川；大夫则只能祭家庙。①

以孔子为代表的儒家推崇周制，在面对战乱不休、动荡困顿的时局时，他们对于"天下有道"的西周政治秩序念念不忘。尽管齐桓公只是打着"尊王攘夷"的旗号来实现自己的政治意图，但在礼制破坏严重的春秋晚期这一旗号确实仍然起到了一定的客观作用，故而孔子对齐桓公和管仲赞赏有加。先秦儒家的成员源自家庭、家族、宗族村落，故而在对道德、社会与政治的认知上面确实有着伦理化的一面，甚至在政治文化领域的建构上呈现出泛道德主义的倾向，但是由于他们身怀济世安民的人文情怀，并对人的本质、价值与合理性以及天下向何处有着持续而深远的思考，走出家庭主义②，引入天道、性命、仁、心、诚等概念，将人、政治、社会、国家、万物统统都置于天下的整体框架当中来加以思考便是颇为自然的事情。《周易·序卦传·下》言谓："有天地，然后有万物；有万物，然后有男女；有男女，然后有夫妇；有夫妇，然后有父子；有父子，然后有君臣；有君臣，然后有上下；有上下，然后礼义有所错。"这种将天地视为人、政治、社会、国家、万物生成源头的思维理路，特别能够彰显儒家对于政治社会、礼义规范的哲学式思考。这种哲

---

① 《礼记·曲礼下》有云："天子祭天地，祭四方，祭山川，祭五祀，岁遍。诸侯方祀，祭山川，祭五祀，岁遍。大夫祭五祀，岁遍。士祭其先。"其他诸如《春秋公羊传·鲁僖公三十一年》："天子祭天，诸侯祭土。天子有方望之事，无所不通。诸侯山川有不在其封内者，则不祭也。"《礼记·王制》："天子祭天地，诸侯祭社稷，大夫祭五祀。天子祭天下名山大川，五岳视三公，四渎视诸侯。诸侯祭名山大川之在其地者。"都有相关记载，可见周代礼制在祭祀权力方面的等级规定已经形成了一种历史传统。

② 贾新奇认为，儒家为士大夫阶层所确立的价值目标，是超越了家族家庭利益的远大的社会目标，并提出了三点依据："在儒家看来，士大夫应该'学'，但不是学如何获取个人名利或发家致富，而是学'道'，'道'是实现美好社会的学说或方法；儒家学者还以文化的传承为职责，它也是远远超越了家族利益的东西；儒家推崇的人格境界是'圣'，既然是博施于民，是济众，关怀的范围无疑超出了家族家庭。"诚是。详见贾新奇《论家族主义的内涵及其与儒家文化的关系》，《哲学动态》2004年第2期。

学式思考恰恰又说明儒家并不拘泥于家庭主义的立场①，也没有对政治社会简单作平面化理解，而是富有浓厚的天下情怀。

当然，根据以上分析，我们就可以发现，"天下"观念的兴起主要与西周时期人间时王与上天沟通力量的加强，疆域的广袤，政治组织架构的严密有着莫大关系。这在《诗》《书》《春秋》及诸子文献中多有体现，尤其是当谈到周天子和周代礼制时更是如此。需要指出的是，有学者曾提出，先秦时期人们对于"天下"理念的描述更多的是出于一种政治想象，甚至还带有乌托邦性质，其理由是："天下并非无外，而是有内外、华夷、尊卑的等差格局，更遑论实际情况绝非无外或和平至上"，"由服制（指甸服、侯服、宾服、要服、荒服五层由内而外的势力范围圈，笔者注）而来的内外层次观念"，"再从此处引导出华夷之辨"，"从此处'天下'演变成为一种文化观"。② 当然，我们不能否认先秦时期的"天下"观念确实具有一定的想象成分，这与先秦时期人们的视野以及所掌握的地理知识有关③，当然不可能要求他们像今天的人们这样来认识天下和地球。但不能否认的是，"天下"观念的兴起既是渊源有自，同时也符合春秋晚期人们对于天下和谐政治秩序的渴望与价值诉求。除了作历史学式的考索以外，也不应该无视观念本身在当时及后世所具有的政治价值与文化意义，诚如干春松所言："'天下观念'是中国传统对于世界

---

① 实际上，儒家视野下的家庭不仅是一个事实性的存在，"即家庭是当时社会运行中经济、政治的独立单位，经济生活中的生产资料、生活用度、财产分配等都是以家庭为单位展开的，政府的各种赋税征收、兵役劳役等也都是以家庭为单位实施的"，而且还兼具血缘共同体、伦理共同体与政治共同体的性质。故而，这多种性质也预示着儒家不可能止步于对家庭仅作伦理性的探讨，而是有着超越于此的理论探索与价值诉求。引文见李祥俊《儒家思想中的"父亲"》，《当代中国价值观研究》2016 年第 1 期。

② 参见邢义田《天下一家：中国人的天下观》一文收于《中国文化新论：源流篇——永恒的巨流》，台北：联经出版事业公司 1991 年版，第 442—453 页；葛兆光：《对"天下"的想象：一个乌托邦想象背后的政治、思想与学术》，《思想》第 29 期；蔡孟翰：《论天下——先秦关于"天下"的政治想象与论述》，《文化纵横》2017 年第 2 期。

③ 按照张其贤对先秦文献的考察，他认为，"有所谓狭义的天下，就是等同九州岛或中国，有所谓广义的天下，就是九州岛加上四海加上四荒四极，或是人们所知的地理范围。这样自然地理范围的计算，基本上就是以'方千里'为基础的"。张其贤：《"中国"与"天下"概念探源》，《东吴政治学报》2009 年第 27 期。

秩序的一种价值化的认识。"① 对此，向世陵也评论说："'天下'观实质是古代中国人的世界观，这与其他民族立足于各自的视野而提出自己的'世界'观，在立场方法上并没有根本性的不同。中华天下观的特点，集中在中国圣人所表达的视整个天下为'一家'的观念。即重点不在这个世界是什么，而在如何去看待这个世界，并从而形成了中国人特有的家国天下观。"②

可见，在先秦儒家这里，既有对家庭主义的守持，也有着对其超越的政治诉求，而这种政治诉求的极致化表现便是其在追求济世安民目标的过程中所彰显的天下情怀。具体来说，儒家并"没有把'家'只局限于血缘关系，而是积极地将之与非血缘的'国'相联结"，也"没有把血缘关系仅止于父母和子女，而是积极地进行溯及"。洪元植"将之各自表述为家的'空间的扩大'和'时间的扩大'"③。至于"天下"为何会吸引先秦的思想家们而使其对此进行思考，蔡孟翰认为有三个方面的原因："一是'天下'的规范性秩序，二是'天下'的超越性，三是'天下'的政治批判性"，而"这三点在孔子的'天下有道'里，就已经确立无疑"④。那么，家和国的关系在战国以后的时间里又经历了怎样的变化呢？关于这个问题，恐非三言两语便能讲清楚，也超出了本书的论域，故暂不作讨论。

3. 执两用中与改良立场

有鉴于春秋晚期战国时期王侯卿相大夫们的种种不端行为所造成的不良社会后果，诸子在思考这些现实问题与社会弊病时往往将其原因归结于人的无限欲望，因而常常会流露出一种节制、克制，不走极端的人生立场与态度，这在老子那里尤为显著。《老子》多次有云："持而盈之，不如其已；揣而锐之，不可长保。金玉满堂，莫之能守；富贵而骄，自

---

① 干春松：《"天下"与"中国"：寻求突破的中国哲学——最近十年的中国哲学转向扫描》，《学习与探索》2009 年第 3 期。

② 向世陵：《儒家视域中的"天下一家"观》，《中国人民大学学报》2017 年第 3 期。

③ 洪元植：《"家的发现"与儒学中"家"的特殊性》，《中国人民大学学报》2017 年第 3 期。

④ 蔡孟翰：《论天下——先秦关于"天下"的政治想象与论述》，《文化纵横》2017 年第 2 期。

遗其咎。功成身退，天之道。"（《老子》第九章）"益生曰祥，心使气曰强。物壮则老，谓之不道，不道早已。"（《老子》第五十五章）"我有三宝，持而保之。一曰慈，二曰俭，三曰不敢为天下先。慈故能勇；俭故能广；不敢为天下先，故能成器长。"（《老子》第六十七章）"天之道，不争而善胜，不言而善应，不召而自来，繟然而善谋。天网恢恢，疏而不失。"（《老子》第七十三章）"天之道，损有余而补不足；人之道，则不然，损不足以奉有余。孰能有余以奉天下？唯有道者。是以圣人为而不恃，功成而不处，其不欲见贤。"（《老子》第七十七章）"圣人不积，既以为人已余有，既以与人已愈多。天下道，利而不害；圣人之道，为而不争。"（《老子》第八十一章）从所征引《老子》文本的内容可以发现，老子对"退""慈""俭""不敢为天下先""不争""不言""不召""损""不恃""不处""不害"等行为方式所透露出的品质非常重视与肯定，而老子之所以会肯定这些带有一定克制、节制、不强梁（《老子》第四十二章云："强梁者不得其死。"）的精神品质，是因为这些精神品质与"损有余而补不足"的天道之自然精神相接近，而"天法道"（《老子》第二十五章），那么天的运行自然是道精神的具体表现。

与道家的这种立场并不相悖，无论在日常生活还是在政治主张上，儒家也都表现出一定的节制、克制和不走极端的立场与态度。学界很多学者都曾指出，与"恭""宽""信""敏""惠"等德目相比，"仁"在《论语》中具有总纲目、全德[1]的作用，可以统摄和涵盖其他诸种德目，地位非常重要。关于"仁"，《论语·颜渊》中有过这样一句话："克己复礼为仁。"这当然不是对"仁"内涵的界定，而讲的是"为仁""行仁"（如何践行仁）的问题[2]，在这句话后面孔子还说了"为仁由己，而由人乎哉"，与"君子务本，本立而道生。孝弟也者，其为仁之本与"[3]

---

① 白奚认为，在《论语》中"仁"是作为统摄诸德的"全德"出现的。虽然"全德"一词，是后儒从孔孟关于"仁"的思想和论述中概括出来的，但在《论语》中确实已有了这种义涵的用法。参见白奚《从〈左传〉、〈国语〉的"仁"观念看孔子对"仁"的价值提升》，《首都师范大学学报》（社会科学版）2007年第4期。

② 《论语集释》对此注云："孔门独颜子为好学，所问曰为仁，曰为邦，成己成物，体用本末备矣。"正是此意。程树德：《论语集释》，中华书局1990年版，第817页。

③ 关于这句话，王肇晋《论语经正录》注云："孝弟为行仁之本，义固正大。"便表达出了为仁、行仁的意思。引文见程树德《论语集释》，中华书局1990年版，第13—14页。

（《论语·学而》）的用法相同。那么如何为仁呢？儒家提出要"孝悌"，要"克己复礼"。也就是说，个人通达仁道之路离不开家庭、家族宗法伦理环境的历练与长养，以及由此所引发的内在德性意识的觉醒与提升，进而对礼的价值、功用产生肯认、服膺的态度。由此来看，儒家对于社会与政治采取的态度是中道温和的，既没有走向其时王侯卿相们所惯用的武力暴力的激进方式，也没有如同隐士那样选择隐居山林、偏僻之乡而避世全志①："执中无权，犹执一也"（《孟子·尽心上》）；"君子之中庸也，君子而时中"（《礼记·中庸》）。也就是说，儒家的中庸不是一成不变的，"能够不断地随时而进，根据不同的时间、地点与条件来不断实施合时、合理、合宜的中道"，"以使个人身心和洽、社会达于安和乐利、协和万邦的大同之境"。② 可以说，儒家既有所坚守，又能随时应变。进而言之，儒家坚守的是道义，是济世安民的理想目标；应变的是时势的变化，是境遇的不同，相机寻求合宜的干政方式。

关于"中"的义涵问题，在先秦的语境中非常复杂。自清华简《保训》篇公布以来，简文中所出现的四个"中"字就引发了不小的争议。李学勤、廖名春③、梁涛等学者认为，"中"是指中道，《保训》表达了儒家的中道政治理念④；曹峰认为，"中"是指"公平公正"的理念⑤；于文哲则基于思想观念发展的角度认为，《保训》之"中"是更偏于经

---

① 关于儒家这种中和立场的特点，李翔海则以墨家的兼爱相对比来加以说明："如果说墨家的兼爱可以看作是爱之'同'，那么，儒家的等差之爱则是爱之'和'。由于儒学一方面以入世的路向来力图实现社会的安和乐利并使个人做成真正的自我，另一方面又从自我出发强调导向社会性的，推己及人的'等差之爱'，在一定的意义上确实具有一种既抑墨家之过又扬道家之不及的中行品格。"李翔海：《孔子的中庸思想与儒学的中道性格》，《人文杂志》1996 年第 3 期。

② 李翔海：《孔子的中庸思想与儒学的中道性格》，《人文杂志》1996 年第 3 期。

③ 后来廖名春对于"中"是指中道的观点有所发展，进而提出"清华简《保训》篇里的'中'，其义涵当为'和'。周文王临终嘱托给周武王的'中'道，实质就是和谐政治之道"。见廖名春《清华简〈保训〉篇"中"字释义及其他》，《孔子研究》2011 年第 2 期。

④ 见梁涛《清华简〈保训〉的"中"为中道说》，载《清华简研究》第 1 辑，中西书局2012 年版；廖名春《清华大学藏战国竹简〈保训〉释文初读》，《出土文献》（第一辑），中西书局 2010 年版。

⑤ 对此，他申论说："《保训》所见四个'中'字，只能理解为治国安邦的重要理念，而无法视其为某种具体之物。'中'作为一种'公平公正'的理念，对应着人间社会与天地万物，是处理族群间矛盾的有效手段。"曹峰：《〈保训〉的"中"即"公平公正"之理念说——兼论"三降之德"》，《文史哲》2011 年第 6 期。

验、实践层面的思想观念，虽然它是儒学"中道"观念的滥觞，但在此处不应作"中道"讲，而儒学之"中道"则已摆脱了经验上升到形而上的抽象层面，是对《保训》之"中"的理论化和升华。① 对此，曹峰在总结学界关于《保训》的核心概念"中"的学术观点时说，"目前已经出现的观点，主要可以分为中道说、地中说、诉讼文书说、旂旗说、民众说和军队说、心灵说、最高权力说、中坛说、中岳说、天数易数说等"②。与以上诸位学者的看法有所不同的是，喻博文对此的讨论则具有一定的综合性。根据对《周易》经文部分的考察，喻博文认为中思想包含着三个层面的义涵：首先，"中"包含着正确的意思，所以称"中行"，也就是"中道"，即正确的道理、原则；其次，"中"还是一种思想方法，即"无过无不及"，任何事物无论是刚健、柔顺、泰亨，或归复，或增益，或否损等，都有个"度"；最后，"中"又是"内"的意思，指人内心。人应有良好的修养，保持诚信的中道。故而，他认为《易经》的中道思想有正确、度、内心等意义，表明这一思想时有"中""中行""中孚"等概念，还有爻位、爻辞显示之。爻位说从卦的形体方面肯定了中爻尤其是二、五爻的重要地位，为中道思想在卦内找到最有力的根据。大吉、吉利的，皆因中、正、刚中或中正的缘故。如果不是这样，就往往陷入咎、吝，甚至凶的境地。③ 由此可见，《保训》中所出现的"中"概念义涵的复杂性，但如果从思想观念发展史的视角来看待这一问题，那么就比较容易解决对其的纷争，在整体上我们比较认同于文哲和喻博文的观点。

当然，虽然学界对于清华简《保训》篇中的"中"字多有争议，但对于儒家传世文献中出现的"中"概念并无太大异议。诸如《论语·尧曰》："尧曰：'咨，尔舜，天之历数在尔躬，允执其中，四海困穷，天禄永终。'舜亦以命禹。"《孟子·尽心上》："执中无权，犹执一也。"《礼记·中庸》："舜其大知也与，舜好问而好察迩言，隐恶而扬善，执其两

① 详见于文哲《清华简〈保训〉与"中道"的传承》，《中国文化研究》2016 年冬之卷。

② 曹峰：《〈保训〉的"中"即"公平公正"之理念说——兼论"三降之德"》，《文史哲》2011 年第 6 期。

③ 详见喻博文《论〈周易〉的中道思想》，《孔子研究》1989 年第 4 期。

端，用其中于民，其斯以为舜乎。"这里的"中"主要指的是中道，执中即有执两用中、不偏不倚之意，强调治国理政应当公平、公正。故而，历史地来看，"中"的观念虽然出现比较早，而且还经历了一个比较漫长的发展过程，其义涵在发展过程中呈现出复杂化的一面，学者们对此也有着不同的讨论，但到了儒家这里确实经历了转化、升华从而变成了抽象性较强的形上概念。从这个意义上来说，梁涛提出"中道思想实际是尧舜禹汤等古代先王伦理、政治实践的结晶，也是其对宇宙人生的理性思考。孔子创立儒家时自然对这一思想传统做了继承，使其成为儒家学说的一个重要内容"① 等看法，是有一定道理的。

在先秦儒家类文献中，舜的形象很特别，也非常具有代表性。且不说《尚书》对舜大段文字地刻画，即便是在《孟子》文本中也非常突出。孟子在《万章上》曾多次陈说舜的大孝（"大孝终身慕父母"；《礼记·中庸》亦云："舜其大孝也与！德为圣人，尊为天子，富有四海之内，宗庙飨之，子孙保之。"）以及其对伦理亲情的维护（"封象有庳"）；在《尽心上》则将舜置于"窃负而逃"的伦理困境中，借以呈现家庭伦理与社会公义之间难以避免与调和的矛盾。② 在儒家文献中，包括《论语》和《孟子》都集中呈现了伦理情感与社会责任之间的两难抉择。虽然在这当中儒家往往首先想到的是如何保全家庭伦理情感以让自己心安，但儒家身上所具有的利他性追求与济世安民的使命感并不让他们止步于此，他们还要在如何实现社会责任、公义方面作出自己的思考，虽然这种思考在今天看来有其局限性，也相当不成熟，但毕竟做出过这方面的努力。具体来说，在孟子的立场之下，其所建构的舜的人物形象是一位既重视伦理亲情又兼顾社会公正的理想君王。由此不难看出，孟子之所以推崇舜，除了其事迹、形象符合儒家的价值立场以外，更为重要的是舜还具有公私兼顾、仁智双全的鲜明特点，从而在处理复杂事务（在当时的语境下，主要是指私领域的伦理规范与公领域的事务相遇）的过程中显示

---

① 梁涛：《清华简〈保训〉与儒家道统说——兼论荀子在道统中的地位问题》，《邯郸学院学报》2013 年第 1 期。

② 具体分析见李友广《论先秦儒家对"家"的执守、突破及依归》，《东岳论丛》2018 年第 9 期。

出了非凡的睿智头脑与敦厚品性，这令儒家欣赏不已。儒家之所以会有如此的态度，主要还在于舜的这种睿智头脑与敦厚品性正是中庸精神的体现，充分彰显了一种中道温和的处理艺术与人格魅力，从而使伦理亲情维护与社会公义伸张之间达到了一种尽可能平衡、和谐的状态。

不能否认，儒家确实持有重伦理、厚亲情的立场，而且他们实际上还承认政治理想的实现是以对伦理亲情的维护与重视为起点的。在他们的视野当中，忽视或者脱离伦理亲情的政治制度与政治行为都可能会失去正当性，也有可能使天下处于更加无道和失序状态的危险之中。故而，这种既重伦理亲情又不轻忽使命担当的立场，使得儒家既不可能采用武力暴力的激进方式变革社会秩序，也不可能如同隐士那样安然地避世全志。他们一贯主张的是，要以合宜（亦即合道义）的方式与进路来改良和完善现实政治。

第三节　先秦儒家政治哲学要解决的问题与理想政治

先秦儒家政治哲学的兴起自然与其时困顿的政治时局，以及此时局下人的生命安危问题密切相关。可以说，先秦儒家政治哲学的起点正是在于对人本身一系列问题的思索，尤其是在天下动荡、政治失序的时代与人相关的问题更被加以凸显了出来。具体来说，与人相关的问题主要包括个人存在的价值、合理性及其实现，这些都属于人的本质问题。春秋战国时期尚处于王权社会阶段，要探讨人的问题势必离不开政治问题，因为每个人都不可能完全脱离王权政治的影响而存在，故而探讨政治的正当性与价值，以及理想社会及其实现都是题中之义。不仅如此，由于王权社会正处于由氏族社会向国家形态初始阶段过渡阶段，在国家形态形成过程中氏族群居生活样式也被保留了下来，在这种情况下，宗法伦理与国家政治杂糅共存于一体。不仅如此，氏族社会时期所逐渐形成的巫史传统在三代社会也被延续了下来，通过占卜揣摩旨意成为其时与上帝鬼神沟通的重要渠道。除了由来已久的观天星占以外①，殷商甲骨占卜、祭祀之风盛行，西周蓍占也有自己的特色，这种从上而下的思维路径也影响到了儒家对于人间世事的思考。② 儒家在探讨人的本质、政治的正当性以及王道理想的时候，往往是在天人的整体框架内去思考的，从而将人道置于天地之道当中作整体性考量，以为人存在的价值及合理性进行具有形上意义的理论论证。

除了探讨人的本质和政治的正当性以外，关于道德的问题儒家也非常重视。之所以会如此，是因为儒家对人和政治的理解从来就没有与道德问题相脱离③：道德是人内在价值的表现形式，也是由内在价值向政治事功落实的前提和基础。而且，就对道德本身的理解而言，儒家也是从宗法伦理入手的。儒家认为，道德的长养、道德的实现，以及在政治事功上的落实，都离不开宗法伦理环境在其间所起的潜移默化的影响与作用。可以说，儒家对道德作仁义理解，将"政"解释为"正"，都具有伦理化色彩；或者说，儒家视野中的道德与政治本来就源自宗法伦理社会，是血缘、宗族，家国天下的政治权力格局共同成就了儒家所理解的道德与政治。所以在这一部分，我们在研究先秦儒家政治哲学要解决的问题与理想政治时就要探讨人的本质、政治的正当性及价值，以及与道德相关的一些问题，诸如道德与生活、政治及知识的关系等。

---

① 《诗·国风·定之方中》亦曰："定之方中，作于楚宫。揆之以日，作于楚室。"定，星名，是为营室星，人们认为此星于夏历十月出现，可以营造宫室。揆，通过度量太阳的出没来定方向。其意为，营室星在正当中，十月人们营筑楚邱的宫。人们按照太阳的出没来定方向，然后建造整齐的房室。其义甚明，亦是以星象、日月之规律为人事安排的依据。另外，《周易·贲卦·彖》有言："观乎天文，以察时变；观乎人文，以化成天下。"《周易·系辞上》亦云："仰以观于天文，俯以察于地理，是故知幽明之故。"在这里所讲的"天文"自然也离不开对日月星辰运行规律的观察，甚至也可能带有星占的成分。

② 对于这种从上而下的思维路径，宋洪兵也作出了自己的理解："在天人同构关系中强调人事应当顺应天道权威，社会治理应该遵守天道秩序，避免天下大乱，追求天下大治，这是先秦诸子最根本的政治思维方式和政治价值取向，也是中国传统政治思想一以贯之的总原理。"宋洪兵：《韩非子政治思想再研究》，中国人民大学出版社 2010 年版，第 109 页。

③ 正如杨国荣所言："伦理与政治在人的社会生活中本身难以截然分离。"不可否认，个人源自宗族生活的伦理属性在社会公共生活中自是与其所附带的政治属性难以完全区分开来。引文见杨国荣《政治哲学论纲》，《学术月刊》2015 年第 1 期。

1. 人的本质：个人存在的价值、合理性及其实现

人的问题确乎是先秦诸子关注的根本性问题，之所以说是根本性问题，是因为诸子的理论思考最终要落脚于对人本身的深切关注，包括对人的生存、人的生命安全以及与人的生活密切相关的社会政治制度的观照。在战乱不休、天下失序的春秋晚期战国时期，人的问题更被加以凸显出来，因为在这样的社会历史条件下，不但天下万民的生命安全难以得到保障，即便是王侯卿相也常常在失序动荡的历史情境下处于杀戮或者被杀戮的命运当中。

无权无势的天下百姓，有权有势的王侯卿相，都无法获得有安全保障的常态性生活。在这种情况下，人应该如何应对混乱的时局呢？或者说，在混乱动荡的时局之下，人存在的价值与合理性何在，以及人如何实现这种价值与合理性呢？关于这些问题，诸子自然都或多或少有着自己的思考，并试图作出相应的论证，进而找到解决的方案。为了阐述方便的需要，在此我们主要以儒家为例作出相应的分析与探讨。

在动荡不已、混乱失序的时代，人应该如何保全自己便往往会成为人们首先关注的问题。对此，隐逸之士往往通过避世的方式保全自己的气节与操守。与这一立场相近，杨朱则强调"为我，拔一毛而利天下，不为也"（《孟子·尽心上》），注家多将"为我"解释为"为己"。对于这句话，赵岐注曰："拔己一毛以利天下之民，不肯为也。"[1] 杨朱认为，无论是天下还是万民都不能使自己生命的整全性有所损伤。如果是以牺牲个体为代价而成就天下的话，哪怕是很微小的代价也不值得去付出。这是因为，在他看来，天下和万民都是外在于己的，非但对于生命的养护起不了积极作用，而且对于自然生命的保全还会造成妨害。故而，对于政治权力、社会以及国家、天下都有着特别的警惕与防备。[2] 在这一点上，杨朱与《论语·微子》里面所提到的诸如接舆、长沮、桀溺、荷蓧丈人、伯夷与叔齐等隐逸之士并无根本区别。

---

[1] （清）焦循：《孟子正义》，中华书局1987年版，第915页。

[2] 可以说，杨朱一派是以"付出在政治上被边缘化的代价来保持自己的自主性"的，只不过，他们在政治上的被边缘化是其主动寻求的，是以去政治化的代价来换取自主性的。引文见［英］基思·福克斯《政治社会学》，陈崎、耿喜梅、肖咏梅译，华夏出版社2008年版，第181页。

　　当然，道家人物老子的立场并没有如杨朱和隐逸之士那么极端，他虽然对于政治权力存在着批判、反省的态度，但与政治权力并没有完全隔离。老子只是主张政府和执政者不要过度干预社会运转与民众生活，因为在他看来春秋晚期出现的很多社会弊病以及祸乱产生的根源，正在于人的欲望过多的缘故，故而他强调圣人要"处无为之事，行不言之教"（《老子》第二章），"无为""好静""无事""无欲"（《老子》第五十七章），"无为""无执""欲不欲""学不学"（文见《老子》第六十四章）等等，以真正效法道和天地存在与变化的自然本真之状态。在《老子》的文本语境中，我们发现，"'圣人'往往与'民'（有时候用'天下'）对举连言，非常具有'王'的色彩，而且在这种对比言说中更突显了圣人体道、践道的典范意义，可以说是天下万民的榜样，简直是'道'在人世间的化身"①。由此来看，圣人在很大程度上可以和侯王相提并论，或者可以说在很多时候两者几近相同。进一步来说，老子实际上是希望人间侯王也如同圣人那样，在国家治理和社会管理的过程中能够遵循道之自然的状态与趋势，不要因为过多的欲望而在政令和行为上表现出对社会和民众的过分干预与管控，从而使天下和社会陷入更加混乱失序的境地。与对政治权力的这种反思相比，老子对于人本质的思考也是基于道的性质以及由此所呈现出来的状态与趋势。之所以会如此，是因为老子认为，天地万物皆根源于道，由道而生，"万物恃之以生而不辞"，"衣养万物而不为主"（《老子》第三十四章），"道生一，一生二，二生三，三生万物"（第四十二章），"道生之，德畜之，物形之，势成之"（第五十一章）等。既然道生万物，那么对于人而言最为合理的存在方式便是要效法道、合乎道，因而《老子》反复强调"天乃道，道乃久，殁身不殆"（《老子》第十六章），"人法地，地法天，天法道，道法自然"（《老子》第二十五章）。在道家的哲学理论体系当中，"道"高于"天"，所以《老子》告诫人们不仅要效法地和天，最终还要效法道之自然。

　　与道家一样，儒家对于政治权力也有着自己的反思，只不过儒家的这种反思更多的是以三代政治尤其是西周政治文化作为参照和评价依据

---

① 李友广：《自然与益生之间：道家道教生命态度比较的重要向度》，《现代哲学》2016年第3期。

的。儒家认为，良好的政治制度离不开每位社会成员的各安其位、各负其责，做好自己的分内事，也即是孔子所说的"君君，臣臣，父父，子子"（《论语·颜渊》）。不仅如此，儒家还认为，要做好分内事并不容易，也非一蹴而就的，而是要经历长期的家庭、家族宗族生活的长养才得以渐渐培固起来这种带有道德意义的行为方式："故为政在人，取人以身，修身以道，修道以仁。仁者，人也，亲亲为大；义者，宜也，尊贤为大。……故君子不可以不修身；思修身，不可以不事亲。"（《礼记·中庸》）所以，无论是对于政治的考量，还是对于个人价值的省思，都离不开道德这一重要维度。从这个意义上来说，儒家所认可的人，是社会意义上的人，文化意义上的人和道德意义上的人，而绝不是自然意义上的人，虽然自然意义上的人是道家人物老子在很大程度上所赞赏的，因为老子常言"见素抱朴，少私寡欲"（《老子》第十九章），"常德不离，复归于婴儿"（《老子》第二十八章），"为道日损"（《老子》第四十八章），"道法自然"（《老子》第二十五章），等等。

以道德的维度观己与观人的时候，每个人都应该是道德化的存在才是社会的理想状态①，进而整个宇宙天地间也都应该呈现为"大德敦化"（《礼记·中庸》）的良善状态。所以，在儒家看来，不管是"自诚明"还是"自明诚"，都是要将自身道德价值不断实现和呈现的过程。经过种种致诚的修养工夫以后，人就能尽己之性，进而能尽人之性、尽物之性（《礼记·中庸》："诚者，非自成己而已也，所以成物也。"），就能呈现出"中和"的状态："中也者，天下之大本也；和也者，天下之达道也。致中和，天地位焉，万物育焉。"（《礼记·中庸》）在这样的境地下，人就不仅可以与天地万物同流共化（《周易·乾·彖》有云："乾道变化，各正性命，保合太和，乃利贞。"），甚至还可以参赞天地万物的化育："唯天下至诚为能化。"（《礼记·中庸》）可见，《中庸》所描述的"与天地参"的这种境界与情怀，便是人存在的最高价值和最大合理性的集中

---

① 在这一点上，张千帆也有着自己的阐释。对此，他说："如果我们像孔孟那样认为自己是一种道德存在，并将自己作为目的而非仅仅是实现其他目的之手段，那么'能近取譬'就要求我们将其他人也同样作为道德存在和目的本身。"见张千帆《为了人的尊严——中国古典政治哲学批判与重构》，中国民主法制出版社2014年版，第59页。

表现。如果确实能够参与天地万物化育的话，说明人的致诚工夫已经做得很好，内圣与外王自然相贯通才能达到致中和的境地。在这种情况下，不仅天地万物各安其位、各有其序，而且人间秩序自然也会走向安定和谐。既然如此，天下政治的混乱失序状态便不复存在，人的生命安全自然也就有了保障，同时还可以使个人存在的价值得到最大限度地实现。

2. 政治的正当性与价值：理想社会及其实现

政治，对于儒家而言，不仅是政治，更是"正治"①："政者，正也。"（《论语·颜渊》）"其身正，不令而行；其身不正，虽令不从。"（《论语·子路》）"政者，正也。君为正，则百姓从政矣。君之所为，百姓之所从也。君所不为，百姓何从。"（《礼记·哀公问》）"夫政者，正也。君为正，则百姓从而正矣。"（《孔子家语·大婚解》）儒家对于政治的这种解释，无疑鲜明地彰显了其道德先于政治的立场。在这种立场之下，儒家还非常强调君王的正身修己、以身作则和表率作用［郭店简《缁衣》云："下之事上也，不从其所以命，而从其所行。上好此物也，下必有甚焉者矣。故上之好恶，不可不慎也，民之表也。"（简14—15）②］，同时还将修身视为治理天下的起点——"知所以修身，则知所以治人；知所以治人，则知所以治天下国家矣"（《礼记·中庸》），"苟正其身，于从政乎何有？不能正其身，如正人何？"（《论语·子路》）并将修身列为治理天下国家的九条纲要之一（文见《礼记·中庸》）。③ 由此来看，儒家将政治与伦理道德结合起来考量，并将政治作伦理化的理解与处理，自然是与其对于宗法伦理生活以及由此所呈现出的秩序感、亲密性无比信任有关。

当然，儒家对政治的关注，并非全部都是现实事务层面的内容。因

---

① 上博简《中弓》篇即有"敢问为正何先？"（简5）"唯正者，正也。"（附简）诸语，直接以"正"来理解"政"。李朝远：《中弓》，《上海博物馆藏战国楚竹书》（三）（马承源主编），上海古籍出版社2003年版，第266、283页。

② 郭店简《尊德义》亦云："下之事上也，不从其所命，而从其所行。上好是物也，下必有甚焉者。"（简36—37）又《成之闻之》曰："上苟身服之，民必有甚焉者。"（简7）"上不以其道，民之从之也难。"（简15）与此相似，《孟子·滕文公上》则有"上有好者，下必有甚焉者矣"之语。

③ 参见李友广、王晓洁《传道与出仕：共同体理论视野下的先秦儒家》，人民出版社2018年版，第86—87页。

为儒家关注政治，除了要探讨什么是好的政治，以及如何确保对于民众基本生活条件的维护以外，还要向当世侯王游说和劝谏，希望他们能够接受自己的理论主张，进而能够切实影响现实政治的具体运作。故而，儒家对于政治还有着自己的理论思考，受其时文化传统和社会历史条件的影响，儒家的这种理论思考往往会结合天、天道、命等思想资源加以解释，这就涉及了政治的正当性与价值等问题。

自孔子始，儒家就对三代政治尤其是西周政治制度与政治文化推崇不已，在进行政治理论阐述和游说诸侯的时候，往往以其作为参照标准和价值导向。西周政治制度是在夏、商两代政治文化的基础上确立起来的，尽管人的主体意识逐渐在觉醒，并对君王的道德修养、德政教化多有关注，但是夏、商时期的政治传统与宗教信仰仍然会对西周政治文化产生相当程度的影响。职是之故，在三代文献中，我们便很容易发现帝（上帝）、天（昊天、皇天）和命（天命）这样的语汇，这既反映了三代时期人们的宗教性思维方式，也反映了西周时期人在天地之间地位得到提升的同时，人们在思考问题的时候仍然沿用了自上而下（由天到人）的思维路径。这种自上而下的思维路径是对西周时期"封藩建卫"天子诸侯共治天下政治权力格局的有效补充，或者更准确地说，西周的政治建制正是以这一历史时期自上而下的思维路径作为价值依据与理论基础的。这种自上而下的思维路径，从现实政治层面来说，主要体现在对于政治体系的层级权力格局的设计上，而作为天之子的周天子所面对与负责的便是整个天下："乃命于帝庭，敷佑四方。"（《尚书·金縢》）"文命敷于四海"，"皇天眷命，奄有四海为天下君"（《尚书·大禹谟》），等等。这样的思维方式自然不是无源之水、无根之木，而正是由自上而下、由天到人的思维路径所决定的。从思维路径上来看，三代时期人们在考量政治正当性的时候往往首先会上推至帝（上帝）、天（昊天、皇天）和命（天命），以使王权获得神圣性和神秘感。

当然，对于政治权力正当性的上述论证方式并不是没有问题。这是因为殷商时期的至上神"帝"是捉摸不定的，人无法与其直接沟通，只能通过祭祀、占卜等方式来向其献媚，天命也不是固定不变的。西周政权建立以后，周人便已逐步认识到"天命靡常"（《诗·大雅·文王》），"惟命不于常"（《尚书·康诰》），"皇天无亲，惟德是辅"（《尚书·蔡仲之命》），而且周人认为殷人之所以会失去政权，最大的原因是商王不敬上天（《尚书·泰誓上》："今商王受，弗敬上天，降灾下民。""弗事上帝神祇。"），不祀宗庙（《尚书·泰誓上》："遗厥先宗庙弗祀。"）而商王又不修德，横行暴虐，残害大臣与百姓，最终被天命所抛弃："天弃我"（《尚书·西伯戡黎》），"商罪贯盈，天命诛之"（《尚书·泰誓上》）。有鉴于此，周人认为他们之所以最终能够替代商人而获得政权，是因为他们"有民有命"（《尚书·泰誓上》）。由此来看，与商人最大的不同，是周人在评判政治统治正当性的时候，依靠的并不仅仅是天命，而是包括民心和天命在内的两大依据。在取代殷人政权的过程中，周人虽然依然承认天命的影响，但更意识到了民众在政权稳固和更替中的重大作用与力量，故而在谈到这两大依据的时候，把民众的位置放在了天命的前面。

虽然在周人看来，上天具有无上威严，并以天命、天罚、天佑等形式影响人世间，但是上天对于人世间的影响却又不是任意的。周人认为，天命降于人间王权的长久与否与王的德行修为直接相关，人间君王通过对"德"的敬持与把握就可以掌握天命对王权施加的影响和作用。在此基础之上，周人进而主张，作为君临天下的天子务必要敬德、修德进而行德政教化以上达帝命和顺承天命、天意（《尚书·康诰》云："弘于天，若德裕乃身，不废在王命。"《尚书·召诰》亦云："王其德之用，祈天永命。"），否则便如夏殷一样会丧失从上天那里接受的大命："惟不敬厥德，乃早坠厥命。"（《尚书·召诰》）根据上述分析可以发现，在西周时期，人的主体意识越来越得以觉醒，首先表现出来的便是王权威严和地位的不断上升。与此同时，由于民众力量对于政权稳固与更替中间所起的作用，让周人也意识到了民心民意是不容忽视的。

随着时间的推移，在春秋时期前后还出现了一个非常重要的思想文化现象，那就是《诗》中出现了对周天子诸如厉王、幽王进行讽刺的诗篇，这也成为"变风变雅"的主要表现之一。《诗·大序》有云："至于王道衰，礼义废，政教失，国异政，家殊俗，而变风变雅作矣。"从《诗·大序》的叙述来看，"变风变雅"首先指向了时代之变。厉幽失德，平王东迁，时代随后进入了天子式微、王纲解纽、诸侯争霸的春秋战国时代，故而《诗》中出现了对于天、天命和王权正当性的质疑，并如同

《小雅·正月》一样，诗人以"我心忧伤""忧心京京""哀我小心""忧心愈愈""忧心惮惮""心之忧矣""忧心惨惨""忧心殷殷"等语汇来表达自己对于时代变化给人内心所带来的纠结、苦闷与忧伤。①"变风变雅"的出现，还说明了在这一历史时期，由于天子不敬德、不修德而在政治治理上出现问题致使王权威严下降，甚至成为被讥讽的对象，这也从侧面反映了民众意识在不断觉醒的历史现状。

至儒家产生的时代，民心对于支撑政治统治正当性的重要性已大大超过天命。这固然与宗教神学色彩逐渐淡化，人的地位不断上升有关，也与儒家仁义、王道仁政的立场密切相关。② 在政治秩序需要重建的春秋战国时期，努力发展生产和积极扩充军备以在天下政治秩序角逐中胜出便成为当时各诸侯国侯王卿相所达成的共识。既然有了这种足以影响本国政治命运与国际格局的共识，那么各国统治者便试图将此认识高度制度化与意识形态化，进而指导本国的方针制定、外交定位及军事战争。故而儒家对仁义、王道仁政的追求便与侯王们的这种思想意识发生激烈的冲突，前者的思想理念与政治主张往往很难被见用，从而成为未被落实的政治理想。那么，诚如杨国荣所言："何为理想的政治生活，如何达到政治生活的理想形态，这些问题既是政治领域所无法回避的，也从不同方面规定了政治哲学的内涵。"③ 在混乱困顿的时局里，儒家对于何为理想的政治生活，如何达到政治生活的理想形态，有着自己的思考与探讨。儒家的这种思考与探讨，可以说不仅仅是为了"揭示现存社会的各种缺点和不正义，而且还会提出一种令人憧憬的政治理想"④，以使人们真正了解何为"正当的或好的政治秩序"⑤。那么，什么是正当的或好的政治秩序，什么是理想的政治生活呢？在儒家这里，简而言之，一是君臣父子名实相符的政治秩序；二是以道德的进路影响或者介入政治生活；

---

① 见李友广《先秦儒家王道理想的应然指向与现实困境——以〈孟子〉为探讨中心》，《现代哲学》2019 年第 1 期。

② 参见李友广《先秦儒家王道理想的应然指向与现实困境——以〈孟子〉为探讨中心》，《现代哲学》2019 年第 1 期。

③ 杨国荣：《政治哲学论纲》，《学术月刊》2015 年第 1 期。

④ 姚大志：《什么是政治哲学》，《光明日报》2013 年 9 月 24 日。

⑤ ［美］列奥·施特劳斯：《什么是政治哲学》，李世祥等译，华夏出版社 2011 年版，第 3 页。

三是天下为公的大同社会图景。所谓的名实相符，其实就是要每个生命个体安于和充分做好自己的伦理角色与政治身份，每个人都不要越权和超出自己身份、角色的限定，以形成相对稳定的政治秩序。这样的政治秩序主张，正彰显了儒家温和的改良立场，在这样的立场之下，儒家基本上不会赞同激进、冒险，甚至付出流血牺牲代价的革命路线。① 所以儒家强调修身，强调敬德，强调敬老尊上，强调齐家，这其实都可以被视为伦理道德的进路，在这之后才关注与探讨治国、平天下的问题。当儒家主张以伦理道德的进路去影响或者介入政治生活的时候，这不仅彰显了其道德先于政治的立场，而且当他们在想象与建构理想政治生活的时候，其理想的政治社会图景往往也会充满温馨、和谐的道德色彩，而很少在政治制度上进行精致细化的设计，这以《礼记·礼运》中的描述最具代表性："大道之行也，天下为公，选贤与能，讲信修睦。故人不独亲其亲，不独子其子，使老有所终，壮有所用，幼有所长，鳏、寡、孤、独、废疾者皆有所养，男有分，女有归。货恶其弃于地也，不必藏于己；力恶其不出于身也，不必为己。是故谋闭而不兴，盗窃乱贼而不作，故外户而不闭，是谓大同。"尽管对于这段文字的学派属性学界还有争议，对于它所描述情景的时代也有着不同的讨论，但是从儒家的一贯立场来看，这些文字无疑也比较典型地彰显了儒家的理想政治社会图景。

概括来说，儒家的修身是其推行王道政治的逻辑起点，为学则为其出仕积累了必要的知识储备、洞察能力以及经过三代政治传统检验了的政治智慧。因而，可以说儒家所做的这一切都是为了参与政事、与国家及政治者展开有效的互动。与道家的政治立场相对，儒家依凭手中掌握的道德权威、政治文化资源以去边缘化的方式试图进入政治领域，以知识和道德的身份去影响政治，进而影响公众和社会。

3. 道德的位置：道德与生活、政治及知识的关系

在上文，我们主要对于儒家对人的本质（包括个人存在的价值、合

---

① 孟子虽有革命的思想倾向，但他将革命的权力限定在了贵戚之卿的范围内［"君有大过则谏，反复之不听，则易位。"（《孟子·万章下》）］，至于异姓之卿则只能选择是否离去［"君有过则谏，反复之而不听，则去。"（《孟子·万章下》）］由此可见，孟子思想理论仍以温和的改良立场为主，其偶尔表现出来的革命因素也与其仁政主张及宗法伦理思想密切相关，并不能作扩大化理解。

理性及其实现）和政治的正当性及价值（还包括理想社会及其实现）的理论思考进行了相应研究。关于人的本质和政治正当性之间的关系，在儒家这里可以通过道德贯通起来。在儒家看来，道德首先与宗法伦理密切相关，或者说道德感的生成以及道德品质的养成都脱离不了宗法伦理环境对其的长养与培固。① 所以，儒家在谈论道德修养的时候除了强调个人通过阅读文献、研习礼仪、游学、交友、思齐自省、慎独等方式以外，还反复强调家庭、家族等宗族伦理生活对于个人道德品质修养的基础性意义。这在《论语》中表现得非常典型，诸如："君子务本，本立而道生。孝弟也者，其为仁之本与！"（《论语·学而》）"弟子，入则孝，出则弟，谨而信，凡爱众，而亲仁。"（《论语·学而》）"出则事公卿，入则事父兄。"（《论语·子罕》）"乡人饮酒，杖者出，斯出矣。"（《论语·乡党》）"孝哉闵子骞，人不间于其父母昆弟之言。"（《论语·先进》）"宗族称孝焉，乡党称弟焉。"（《论语·子路》）"子生三年，然后免于父母之怀。夫三年之丧，天下之通丧也"（《论语·阳货》）。

不仅如此，由于西周时期"封藩建卫"政治体系所呈现出的家国同构的鲜明政治特点，再加上儒家对于家庭、家族伦理生活的无比信赖与依恋，这让其对于长养和培固于这一伦理环境中的道德感与道德品质充满了深切的认同与信任。儒家认为，既然家庭、家族的生活方式在伦理规范和道德品质地维系下呈现出非常稳定而又有序的氛围，那么以道德的进路去介入和影响现实政治的话，理应也能收到良好的治理效果。② 在春秋晚期战国时期这一特定的历史阶段，儒家以道德的立场和进路将家、国与天下贯通了起来，从而使道德在日常生活、为人治学、政治活动当

---

① 概因为儒家所理解的道德感和道德品质的养成与宗法伦理环境密切相关，故而任剑涛结合孔子"仁"的特点对此申论说："孔子对'仁'没有进行逻辑化的概念界定，这是由孔子知人论事、随时随地指点人的仁德实践所注定的进路。一种逻辑的论证、思辨的进路，都不足以满足这种人生指点的需要，而且一种逻辑的或思辨的构建，尽管可以提供思维练习的方式，却无法与道德实践发生紧密的结合。"见任剑涛《轨制的形成：孔子的经典解释进路》，《文史哲》2012年第 5 期。

② 关于政治与道德之间的关系，诚如谭绍江所言："政治技术诚为社会政治所必需，然社会政治之根本却在政治道德，政治若无道德，则设思再精，算计再细，亦适足以导致私欲贲张，不满日炽，争讼不已，无有宁日。"言之有理。引文见谭绍江《荀子政治哲学思想研究》，华中科技大学出版社 2014 年版，序。

中占据着非常重要的地位。也可以说，是道德，是儒家对于道德的追求，让家、国与天下在思想理论层面做到了有机相连，从而使其在思维视野上构成了一个可以一而二、二而一的整体，充分彰显了儒家的理想主义特点与济世安民的人文情怀。

与对于道德进路的肯定性立场相应，儒家在对文化典籍的认知和定位上也非现代意义上的知识所能涵盖的。在儒家这里，文化典籍既是对以往政治智慧的经验性总结，也是王道政治与王道理想的载体，这是个人在出仕理政前所要了解和掌握的。当然，对于文化典籍了解和掌握的过程，其实面对的不仅仅是历史知识和历史经验，还有对三代政治治理得失的价值评判。故而，儒家在面对文化典籍的时候，在反复研习的过程中，既可能会增长政治才干与政治智慧，也可能会使自己在将来出仕从政的时候，政治行为与价值理念尽可能地符合王道仁义的立场。儒家认为，只有秉持王道仁义的政治价值理念才可能会引导天下政治走向"百姓昭明，协和万邦"（《尚书·尧典》）的良好秩序。

根据上述研究，我们可以发现，儒家在讨论生活、政治及知识的时候，从来都不是孤立地去讲，而是有着鲜明的实际指向与整体性特征：从内在来讲，是为了人自身的道德修养与境界提升；从外在来讲，则是为了追求稳定和谐的伦理生活，各安其位、各负其责的政治秩序，以及"天下为公，选贤与能，讲信修睦"（《礼记·礼运》）的理想社会。

第四节　先秦儒家政治哲学的不足与未来发展

先秦儒家政治哲学虽采取了由上而下，又由下而上的思维路径，但由于儒家的现实关怀与人文情怀，而使其与现实社会的关系并不疏离，反而是相辅相成的。在这种比较密切的关系当中，从春秋晚期到战国时期随着政治体制的变革与社会历史条件的变化，儒家政治哲学在先秦时期尽管也经历了一个发展变化的过程，而且还十分强调"时""权"思想和兼容会通精神，但其在与时偕行当中又保持了相当稳定的儒家立场与特质，从而整体上还是呈现出了重视德性、道德精英政治和天下情怀这样的显著特点。儒家在政治理论思考过程中所呈现出的这些特点，虽然彰显了其对于社会政治变化的敏锐洞察力和一定的应对能力，以及儒家的使命担当与济世情怀，但即便与当时其他学派诸如道家、法家的政治主张对比来看，儒家政治理念确实有其不足（或曰不合宜）之处。对于儒家的这种历史性缺陷与不足，我们并不草率地采取原教旨主义式的立场对此一概无视与否认，而是基于客观理性的态度对此予以承认并归纳出如下的表现：重德性不重制度建设的贤能政治；道德精英政治与民众社会监督机制的缺失；从家庭主义走向天下情怀的瓶颈及其突破。接下来，我们将对此进行逐一分析与阐释。

1. 重德性不重制度建设的贤能政治

诚如上文所言，儒家对于道德的理解与定位往往脱离不了宗法血缘伦理关系，他们认为道德品质的养成和培固均离不开家庭、家族、宗族村落伦理环境的影响，甚至还认为道德品质的优劣也需要在伦理环境中得以检验与印证。

当然，儒家这种立场的形成是可以在传统社会的土壤里找寻答案的。三代社会尤其是西周社会，在"封藩建卫"政治体制的基础上整体上呈现出了家国同构的政治特点，这就使得其时政治被赋予了浓厚的伦理化色彩。可以说，西周社会的政治架构孕育出了与伦理关系密切的政治思想与政治文化，这在反映三代思想文化的《诗》《书》《礼》《春秋》等元典文献中都有着比较集中的论述。比如《尚书》在谈论天子王权与政治事务的时候，很少孤立地去谈，反而往往会结合上天（上帝）、天命（帝命）、德政教化、民心民意等因素来彰显政治的价值与意义并不仅仅在于政治本身，而是其所要倾力维系的宗法伦理亲情、社会等级秩序以及王权对于天下四海的德性感召力与至上威严。以此来看，《尚书》所显示的政治价值并不完全在于政治本身，反而是以伦理道德的进路来推进政治治理在社会各个层面的具体落实。这样的思维理路与儒家对于政治的理解正相一致，或者说，儒家对于政治所作的"正治"的理解与诠释正是对西周社会政治特点的深刻认同和有效继承。

在天下失序、战乱不休的春秋晚期与战国时期，儒家渴望回到以宗法伦理价值为政治基石的王道社会，渴望其时的侯王权贵能够维护亲情、尊重道德，而非一味倚重经济和军事力量在推行霸道的道路上越陷越深。与这种立场相应，儒家认为生发于内在心性的道德，有着宗法伦理亲情的长养与培固，比主要立足于"自为""好利恶害"人性理论和律令刑罚基础之上的政治制度与社会规范更为牢固而有效。这就与因对于道德人性颇不信任而更加重视制度律令建设的法家有着很大不同，诚如张千帆所言："法家认为社会道德和信任是靠不住的，因而将注意力完全集中在法律和惩罚上，雄心勃勃地想建立一个完全由利益而非道德维系的理性国家。"① 法家对于道德与人性的这种批评，正与儒家的立场针锋相对。在法家看来，社会的实际情况是，道德并不具有普遍有效性，除了在时间上主要适应于"竞于道德"（《韩非子·五蠹》）的上古社会以外，在现实社会生活中，对于侯王卿相并没有多少实际约束力，反而往往会流于他们争夺利益、满足私欲的口号与工具，这就变成了庄子后学所言的"窃钩者诛，窃国者为诸侯"（《庄子·胠箧》）的现实局面。不仅如此，由于儒家所理解与认可的人性道德往往与其时社会的宗法伦理性特点紧密相连，这样的人性与道德就往往难以避免因个人私意与远近亲疏所带来的差异，如果以此来治国就会造成标准不一、差等治理的政治困扰与政治弊端。②

　　虽然法家和儒家所要解决的政治问题有着相同的一面——天下失序，但由于对政治理解的不同，以及对人性持有不同的立场，故而在提出的解决方案上两家也就呈现出了不同的理论面目。与法家出于对人性道德的消极影响与负面意义深刻认识而更加注重人的政治属性不同，儒家认为，生活于宗法伦理社会的人们不是纯粹的政治动物，不只拥有政治方面的诉求与需求，而且还需要满足心性修养、情感表达、礼仪往来以及人的尊严等各种需求。故而，儒家常常会认为道德比制度更为牢靠和重要，当然儒家并没有否定和排斥制度规范与制度建设，只不过在价值选择上，道德要优先于制度。在这种立场之下，儒家在论说政治的时候，往往不离血缘亲情与伦理道德，从而呈现出更加注重道德修养而对于制

---

① 张千帆：《为了人的尊严——中国古典政治哲学批判与重构》，中国民主法制出版社2014年版，第124页。

② 对于儒家的这种道德伦理化立场在政治治理上可能产生的消极意义，任剑涛则以仁心与仁政为例进行了阐述："不忍人之心与不忍人之政，是不是君主个人品质的自然显现？假如仁心与仁政仅仅依赖于君主的个人道德品性，这种政治模式的不确定性，势必成为它的最大特点。"诚是。见任剑涛《天道、王道与王权——王道政治的基本结构及其文明矫正功能》，《中国人民大学学报》2012年第2期。

度建设有所忽视的理论倾向，这在《论语·为政》中有着集中表现："为政以德，譬如北辰，居其所而众星共之。""道之以政，齐之以刑，民免而无耻。道之以德，齐之以礼，有耻且格。""举直错诸枉"，"临之以庄，则敬；孝慈，则忠；举善而教不能，则劝。""《书》云：'孝乎惟孝，友于兄弟，施于有政。'是亦为政，奚其为为政？"等等。在儒家眼里，政治的价值意义并不在于政治本身，而是要通过德政教化的方式来切实影响与感化天下百姓的内在心性，并将有德行的人推至管理者的位置来管理国家与社会。之所以会有如此主张，是因为儒家认为德行与伦理并不相悖，而且德行修为的提升也离不开宗法伦理环境对之所产生的潜移默化的影响。因而，将有德行的人推至管理者的位置，便可以更好地维护宗法伦理价值，从而将家、国、天下三者在宗法伦理价值层面真正贯通起来。

在对政治价值的理解上，儒家高度认可圣贤与贤能。他们认为圣人不仅德性高，利他性强（《论语·雍也》云："博施于民而能济众。"），而且在价值地位上，圣人可以与天地相通。（《礼记·中庸》云："诚者，天之道也。"又云："诚者不勉而中，不思而得，从容中道，圣人也。"）儒家对于贤能政治的强调与肯定，实际上还有着对于西周政治制度所形成的尊崇尊贵地位的嫡长子继承制的一种有效纠正与补充。[1] 与儒家对于圣人的推崇相比，道家对于圣人同样也给予肯定，并认为理想的统治者应该是被称为"执道者"的圣人，甚至在道家文献《老子》的语境中很多时候圣人可以和侯王相提并论，或者说圣人是最理想侯王的化身。[2] 由此来看，道家所推崇的圣人往往是道的化身与体现者，是现实政治当中的"无为"（或曰对社会与民众不过多干预）侯王。与道家不同，儒家重

---

① 《春秋公羊传·隐公元年》有云："立適（同'嫡'）以长，不以贤；立子以贵，不以长。"

② 道家文献《老子》将侯王与圣人相提并论，并在文中多次告诫侯王治国之时要以无为的圣人为范型。道家的这种思维理路，实际上可能还潜藏着一种垄断政治价值与地位的负面意义。对此，曹峰认为："'形名'只能制约臣民，不能制约站在'执道者'立场上的君主。唯有'执道者'能由'道'至'名'，并建立政治秩序，这样就保证了君主在政治上的垄断权。或者说唯有'执道者'能从'无形''无名'中看到即将形成的'形名'，这样'执道者'就控制了发源于'道'这一最根本的政治资源，从而立于无人能挑战的绝对地位。"言之有理。引文见曹峰《作为一种政治思想的"形名"论、"正名"论、"名实"论》，《社会科学》2015 年第12 期。

德性不重制度建设的贤能政治，实际上更多的是注重"贤"，而"能"则常常处于从属性地位，是"贤"的附属物。当然，这不是说"能"不重要，只是说与其相比"贤"具有价值优先性："论德而定次，量能而授官，皆使人载其事而各得其所宜"（《荀子·君道》）；"大道之行也，天下为公，选贤与能，讲信修睦"（《礼记·礼运》），等等。故而儒家所推崇的圣人实际上首先具有"贤"的鲜明标签，至于"能"则往往是从"贤"中引申出来的，内圣外王的政治理念结构同样也具有这样的价值意义。于此，政治并不具有独立于伦理道德的价值意义，伦理道德同样也需要在政治领域予以检验与印证。① 道德如果脱离了伦理，脱离了政治，那就与隐逸之士的价值立场与行为表现并无二致了，这是儒家所不能接受的，诚如孔子所言谓："鸟兽不可与同群，吾非斯人之徒与而谁与？天下有道，丘不与易也。"（《论语·微子》）怃然，刘宝楠《论语正义》云："失意貌也。"对此，程树德解释说："沮、溺不达己意而妄非己，故夫子有此容。"② 这是孔子在面对隐士长沮、桀溺的质问——避人不如避世——而作出的回应。孔子认为，人之所以为人就在于人的价值与尊严需要在社会人伦与出仕干政中得以实现，而绝不能为着保全志向节操而去刻意避世。在孔子看来，由于离群索居，对于天下政治与百姓困苦全然不顾，主张避世全志的隐者们其实跟嬉戏于山林当中的鸟兽并没有什么两样。因而，儒家认为人就应该与人相处，只有与人相处才能长养德性，成就人伦与道义。③ 当然，从哲学史的角度来看，在先秦时期对于

---

　　① 儒家对于政治所作的这种理解，既深受西周社会宗法伦理与政治体系想杂糅特点的影响，也是由自己立场所引申出来的将"伦理道德领域与政治领域看成不可分割的内在联系"，也就将"政治学的对象变成了伦理学的附属物，从而取消了政治学的独立性"。引文见王中江《现代新儒学的视域限制》，《儒家的精神之道和社会角色》，中华书局 2015 年版，第 394 页。

　　② 程树德：《论语集释》，中华书局 1990 年版，第 1270 页。

　　③ 正因为持有这样的立场，皇侃《论语义疏》引沈居士注云："世乱，贤者宜隐而全其身，圣人宜出以宏物，故自明我道以救大伦。"从皇侃所引注来看，沈居士显然是典型的儒家立场，将避世全志（隐世全身）的隐士视作德行不亏、利他有限的贤人，自然与"蒙尘栖遑""达教宏世"的圣人孔子相比逊色不少。引文见程树德《论语集释》，中华书局 1990 年版，第 1271 页。

"能"的发掘与凸显，法家无疑起了非常重要的作用。① 基于对人性道德的怀疑，法家并不认为世上会有真正超脱利益的君子②，也不相信仅凭个人修养就可以变好，故而他们更加注重律令刑罚建设，注重对于个人"能"的发掘，以便被君王所任用（如《韩非子·主道》："明君无为于上，君臣竦惧乎下。"《韩非子·用人》："治国之臣，效功于国以履位，见能于官以受职，尽力于权衡以任事。人臣皆宜其能，胜其官，轻其任，而莫怀余力于心，莫负兼官之责于君。"《韩非子·显学》："试之官职，课其功伐，则庸人不疑于愚智。"），从而使"能"的价值与意义不断得到重视与开显，进而逐渐获得了在理论上可以独立于"贤"的功能与意义。

从今天的角度来看，完全摒弃道德伦理的政治制度既不存在，也难以与注重追求生活丰富性与价值尊严的生命个体相适应；只重道德而忽视制度建设的贤能政治也难以应对日益多元与复杂的现代人群与政治社会。③ 所以，既要重视人的内在情感需求与精神道德追求，又不放弃以谨严、客观理性的制度建设来应对日渐多元而又复杂的社会结构、团体群体与政治事务，这应该是当今社会政治建设的应有之义与时代要求。

2. 道德精英政治与民众社会监督机制的缺失

根据上文的分析我们可以看出，儒家所肯定的贤能政治实际上是道德精英政治。由于先秦时期生产力水平、教育普及程度诸多方面的不足，

---

① 对此，日本学者山崎正则以法家人物商鞅为例作出了具体说明：商鞅"施行信赏必罚后，如果没有军功，富人即使原来是公族也不能过上富裕生活，这样做是为了强化君主的权力，同时也是以血缘为中心的观念向能力主义观念的一种转换"（［日］山崎正：《〈史记〉人物四十五讲》，许云鹰译，中华书局 2018 年版，第 190—191 页）。这实际上是说，在社会形势愈加残酷的战国时期，仅凭亲缘关系（家族势力）或者德性品格并不足以自如应对，在这种情况下，"能"的价值与作用便被日益凸显了出来。

② 《韩非子·六反》云："夫陈轻货于幽隐，虽曾、史可疑也；悬百金于市，虽大盗不取也。"韩非子将怀疑与批判的矛头对准了儒家所一再标榜、以德性著称的曾子和史鳅。（《论语·卫灵公》称颂史鳅云："直哉史鱼！邦有道如矢，邦无道如矢。"）见李友广《政治的去道德化努力——韩非对政治与道德关系之思考》，《哲学动态》2019 年第 2 期。

③ 当然，儒家所构建的贤能政治确实有其理想主义的一面，重道德不重制度建设的思维理路将政治治理更多地寄希望于圣人的德性修为与个人境界。对于儒家这种政治主张所可能带来的消极影响，林存光说："在政治这一公共的人类事务领域，仅仅靠主体的觉解和境界的提升来寻求解决问题的办法又是极其靠不住的，境界是致力于人格成长的个人努力的成就，却不是优良政治的必然保证。"言之有理。引文见林存光《政治的境界——中国古典政治哲学研究》，中国政法大学出版社 2014 年版，第 143 页。

以及社会阶层的固化程度相对较高，先秦社会并不如今天这样多元，也不如今天文化教育普及程度这样高，才干与智慧往往集中在少数人（主要以君王与贵族集团为代表）那里。鉴于这种社会现实，儒家在考量现实政治的时候，往往会结合现实生活中圣贤少涂人众的实际状况来进行政治理论思考。可以说，儒家的这种政治理论思考，既切实考虑到了当时社会政治资源分配的实际状况，又充分回应了伦理道德因素对于政治制度与政治文化所产生的重大影响。

当然，儒家的贤能政治并没有充分考虑民众在政治权力结构中所应起的制衡作用，尽管儒家类文献《尚书》《左传》以及《孟子》当中都会谈到民心民意，但在先秦的语境中民并不具有充分的政治价值与意义，其价值与意义的彰显主要还有赖于君王、国家这些相对应条件的存在，具有相当的依附性。① 故而，儒家在谈贤能政治的时候，实际上并没有过多关注民众在其时政治结构中的地位、价值及作用等相关问题，谈论最多的往往是圣人如何有德，圣人如何施行德政教化②，等等。在先秦的政治语境中，圣人实际上都或多或少地指向了君王，尤其是那些在德行与政绩方面比较卓著的君王更是成为儒家所称颂的对象。在儒家看来，由圣人做王来平治天下是最为理想的政治模式。当然，这种政治模式虽然考虑到了执政者的德性问题，但并不能充分保障因为在位圣人的离去而继任者也会成为圣人，并使圣人统治会一直延续下去。而且这种圣人治理模式，并没有给予民众在权力运行过程中应有的地位，民众更多的只是充当了被教化与被开蒙的对象，所以林存光对此反思与评论说："对中国的政治哲人来讲，最大的政治问题便是由谁和如何来平治和统一天下的问题，答案是最好或最理想的就是由圣人作王才能平治和统一天下，

---

① 对于民在政治结构中的这种地位，徐复观有着深刻的阐述：从道德的角度看，"其德是一种被覆之德，是一种风行草上之德。而人民始终处于一种消极被动的地位。尽管以民为本，而终不能跳出一步，达到以民为主"。诚是。引文见徐复观《学术与政治之间》，华东师范大学出版社 2009 年版，第 12 页。

② 先秦语境中的"德政教化"，呈现的是由上而下的思维理路，虽然它也会观照到民众的具体利益，但这样的思维理路实际上"总是居于统治者的地位来为被统治者想办法，总是居于统治者的地位以求解决政治问题，而很少以被统治者的地位去规定统治者的政治行动，很少站在被统治者的地位来谋解决政治问题"。引文见徐复观《学术与政治之间》，华东师范大学出版社 2009 年版，第 12 页。

而圣人作王并不是一个制度性的问题而是一个主体性的问题。""中国的政治哲人却始终未能跳出圣王崇拜的窠臼,始终没有从推崇圣王统治的政治理想转向科学的政治探究方式。"①林存光的这种评价,确实切中了儒家在政治主张与政治思想上的要害。当然,如果回到先秦社会与文献语境当中去看,儒家的这种政治理论思考完全是可以理解的:基于对宗法伦理价值的充分认可与信任,儒家往往以此来考量道德和政治,以及道德与政治之间的关系。林存光对于儒家推崇圣王统治的这种评价,更多地可以被视为对儒家的爱之深,责之切,并不能完全被视作基于历史性考察以后的一种同情性理解与表述。

从先秦诸子文献来看,道德精英政治模式并不只是在儒家那里有着集中地表达与呈现,实际上这种政治理论在当时还具有普遍的影响力,无论是道家还是墨家都有着不同程度的阐述,即便是对儒家贤能政治多有批评的法家,其政治理论的建构也是从反思人性与道德、道德与政治的关系开始的。出于行文方便的需要,在此我们主要以道家人物老子为例进行说明。正如上文所言,在道家文献《老子》中,圣人往往与侯王相提并论,在《老子》的文本语境中,实际上圣人往往是理想侯王的化身,也是道的最佳执行者与运用者。实际情况是,在先秦社会无论是圣人还是侯王在人世间永远都是少数,圣人在老子那里固然是得道者,且由于其与道的自然运转态势、趋势相合,当然在道德上是没有问题的,但是现实中的侯王却并不尽如人意,反而多是好乐、好货、好色之辈,在德性修养上并没有高人一等之处。故而,在政治理论建构的过程中,一个要紧的问题便是:如何确保侯王的德性修为足以引导与化解自身过多、非分的欲望,进而足以公正、合理地治理天下与国家呢?关于这个问题,老子特意拈出了一个"德"字,希望侯王们有"德",最好是能够获得道那种"生而不有,为而不恃,长而不宰"(《老子》第十章)的"玄德"性质。至于如何才能获得这种性质,老子给出了一个具有方法论意义的立场与态度:不妄作、不强为;同时,还要相信社会和民众有着自我调适、发展的空间与能力。由于对"道"的理论探讨持有浓厚兴趣,

---

① 林存光:《政治的境界——中国古典政治哲学研究》,中国政法大学出版社 2014 年版,第 21、19 页。

关于如何才算是不妄作、不强为，老子并没有具体展开与详细说明。

出于对天下纷争与当世侯王的不满，儒家在进行政治理论建构的时候，将希望不再寄托于天子与侯王，而是对历史资源进行重新解释，并以儒家的立场来重构那些有名的历史人物，从而使得他们身上的道德意义与政治功能得以被挖掘与彰显。经过儒家长期的这种政治理论建构努力，尧、舜、禹、汤、文、武、周公逐渐构成了道德精英序列，并最终发展成为儒家道统的重要构成部分。在儒家的视野中，他们有德有位，是理想政治的化身，也是贤能政治的实施者与推行者。但是，重道德不重制度建设的贤能政治有其理想主义的一面，故而当由理论变为现实的时候，实际上往往会产生种种困难与障碍，再加上民众在政治权力结构中的缺席，从而使侯王成为现实政治中的不确定性因素。由于德性的不足与自我克制力的缺失，而且侯王们的欲望、野心与权力始终无法得到民众与社会监督机制的有效监督与约束，贤能政治在传统社会也就无法真正得以落实下来。虽然如此，贤能政治在传统社会里还是能够以理想政治的理论样态在批判现实政治与规劝当世君王的过程中发挥其积极的价值与作用。

3. 从家庭主义走向天下情怀的瓶颈及其突破

关于家庭主义的问题，笔者在《传道与出仕：共同体理论视野下的先秦儒家》一书中，结合先秦儒家对于家的执守态度，儒家在处理和应对带有一定伦理性质的公共事务时所表现出的在突破和依归"家"精神与文化之间的徘徊，以及血缘亲情维护与社会公义伸张之间存在的张力与复杂性等方面作出了重点研究。作为对于传统文化和宗族社会怀有深厚情感的先秦儒家，他们在由作为四面八方的个体成员汇集到一起逐步形成共同体的过程中，由家庭、家族、宗族村落等基本生存共同体所积淀而成的"家"精神与文化，或者说家庭主义无疑起了不容忽视的潜在影响。①

可以说，家庭主义的形成，离不开西周社会家国同构的政治社会特点，更离不开儒家对于家庭、家族伦理规范的深为认同与理论阐释。当

---

① 参见李友广、王晓洁《传道与出仕：共同体理论视野下的先秦儒家》，人民出版社2018年版，第55—79页。

然，儒家的这种理论阐释，正是基于其对家庭、家族伦理价值所作的普遍化理解有关。儒家认为，既然伦理规范能够很好地理顺与维系家庭、家族成员之间的关系，从而使他们的日常生活兼具伦理温情与等级秩序，那么将此伦理规范移植到国家社会层面的时候，理应使国家政治与社会生活也可以呈现出秩序与和谐两者之间合而相融的理想状态。虽然按照儒家的立场，家、国、天下三者之间可以在伦理价值的层面上予以贯通起来，但是家与国之间确实有着很大的不同。家庭家族内部充满了浓厚的伦理氛围，生命个体道德修养的提高与交往规则的养成都需要这样的伦理环境，故而儒家所谈的修身与齐家都具有浓厚的伦理道德意义。但是，当从齐家走向治国、平天下的时候，它们之间是否是顺理成章、毫无阻隔的，或者说，从齐家走向治国、平天下是否是一种必然？由于儒家所持的伦理性立场，进而由此对于家庭主义作了普遍有效性的理解与定位，致使其对于这个问题并没有作出必要的思考与回应。

事实上，家庭主义固然有其合理性的一面，并在家庭、家族、宗族村落甚至大夫的采邑、封地内极具有效性，并对于这些具有共同体意义的单位或区域凝聚力的形成以及稳定性的维系，都具有不容忽视的价值与意义。但是，不能否认的是，国家与天下实非上述所言的单位或区域所能比拟的。无论是从地域的广阔性、人群的多样性、事务的复杂性，还是从内涵与外延上来看，国家与天下都是家庭主义所不能完全指称的，或者说两者在公私性质与所具有的功能方面确实具有相当程度上的差异，而这种差异便成为儒家从家庭主义走向天下情怀的瓶颈。虽然儒家守持家庭主义的立场，并以伦理价值为桥梁将家、国、天下贯通了起来，但是它们之间的差异并不是说就自动消失了，反而由于其所持的这种立场让伦理与政治在价值、功能及边界等方面没有作出相应的界定与厘清，从而使两者在含混、杂糅的历史特点当中纠缠不清：泛道德主义让政治呈现出道德伦理化倾向；至上王权让家庭伦理逐渐呈现出政治化的痕迹。在这样的背景下，儒家所服膺的"修身、齐家、治国、平天下"信条变成现实如何可能？诚然，家、国、天下无不需要"身"的参与，只要在

"身"的问题上能有所保障，或许齐、治、平在理论是可行的①，故而儒家强调"修身"② 这一重要前提。但问题在于，源自家庭、家族私领域的家庭主义并不能直接推向国家与天下这样的公领域，两者之间并不具有天然的契合性；也就是说，从家庭主义走向天下情怀虽然合宜（合儒家立场且具有利他性）但未必合理（合事物本身的理路、次序与规律）。

儒家从家庭主义何以能够走向天下情怀，对于这个问题如果能够以简约的语言来回答的话，那就是一个字：仁。在儒家这里，"仁"具有丰富的义涵（诸如仁爱、仁政、仁生、仁和，等等），广阔的诠释空间（历代注家对"仁"的诠释不仅体现在《论语》学史当中，而且本身便可以构成一部仁学史）与不朽的生命力（"仁"所具有的利他性与理想性为知识分子所广为认同，也深切影响了传统政治与礼俗社会）。要从家庭主义当中走出来，首先要意识到这种思想立场的不足与局限性，而后方有如何走出的考量。天下理念的兴起，自然与西周年间以宗法和封建方式遍立诸侯国的政治统治方式的确立有关。"封藩建卫"使得周人疆域得到前所未有的扩大，周人的地理意识也得到明显加强③，这显然超出了家庭主义所能理解的范围。周人在疆域版图和地理意识上发生的这种显著变化，带来的是对于人们思维视野和价值理念所产生的冲击，这对于持有"吾从周"（《论语·八佾》）文化立场的儒家而言，自然也不可能毫无影响。不仅如此，当儒家以家庭主义的立场来试图应对和解决带有伦理性质的

①　与此类似，许纪霖则从"自我"的角度作出了说明："所谓的家国天下，乃是以自我为核心的社会连续体。"许纪霖：《现代中国的家国天下与自我认同》，《复旦学报》（社会科学版）2015 年第 5 期。

②　笔者注：当然儒家所说的"修"不仅指向了德性的"贤"，其实还指向了才干的"能"，因为在儒家的语境中，"学"也是修身的一种方式。

③　不可否认，周人天下观念的出现与强化，是与其五服制新型国家形态的建构以及业营建洛邑（定"天下之中"于洛邑）为典型事件的对于以自我为中心观念的抛弃密切相关。对此，邱海文说："周公在确定的'天下之中'位于周人的核心区之外，而将其定在周人与诸侯之间，同时每逢大朝会则周人与诸侯一起到洛邑。这实际上代表了周公抛弃了之前以自我为中心的观念，而将其变成周人与诸侯共同遵守的'中'，进而由此抽象出周人与诸侯共同遵守的一种原则，这是水到渠成的。因此可以说洛邑是周人与诸侯这种新型关系在地理上的投影。"诚是。参张利军《西周五服制与国家形态构建》，《第二届西周金文与西周史学术研讨会论文集》，陕西师范大学，2019 年 9 月 20—22 日，第 347—363 页。所引文见邱海文《周公立中营洛新解》，《第二届西周金文与西周史学术研讨会论文集》，陕西师范大学，2019 年 9 月 20—22 日，第 294 页。

公共事务时就显得有些力不从心了，这是因为公共事务虽然可能会涉及家庭、家族意义上的伦理性，但是由于这种事务的复杂性与多面性，就不得不促使儒家在家庭主义之外另外寻求解决问题的办法了。

　　在政治文化领域的理论建构上，儒家追求的是平治天下的王道政治理想，这样的政治理论主张要依赖德政教化的方式来感化天下百姓，儒家在价值判断上认为它要高于推崇武力与谋略的霸道。由此来看，儒家天下情怀的产生离不开西周的政治权力结构与疆域社会出现的不同于夏商二代的新型特点，更离不开儒家王道政治理想所面对的整个天下秩序以及这种秩序的建立者与维护者：尧、舜、禹、汤、文、武、周公。那么，儒家是如何由家庭主义走向天下情怀的？诚如上文所言，儒家诞生于礼乐崩坏、天下失序的春秋晚期，他们所要面对与思考的问题之一便是什么是好的政治，以及经由这种政治模式来使整个天下重回王道政治秩序的问题。关于什么是好的政治，诸子对此有着不同的思考与回答。①与道家基于对"道"的尊崇而对政治的定位有着超道德化的价值诉求，并相信社会与民众有着自我治理的良好能力不同，儒家对于政治的理解与其所依据的由"天""天道"下贯而形成的"王道"密切相关。儒家认为好的政治之关键即在于王是否有德行，是否推行德政教化，而好的表现则是要考虑和制定不忽视多数人（指其时的社会民众）利益的政策与措施，从而真正做到重民、保民、养民与惠民："德惟善政，政在养民。"（《尚书·大禹谟》）由此来看，儒家与儒家类文献所言的王道与天和天道相连，所以王的职责既包括敬天还包括保民，而天又是遍覆式的（《礼记·孔子闲居》即云："天无私覆，地无私载，日月无私照。"），故而儒家视野中的王道理应具有公、正之义："无偏无陂，遵王之义；无有作好，遵王之道；无有作恶，遵王之路。无偏无党，王道荡荡；无党无偏，王道平平；无反无侧，王道正直。会其有极，归其有极。"（《尚书·洪范》）由此来看，王道不仅要包括如下这样的政治行为与政治事实：对天下国家的构成主体——民众要爱护和体恤（《尚书·蔡仲之命》：有云："皇天无亲，惟德是辅。民心无常，惟惠之怀。"）；而且，王道的正当性

――――――――――

　　①　笔者对此曾有专门研究，此处不予展开。详见李友广《政治的去道德化努力——韩非对政治与道德关系之思考》，《哲学动态》2019 年第 2 期。

还要借助天的权威力量，以顺承天意、天命的形式来寻求正当性的获得（《尚书·泰誓上》言谓："天佑下民，作之君，作之师，惟其克相上帝，宠绥四方。"）。① 这固然是对夏商既有宗教神学力量的借鉴，但也正说明夏商周三代在社会结构、政治制度以及精神信仰等方面的延续性与惯性力量。②

儒家从家庭主义走向天下情怀正是与其对于王道政治理想的价值诉求相关，也与其在对王道仁政的追求过程中所彰显的利他性与人文情怀密切相关。儒家对于家庭主义的突破，既彰显了儒家理想主义的一面，也使得儒家的这种使命担当精神与天下情怀逐渐成为中国传统政治文化与政治理想的重要构成部分，从而最终积淀为后世文人士大夫矢志追求的理想与情怀。

诚然，先秦儒家政治哲学确实是一个颇为艰深与宏大的理论问题，笔者主要运用自己中国哲学方面的相关知识理论结构对于先秦儒家政治哲学的立场、内容、构成要素、特点及不足等方面进行了相应研究。受限于自己的专业背景与学术训练，我们并没有对于西学作出充分考察，并以之为重要理论参照来展开研究。虽然，在对儒家政治哲学的研究方面，我们主张挖掘和发展本土化政治哲学体系，建构中国式的话语表达方式，从而为进一步促进中国传统政治哲学学科建设，建构具有中国特色的政治哲学体系作出自己的一点思考与努力③，但这并不意味着我们就

---

　　① 就此而言，天子的合理性来自天意所授，天子治理天下之道同样与天有关，或者说王道的正当性来自上天、天命。不仅如此，就连人间包括君臣、父子、兄弟、夫妇、朋友之间的伦常次序也是上天安排的，故而《尚书·皋陶谟》屡言"天叙有典""天秩有礼""天命有德""天讨有罪"，以天的权威与法则性力量来论证人伦秩序、等级次序的天然合理性。

　　② 参见李友广《先秦儒家王道理想的应然指向与现实困境——以〈孟子〉为探讨中心》，《现代哲学》2019 年第 1 期。另外，张光直则从考古的角度在承认三代文化在地域和礼制方面存在差异性的同时，也认为三者之间"虽有小异，实属大同"。见张光直《中国青铜时代》二集，生活·读书·新知三联书店 1990 年版，第 34—38 页。与此立场相应，王晖也认为："从出土的古文字资料及文献古籍看，殷末周初周文王、武王曾大量袭用过商人的礼仪典章制度。而到成王周公时代之后，周人才在祭祀制度、用牲制度、宗法制度、分封制度等方面都进行了十分明显的变革。"详见王晖《周初改制考》，《中国史研究》2000 年第 2 期。

　　③ 对此，张曙光说："过去的学术研究主要以西方思想为理论框架或普遍尺度，将中国置于这一框架之中给予绳度，今天的学术不仅充分利用中西两方面的资源，而且赋予了中国思想以框架和尺度的意义。"诚是。见张曙光《从"天下"到"天人"——兼论中国思想的基本问题》，《探索与争鸣》2017 年第 11 期。

否定或者排斥西学在研究中国传统思想文化当中的价值与意义。在东西方文化交流日渐频繁与深入的今天，研究中国传统文化（包括中国传统政治哲学）当然不能否定"以中释中"固有诠释方法的价值，但更不能完全无视西方文化与西方哲学为我们今天的学术研究所提供的新的理论视野与背景。对此，杨国荣也阐述说："可以说，与此前的佛学相近，西方哲学在某种意义上为今天理解以往经典提供了新的理论视野和背景。从这一事实看，'以中释中'或以单一的视野去理解自身的哲学传统，无疑既过于狭隘，也缺乏历史意识：在历史已经发展到中西哲学彼此相遇之时却依然自限于某种单一传统，这显然是非历史的。"① 观点颇有见地，笔者对此也深表赞同。最后，需要说明的是，在原来的课题研究计划中笔者曾列出"全球化时代如何构建中国当代政治哲学"这一理论性与前瞻性兼具的重要问题拟作探讨，但受限于精力和学力皆不足的问题，关于这个问题只有留待以后再作解决了。

小　结

在本章，我们对于先秦儒家政治哲学进行了比较全面的研究，同时也明确地表达了我们的基本立场与态度：在西方文化与西方哲学能够为我们今天的学术研究提供新的理论视野的情境下，积极借鉴和充分吸收与其相关的丰富思想资源，挖掘和发展本土化政治哲学体系，借以构建中国式的话语表达方式，促进中国传统政治哲学学科建设，从而构建具有中国特色的政治哲学体系。

本章是将儒家的思想学说置于其时的社会历史情境下加以阐释与说明的，这样做的结果，在使儒家的政治哲学研究获得一种客观化、历时性理解的同时，也可以更好地考察社会与思想、形下与形上、历史与哲学之间的互动关系与过程，从而在这种具有张力性的学术理路下，为我们今天的中国哲学学科建设和政治哲学体系建构提供一定意义上的启示与借鉴。

---

① 杨国荣：《中国哲学：内涵和走向》，《上海师范大学学报》（哲学社会科学版）2018 年第 5 期。

　　与此学术理路相一致，在本书的最后，我们以结语的形式对于先秦儒家这一学术流派的立场、特征及影响进行总结性的研究。通过这种研究，我们可以发现在新旧制度交替的特殊历史时期，儒家对待传统历史文化的态度既有"因"，也有"损"和"益"。可以说，这种复杂的历史文化态度，不仅体现了儒家对待前期文明的历史观念，也充分彰显了其深厚的人文理性精神，这可以为我们今天的社会生活和政治治理提供可资借鉴的思想资源与文化精神。

结 语

德性与政治之间：先秦儒家
立场、特征及影响

在王权社会时代，宗法血缘伦理色彩浓厚，再加上其时农耕文化的延续发展，让处于先秦历史时期的中国社会呈现出厚伦理、重亲情的特点。孕育于这一社会土壤的儒家，既充分体现了其时的社会历史特点，也表现出了其对西周礼乐文明地有效继承。故而，先秦儒家对待传统历史文化既有"因"，也有"损"和"益"，而这种复杂的历史文化态度，不仅体现了儒家对待前期文明的历史观念，也充分彰显了其在处理传统与现代、传承与创新，德性与知识、人性与政治，个体与国家诸多方面所表现出的人文理性立场与和合精神①，非常值得我们作出相应研究，并以之为当今的人们提供可资借鉴与反思的思想资源与文化精神。

鉴于儒家文献在先秦时期的丰富性及其所呈现出的思想张力，尤其是儒家在春秋晚期战国时期所彰显的道德理想主义与应然性、正当性的政治价值诉求，在结语部分我们主要从身与心、个人与社会、德性与知识、人性与政治这四对规范性概念展开研究。有必要指出的是，由于先秦儒家整体上秉持着推己及人的运思理路，故而其思考往往以对人的本

---

① 儒家在包括身与心、个人与社会、德性与知识、人性与政治等一系列关系性问题上所呈现出的人文理性立场与和合精神，正符合张立文针对人与自然的冲突、人与社会的冲突、人与人的冲突、人的心灵的冲突所构建的"和合学"思想理论体系。关于"和合学"的基本内容与战略构想，见张立文《和合学——21世纪文化战略的构想》，中国人民大学出版社2016年版。

质、人性的讨论为逻辑起点①，以对理想政治的追求为理论归宿，故而儒家在这方面的探求可以化约为人性与政治的问题，只不过于具体讨论过程中在身与心、个人与社会、德性与知识、人性与政治四对规范性概念上加以呈现。在这当中，身心、个人和德性概念多是讨论人的本质、个人的修养问题，而社会、知识和政治概念则往往导向应然、正当性政治。

第一节　身与心

儒家的诞生，正处于封邦建国之政治体系与天下格局严重动摇的春秋晚期，这在政治典制与文化层面上的表现便是后人所常谈到的"礼乐崩坏"，在等级秩序上则难以体现出固已有之的"君臣父子"明确、稳定且有效之伦理政治秩序。在这一特定历史阶段，儒家的诞生既源于对传统礼乐文化不兴与社会政治秩序失序的深沉忧思，也生发于对天下向何处去这一社会现实问题的探索与思考。故而儒家诞生之初，便要处理和解决传统与现代、理想与现实之间的巨大落差问题，由此而衍生出包括自我身与心、个人与社会、德性与知识、人性与政治等一系列规范性概念，而对这些概念的理论探讨与实际应对正彰显了儒家的人文理性立场与和合精神。

儒家是非常讲究"进德修业"（《周易·乾·文言》）、"止于至善"（《礼记·大学》）的思想学派，故而在儒家类文献中对于自我的道德修养多有强调。实际上，在先秦文献的语境下，儒家谈修身往往不离心，因为儒家对于心有着特别的兴趣，并认为心在人的身体内部居于主导性地位，能够主导人的耳目鼻口身等器官，具有一定的思维辨知能力，甚至在孟子那里还具有道德修养上的本体性地位。虽然在孔子这里，心尚不具有如同孟荀所言的那种价值与地位，但仍能看出些许端倪。可以说，在身心关系问题上，心为主导，以心合身，心起到和合身心关系的重要作用。关于身心关系问题，安乐哲在结合《论语》文本研究时认为，"成

---

① 对此，王岩也说："人性的本质、人性的发展以及人们对人性的界定必然在极大程度上影响到政治的发展，它直接构成了政治哲学的历史的、逻辑的起点。"所言诚是。见王岩《政治哲学论纲》，《哲学研究》2006 年第 1 期。

为'仁人'就必须处理好人的内心与外界环境的关系，既要考虑到'私下的''内省的'和'内在的'自我，又需要关照'社会的''活动的'和'外在的'自我，且两方面能够互补"①。他将自我作了内在和外在的区分，固然有割裂支离之弊，但确实能够让我们更清晰地看到两者之间的差异与不同。正是因为存在着这样的差异与不同，我们才要强调互补与和合。

在道德修养问题上，对于先秦诸子而言，如何看待甚或对治欲望是一个具有普遍意义的问题，这当然与春秋晚期战国时期欲望横流、征战四起的社会历史情状密切相关。在儒家看来，欲望不可去且又是无止境的，自人的生命存在欲望便已与生俱来，故而儒家对于欲望的态度并不是绝对的肯定或者否定，在相关文献中多强调寡欲、节欲与导欲等。

就《论语》而言，关于欲望问题，孔子曾于《为政》篇提到"七十而从心所欲，不踰矩"。在这句话中，"从"字作何解，注解家们有着不同的解释：皇侃《论语义疏》认为"从"读作"纵"，解释为放纵②；朱熹《四书章句集注》将"从"解释为"随也"③；钱穆《论语新解》则认为"从"为"遵从义"，一说"从字读如纵，放任义"④，等等。于此，不管将"从"字作何解，实际上都彰显了孔子强调自己在大体经历了志于学礼（"十有五而志于学"）、识仁不退不转⑤（"三十而立"）、知明达权（"四十而不惑"）、知可为与不可为（"五十而知天命"）、接纳不同声音（"六十而耳顺"）种种人生经历与阶段以后⑥，由外而内、下学上达（《论语·宪问》），最终实现了对于德性不懈修养的执守与王道理想信心

---

① 李文娟：《安乐哲儒家哲学研究》，中国社会科学出版社 2017 年版，第 46 页。

② 杨伯峻和杨逢彬皆认为，"纵"字古人多用于贬义，并列举了《左传》《荀子》以及柳宗元《与裴晦之》中的例子加以佐证，进而认为此句中的"从"不应解释为"纵"，故以"随"解之。分见杨伯峻《论语译注》，中华书局 1980 年版，第 13 页；杨逢彬：《论语新注新译》，北京大学出版社 2016 年版，第 18 页。

③ （宋）朱熹：《四书章句集注》，中华书局 1983 年版，第 54 页。

④ 钱穆：《论语新解》，九州出版社 2011 年版，第 31 页。

⑤ 此说采自钱穆，其云："能确有所立，不退不转，则所志有得有守。"钱穆：《论语新解》，九州出版社 2011 年版，第 29 页。

⑥ 陈启云认为，这是一个终生不断的、无止境的、自我超越的行为。参见陈启云《中西文化传统与"超越"哲思》，《学术月刊》2009 年第 2 期。

的坚定，由于心对天命和人道的体认，让其欲望得以升华，从心所发之欲转而成为济世之志的组成部分。对于孔子的这种"七十而从心所欲，不踰矩"，理学家们多以"安而行之，不勉而中"来称谓之①，这固然有理学家的体用思维方式与圣人情结的存在，但无疑也看到了孔子在晚年心体通达洞察之后，由心所生之欲及所往之处的合宜性。显然，孔子晚年已处于常人所难以企及的内外融通状态当中，无论境遇如何，总能得到较为有效地应对与合理（合价值理性）地化解，而且这种应对与化解并不太容易受其时社会主流价值评判标准（诸如势位、切实有效、目标实现等）的影响。

与孔子以修持之心对于自身与外在法度的高妙把握有所不同，鉴于战国中前期社会世事的愈加繁杂与人欲的肆意横流，要想如夫子那样自如地协调自身与外在法度的关系已非易事，职是之故，孔门弟子及再传弟子们多强调心对于身的主导性作用。换句话说，既然外在法度与社会世事难以如儒家所期望得那样以道德进路的方式展开，尤其是对于那些专注于军事发展、追求私欲满足的君上而言，更不可能符合儒家所期望的以"修、齐、治、平"的道德进路来改良现实政治，完善社会秩序，甚至像儒家一样去憧憬"选贤与能，讲信修睦"（《礼记·礼运》）的大同理想社会。面对这种政治困顿，处于战国中前期的孔门弟子及再传弟子们尽管在实际政治行为上存在着不同程度的差异，但是对于"时"的强调却是基本的政治态度与期许。② 在郭店简中，简文一再突出了孔门弟子及再传弟子们对于"时"的强调与重视，比如《穷达以时》屡云："有其人，无其世，虽贤弗行矣。苟有其世，何难之有哉。"（简1—2）"遇不遇，天也。"（简11）"穷达以时，德行一也。"（简14）《唐虞之道》亦云："古者尧生于天子而有天下，圣以遇命，仁以逢时"（简14）、"纵仁圣可与，时弗可及矣"（简15）。可见，在社会秩序和政治环境日渐糟糕的战国时期，孔门弟子及再传弟子们便将理想的实现寄予了未来，故而特别突出对"时"的重视。当然，除了突出对"时"的重视以外，

---

① （宋）朱熹：《四书章句集注》，中华书局1983年版，第54—55页。
② 关于对孔子弟子及再传弟子的分析，可参见李友广《在天下通往新秩序道路上的先秦儒家》，《华夏文化》2015年第2期。

这一时期的儒者依然非常注重省己和修身（文见郭店简《尊德义》《成之闻之》诸篇）。

至于如何省己和修身，这就涉及了修养工夫与方法论问题，由于急于时务和游说君王，儒家并不以此作为思考与讨论的重点，因而在修养工夫与方法论方面呈现出模糊、含混的特点。尽管如此，在郭店简中或多或少还是体现出了一定方法论意义上的探讨，这主要集中于对身心关系的讨论。心在早于《孟子》的郭店简当中，被认为对于身体具有主宰作用，处于主导地位，《五行》篇即曰："耳目鼻口手足六者，心之役也。心曰唯，莫敢不唯；诺，莫敢不诺；进，莫敢不进；后，莫敢不后；深，莫敢不深；浅，莫敢不浅。"（简 45—48）[1] 因而，此即表明耳目鼻口手足六者，身体之器官无不受心的役使而有所行动。[2] 不仅如此，《性自命出》则更为明确地宣称"君子身以为主心"（简 67），即是已经充分认识到了心对于身体的主导作用。与《孟子》相比，郭店简中的"心"虽已具有辨知能力与思维功能，但尚不如《孟子》那么明显与确然。《性自命出》有言："虽有眚，心弗取不出"（简 6），意即人虽有眚（实指性），但如果没有心的诱导、牵引，则不会显露于外。[3] 换言之，通过心的作用，人才会对外来的各种刺激、诱惑作出不同的反应，才能把隐藏于体内的性表现出来，才能对由性而发的各种欲情进行调节控制，才能在不断的修习中去塑造自身，去成就自己。[4]

---

① 《国语·郑语》亦云："正七体以役心。"后来的《管子·心术上》亦云："心之在体，君之位也；九窍之有职，官之分也。"《尸子·贵言》则曰："目之所美，心以为不义，弗敢视也。口之所甘，心以为不义，弗敢食也。耳之所乐，心以为不义，弗敢听也。身子所安，心以为不义，弗敢服也。然则，令于天下而行，禁焉而止者，心也。故曰，心者身之君也。"即是强调"心"在人体中的主宰地位，以及对于感官的调节作用。

② 荀子亦云"心者，形之君也，而神明之主也，出令而无所受令。自禁也，自使也，自夺也，自取也，自行也，自止也。故口可劫而使默云，形可劫而使诎申，心不可劫而使易意"。（《荀子·解蔽》）此虽进一步提升了心的地位与作用，但同样是对于心之主导作用的强调。

③ 《庄子·天地》有云："其心之出，有物采之。"《礼记·乐记》亦云："人心之动，物使之然也。感于物而动，故形于声。"由此可见，心的主导、牵引作用并不是孤立、完全自主的，尚需外物的刺激与诱引。

④ 关于郭店简方面的讨论，可详参见李友广《先秦儒家人性论的演变——以郭店儒简为考察重点》，陕西人民出版社 2014 年版。

可以说，儒家在讨论身心关系问题的时候，往往心为主导，以心合身，心起到和合身心关系的重要作用。故而，先秦儒家于文献中的讨论有时候涉及德性修养、修养工夫的时候，往往着眼于心，落实到对心的涵养与培固上。即便是如强调隆礼重法、师法教化的荀子，也并没有完全忽略心的价值与意义："人何以知道？曰心。""心知道，然后可道。可道，然后能守道以禁非道。"（《荀子·解蔽》）"欲过之而动不及，心止之也。心之所可中理，则欲虽多，奚伤于治！欲不及而动过之，心使之也。心之所可失理，则欲虽寡，奚止于乱！故治乱在于心之所可，亡于情之所欲。"（《荀子·正名》）"夫人虽有性质美而心辩知"（《荀子·性恶》），更不用说以心善言性善的孟子了。

第二节　个人与社会

与对于身心关系的关注相应，儒家也非常关注个人与社会之间的互动关系，尤其是强调社会对于个人价值实现的作用与意义，个人价值（主要包括伦理价值和政治价值）的实现从来都不是孤立完成的。① 因而，在先秦，儒家并不似老庄道家那样强调个体生命本身所具有的独立性价值，进而对政治权力对于人的异化有着特别的警惕与反思，儒家反而更加强调人在社会中的价值与意义，或者说，人的价值与意义正是在与社会的良性互动中得以完整呈现的，没有社会（包括他人、人际关系及政治秩序与权力等）的存在，人的价值与意义反而无从显现，这实际上是在强调个人与社会的良性互动关系，个人也只有被置于社会当中才能充

---

① 关于个人与社会的关系问题，庄子后学则是以内与外的方式来探讨的："古之人，外化而内不化；今之人，内化而外不化。与物化者，一不化者也。"（《庄子·知北游》）于此，庄子后学强调外在世界（包括天地）的变化是必然的，作为有限性的人只能随顺外界的这种必然性。不仅如此，在随顺命运的同时，还要内合于道之自然本真之特性，只有"不以好恶内伤其身"，"常因自然而不益生"（《庄子·德充符》），才能不执着于生（因为"生"也是一种有情），才能"无情"，进而实现对人本身所具有的有限性和悲剧性的消解与超越。详参见李友广《自然与益生之间：道家道教生命态度比较的重要向度》，《现代哲学》2016 年第 3 期。

分彰显其所应有的价值与意义。① 正是在这个意义上，强调正名和"为政以德"（《论语·为政》，注：本章以下凡引此书皆只注篇名）的孔子在遇到道家式的隐者的时候，这种立场与态度便表现得十分鲜明。

关于隐者，在《论语》中多次被提及，诸如接舆、长沮、桀溺、荷蓧丈人、伯夷与叔齐等。② 当孔子及弟子们与道家式的隐者相遇的时候，由于立场及对政治与社会的认知不同，他们之间所坚持与批判的对象，实际上主要体现在了对个人与社会之间关系的认知与处理上。

关于隐者，在《微子》篇有着集中记载。楚狂接舆歌而过孔子有劝诫其舍弃从政之心的意图，却又不与孔子言。由此传递出的信息是，接舆不忍孔子汲汲于衰世时务，故有劝诫之意；他又深知孔子不会放弃对理想政治的追求，多言无益，故不与孔子言。③ 实际上，隐者与儒家在对政治与社会所持的立场冲突激烈，几乎难以调和，在当时的历史条件下，只能各守立场，各行其是。这种情形，在子路向长沮、桀溺问津时也遇到了。④ 天下无道，是孔子与隐者的共识，至于如何对待无道的天下，才是两者的分歧之所在。关于这个问题，长沮、桀溺这类的隐者认为，面对天下无道的社会现实，不应该有试图改变的想法，依此而行不但徒劳无功（在《宪问》晨门与子路的对话中，前者对孔子的评价便是"知其不可而为之者"。可见，与孔子"知其不可而为之"决绝的态度不同，如

---

① 关于个人与群体/社会之间的关系，与儒家的立场相似，亚里士多德也强调，人是一种整体的存在而非个体的存在，其原因不仅在于人们之间生存关系意义上的互相依赖，而且更为根本的是作为个体的人只有以群体的方式，通过对价值的共同的认知和情感的相互交流，方能使自己成其为真正的人。个体只有通过社会公共生活方式，才能形成和获得道德意识、情感和共同的价值认知。详参见韩冬雪《政治哲学论纲》，《政治学研究》2000 年第 6 期。

② 关于《论语》中的隐士，曹之升《四书摭余》说云："《论语》所记隐士皆以其事名之。门者谓之'晨门'，杖者谓之'丈人'，津者谓之'沮''溺'，接孔子之舆者谓之'接舆'，非名亦非字也。"转引自杨伯峻《论语译注》，中华书局 1980 年版，第 193 页。

③ 对此，朱熹亦如是评价："接舆盖知尊孔子而趋不同者也。"见（宋）朱熹《四书章句集注》，中华书局 1983 年版，第 184 页。

④ 关于津口，在传统政治文化中具有特别的寓意，除了《论语·微子》记载以外，《尚书·微子》亦有所述："今殷其沦丧，若涉大水，其无津涯。"于此，津涯、津口并非实指，而是用以指代国家免于灭亡的出路。

晨门这样的隐者则多持有"知其不可而不为"的立场与行为方式。①），反而可能会丧失本有之志，避世才是正确的做法。与此不同，面对天下无道的社会现实，孔子反对隐者避世全志的做法，认为这与"鸟兽同群"无异，是可笑的，人就应该与人相处，只有与人相处才能长养德性，成就人伦与道义。换句话说，个人不能为着全志保身而刻意避世，从而脱离社会。按照儒家的立场，人更应该思考的是，在入世的前提下，如何以合乎道义的方式来影响君王与政治，进而使政治秩序与世道人心变好的问题。故而子路云："不仕无义。长幼之节不可废也，君臣之义如之何其废之？欲洁其身而乱大伦。君子之仕也，行其义也，道之不行已知之矣。"在此立场之下，孔子认为，正因为天下无道才要挺身而出，有所作为②；如果天下有道，世界安平清明，儒家便可以在典籍留存、授徒讲学以及文化传承等方面用力，而不必四处游说而终日惶惶了，故而孔子掷地有声地说："天下有道，丘不与易也。"

荷蓧丈人批评子路、孔子不事农耕生产，只知周游列国游说君王，汲汲于功名利禄，甚至到了不辨五谷的地步。（《微子》云："四体不勤，五谷不分。"）对于来自隐者的这种批评，无疑是孔子所不能接受的。因为同样在《微子》篇，孔子又列出了几位逸民③，诸如伯夷、叔齐、虞

---

①　关于两者之间的区别，金东洙认为："在隐者的反省下，儒家是避人之士，他们是避世之士，避人是有所不为，避世则是切断人际关系。"引文见金东洙《〈论语〉中"避世之士"的隐者行谊》，《当代韩国》2004 年冬季号。

②　对此，朱熹云："所当与同群者，斯人而已，岂可绝人逃世以为洁哉？……正为天下无道，故欲以道易之耳。"此语可谓深得孔子之旨。［（宋）朱熹：《四书章句集注》，中华书局1983 年版，第184 页。］不仅如此，孔子还强调价值行为的过程坚持与努力，与此相应目标是否达成反而不是最重要的，故而熊燕华的理解是比较准确的："在他看来，有些事情不是非要求得一个结果才去做它，而是从道义上需要尽到自己的责任。处不可为之时，亦须有必当为之行，不管这世界变得怎样，人应该尽自己的责任和使命。"熊燕华：《〈论语〉中的孔子和隐者——兼论孔子的仕与隐》，《湖北经济学院学报》（人文社会科学版）2007 年第 2 期。

③　当然逸民并不似隐者那样全然避世全志，但确有隐者之风，并时有隐逸之举。故而孔子对他们并非一味批评，反而有所肯定。基于这种立场，谢良佐评论说："然清而不污也，权而适宜也，与方外之士害义伤教而乱大伦者殊科。是以均谓之逸民。"见（宋）朱熹《四书章句集注》，中华书局1983 年版，第186 页。

仲、夷逸、朱张、柳下惠、少连等人。对于他们，孔子虽然激赏有加①，但也不无批评，认为他们或"不降其志，不辱其身"（伯夷、叔齐），或"降志辱身矣，言中伦，行中虑"（柳下惠、少连），或"隐居放言，身中清，废中权"（虞仲、夷逸），过于关注自身的志向与节操，置社会人伦而不顾，这也是孔子所不能接受的。世既已恶浊，若皆避之，天下或将更为险恶，孔子救世济民的意义即显之。所以，孔子于此接着又说："我则异于是，无可无不可。"② 关于"无可无不可"，孟子则有自己的理解："可以仕则仕，可以止则止，可以久则久，可以速则速，孔子也。"（《孟子·公孙丑上》）孟子又云："伯夷，圣之清者也；伊尹，圣之任者也；柳下惠，圣之和者也③；孔子，圣之时者也。"（《孟子·万章下》）按照孟子的理解，孔子的无可无不可，实际上强调随时处中、与时偕行，真正做到了"时中"（《礼记·中庸》云："君子中庸，小人反中庸。君子之中庸也，君子而时中。"），也就是范祖禹在评论子路遇荷蓧丈人一事时所言："惟圣人不废君臣之义，而必以其正，所以或出或处而终不离于道也。"④ 与伯夷的清（《孟子·万章下》云："目不视恶色，耳不听恶声。……治则进，乱则退。……当纣之时，居北海之滨，以待天下之清也。"）、伊尹的任（《孟子·万章下》云："'何事非君？何使非民？'治亦进，乱亦进。……思天下之民匹夫匹妇有不与被尧舜之泽者，若己推而内之沟中，其自任以天下之重也。"）、柳下惠的和（《孟子·万章下》云："尔为尔，我为我，虽袒裼裸裎于我侧，尔焉能浼我哉？"）相比，孔子进退自如，经中有权，在救世（君臣之义）与救己（避世全志）中达

---

①　对于这一类人，孔子有时以"贤者"来称谓他们，可见并不全是批评："子曰：'贤者辟世，其次辟地，其次辟色，其次辟言。'子曰：'作者七人矣。'"对于伯夷、叔齐，孔子多有肯定，诸如"不念旧恶，怨是用希"（《论语·公冶长》），"求仁而得仁，又何怨"（《论语·述而》），"饿于首阳之下，民到于今称之"（《论语·季氏》），等等。

②　关于"无可无不可"，马融注云："亦不必进，亦不必退，惟义所在也。"于此，马融认为，不必拘泥于进退之行迹，一切应以义为先导。引文见程树德《论语集释》（四），中华书局1990年版，第1285页。

③　关于柳下惠，《论语·微子》说他直道事人，直道而行，并未因外在条件而改变自己。故而，朱熹对此注云："柳下惠三黜不去，而其辞气雍容如此，可谓和矣。"（宋）朱熹：《四书章句集注》，中华书局1983年版，第183页。

④　（宋）朱熹：《四书章句集注》，中华书局1983年版，第185页。

于权变，是"圣之时者也"，故而其曾自谓："君子之于天下也，无适也，无莫也，义之与比。"（《里仁》）

虽然在上文我们主要分析了孔子与隐者之间在对社会与政治方面认知的不同，但如果换一个角度来看，两者之间也是有相同之处的。[①] 很显然，他们对于现实政治都是不满意的，都有着理想主义的一面。这诚如熊燕华所言："确切地说，隐者和孔子在世间都是同一种人，虽然取道不同，但他们不趋俗不从众，其社会良知以及对社会混乱和各种不平现象，对统治者的权利欲望和道德沦丧，表现了极大的不满之情，这些都是一样的。所以双方都不免有惺惺相惜之意。"[②] 盖正因如此，孔子时有欲与隐者交谈之意，或欲申论己志，或欲规劝隐者放弃避世全志的做法[③]；隐者虽不认同孔子及其弟子们汲汲于周游列国、济世救民的行为，但亦有劝其避世全志的举动，比如桀溺曰："滔滔者天下皆是也，而谁以易之？且而与其从辟人之士也，岂若从辟世之士？"（《微子》）由此来看，儒家与隐者确乎都有着理想主义的一面，对于现实社会与政治都不满意，故而隐者认为儒家是"避人之士"，而对自己则评价为"避世之士"，都有"避"的立场与态度，故有可通之处。[④]

与孔子在个人与社会关系上的立场相一致，其后的儒家人物亦多强调个人价值的实现需要将个体生命置于社会关系之中。《礼记·大学》不仅言谓"明明德"，"修身"，还强调"亲民"，"齐家，治国，平天下"。可以说，"明明德"，"修身"并非儒家的最终目的和理想目标，道德修养的效果与功用最终一定要落实在家族、国家与社会上，才能使"明明德"，"修身"的价值意义得到最大限度地完成与实现。

---

① 对此，王玉彬认为，孔子对隐者所采取的是"有限认同"的态度。如果从文中分析来看的话，这种判断是恰当的。参见王玉彬《孔子与隐逸思想——以〈论语·微子〉为中心的考察》，《管子学刊》2011 年第 3 期。

② 熊燕华：《〈论语〉中的孔子和隐者——兼论孔子的仕与隐》，《湖北经济学院学报》（人文社会科学版）2007 年第 2 期。

③ 《论语·微子》曾两次记载孔子此类举动：1. 楚狂接舆歌而过孔子，孔子下，欲与之言。2. 子路遇荷蓧丈人，并于次日将此事经过告诉了孔子，孔子则使子路反见之，至则行矣。

④ 对于两者之间的共同之处，沈居士云："世乱，贤者宜隐而全身，圣人宜出以宏物，故自明我道以救大伦。彼之绝迹隐世，实由世乱；我之蒙尘栖遑，亦以道丧，此即彼与我同患世也。"其意实同。引文见程树德《论语集释》（四），中华书局1990 年版，第 1271 页。

这种道德优先的立场，在孟子那里集中表现为对于人的本质的看法，以及在人禽之辨方面。当然，孟子强调人心有四端，而且四端的存在是先验的，这就为人在价值层面优于禽兽确立了文化意义上的信心。而儒家对于作为类概念的人的一种信心，并不止步于德性修养路向上的追求，更重要的是还要规整社会秩序，建立良好政治治理模式，进而以仁政的方式达致天下安定盛世。故而，孟子不仅强调扩充四端，更强调扩充四端的价值与意义即在于事父母，保四海。尽管荀子思想确实呈现出了与孟子不同的地方，但是荀子对于人禽之辨也有着关注的一面（《荀子·劝学》即云："故学，数有终，若其义则不可须臾舍也。为之，人也；舍之，禽兽也。"），关注人的后天努力与德性提升，虽然他强调更多的是圣王教化与师法教育。整体来看，荀子更强调人的社会性与文化性。他认为，在价值层面上，人不应该停留在"自然人"的限度内，而必须经由后天努力而最终转化为"社会人"和"文化人"①。依此来看，荀子强调人的本质的社会性与文化性，与孔孟确乎相同，对于个人与社会之间的关系也有着特别的关注与思考。

第三节　德性与知识

当谈到知识这个问题的时候，用在儒家身上，便是在他们那里一以贯之的强调和肯定"学"，诸如《论语》中的《学而》篇，《荀子》中的《劝学》篇等。在儒家那里，学是手段，是方式，并不是目的，其原因主要在于儒家强调的学往往与德性修养有关。可以说，在儒家那里，知识并不意味着作为一种纯粹的学习目标——外在于人的对象性存在，必然附着着对于德性修养的价值诉求，故而孔子曰："学而时习之，不亦说乎"（《论语·学而》），"说"同"悦"，与心有关，强调由外渐内的德性修养，心中产生欣喜；反过来说，德性修养的方式固然有多种，但知识

---

① 对此，曾暐杰亦提出了相似的观点："'生物意义的人'与'哲学意义的人'不是截然二分的，荀子所谓的为学与修养，就是使人从'生物意义的人'到'哲学意义的人'之连续过程。"诚是。见曾暐杰《打破性善的诱惑——重探荀子性恶论的意义与价值》，新北：花木兰出版社2014年版，第71页。

的路径则是儒家"进德修业"(《周易·乾》)所必不可缺少的。

在先秦文献中,篇目命名往往依据的是正文开头的两个字,《学而》亦属此类情况。尽管《学而》中所言并非都是学的内容,但与学却又不无关系①,诸如孝悌,三省,道(导)国,事君亲等,根本不用说言学的内容了。

关于《学而》中的"学",程树德在《论语集释》中曾作过集中归纳与解释②:

1. 程颐言曰:"今之学者有三:辞章之学也,训诂之学也,儒者之学也。"

2. 贾谊《新书》引逸《礼》云:"小学业小道,大学业大道。"随后,程树德注曰:"以学道言,则大学之道,格致诚正修齐治平是也。以学术言,则学正崇四术,凡春秋礼、乐,冬夏诗、书皆是也。此则学也。"

3. 黄式三《论语后案》:"学谓读书。"

4. 朱熹《四书章句集注》训"学"为"效"。

5. 刘逢禄《论语述何》:"学谓删定六经也。"

从程树德的集释来看,"学"在传统语境中尽管包括具体知识与文献的学习,但更重要的是以德性修为提升为目标的学,故而儒家视域中的"学",只要与德性修养提升有关的事项,几乎均可划归学的范围,诸如:"事父母能竭其力;事君,能致其身;与朋友交,言而有信。虽曰未学,吾必谓之学矣。""君子食无求饱,居无求安,敏于事而慎于言,就有道而正焉,可谓好学也已。"(《学而》)"有颜回者好学,不迁怒,不贰过。"(《雍也》)"加我数年,五十以学易,可以无大过矣。"(《述而》)"笃信好学,守死善道。"(《泰伯》)"古之学者为己,今之学者为人。"

---

① 《论语·学而》即云:"贤贤易色;事父母,能竭其力;事君,能致其身;与朋友交,言而有信。虽曰未学,吾必谓之学矣"。从当时的社会情境以及今天的角度来看,侍奉父母,服侍君上,与朋友交往,都不能算作一般意义上的学,但是由于儒家所持的立场,让其学带有浓厚的伦理色彩与道德意义,故而一切与身心修养与德性提升有关的事项都可以划归到学的范围内,所以子夏言谓"虽曰未学,吾必谓之学矣。"由此来看,"虽曰未学"是其时社会的一种固有看法,与此不同,孔门弟子子夏则基于儒家立场而为学赋予了一定的伦理属性与价值诉求,从而有将伦理与政治、家族与国家贯通起来的理论倾向与可能。

② 详见程树德《论语集释》(一),中华书局1990年版,第3—4页。

(《宪问》)"君子学道则爱人,小人学道则易使也。""好仁不好学,其蔽也愚;好知不好学,其蔽也荡;好信不好学,其蔽也贼;好直不好学,其蔽也绞;好勇不好学,其蔽也乱;好刚不好学,其蔽也狂。"(《阳货》)于此,孔子不仅将在伦理层面的尽心维护视为学,而且还将学与以道德修养为目标的种种方式与手段联系在了一起。正如上文所提到的,"食无求饱,居无求安,敏于事而慎于言,就有道而正焉","不迁怒,不贰过","可以无大过","守死善道","古之学者为己","君子学道爱人"等,诸如此类本不属于一般意义上人们所认为的学的范围,孔子却将其统统视为了学的内容或方式,这自是与儒家道德优先的价值判断立场密切相关。

与孔子的立场并无本质不同,在《劝学》中荀子固然反复强调外在条件对于个人成长的作用与意义,但荀子所强调的这种作用与意义又饱含着德性修养的意蕴。在《劝学》中,荀子屡言:"学不可以已","君子博学而日参省乎己,则知明而行无过矣","君子居必择乡,游必就士,所以防邪辟而近中正也","学数有终,若其义则不可须臾舍也","君子之学也,入乎耳,着乎心,布乎四体,形乎动静","伦类不通,仁义不一,不足谓善学",等等。在这里,荀子强调学的不间断性,实际上意味着道德的修养与提升也是一个不间断、不停歇的过程,尽管这种修养与提升荀子强调更多的是依赖外在的条件与手段。(《劝学》言谓:"君子生非异也,善假于物也。""为善不积邪?安有不闻者乎?")不仅如此,荀子还将居住交友的明智选择、伦理规范的融会贯通皆视为学的内容与方式,这样就让荀子的学摆脱了单纯文献知识的层面,从而使其被赋予了伦理道德的色彩与要求,故而荀子谈学与"知明而行无过""防邪辟而近中正""通伦类,一仁义""德操然后能定"联系在一起,就顺理成章了。

在此基础之上,荀子又强调"君子之学也,入乎耳,着乎心,布乎四体,形乎动静"(《劝学》),将学与心相联系,与孔子强调"学而时习之,不亦说乎"(《论语·学而》)的说法并不对立,反而有着自明的可通之处。故而在《劝学》的最后部分,荀子言谓:"是故权利不能倾也,群众不能移也,天下不能荡也。生乎由是,死乎由是,夫是之谓德操。能定能应,夫是之谓成人。"他的这句话与孟子所说的"富贵不能淫,贫贱不能移，威武不能屈"（《孟子·滕文公下》）大丈夫境界并无二致。荀子强调人在经过不间断地学习，达致学习的理想境地以后，就可以在权利私欲面前不会有邪念，人多势众也不会屈服，天下万物都不能动摇信念。活着是如此，到死也不变。这就叫作有德行、有操守。做到这些以后，荀子便称其为"成人"。对此，我们可以以"学以成人"来加以概括。

简言之，"学以成人"不仅是荀子的立场，也集中彰显了自孔孟以来一以贯之的态度与立场，是在当时的历史条件下对德性与知识之间关系的完美诠释。

第四节　人性与政治

如上文所言，儒家以学的方式涵养道德，以德性的提升来培固学的过程与效果。那么，儒家的德性修养是其最终目的吗，或者说儒家的"学以成人"为的是什么？

实际上可以说，在德性修养的背后，是儒家对王道理想与济世情怀的孜孜追求，儒家所强调的"三纲领""八条目"（文见《礼记·大学》）便是这种理想情怀的集中彰显。[①] 作为身处思想文化由西周礼乐文明向经学大盛时期过渡的子学时代，政治体制由封邦建国的王权社会向一国一皇的皇权社会转型特定历史阶段的先秦儒家群体，他们不仅在留存三代文献典籍和历史文化传承方面有着执着的努力，故而在思想文化上有着浓厚的崇古、厚古和信古的鲜明立场，而且在重建社会政治秩序与安顿民众生活福祉方面也是通过聚徒讲学、思想探讨、游说君王等方式积极加以落实。可以说，是特定的历史时期赋予了诸子们特定的历史使命，只不过儒家在人性与政治问题上的讨论更加集中。当然这绝不意味着其他各家（诸如道家、法家、墨家、兵家及阴阳家等）并不关注现实政治

---

① 对此，徐复观即认为："齐家、治国、平天下，在中国知识分子的人生观中，认为这是修身所要达到的目的；亦即是认为家、国、天下与自己之一身，有不可分的关系，因而对之负有连带的责任感。"诚是。引文见徐复观《在非常变局下中国知识分子的悲剧命运》，载周阳山编《知识分子与中国》，台北：时报文化出版企业有限公司 1980 年版，第 71 页。

与民众命运、人性与君主权力的问题，因为诸子面对的社会情境与现实困境是共同的，而且他们所面对的思想资源也并无不同，只是由于立场、出身及关注重心的不同，诸子在建构自己新思想学说时所撷取的夏商周三代思想文化重点有所不同而已。

对于身处社会动荡、政治失序、文化教育下移的春秋战国时期的诸子而言，他们所要思考与解决的问题主要有两个：一个是人的本质，人存在的价值及合理性问题；另一个是当时的华夏向何处去的问题。关于这两个问题，实际上可以化约为人性与政治的关系问题。相较于道家强调人性本于道性，人要法道、法自然，要合于道而在，从而在对人性的认知与定位上呈现出弱道德化的一面，而儒家则强调人文化成，强调人性的培固与扩充不离德性修养与人文教化，从而呈现为以德性修养与伦理规范的进路来长养和成就人性中人之为人的那一部分，而这一部分即为儒家立场下人的本质与价值之所在。那么，人的本质是人的自然化还是人的社会化？与道家所指称的人的本质在于人的自然化、人的道化相比，由于儒家重亲情厚人伦，他们往往相信人的始生固然有自然化的一面，但其在成长过程中，逐渐会实现人的人文化、社会化，甚至政治化。

关于人性与政治的关系，儒家认为，人性的最终升华与成就不仅属于伦理层面的问题，更事关在事功、政治领域的表现如何。同样，政治的顺利开展，政治成就的大小，也与德性修为密切相关，而在儒家的思维逻辑当中，谈德性修为又不离人性，不离君子、贤人、圣人等理想人格："人与我同类"（《孟子·告子上》）、"人皆可以为尧舜"（《孟子·告子上》）、"涂之人可以为禹"（《荀子·性恶》），等等。

正如前文所言，先秦诸子思考与探讨种种问题的思维框架难以彻底摆脱人性与政治这一对规范性概念的影响，孟子亦不例外。在《孟子》文本中，孟子对于孔子非常推崇，不仅称其为"圣之时者"（《孟子·万章下》），甚至言谓"自有生民以来，未有盛于孔子也"（《孟子·公孙丑上》）。孟子推崇孔子，并不仅仅是因为其德性修为高的缘故，还与他在动荡乱世中既执守道义原则（《论语·里仁》即云："士志于道，而耻恶衣恶食者，未足与议也。"），又汲汲追求安世良方密切相关。可以说，孔子既以持守道义的方式维护个人气节与尊严，又以周游列国、游说君王的方式来寻求可能的出仕施政机会，从而在个人与社会之间尽可能地实现一种平衡与协调。关于人性与政治之间的关系，作为儒家开创者的孔子虽然并没有自觉地展开讨论，但也谈到了修身养德对于为政治国的重要意义，故而其在《论语·为政》屡云："为政以德，譬如北辰，居其所而众星共之。""道之以政，齐之以刑，民免而无耻，道之以德，齐之以礼，有耻且格。"尽管修身养德不能被直接视为人性本身，但从儒家一贯的立场来看，修身养德确实与人的本质、人性的长养与培固密切相关。可以说，按照孔子的立场，为政以刑是逼不得已的办法，对百姓的管理简单粗暴，无法对人的道德修养产生切实之用；为政以德，是以道德的进路来改良、完善现实政治，具有对治争权夺利、欲望横流社会现实的正当性意义。

孟子接续了孔子在政治治理方面的立场，认为人性修养的现实归宿在于事父母和保四海，而事父母和保四海的完美实现又不离对于个人内心之四端的扩充。关于这方面的内容，在《孟子·公孙丑上》有着集中表述："凡有四端于我者，知皆扩而充之矣，若火之始然，泉之始达。苟能充之，足以保四海；苟不充之，不足以事父母。"在孟子看来，四端具有先天性与普遍性（《孟子·公孙丑上》云："人之有是四端也，犹其有四体也。"），而伦理与政治正当性价值的实现离不开对四端的不断扩充，得到不断扩大与充实后的四端便可成为善性，这种善性便包括了不忍人之心，而基于对人之心性的长养与培固，孟子认为可以很自然地推出："以不忍人之心，行不忍人之政，治天下可运之掌上。"（《孟子·公孙丑上》）孟子为何将心性修养与政治治理联系起来，它们之间的联系是必然的吗？实际上，根据孟子的立场来看，每个人要充分实现自我的伦理价值，其逻辑前提是自我在道德上必定有所要求，并经历着不断修养的过程。要侍奉好父母需要有同情恻隐之心，羞耻憎恶之心，谦让之心和是非辨别之心，如果不注意扩充而任其放逸的话，就难以与父母真正建立起良好的伦理亲情关系。如果将侍奉父母之心扩而充之的话，不断修养的结果便是足以侍奉百姓，进而安定天下保有四海，这是从修养的无限性和效用上而言的。在孟子看来，无限的修养必然意味着效用的最大化，虽然他并不必然追求效用，但是基于儒家一贯的立场，道德上不断修养的结果必然会产生最大化的效用，而这个最大化的效用就外在而言便是政治价值的充分实现——安定天下保有四海。可以说，在孟子这里，对于人性与政治之间的关系，他是有着丰富的阐述与独特的思考的，尽管这种阐述与思考的确有着鲜明的儒家立场与特色。

在《孟子》中，孟子还谈到了不少的历史人物与先贤圣王，诸如唐尧、虞舜、大禹、伯夷、伊尹、周公、孔子等，他评价最高、最为推崇的是孔子。除了孔子，在《孟子》中谈论最多的恐怕要属舜了，诸如"窃负而逃"（《孟子·尽心上》），"大孝终身慕父母""封象有庳"（《孟子·万章上》）等。关于舜的历史人物形象，孟子重点挖掘了其大孝、注重维护伦理亲情的特点。孟子选取舜作为考察与分析的对象，除了与舜大孝的品行有关以外，还与其身处部落联盟首领的势位关系密切。也就是说，在孟子的视域下，当儒家所提倡的作为私领域的孝伦理，只有在与公领域的事务相遇的时候，才能充分彰显其所维护的伦理价值之意义，这是孟子喜言舜的重要原因，也从另外一个角度佐证了伦理与政治之间互相成就的价值与作用。而且，从逻辑起点上来看，孟子言政治不离人性善，人性善是其提倡仁政的逻辑前提。因而，在对人的本质这一问题的把握与处理上，孟子将政治与伦理作了比较好的勾连与贯通。

在这一点上，荀子与孟子的立场并无本质不同。尽管荀子谈性恶、言性朴，对于涂之人自我的道德提升没有多少信心，但他从师法教育、圣王教化的角度阐述规范性、制度性保障对于个人道德修养提高的价值与意义，进而凸显圣王政治的价值与意义。也就是说，在立场一致的前提下，荀子更为强调政治对于人性修养的价值与意义，由于人性具有"不能为"（《荀子·儒效》）、"本始材朴"（《荀子·礼论》）、"不事而自然"（《荀子·正名》）和"天之就""不可学，不可事"（《荀子·性恶》）的先天性特点，在他的视野中，朴之性是无法直接作用于政治的，非得经过后天师法教育与圣王教化不可（《荀子·性恶》即云："所谓性善者，不离其朴而美之，不离其资而利之也。"），只有经历了这些必要的环节，才能使人变善变好，故而他很少去谈人性对政治的作用，对于师法教育和圣王教化这些具有显著外在性特征的中间环节，反而谈得比较多。

可以说，与天（昊天）、帝（上帝）、命（天命）作为夏商周三代王权政治合法性的来源与根据有所不同，先秦儒家除了关于政治权力源头的讨论依然以天为形上依据以外，对于政治权力正当性的讨论则转向了民心、民意（包括对君的德性要求、君对待民的方式以及民对君的认可程度等）。① 而这种对政治权力评价的整体性转向，实际上意味着将其已纳入了人性与政治的理论框架当中。整体上来说，在应然层面，儒家对君王在道德修养上有着相当的要求与期待；在实然层面，针对君王私欲膨胀的社会现实，对于君王的好乐、好货、好色之心，儒家主张应扩而充之，进而与民同乐共享，故而《孟子·梁惠王下》屡言"与百姓同之，于王何有？"在孟子看来，可以推广普遍化的欲望是对个体私欲的对治与超越，从而从君王私欲出发既解决了政治权力正当性的问题，也满足了君王称王天下的功利性政治目标。

第五节　对汉儒的影响

在上文，我们从身与心、个人与社会、德性与知识、人性与政治这四对规范性概念对先秦儒家展开了相关研究。通过研究，我们可以发现，作为诸子当中思想流派的一支，先秦儒家比较好地处理了身与心、个人与社会、德性与知识、人性与政治之间的关系问题，从而使其呈现出了既重伦理道德又不忘家国天下，成己与成人兼具、内圣与外王并重的整体性特征。这种整体性特征，使得儒家在追求成人、外王事功目标的过程中始终坚守道义原则与理想信念，而不致流于"以顺为正"，从而变成公孙衍、张仪"妾妇"一样的纵横家（文见《孟子·滕文公下》）；使得儒家在成己、追求内圣人格养成的过程中，不满足于停留在文献典籍的知识性学习，还往往将学的范围扩大至与德性修养提升有关的所有内容与对象上面。所以，从先秦儒家的整体性特征来看，它没有变成全志避世道家式的隐者，也没有为着被君王重用而放弃道义原则，成为"以顺为正"的纵横家。儒家之谓儒家，就在于它既要执守道义原则，又要以儒家所认可的、合宜的方式入世，从而在个体德性成就与政治社会规整

---

① 关于权力的正当性问题，杨国荣结合《孟子·万章上》的内容同样认为："民众的认可和接受，在此被视为判断、衡量君主统治正当性的尺度。依照如上理解，民心和民意并非仅仅以选举制度下的票数来确认，而是基于民心之所向。"见杨国荣《政治论纲》，《学术月刊》2015年第1期。

之间实现了比较好的协调与统一。

杨庆中根据《观》卦《象传》所言"观天下之神道，而四时不忒，圣人以神道设教，而天下服矣"，认为其是引申《观》卦之义，"由天道推人事，以彰显圣人教化之功"。① 根据《易传》所言，我们可以看到其中处处透露着圣人教化的儒家精神与儒家立场，这实际上是基于战国时期礼乐崩坏、君臣易位、战乱不休的社会历史现实，儒家在国家治理方面所提出的带有理想化色彩的治理方向。从战国时期统一战争情势的愈加激烈来看，侯王霸主、猛将战神、诡道谋略在这一时期纷纷登台亮相，在血与火、刀与剑的洗礼下众人竞相施才显能，使人的欲望进一步被放大，进而呈四处横流之势，无法有效引导，更遑论遏制了。可以说，在特定历史条件下，整个社会与主流价值导向无疑皆显示出了对于"能"的渴求。与"德"相比，这种"能"具有极强的现实指向性，涵盖了政治、经济与军事这些能够左右国际政治格局的重要领域，故而在战国时期涌现出的一批批的政治家、改革家、军事家以及纵横家等，无不是这种"能"的具体表现。在这种情况下，"德"退居"能"之后，从而变成修饰与美化君王与时政的符号标语，在实际政治运作与确立新型国际格局中间并未发挥应有的作用。

到了汉代，这种情况发生了重大变化。从汉代儒家类文献，可以看出这样一种变化：儒生已少言圣人教化之功，充斥字里行间的多是阴阳灾异、法令行政。② 这说明，首先，到了汉代这一历史时期，华夏文化融合的程度逐渐加深，各家各派之间的思想在互相借鉴与吸收，汉代文化已不复战国诸子所呈现出的那种界限相对明显的学派性质与思想形态了。

---

① 杨庆中：《周易解读》，中国人民大学出版社 2010 年版，第 157 页。
② 董仲舒在《春秋繁露·保位权》言谓："为人君者居无为之位，行不言之教，寂而无声，静而无形，执一无端，为国源泉。因国以为身，因臣以为心。以臣言为声，以臣事无形。"不仅如此，在此文献中他还多次以天地阴阳之道来论证德刑关系："天以阴为权，以阳为经。阳出而南，阴出而北。经用于盛，权用于末。以此见天之显经隐权，前德而后刑也。""阳常居实位而行于盛，阴常居空位而行于末。天之好仁而近，恶戾之变而远，大德而小刑之意也。先经而后权，贵阳而贱阴也。"（《阳尊阴卑》）"天地之常，一阴一阳。阳者天之德也，阴者天之刑也。"（《阴阳义》）"天之亲阳而疏阴，任德而不任刑也。……故圣人多其爱而少其严，厚其德而简其刑，以此配天。"（《基义》）由此来看，为汉王朝计，董仲舒杂采道法阴阳各家思想，在以隆君为要的同时，将各家思想逐渐合为一体。

其次，便是由于中央集权力量的进一步加强，皇权日益呈膨胀之势，天子的形象虽被儒家一再神化，通过"王道通三"（《春秋繁露·王道通三》云："取天地与人之中以为贯而参通之，非王者孰能当是？"）具有宗教神学化色彩的诠释，以君权神授的方式将君主权力进行了合法化处理："唯天子受命于天，天下受命于天子，一国则受命于君"。（《春秋繁露·为人者天》）但是，儒家对于政治权力所作的这种解读，实际上也将君王形象与圣人形象作了二分，君王已不复如先秦时期那样在很大程度上承担了圣王德政教化的角色功能了。可以说，到了汉儒这里，"强王弱圣"是儒生对于最高政治权力解读的重要特点。① 由于帝王在汉代政治权力结构中的地位与作用越来越强大，其身上所被期许与赋予的德政教化功能不断被弱化②，从而将先秦时期圣人所拥有的"神道设教"（《观卦·象传》云："观天之神道，而四时不忒，圣人以神道设教，而天下服矣。"）与创制礼义法度之功能（《荀子·性恶》云："凡礼义者，是生于圣人之伪，非故生于人之性也。"）分化到各个具体而专门的机构里面去了。当圣人角色与功能被从帝王身上抽离以后，对于其权力的约束与限制便不复如孟荀所期望的理想圣王形象那样，更不能指望于帝王自身的道德克制与自律，故而汉代儒生们所炮制出的阴阳灾异理论，便是他们对君王权力进行有效约束的理论意图，不管这种意图是否最终达成，这种理论探索的勇气却是值得肯定的。

　　当然，当华夏历史由多国并存、诸侯林立的春秋战国转进到一国一皇的中央集权制的汉代的时候，政制的变化也造成了儒家的种种变化与分化。不过，儒家之谓儒家，在其身上既有一以贯之的精神特质，亦有不断发生变化的内容与形式，这是一个在历史长河中动态发展的思想流

---

　　① 《春秋繁露·玉杯》云"屈民而伸君，屈君而伸天"，言虽如此，在中央集权制度下，天的地位与作用实际上逐渐被弱化和虚化，而君的地位则一再被突出与强化："王正则元气和顺、风雨时、景星见、黄龙下。王不正则上变天，贼气并见。"（《春秋繁露·王道》）

　　② 与此相应，有学者根据对汉初诏令的研究指出："从汉初的诏令中我们能看到富民和法令相关的内容，教化的内容却很少，只提到了地方掌教化之职是三老和孝悌。"除了富而少教以外，汉初诏书还体现出了慎刑而少德教的思想特点。在这里，文章虽然指出汉初的富民、慎刑政策与黄老思想关系密切，但这也是对汉初中央集权制度不断强化的一种有力彰显。所引文见时婧、韩星《汉初政教互动中的儒家特质辨析》，《深圳大学学报》（人文社会科学版）2017 年第 5 期。

派。以儒家所构建的王道理想为例，与先秦儒家相同的地方在于，汉儒也非常重视上天与天子之间的政治关联①，比如董仲舒在《春秋繁露》中多次强调"上奉天施而下正人"（《竹林》），"以天之端，正王之政"（《玉英》），"唯天子受命于天，天下受命于天子，一国则受命于君。"（《为人者天》）在《对策》中，他也说道："天道之大者在阴阳。阳为德，阴为刑；刑主杀而德主生。……王者承天意以从事，故任德教而不任刑。刑者不可任以治世，犹阴之不可任以成岁也。为政而任刑，不顺于天，故先王莫之肯为也。""是故王者上谨于承天意，以顺命也。下务明教化民，以成性也。"（《汉书·董仲舒传》）于此，他强调的是"以天规范人间之政治伦理，王者上承天道，依天时而施政，而诸侯以下，则各自遵守王政，如此上下构成一个依循天道的政治体制"②。

　　不仅如此，儒家重视德性修养，这一特点在汉儒身上也得到了充分延续，并呈现为不同的表现形式。由于中央集权政治体制的形成，皇权在社会各个领域产生的影响越来越大，儒家对于政治理想的坚守与对君王的游说活动不复先秦时期那样得直接与决绝了，亦失却了"合则留，不合则去"的政治灵活度。在汉代，尽管儒家强调以经治国、以孝治天下，倡导洪范察变、春秋决狱、禹贡治河，试图以经学精神与经学力量影响社会治理与国家运行，但是由于至上皇权给思想文化领域所造成的各种威压，汉儒不得不采取明经、注经的方式来曲折地阐释和保全心中的王道理想与理想政治。③汉儒的这种做法，既使五经学得以重新被整理并迅速恢复系统，又使汉儒在中央集权政制之下能够以比较委婉、有效的形式来阐述儒家的政治理想。除了饱受后儒诟病的叔孙通、公孙弘之辈以外，这是汉儒在特定的历史条件下，既要坚守道义原则维护儒者尊严，又要积极实现外王理想情形下做出的选择，它既是对固有历史文化

---

　　① 卢文弨注："羔有角而不任，设备而不用，类好仁者；执之不鸣，杀之不谛，类死义者；羔食于其母，必跪而受之，类知礼者；故羊之为言犹祥与！故卿以为贽。"（《春秋繁露·执贽》）时云："天之道，任阳而不任阴。王者之道，任德而不任刑，顺天也。"这就说明，王者的施政原则与立场必须顺天而行，与天道相应方为王者之道。

　　② 曾亦、黄铭：《董仲舒与汉代公羊学》，上海人民出版社2017年版，第117页。

　　③ 相关内容可详参见李友广《"俟时"与"用时"——先秦儒家与汉儒政治态度之比较》，《人文杂志》2013年第7期。

传统的一种必然反应，也是应对新时代社会政治需要现有条件下的理想方案。

尽管从今天的角度来看，儒家在汉代似乎还可以有更好的可能性选择，以更理想的方式来实现对儒者尊严的有效维护与对政治社会的积极影响，但问题在于，儒家之谓儒家，必不能背离道义原则的底线要求，从而成为纵横家"货与帝王家"那样的派别；也不会做出隐居山林、消极避世的行为选择，如同避世全志的隐者一样。儒家既要维护儒者尊严，又要积极入世，尽管在汉代社会这两者之间的确会产生冲突，但坚守道义，以道义为先是汉儒的主流性做法，并没有都变成叔孙通和公孙弘之辈以儒缘饰，以至于儒学成为他们手中权力进阶的工具。（《史记·平津侯主父列传》云："习文法吏事，而又缘饰以儒术。"）儒家之所以在汉代会呈现出如此的特点，是其既延续了先秦儒家所固有的整体性特点的结果，也是在新的历史条件下的一种必然性选择。可以说，随着历史的发展与时代的变化，从先秦儒家到汉儒在他们身上既延续了一以贯之的儒家之所以被称为儒家的精神特质，又由于对儒家原有立场认同程度、受其他派别思想影响程度的不同，在汉儒内部产生了不同程度的转向与分化，而这种转向与分化既有力地推动了儒学在汉代社会的发展进而使其最终取得了官方学说的地位，也正式开启了儒学在皇权社会儒家制度化的历史进程。

附录一

先秦儒道两家圣人观比较研究

春秋晚期战国时期，在诸子眼中是一个礼乐崩坏、王纲解纽的时代。这样的时代，给人们带来了无尽的恐慌与迷茫。王纲解纽之后的东周时期，由于天子式微，势力日渐崛起的诸侯们为了满足各自的私欲而争斗不休，致使整个社会处于失序混乱的状态，天下百姓过着朝不保夕的生活，这自然会给人们造成持续的恐慌。与此相应，在战国中期以前，天下局势与未来走向并不明朗，其时的人们对于天下向何处去无从判断，很多人包括诸子在内常常陷于迷茫之中。在这种历史背景下，人们对于英明君主的渴求无比强烈，在诸子那里表现得尤为突出。

面对无道之天下和天下之无道，儒家渴望重回王道，道家则希望越过王道政治回归小国寡民的原初社会形态。尽管两者对此所持的立场颇不相同，但都关注与阐述了"圣人"一词，并在阐述"圣人"的过程中形成了相应的圣人观，进而借此来关注天下政治，解决民众福祉的问题。有必要指出的是，"圣人"是先秦诸子普遍关注的一个理论与现实兼具的词汇，并非儒家和道家专用。只是受限于本文的问题导向，我们将主要以儒道两家为重点研究对象。

一 人的本质是什么

所谓本质，实际上强调的是决定事物的根本性因素，以及由此因素所决定的根本性质，"是一类事物、对象之所以区别于其他事物、对象的最根本的东西"①。诚然，人是由多重因素构成的，思想家们对于人本质

---

① 张帆：《对人的本质的再认识》，《西安交通大学学报》（社会科学版）2013 年第 6 期。

的讨论也不尽相同。当然，人们的智力水平、思考方式、思维理路及理论视野都受制于时代，特定的历史阶段会影响着这一切。

春秋晚期战国时代的社会变化之剧烈程度绝不亚于殷周之际的这种剧变。由以宗法血缘为根本准则建立起来的天下层级政治权力体系（周制）向中央权力不断集中的政治制度（秦制）过渡阶段①，诸子在动荡多变的时局面前除了讨论理想之治的问题，还会集中思考人的本质的问题，进而对作为人的理想范型——圣人——加以研究。

基于对人与万物皆为天地所生的整体性认知，再加上随着人文理性精神在春秋晚期的盛行让人的主体性地位不断得以彰显，诸子对于人的不同看法多与这两个维度有关。一方面，从生成论的角度承认人与万物具有一定意义上的共性和平等性②；另一方面，人又具有相当的主体性，而这种主体性既包括动机、目的与能力，也包括情感和欲望，人应该以什么样的方式存在才是最为合理的，才能彰显人的本质性特点，怎样处理人与天地万物之间的关系，诸如此类的问题在儒家和道家都有着不同程度的思考与回应。

人是什么？关于这个问题，在先秦时期似乎是个不言自明、无须讨论的问题，故而人们言说甚少。虽然《荀子·非相》有云："人之所以为人者，非特以其二足而无毛也，以其有辨也。夫禽兽有父子而无父子之亲，有牝牡而无男女之别。——故人道莫不有辨。"关于篇名"非相"，梁启雄注云："即反对相术、讥遣而排去之的意思。"③ 言外之意，此篇荀子意在讲述礼义以及圣王对于人道价值维护的问题，这也是人与动物的区别之处。与此立场一致，《荀子·王制》亦云"水火有气而无生，草木有生而无知，禽兽有知而无义；人有气有生有知亦且有义，故最为天下贵也。"以上所征引文字，从表面上看似在讨论人是什么的问题，但这并

---

① 关于这种政体的变化，武树臣认为是从宗法贵族政体向集权君主政体的转变，其特点是"前者是天子与诸侯、诸侯与大夫的'共和'，其纽带是君君臣臣父父子子皆从礼；后者是皇帝和众臣的'共和'，地方官府与乡绅的'共和'，其纽带是君臣上下皆从法"。可供参考。所引文见武树臣《法家"法治"思想再考察》，《甘肃社会科学》2017 年第 4 期。

② 道家人物庄子便认为，"道是宇宙本原，是道派生了物。在这个意义上，庄子把道称为'物物者'。……从道的高度看，人与天地万物是同类"。详见魏义霞《庄子哲学论》，中华书局 2020 年版，第 68 页。

③ 梁启雄：《荀子简释》，中华书局 1983 年版，第 47 页。

非荀子关心的核心问题之所在，实际上他的理论关注点主要集中于人的本质是什么这样的问题上。所以，他不仅言谓人"二足而无毛"，"有气有生有知"，而且还强调人要"有辨"（上下亲疏之分），"有义"（以义合群而分施）。当然，在荀子身上所体现出的这种理论旨趣，并不是儒家所独有的，在道家那里对于何为人的本质这样的问题同样也有着相应的研究与探讨。与儒家基于心性视角主要以善恶论说人的本质问题不同，道家则从道的高度，将人与天地万物皆视为道的载体与表现形式。

在争霸的现实目标之下，尊王其实更多的是团结众多政治力量、汇聚人心的一面旗帜，诸侯们在政治权力上所抱有的野心往往使得尊王流于形式。尽管春秋晚期，由于霸主的出现而使得天下百姓处于短暂的和平与安宁状态当中，但是"无义"（《孟子·尽心下》）之战在这一历史阶段还是会时有发生。那么，在险难之中，人应该如何应对呢？从春秋晚期的社会情形来看，洒脱隐逸或者积极出仕改变的多是个人际遇与前途，而对于天下时局而言这样的举动并不能改变多少。也就是说，个体所持的立场态度与行为选择主要是对个人起作用，而对于礼乐崩坏、政治失序的华夏而言则是杯水车薪。在这种情况下，道家人物老子着眼于整个天下，从道的高度来探讨文明发展对于社会所带来的两面性影响，反思侯王们种种强为、妄为的行为举动对于百姓生活所带来的负面影响。

那么，对于道家而言，道是什么？在老庄那里虽屡有提及但并不是十分清楚，也没有给道下一个准确的定义，进而作出清晰的界定。不过，能够确定的是，道并非实体性的存在，虽然它对于世界万物的生成与运转产生作用："万物恃之以生而不辞"，"衣养万物而不为主"（《老子》第三十四章），"道生一，一生二，二生三，三生万物"（《老子》第四十二章），"道生之，德畜之，物形之，势成之"（《老子》第五十一章），等等，但人们却无法直接感知与把握它，故老子云："人法地，地法天，天法道，道法自然。"（《老子》第二十五章）由此来看，在人与道之间是需要地、天这样的中介存在的，因为人存在于天地之间，对其自然会有感受力，而道则是通过生天生地的形式来作用于天地万物的，故而以法地、法天的方式人便能感知道的作用。结合《老子》文本，我们可以将道加以描述，进而具体化为天地宇宙运转的自然趋势与最佳态势。

这个世界呈现给世人的是，万物各安其位、并行不悖（《礼记·中庸》即云："万物并育而不相害，道并行而不相悖。"），从而构成了一幅和谐共生、欣欣向荣的图景。这样的生动图景给人们一种启示，万物和谐共生状态的呈现并非人为干预的结果，亦非习惯、制度与人类智慧所能实现的，而只能是"功成而不有""莫之命"（《老子》第三十四、第五十一章）的道在真正发挥作用。[①] 这样的道虽是"无为"[②] 却能达到"无不为"的效果（见《老子》第三十七章），具体到《老子》文本即是说无为的价值于政治领域可以导向无不为的效果。可以说，道的"无为"在天之道上的表现便是不仁、不自生（见《老子》第五、七章）和"利而不害"（《老子》第八十一章），而法道的圣人自然便要无为、无执（见《老子》第二十九章）。当然，无为不是什么也不做，而是说不妄为、不强为，要因循自然之势而行，故而老子还强调"圣人之道，为而不争"（《老子》第八十一章）。可见，老子对于人的本质性规定即是要"合于道而在"：以道存在的自然状态与最佳趋势作为人的理想生存状态。老子对于人的本质的看法，也影响了他以及后来的庄子对于圣人的认知与定位："有虞氏，其犹藏仁以要人，亦得人矣，而未始出于非人。"（《庄子·应帝王》）可见，庄子对于儒家所推崇的圣王虞舜有所批评，认为他深陷于仁义之累，既不能超然于物外，也不能顺任百姓自然之发展。

与道家从道的高度来审视和规定人的本质不同，儒家主要基于内在心性的视角来考量人的本质。这在孔孟那里主要表现为用"仁"来规定人的本质，论证人存在的价值与合理性："仁者人也，亲亲为大；义者宜也，尊贤为大。"（《礼记·中庸》）《礼记·表记》也说："仁者，人也。道者，义也。"孟子说："仁也者，人也。合而言之，道也。"（《孟子·尽心下》）

与孔孟有所不同的是，荀子对于人本质的规定与人天生的禀赋无关。在性伪二分思想的基础上，荀子主张"化性起伪"（《荀子·性恶》），并

---

① 与此相应，老子在论述"天之道"的时候说："天之道，不争而善胜，不言而善应，不召而自来，绰然而善谋。"（《老子》第七十三章）

② 对此，王威威申论说："'道'对万物发展变化不加以干涉就是'道'的'无为'。……老子认为君主应该取法道的'无为'，在治理国家的时候让百姓'自然'，而不应该使用自己的权力去干涉，这就是'无为之治'。"见王威威《治国与教民：先秦诸子的争鸣与共识》，中国社会科学出版社 2019 年版，第 39 页。

将"伪"的部分（即人的主体性参与）视为人的本质性内容。① 荀子在《礼论》中开篇即阐明："礼起于何也？曰：人生而有欲，欲而不得，则不能无求。求而无度量分界，则不能不争；争则乱，乱则穷。先王恶其乱也，故制礼义以分之，以养人之欲，给人之求。使欲必不穷于物，物必不屈于欲。两者相持而长，是礼之所起也。"同样，他在《性恶》篇中也论道："今人之性恶，必将待师法然后正，得礼义然后治。今人无师法，则偏险而不正；无礼义，则悖乱而不治。古者圣王以人之性恶，以为偏险而不正，悖乱而不治，是以为之起礼义、制法度，以矫饰人之情性而正之，以扰化人之情性而导之也。使皆出于治，合于道者也。"荀子在此将制礼义、待师法、制法度此类举动视为人的本质内容，认为除了圣人以外都需要外在规范与政治制度才能引导整个社会走上良性之治、善治。从《荀子》文本来看，圣人起礼义、制法度并不完全是外在行为，在这之前还有"伪"的工夫与过程，有其主体性参与，这种主体性参与使得圣人之心经历"解蔽"进而达到"大清明"的境地。② 正是使礼义法度规范性建设有了"大清明"之心作为根基，才确保了由此所确立起来社会制度的合理性。由此可见，荀子的致思理路在根本上与孔孟并不相悖。孔孟强调，修养成君子、成贤成圣都要从心开始，以内在心性为修身与事功的起点；荀子虽少言心性，并将与"性"相对的"伪"视为人的本质内容，但其对于社会制度的建构最终

① 荀子所说的人性，实际上指向了食色等欲情等内容，而善的内容则被划归为人后天习养、教化的范围。依此来看，人的本质便不能直接等同于人性。对此，诚如俞吾金所说："人性是先天的，人的本质则是后天的。人的本质是可以言善恶的。"他的这个评论正适用于荀子对于人性的看法。所引文见俞吾金《西方的人权理论与儒家的人的学说》，《学术界》2004 年第 2 期。

② 荀子所说的"大清明"是一种什么样的状态？是善的，还是无善无恶的？根据《荀子》文本，我们可以发现，经由"虚壹而静"工夫而达致"大清明"的心是具有辨善知恶、好善恶恶的能力的。（《不苟》言谓："君子养心莫善于诚，致诚则无它事矣。唯仁之为守，唯义之为行。诚心守仁则形，形则神，神则能化矣。诚心行义则理，理则明，明则能变矣。"）虽然不能遽言荀子的心是道德心，但其确实是具有相当的道德判断力的，再联系到荀子的"虚静"思想与老庄之间的关联（《老子》第二十五章："寂兮寥兮，独立不改，周行而不殆，可以为天地母。"《老子》第十六章："致虚极，守静笃。万物并作，吾以观复。夫物芸芸，各复归其根。归根曰静，是谓复命。"《庄子·刻意》：夫恬淡寂漠，虚无无为，此天地之平而道德之质也。……虚无恬淡，乃合天德。"等等），可以说荀子的心并不具有孟子心的那种本体性地位，也不具有孟子心的道德先天性，但具有明确的理性思维功能与道德辨知能力，而荀子心的这种功能与能力的获得又主要受外在社会习俗与礼义制度的影响。

也脱离不了经过"解蔽"之后"大清明"之心作为理论基础与制度的合理性保障。

诚如上文我们对于道家对人的本质性规定"合于道而在"的归纳，对于儒家对人的本质性规定，我们可以说其是"合于仁而在"：合于心的道德性与利他性而存在。实际上，道家和儒家对于人的本质性的不同规定，分别影响了他们对于圣人的立场、态度与看法。

二　何为圣人，圣人为何

何为圣人？这样的发问方式固然颇具现代意义，但在先秦诸子文献里并没有给出一个明确的定义，这与圣人在诸子那里具有不言自明的意义关系很大。作为现代学者，要对圣人观念加以研究，势必在爬梳文献的基础上借助今天的归纳与分析等研究方法，才可能将这一问题讲清楚。

首先，需要指出的是，圣人在儒道那里具有一个显著的共性：利他性。儒家眼中的圣人自是不必说，利他性特征非常鲜明。无论是孔子所言的"博施济众"（《论语·雍也》），孟子于《孟子·滕文公下》所说的大禹、周公与孔子，还是荀子屡言的"起礼义，制法度"（《荀子·性恶》），都彰显了儒家对于圣人所持的一以贯之的立场与态度，无不体现出显著的利他性。

虽然老庄那里的圣人很难用"善"这样颇具儒家意义的语词来界定，但由于道家所特有的立场而为圣人赋予了道的性质与特点，故而可以说是"得道者"，而在黄老帛书那里则用"执道者"来称谓（《文子·道原》即言谓："圣人执道，虚静微妙，以成其德。"）。① 由于在道家文献

---

① 黄老帛书《经法·论约》有云："故执道者之观于天下也，必审观事之所始起，审亓（其）刑（形）名。刑（形）名已定，逆顺有立（位），死生有分，存亡兴坏有处。然后参之于天地之恒道，乃定祸福死生存亡兴坏之所在。"《经法·名理》亦云："故执道者之观于天下〔也〕，见正道循理，能与曲直，能与冬（终）始。故能循名循理。刑（形）名出声，声实调合，祸〈福〉灾废立，如景（影）之隋（随）刑（形），如向（响）之隋（随）声，如衡之不臧（藏）重与轻。"对此，曹峰认为，"对'执道者'而言，'道'有着三方面的意义。第一，'道'是统治者认识和行动的总根源、总依据。第二，'执道者'必须采取与'道'相应的'无形'的姿态去把握'有名'、'有形'的对象，从而最终达到'无为'的境界。第三，存在于天地四时的运行法则中的'道'是'执道者'必须参照遵循的准则"。见曹峰《〈黄帝四经〉所见"执道者"与"名"的关系》，《湖南大学学报》（社会科学版）2008年第3期。

那里，"道"虽然处于自然状态但可以"辅万物之自然"（《老子》第六十四章），这样的"道"自然不是恶的，"得道者"也不是恶的。老子拈出"道"这个颇具形上意蕴的概念，意欲劝诫当权者要无为（不强为、不妄为），并以无为的方式达成天地万物与"道"的最佳运转趋势相合。依老子所言，"无为"是当权者对待百姓与社会（广义上也可以涵盖天地万物）的一种方式与手段，是当权者与百姓、社会之间达致和谐关系的有效方式；"无不为"则是当权者无为之后所达到的客观效果。可以说，"无不为"固然不能以"善"来评价，但一定符合道家立场下"道"的性质与特点，是对天下百姓的大利，这是一种广泛意义上的利他性。① 这种利他性，即便是与儒家的相应思想相比，也毫不逊色。

关于圣人，老子一方面说"天地不仁，以万物为刍狗；圣人不仁，以百姓为刍狗"（《老子》第五章）；另一方面又说"圣人常善救人，故无弃人；常善救物，故无弃物。"（《老子》第二十七章）于此可知，《老子》文本中的圣人体现出了与道的特点高度的相合性。无论是"天地不仁"还是"圣人不仁"都彰显了道的自然性质与特点②，道的这种性质与特点已经超出了儒家意义上的善恶评判标准。这是因为儒家所谓的善恶无不指向了内在心性③，以及由此所显露于外的行为效验方面，而道家生天生地生万物的道却非儒家意义上的心性所能含括的，也超出了儒家对于圣人的认知与定位。不仅如此，老子所言的圣人还"善救人""善救物"，是道的自然性质在圣人身上无为的体现，不妄为、不强为，顺道而为，其客观效果便如具有遍在性的道一样可利益众人与万物。对此，白

---

① 对此，宋洪兵也说："所谓'上善''上德''上仁''上义''上礼''玄德'，其实皆有比一般规范伦理更为深刻的元伦理意味。老子的这种观念，具有鲜明而彻底的利他伦理色彩，与'道'合为一体，不可分离。就此而论，老子的'道'并非'黑暗的秘窟'，而是具有深刻的'大善'的伦理特质。"诚是。所引文见宋洪兵《善如何可能？圣人如何可能？——韩非子的人性论及内圣外王思想》，《哲学研究》2019 年第 4 期。

② 《老子》第八十一章亦云："圣人不积，既以为人己愈有，既以与人己愈多。天之道，利而不害。圣人之道，为而不争。"于此，圣人所具有的"不积""不争"特点正是"道"的自然性质在人身上的具体表现。

③ 对此，王博借助孟子思想来加以说明："道德的根源不能从外部去寻找，必须返回到生命的内部，因此把反身的思看作是确立道德生命的根本途径"，言之有理。所引文见王博《论〈劝学篇〉在〈荀子〉及儒家中的意义》，《哲学研究》2008 年第 5 期。

奚借助"无为"与"无不为"的关系对道及圣人的特点进行了阐释："在老子那里，道是既'无为'又'无不为'的，'无为'是符合道的行为方式，'无不为'则是'无为'带来的效果。也就是说，'无不为'的效果是通过'无为'的方式实现的，如果不是'无为'就不能实现'无不为'，且越是'无为'就越能实现'无不为'。……老子是为最高统治者（'侯王'）建言，不关注'臣'的层面，'无为'和'无不为'的主体始终都是'道'和法'道'而行的'圣人'。"① 诚如白奚所言，老子主要是为最高统治者建言的，并不关注"臣"的层面，此处所论实则体现了老子将圣人政治化，并以道化了的圣人形象来要求和规范在世侯王的理论指向。可见，老子一方面对于自己创建的道论思想表现出了强烈的自信心；另一方面他对于侯王所作的道化处理与要求，也彰显了他对于其时统治者管理方式与统治行为的不满。

由此来看，何为圣人这个问题便不难解答了。何为圣人，由于立场与致思理路的不同，在儒家和道家那里的答案并不尽相同。由于儒家的思想理论往往生发于内在心性，故而儒家视野中的圣人首先在德行上表现得非常突出，如孟子所说的圣人的德行广大、化育万物而不可测度："可欲之谓善，有诸己之谓信。充实之谓美，充实而有光辉之谓大，大而化之之谓圣，圣而不可知之之谓神。"（《孟子·尽心下》）由孟子所论可知，圣人的德行源于心的可欲、有诸己、充实，最终呈现为对于万物的化育。可见，儒家对于圣人的考量与定位主要集中于内在心性以及由此所显发的外在事功上。

老子明言"圣人不仁"（《老子》第五章），这就与儒家对于圣人的看法出现了分野。所谓的"圣人不仁"，实际上强调的是具有道性质与特点的圣人，其行为方式与行为表现已不能用"仁"的标准来加以定义。诚如上文所言，《老子》文本中屡言圣人"处无为之事，行不言之教"（第二章），"无常心"（第四十九章），"欲不欲"（第六十四章），"不积"（第八十一章）等，超出了人我之分，具有显著的无私己性特点。正因为老子的这种理解与儒家有着很大的不同，后世思想家对此也多有注解与诠释。东汉玄学家王弼注云："天地任自然，无为无造，万物自相治

---

① 白奚：《先秦哲学诠释的方法论探讨》，《经史传统与中国哲学会议论文集》，中国社会科学院哲学研究所、中国哲学史学会主办，2017 年 10 月 27—29 日，第 4 页。

理，故不仁也。仁者，必造立施化，有恩有为。造立施化，则物失其真。有恩有为，则物不具存。"①针对儒家力主的仁义治国立场，王弼认为圣人应当无为无造，任万物自治自化，不要提倡人文教化，进而损害万物和百姓的真朴状态。"在王弼看来，无为之道是'不仁'的，因为'有仁'就意味着'有为'，这就背离了老子之道强调的'无为'。"②与王弼的诠释立场相同，后来的河上公、吴澄、蒋锡昌等人都持有类似的观点，比较好地遵从了老子的原意。

我们再来看圣人为何的问题。正如上文所言，儒道两家因为立场的不同，其所建构的圣人形象也大为不同。由于儒家对于圣人形象的建构主要源于内在心性，故而其具有高尚德行的特质，而这种特质正在于儒家所构筑的内圣外王理想链条中得以理论性保障，因而具有一定的理想化色彩。与此相应，在先秦儒家类文献中，但凡涉及圣人的言论与语境，莫不与德行修为及外王事功密切相关，而《礼记·大学》中的"三纲领、八条目"便集中体现了这一特点："大学之道，在明明德，在亲民，在止于至善。""欲治其国者，先齐其家，欲齐其家者，先修其身。欲修其身者，先正其心。欲正其心者，先诚其意。欲诚其意者，先致其知。致知在格物。"这便是后世学者所谓的儒家"修齐治平"、由内圣到外王的致思理路，因前贤时彦多有论及，兹不赘言。不过，儒家对于尧舜禹汤文武周公的美化处理与理论加工，都自觉不自觉地受《大学》"修齐治平"理路的影响，而儒家道统论在唐人韩愈《原道》那里的整体性建构实际上也是对这一理论的理想化落实：被纳入道统序列的人物无不符合内圣外王兼具的标准与要求。

与儒家不同的是，道家对于圣人形象的构建源于其对道论的价值认同。在道论的理论与价值指引下，道家建构出来的圣人具有与"道"一样的性质与特点，可以说是"道之原则的体现者，可以为'天下式'"③。就"道"与圣人的关系而言，"道"在运转、生成万物过程中所体现出的自然性特点，在圣人身上所表现出来的便是无为（不妄为、不强为）的行为方式，由于这种行为方式是合乎道的，故而也可以说是顺道而为。

①　王弼：《老子道德经注》，楼宇烈校释，中华书局 2011 年版，第 15 页。

②　张敏：《论〈老子〉语境中的"仁"》，《道德与文明》2015 年第 1 期。

③　刘笑敢：《老子古今》，中国社会科学出版社 2009 年版，第 338 页。

由于在老子那里，其思维理路可以被称为"推天道以明人事"（《四库全书总目提要·经部·易类序》），其根本目的"并不在于理论建构本身，而是为了探究天地宇宙的真相及规律性，进而试图解决人存在的价值与合理性，以及以此为基建立起理想的政治治理模式与理想社会形态"①。当老子将目光投向政治领域的时候，他对侯王的政治期许同样也被附上了道的性质与特点，因而即便是在言说圣人的时候，《老子》文本中的圣人也常常具有侯王的色彩。这也是老子对于人间侯王的政治期许所作的道化和道家化处理，如此，人间侯王也被老子圣人化了。

可以说，侯王语境下的圣人天然地是在位者，老子眼中的在位者不是儒家眼中高高在上的礼义法度制定者和人文教化实施者，而是不过多干预社会秩序和民众生活的管理者，这样的管理方式被称为"无为"。当然，这样的无为者，其价值并不仅仅止步于政治价值的实现，而是还要"辅万物之自然"（《老子》第六十四章），如同"道"一样，还要实现其自然价值②，这就与儒家意义上的圣人有了很大不同。③

---

① 李友广：《论战国时期子学思想由重道体向重道用的转向——以〈管子〉四篇为考察重点》，《管子学刊》2017 年第 2 期。

② 自然价值是一个环境伦理学的概念，主要反映的是人与自然的关系状况。万慧进、朱法贞认为，自然价值具有"以人为尺度"和"以宇宙为尺度"两种不同的向度。由于人的理性能力的界限和人类对自身各种利益整合能力的微弱，"以人为尺度"带有不可避免的局限性。"以宇宙为尺度"，从超越主、客体二分的视角来考察人与自然的关系，是认识自然价值的一种新的向度。自然价值的宇宙尺度，可以使人类突破自身需要和利益的狭隘眼界，拓宽对自然价值的认识视野，使人类能够从整个宇宙、一个地球的角度来重新审视和规范自身的行为。[详见万慧进、朱法贞《论自然价值的双重向度》，《浙江大学学报》（人文社会科学版）2002 年第 1 期。]所谓人的自然价值，实际上是指"人是自然的一部分，人与自然是一个价值共同体。在这个共同体中，人是自然存在物，人自身必须顺其自然"（毛建儒、王常柱：《论自然价值问题上几种观点的竞争与转换》，《自然辩证法研究》2010 年第 6 期。）。根据上述环境伦理学的相关理论，我们可以发现，老子的主张蕴含着对于天地万物的尊重，认为从道的高度与视野来看，天地万物的存在与运转自有其良好的状态与趋势，当权者不应该强力干预而使这种状态与趋势遭到破坏，这实际上是对人和天地万物所作的道化处理。在老子看来，当权者以不强为、不妄为的方式辅助万物之自然，便是顺道而为，便可以促进人的自然价值之实现。

③ 需要指出的是，道家讲的"自然"与儒家所言的"诚"也有一定的相通之处。道家的"自然"，力主将道的性质、特点与状态落实于人的行为方式上去；儒家在《礼记·中庸》所讲的"诚"，则是将人的内在心灵状态与天道相合，两者确实具有一定的相似性，尽管两家所说的"道"并不完全相同。

三　儒道思想合流下的圣人形象

在正式研究儒道思想合流下的圣人形象之前，我们先考察一下儒道两家思想可通及共通的可能性。学界对于老子的出生地及《老子》文本的形成过程，虽然历来说法不一，争议很大，但可以肯定的是，老子本人和《老子》文本的产生既受地域文化的影响，也深受三代文化累积至周所形成的礼乐文明的影响。关于历史文本的形成过程，我们切不可简单化和线性化，应该充分估量到这里面的复杂性，诚如丁四新所说："先秦典籍的编纂定型，是有一个相当长的发展过程的，比如安徽阜阳出土的竹简《诗经》，河北定县出土的竹简《论语》，长沙马王堆出土的帛书《易经》，以及荆门郭店出土的竹简《老子》等，与今本都有一定或较大的差距。"① 也就是说，作为先在的三代文化（尤其是周文化）对于诸子思考问题和诸子文化的形成之影响应该是普遍的，因而诸子思想学说之间在某个层面或者某些方面应该是可通的。换句话说，诸子之间在文化立场、思想观点和政治态度方面或许并非如学者们先前所料想得那样势如水火，学派自觉意识和学派之间的界限也绝非如后世描述得那样分明和清晰。②

关于老子与儒家相通何以可能的问题，情况非常复杂，我们只能依据学界现有的学术积累与自身有限的知识构成进行相应研究。对此首先，需要指出的是，儒道两家有着同源性的一面。它们所面对的思想资源除了有各自的地域性传统以外，还共同面对着三代文化，尤其是奠基于礼乐文化基础之上的西周文明。其次，它们都处于学术形态由王官之学向诸子之学转型的过程当中。学术形态由含混向细化方向发展；文化功能亦由原来的宗教性、多元性向批判性、反思性方向转变。在对学术思想的自觉认知之下，无论是道家人物老庄还是儒家人物孔孟荀都出于思想

---

① 丁四新：《郭店楚墓竹简思想研究》，东方出版社 2000 年版，第 26 页。

② 对此，有学者提出了不同的看法："早期道家思想同儒家相比是截然不同的，具有本质上的差别。早期道儒之间虽然不是势同水火，但也绝不是其乐融融。我们应当看到，道儒间的差别是主要的，第一位的；两者间的包容是次要的，有限度的。"可备为一说，供读者思考。所引文见聂中庆《早期儒道关系考辨——从楚简〈老子〉与今本〈老子〉比较谈起》，《社会科学辑刊》2004 年第 1 期。

家的良知与人文情怀，对三代文化及当下的社会现实问题作出了自己的反思与批判，并提出了相应的解决之道，对于心目中的理想社会也有着各自的构想。尽管道家与儒家对待礼的态度有所差别，但其出发点并无二致：基于人性的真性情（道家强调素朴本真①；儒家强调真实不伪②）。再次，两者皆受山水文化传统的影响。老子强调"上善若水""水善利万物而不争"（《老子》第八章），"天下莫柔弱于水"（《老子》第七十八章），将最高的、最完美的品格与水的特性相比拟，此既是其对水养万物之能的深刻认知，也是对人应当具备慈俭、柔下和不敢为天下先品性的期待与肯认。③孔子则强调仁与智，并将这两种品格与山水相比拟，是谓"知者乐水，仁者乐山。知者动，仁者静。知者乐，仁者寿"（《论语·雍也》）。"知者不惑，仁者不忧，勇者不惧。"（《论语·子罕》）"逝者如斯夫！不舍昼夜。"（《论语·子罕》）于此，孔子将仁智对举，在充分肯定仁爱这种极具利他精神品格地位的同时，还对"智德"给予了一定程度的关注与重视。

从道家的立场来看，儒家的仁爱精神虽富利他精神，但明君难遇、盛世难逢，故策论、主张虽好，实难有用武之地。在这一点上，庄子的看法更为尖锐，他认为儒家的这种做法是"以身殉名"（《庄子·骈拇》）的行为。当然，不可否认的是，在对现实政治的理解与认知上，两者还是存在着很大的相似性的。道家认为，社会的动荡与权贵的失德，根源在于人的欲望，欲望过多就会导致政府对社会秩序与百姓生活的过分干预，导致对各种资源的掠夺，导致政治失序、社会动荡与天下苍生生灵涂炭局面的出现。因而道家认为，应克制内心的欲望、减少过多的干预性行为，让政府处于无为状态，唯其如此，天下方能安定、百姓方能安居乐业，政治才会处于清明的境地。同样，儒家也洞察到了当权者的多

---

① 对此，杨庆中也说："道家的前提是把人的原始本性视为本真之善，认为不去刻意追求当时普遍承认的道德准则，才能得到善的实质。"杨庆中：《周易经传研究》，商务印书馆 2005 年版，第 193 页。

② 参见李友广《真实不伪：前孟荀时代的人性论——以"眚自命出，命自天降"为基点》，《兰州学刊》2008 年第 11 期，全文翻译转载于 "Frontiers of Philosophy in China"（《中国哲学前沿》2010 第 1 期）。

③ 关于老子为何重水、重阴柔，有学者认为实受母系氏族社会传统的影响，此类意见可供参考。参见杜正乾《中国古代土地信仰研究》，四川大学博士学位论文，2005 年。

欲给社会及百姓所带来的各种险难与困境，故而强调"克己复礼"（《论语·颜渊》）、强调"为政以德"（《论语·为政》），试图以道德的方式来引导君王的欲望与施政行为，在这一点上与道家有着可通之处。① 不同的是，道家主要采取的是"减少"（"损"）的方法②，是谓"为学日益，为道日损"（《老子》第四十八章），儒家则主要采取的是"增加"（"益"）的方法，即不断为人的行为寻找内在人性依据，不断为人身附加道德属性，并试图以道德介入政治，从而保障政治行为的正当性与有效性。最后，两者的理论建构动机与目的并无二致。在动机上，都试图合理转化和运用西周文化资源，以规劝和引导当权者的政治行为、社会的运行机制以及国家机器的运转步入良性轨道。实际上，无论是道家还是儒家，其理论创建的动机都指向了这一点。概与此相关，他们理论思考的目的也并非势如水火。可以说，为个体生命在天地间和乱世中的存在寻求一种更为合理与有价值的方式，当是两派哲人从事理论学说、思想体系创建的共同旨归，这都为圣人观念及圣人形象在战国时期的合流打下了基础。③

---

① 对此，林光华也说："先秦儒、道两家的一个共同点是：从人性——'欲'——着手去思考如何做人、如何治理国家等重要课题。"林光华：《庄子真的反对儒家仁义吗？——兼驳李礤〈广废庄论〉》，《人文杂志》2012 年第 5 期。

② 笔者按：在老子看来，人是具有有限性的形体实在，无法经由经验性思维路向来认知与把握具有形上性、超越性和无限性的道。他只能通过否定性思维，否定和批判现存事物的经验性和有限性，以尽可能地向"道"无限趋近，进而过着一种合于"道"的理想生活。在此基础之上，庄子进而认为，这种理想生活既不能否定现实生活的变动性和无可奈何性，也不能否定人合于"道"的可能性，从而在"外化而内不化"（《庄子·知北游》）的生存实践中体验和把握生命存在外在之真和内在之宁静。

③ 对此，刘笑敢总结道："孔子思想与老子思想有相通之处的原因是明显的。他们生活的时代是大体一致的，所面对、所思考的问题是基本相同的，他们的目的也有一致之处，那就是如何把社会混乱引向自然而然的社会秩序，把动荡变成和谐。他们的分歧在于路线和方法的不同。"进而，他具体分析说："孔子思想中有道家可以接受的成分，反过来说，老子的思想中也有可以和儒家学说相容的因素。老子提倡社会的整体的自然和谐，希望社会的管理者尽可能不直接干涉百姓的生活，甚至不让百姓感到自己的作用，这和仁者以百姓利益为利益并没有不可调和的对立。一个圣人让天下百姓安居乐业而不感觉他的存在和伟大，不让百姓对他感恩戴德，从儒家的角度看，这不也是很高的境界吗？"刘笑敢：《孔子之仁与老子之自然——关于儒道关系的一个新考察》，《中国哲学史》2000 年第 1 期。罗安宪也说："儒、道学说之根本用心，是相同或相通的，都是为解决现实危机寻求可能之出路。"见罗安宪《虚静与逍遥——道家心性论研究》，人民出版社 2005 年版，第 79 页。

春秋晚期战国时期是政治体制发生重大变化的时代。当政治体制由
分封制向中央集权制度转变的历史过程中，兴起于春秋晚期的诸子学说
主要应对的是周制趋于瓦解的社会历史现实，而对于逐渐崛起的秦制明
显应对不足。显然，单一的思想学说已很难应对日渐复杂的社会历史情
形，故而诸子学说的合流会通便成为一种必然的思想文化潮流。在这种
情况下，圣人观念及圣人形象在诸子那里于战国中晚期及其以后的日渐
合流，便成为不难理解之事。作为儒家集大成者的荀子，其对圣人的关
注也多少体现出了这种合流的特点。《荀子·解蔽》云："圣也者，尽伦
者也；王也者，尽制者也；两尽者，足以为天下极矣。故学者以圣王为
师，案以圣王之制为法，法其法以求其统类，以务象效其人。"《荀子·
性恶》云："礼义者，圣人之所生也。"由此来看，荀子所言的圣人具备
了"尽伦"和"生礼义"两个维度，这已与孔孟那里的圣人形象有所不
同：一方面，延续了圣人注重德行修养的传统形象；另一方面，又增强
了圣人创制礼义法度方面的职能。[《荀子·儒效》即云："修百王之法，
若辨白黑；应当时之变，若数一二；行礼要节而安之，若运四枝；要时
立功之巧，若诏四时；平正和民之善，亿万之众而博（搏）若一人；如
是，则可谓圣人矣。"]① 对此，吉兴评论说："圣王不仅意味着进入最高
的道德境界，而且还意味着承担最高的社会责任……在荀子眼里，内在
人格的完善只能说是'学为圣人'的一半功夫，由圣而王，推圣人之德
而建外王之功，成己成物，'修己以安百姓'（孔子语），才可说是'学
为圣人'的完成。"② 可以说，荀子对于圣人形象的改造，不只关注圣人
之德，而且更为推崇圣人的外王之功，这自然体现了儒家对于现世侯王
建功立业、解救民众于水火的理想期许。这是因为，在荀子看来，如果
如孔孟一样更多地关注圣人之德的话，并不能真正解决天下无道失序的

---

① 关于荀子关注圣人创制礼仪法度方面职能的原因，曾暐杰说："这样的先觉者也就是所
谓的圣王，是靠着后天文化以及透过学的努力而能够做出这样正确的判断，而不是靠着先天内在
于人的道德价值——因为荀子所谓的人性是恶的。"见曾暐杰《打破性善的诱惑——重探荀子性
恶论的意义与价值》，新北：花木兰出版社 2014 年版，第 160 页。

② 吉兴：《解蔽与成圣：荀子认识论新探》，《河北学刊》2004 年第 5 期。

社会现实。相反，在不放弃圣人之德的儒家原有立场的前提下，荀子思考更多的是如何让圣人介入与改变无道失序的天下政治，以真正解决社会时弊。① 在荀子之后的韩非，着眼于战国晚期统一战争之残酷与激烈，更是进一步强化了对于圣人这一向度的强调与肯定："圣人之治国也，赏不加于无功，而诛必行于有罪者也。"（《韩非子·奸劫弑臣》）"圣王之立法也，其赏足以劝善，其威足以胜暴，其备足以必完法。"（《韩非子·守道》）"圣人议多少、论薄厚为之政。故罚薄不为慈，诛严不为戾，称俗而行也。故事因于世，而备适于事。"（《韩非子·五蠹》）"不务德而务法。"（《韩非子·显学》）"圣人之治民，度于本，不纵其欲，期于利民而已。故其与之刑，非所以恶民，爱之本也。"（《韩非子·心度》）不过，需要指出的是，韩非对于圣人务实重法理性一面的发掘与强调，实在是与战国晚期统一战争之情势及所需关系甚大，这并不意味着他就完全否定道德本身的价值与意义，只是说他反对与批判的是儒家对于道德仁义所持的泛化价值立场，从而对于道德仁义在治国领域内的不足与消极意义有着特别的警惕与反思。② 由此也可以看出，在韩非的身上依然体现出了思想文化于战国晚期合流会通的特点，尽管对于圣人之德的重视要远弱于圣人之功。

　　儒道思想合流的现象，到了秦汉时期则更为显著。汉代道家文献《河上公章句》中反复申说圣人之功的价值与意义，甚至将其与圣人之德相提并论："圣人治国与治身相同。"（《河上公章句·安民第三》）不仅如此，作为道教的早期文献，《老子想尔注》对于《老子》文本中的"道"也进行了加工与改造："道设生以赏善，设死以威恶，死是人之所畏也，仙（王）士与俗人同知畏死乐生，但所行异耳。俗人莽莽，未央脱死也。俗人虽畏死，端不信道，好为恶事，奈何未央脱死乎。仙士畏

---

　　① 或受荀子此种思想的影响，韩非也强调："已自谓以为世之贤士，而不为主用，行极贤而不用于君，此非明主之所臣也。"（《韩非子·外储说右上》）在韩非看来，人虽贤，品虽高，如若于君于国皆无益，那么也只是私德而非公德，并不值得肯定与提倡。
　　② 参见李友广《政治的去道德化努力——韩非对政治与道德关系之思考》，《哲学动态》2019 年第 2 期。

死，信道守诚，故与生合也。"（《老子想尔注》第二十章"人之所畏，
不可不畏，莽其未央"）在这里，《老子想尔注》弱化了《老子》"道"
的自然性质与特点，从而将其改造成为具有强意志力、有人格（神格），
能够赏善惩恶的"至上权威或神灵"①："道常无欲，乐清净。"[《老子想
尔注》第三十七章"无欲以静，天地自止（正）"] "道不喜强求尊贵"
（《老子想尔注》第十三章"宠辱若惊"），"情欲、思虑、怒喜、恶事，
道所不欲。"（《老子想尔注》第十五章"散若冰将汋"）"道设生以赏善，
设死以威恶。"（《老子想尔注》第二十章"人之所畏不可不畏"），等等。
由于《老子想尔注》成书于政治腐败、纲纪瓦解的东汉时代，传统意义
上的道德与礼制在这时已收效甚微，对于世道人心更是收拾不住。对此，
陈丽桂评论说："张陵、张鲁目睹政治的不公和时代的黑暗，思以宗教去
济度人心，故教导教民崇奉宗教权威——天神与道，而不必崇奉政治权
威——帝王（人君）与法令。"② 故而，当世俗政治正当性失效的时候，
道教则试图以宗教之维代替政治与法令的功用，以宗教权威（天神与道）
取代政治权威（帝王与法令）。

可以说，《老子想尔注》中的"道"，一方面被气化和具象化，成为
以气（称"道炁"）为内容的"太上老君"；另一方面被神化，"道"的
权威性得到极大地强化与推尊。③ 如此，"道"在东汉年间经过道教人士
的理论改造，其宗教神性与宗教信仰因素被大大增强，从而使其具象化
与神圣性都得到了很大程度的显扬。细而言之，"道"的具象化，让身处
动荡时代的人们可以在追求长寿与长生方面成为一种可能；"道"的宗教
神化，则可以让人们的心灵能够得到一定程度的慰藉，这正与东汉道教

---

① 对此，陈丽桂说："'道'有欲不欲，能乐、能言、能设生、设死以司赏罚，道还能遣
奚仲、黄帝制作，'道'俨然是超高的至上权威或神灵，故称'道神'，'道'甚至具象化为
'太上老君'。"依此来看，《老子想尔注》中的"道"确实被人格化（神格化）和拟人化了，因
而具有显著的道德属性。所引文见陈丽桂《汉代道家思想》，中华书局2015年版，第229页。

② 陈丽桂：《汉代道家思想》，中华书局2015年版，第236页。

③ 参见陈丽桂《汉代道家思想》，中华书局2015年版，第266—267页。

文献《太平经》的成书特点相一致。① 可以说，与早期道教文献并不以圣人问题为关注重点，而更为重视长生久视、得道飞升、成仙仙人等命题不同，其后的儒家文献对于圣人的关注则是一以贯之的，而且圣人观念在后世的一再被神化也与道教文献对"道"的人格化与神化之思维方式不无关系。

---

① 黄钊评论《太平经》的道教特质时说："就其道教特质而言，集中体现在三个方面：一是将道家的道加以神化，赋予其人格神的地位与权威；二是构建了道教徒追求的神仙世界蓝图；三是提出了长生之术的理论构想。"评论可谓简明扼要。所引文见黄钊《〈太平经〉的道教思想特色浅探》，《商丘师范学院学报》2013 年第 11 期。对此，杜洪义也说："《太平经》的'道'是一个多元化结构，由'自然之道'、'阴阳之道'、'神明之道'、'养性之道'和'治国之道'等因素构成，融哲学、伦理、宗教和政治思想为一体。这种充满矛盾的多元结构，体现了其道论正处在道家向道教的过渡阶段，是道家思想向道教理论转化的重要标志之一。"诚是。见杜洪义《〈太平经〉道论解析》，《宗教学研究》2007 年第 2 期。

消解与建构:《韩非子》文本中的
孔子形象

先秦诸子学向来是学界研究的热点,对于诸子学派之间的关系研究更是如此。近年来,学者们对于儒道关系、儒法关系和道法关系的研究比较集中且日益呈深入之势。就儒法关系而言,学者们的研究成果多集中于荀子与法家的关系上面,主要包括对礼法关系和荀韩关系等方面的研究。韩东育在《〈性自命出〉与法家的"人情论"》(《史学集刊》2002年第2期)一文中结合郭店简《性自命出》来研究儒法、儒道关系,认为此篇中的"人情论"与法家一脉相承。周炽成则在《先秦有法家吗?——兼论"法家"的概念及儒法关系》(《哲学研究》2017年第4期)中认为,先秦"法家"之内容太复杂,"儒法相对"晚出,儒法关系乃历史构造而成。周教授所论虽然不无道理,但对于《韩非子》文本并未作翔实考察,对于其中所蕴含的儒法思想之间的矛盾与冲突也有所忽视。

宋洪兵在《论先秦儒家与法家的成德路径——以孔孟荀韩为中心》(《哲学研究》2015年第5期)一文中,通过儒法之间的比较来研究两者成德路径的差异及其意义,并认为这两种成德思路既具有互补性,在对人性的认识上又存在着理论冲突。杜保瑞在《论〈韩非子〉法家思想的内在理路及其与儒道的关系》(《管子学刊》2019年第1期)一文中指出,《韩非子》书中虽然有不少对儒家的批评,但法家对儒家的批评都是概念上的错置与误用,假仁假义假贤假儒者多,但不能以现实上的伪儒以为真儒与真儒学而批判之,儒法两家都是国之利器,必须互为融通。

笔者对于杜教授儒法两家必须互为融通的说法深表认同,但说法家对儒家的批评都是概念上的错置与误用,则有武断之嫌,需要结合文献材料具体分析。王正的两篇文章包括《礼与法——荀子与法家的根本差异》(《中国哲学史》2018 年第 4 期)和《"法儒"还是"儒法"?——荀子与法家关系重估》(《哲学研究》2017 年第 2 期),主要从儒法关系的角度重点探讨了作为儒家人物的荀子与法家的关系及两者之间的根本差异问题,从而为两者之间的关系作了正本清源式的阐释。

通过以上的简要分析,我们可以发现,学者们对于《韩非子》文本中所呈现出的儒法关系研究尚显不足,值得进一步探讨。有鉴于儒家学派在春秋晚期战国时期影响力的逐渐扩大,以及《韩非子》文本中多次出现孔子、子贡、子路等儒家人物,在本文我们将主要以《韩非子》为考察依据来分析其中所呈现的孔子形象,进而对法家在消解孔子儒家身份与建构孔子新形象的张力中所彰显的立场、价值及意义进行研究。

一 新旧制度交替时期的孔子

孔子身处新旧制度交替时期的春秋晚期,这一时期正在经历着天子治下的层级政治权力体系(周制)趋于瓦解,中央集权政治制度(秦制)逐渐确立的历史过程。这种政治制度的变化,在孔子的身上则体现出了对旧制度的眷恋和对新制度的疑惧的矛盾与冲突。在《论语》文本中,孔子对于隐逸者的态度也非常值得研究与玩味。他对于隐逸者虽不乏同情与理解,但又持有不满与批评的态度。他理解与同情的是,隐逸者因不满于天下之无道而选择避世以保持个人节操;他批评与不满的是,隐逸者的洁身自好是以放弃君臣大伦与天下百姓为代价的,如果仅仅止步于此,与山林中的鸟兽无异:"鸟兽不可与同群,吾非斯人之徒与而谁与?天下有道,丘不与易也。"与此相应,子路亦云:"不仕无义。长幼之节不可废也,君臣之义如之何其废之?欲洁其身而乱大伦。"(均见《论语·微子》)可谓与孔子立场相同,是一脉相承的。《论语·微子》中的隐者桀溺称孔子为"避人之士",无疑切中了孔子为了实现理想抱负而四处周游,遍寻明主而不得的现实困境。在桀溺看来,天下无道失序,毫无变革的可能,既然如此,避人徒劳无功,不如避世彻底。避人尚在世中,要想做到洁身自好无异于缘木求鱼;避世处江湖之远,不问世事,既可与鸟兽同游，又可独立其志，可谓"知其不可而不为"。

当然，孔子也不否认天下无道的社会现实，故对"知其不可"的评价深表赞同，而与隐逸者的分歧在于，如何面对这个无道的天下。尽管孔子积极入世，为天下苍生奔走呐喊，但他常有无力、无奈之感，并以隐逸者的口吻自嘲，其中也很难说对这种态度与立场毫无向往："道不行，乘桴浮于海，从我者其由与？"（《论语·公冶长》）孔子这种复杂的立场与态度，实际上很鲜明地彰显了其对于无道之世的矛盾心理。

就儒家而言，所谓的无道主要指向了王道价值在春秋战国时期的失落。在前孔子时代，王道具体指向了周人所建立的以嫡长子继承制和封藩建卫为主要特点的政治权力体系，是一种政治制度的称谓。在经过孔子、孟子等儒家人物的理论加工和理想化改造以后，王道又具有了理想性面向，从而由制度跃升为理想。所以，从先秦哲学史的角度来看，王道这个概念包括了形上的理想层面和形下的制度层面，制度层面可以归结为周人的贡献，而理想层面孔孟则具有开创之功。再结合春秋晚期战国时期政治失序、礼乐崩坏的社会现实，我们可以发现，儒家眼中所谓的无道，可谓王道政治（周制）在这一历史时期的失落，并非指的是王道理想。进而言之，王道政治的失落具体表现为天子式微、权力下移以及礼乐崩坏下的政治失序。

由此来看，所谓的无道之世，正反映了旧制度的日趋瓦解与新制度的逐渐确立，这种新旧制度交替的历史特点也在孔子的身上留下了深刻烙印。可以说，孔子身上所具有的多种面向与复杂形象，也为后来庄子、韩非借助孔子以言说自己的思想理论提供了基础与可能性。

实际上，《庄子》文本中出现了很多人物，诸如注重养生的广成子，博学善辩的惠施，残缺不全的支离疏，等等，一时难以遍数。不过，与对其他人物的单一性刻画不同，《庄子》对于孔子的刻画及态度则耐人寻味。《庄子》对于孔子既有批判性的一面——这种批判主要基于孔子的儒家身份，也有肯定与赞赏的一面——这种赞赏源自对孔子形象的道家化建构。①

为了对儒家更好地进行道家化建构,《庄子》将道家经典的修养方法——坐忘的主角设计成颜回。与传统的儒家形象相比,《庄子》中的颜回则具有了新的面目。这种新面目,在庄子的努力下,变成了对于儒家价值的放下:"忘仁义","忘礼乐",乃至到了"堕肢体,黜聪明,离形去知"的"坐忘"地步(文见《庄子·大宗师》),这与儒家典籍中的颜回形象是颇为不同的。孔子弟子众多,司马迁称"弟子盖三千焉,身通六艺者七十有二人"(《史记·孔子世家》)。"受业身通者七十有七人"(《史记·仲尼弟子列传》),为什么庄子选取颜回作为"坐忘"的主角呢?②《论语》中的颜回,可以用其自况的语词——不敏(《颜渊》云:"回虽不敏,请事斯语矣。")——来把握他的形象。"不敏"一语,固然有颜回自谦的成分,但不无遵从夫子教诲之意:"仰之弥高,钻之弥坚。瞻之在前,忽焉在后。夫子循循然善诱之,博我以文,约我以礼,欲罢不能。既竭吾才,如有所立卓尔。虽欲从之,末由也已。"(《论语·子罕》)颜回的这种形象,与才思敏捷的子贡(《论语·先进》:"冉有、子贡,侃侃如也。")完全不同。对此,孔子也有过比较:"回也其庶乎?屡空。赐不受命,而货殖焉,亿则屡中。"(《论语·先进》)颜回的道德学问虽然常常受到夫子的嘉许,但却落于清贫之中;子贡不安本分,经营商业,猜测市场行情则往往很准。由此可以看出,与子贡的不安本分相

---

① 对此,方勇认为,《庄子》中的孔子形象,至少有三种面孔,包括以儒家面貌出现的孔子(其主要表现为虚心好学,务求博赡;死抱仁义、礼乐、度数,不知随时变化;四处奔走,极意营谋天下),由儒而道的孔子(其主要表现为内忘仁义,外去礼文,息奔竞之心,入恬淡之境;遗形去智,乃悟求道之方),以道家面貌出现的孔子(其主要表现为虚心以游世,不以死生、穷达为念,德充之美)。见方勇《庄子学史》(第一册),人民出版社 2000 年版,第 117—123 页。与此相似,黄浩然也总结说:"孔子在其中扮演了三种不同的角色——道家的代言人、道家的尊崇者、儒家的卫道士。"黄浩然:《〈庄子〉中的孔子形象与道儒之争》,《中国文学研究》2015 年第 3 期。

② 关于《庄子》文本重视颜回的原因,冯坤推测说:"这种重视或许出于颜回对于心性的修养与安贫乐道的境界,或许源自颜回与孔子之间不同寻常的密切关系,无论如何,相对而言,颜回作为儒家的招牌人物,在庄子学派这里,激起了强烈的回声。正如孔子故事及其各种变体在战国诸子之间流传一般,讲述颜回也成为道家学者表现自身思想的有力媒介,这是其他儒门后学的影响力所不能及的。"可供参考。见冯坤《〈庄子〉儒家故事杂考二则》,《国学学刊》2018 年第 3 期。

比，颜回虽"一箪食，一瓢饮，在陋巷"，却能"不改其乐"（文见《论语·雍也》），这必是拥有深入其中的过程，方得其乐的状态与境界。

正因为不敏，颜回才务于深造，深造方能自得（《孟子·离娄下》云："君子深造之以道，欲其自得之也。"），自得故自乐；正因为"不改其乐"，所以颜回才不易受外在环境与条件的束缚。可以说，颜回在《论语》中的形象虽不能与其在《庄子·大宗师》中的坐忘形象等同，但在孔门弟子中，颜回毕竟是最接近庄子标准的人物，是可以经过理论改造而为自己代言的人。① 与颜回相比，孔子在《论语》中的形象更为丰富与多元，其师者的身份也为庄子及后学的理论改造与形象重塑提供了更多的空间与可能性。故而，在《庄子》文本中，不仅颜回成了庄子及其后学的代言人，而且孔子也"成为《庄子》作者用以表达自己意见的代言人"②。

出于《论语》文本所呈现的显著师者身份，《庄子》在塑造孔子新形象的时候显然借助了这一点，因而《庄子》中孔子的出场常常是以与弟子的对话作为情境与背景的。鉴于儒家学说在战国时期的影响力，《庄子》作者在以自己的立场塑造孔子新形象的时候，也不时对其儒者身份及思想学说加以批判，从而在批判的过程中申论自己的主张。《庄子》作者的这种批判，其目的在于以清理孔子学说不足与弊端的方式来弱化甚或消解孔子的儒者身份，然后让孔子为自己的思想主张代言，借孔子之口表达己意，将孔子塑造成符合庄子立场的道家式人物。如此，在《庄子》作者的理论改造下，孔子脱下了儒家的外衣，成为庄子式的人物，不乏与弟子谈论心斋、坐忘之类的庄学问题与命题，从而表现得与庄子并没有什么两样。

虽然西汉史学家司马迁在《史记·老子韩非列传》中曾对孔子适周

---

① 概与此相关，民国时期的学者章太炎曾撰文提出"庄生传颜氏之儒"的观点，认为颜子一系儒学由庄子传承，庄子是颜氏之儒的传人。详见杨海文《"庄生传颜氏之儒"：章太炎与"庄子即儒家"议题》，《文史哲》2017 年第 2 期。

② 对此，余树苹申论说："《庄子》成书之时，孔子及儒学虽然未被赋予正统地位，但是，孔学在当时思想界已经处于标准与尺度的位置。……无论孔子在当时有如何的影响，也只能成为《庄子》作者用以表达自己意见的代言人。"余树苹：《多面圣人——〈庄子〉中的孔子形象》，载刘小枫、陈少明编《经典与解释》第 24 辑，华夏出版社 2008 年版。

问礼于老子一事言之凿凿①，但从思想史的角度而言，孔子与道家并无多少思想上的关联，更谈不上是道家人物。《庄子》作者的做法，让孔子得以改头换面，脱下儒家外衣换上了庄子道袍。虽然，诸子的思想学说自春秋晚期便多少有所互动，诸如《老子》对儒家仁义礼乐的批评，《论语·泰伯》中有"大哉尧之为君也，巍巍乎唯天为大，唯尧则之"诸语，以及《论语·微子》中孔子对隐逸之士的复杂态度，都无不说明了这一点，但是这种互动与交流毕竟是非常有限的，且常常处于隐而未显的状态。即便如此，春秋晚期儒学和老学之间的这种互动，还是为后来《庄子》作者对孔子所进行的道家化处理作了一定程度上的铺垫。可以说，《庄子》作者对于孔子的道家化处理，既是诸子学在战国时期进一步交流、会通的结果，也为后来儒家和法家吸收、转化道家思想（包括黄老道家思想）提供了基础与可能性，战国晚期《荀子》《韩非子》以及《吕氏春秋》等具有集大成特点文本的出现便是这一会通潮流下的产物。

二　《韩非子》文本对孔子儒家身份的消解

简要考察了《庄子》文本，我们再来研究《韩非子》文本，就会发现在后者中也出现了对于孔子形象的再诠释与重构。参照《庄子》作者对于孔子所作的道家化处理，我们可以将韩非对于孔子的再诠释与重构整体上称为法家化处理。

与《庄子》文本对于孔子形象的处理相似，在《韩非子》文本中，也呈现出了韩非对于孔子态度的两面性。一方面，韩非对于孔子的儒家身份以及由此所建立起来的思想学说给予了相当程度的否定与批判②；另一方面，韩非着力发掘与突出了孔子务实理性的一面，并将自己的立场、

---

① 《孔子家语·观周》亦云："吾闻老聃博古知今，通礼乐之原，明道德之归，则吾师也。今将往矣。""今孔子将适周，观先王之遗制，考礼乐之所极，斯大业也。""至周，问礼于老聃，访乐于苌弘，历郊社之所，考明堂之则，察庙朝之度。"所记虽于《左传·昭公七年》《史记·老子韩非列传》也出现过，但此事之真伪实难下定论，只能暂且存疑。

② 对此，王正也说："后期法家面对儒家在先秦思想界的重大影响力，集中精力对儒家进行了重点批驳，他们不仅批判了儒家理念对于治理的无效性，还批评了孔子等代表人物。"诚是。所引文见王正《"法儒"还是"儒法"？——荀子与法家关系重估》，《哲学研究》2017年第2期。

思想主张赋予了孔子的身上，从而建构起了孔子的法家新形象。① 此处，我们将重点探讨韩非是如何以批判孔子思想学说的形式来消解其儒家身份的，而关于韩非建构孔子新形象的问题，我们将放在下一部分解决。

首先我们来考察一下先秦法家类文献中的儒家人物形象："贵义""以仁义治天下"（《商君书·画策》），"仁义爱惠"，"夫施与贫困者，此世之所谓仁义；哀怜百姓不忍诛罚者，此世之所谓惠爱也"（《韩非子·奸劫弑臣》）。"释法术而心治"（《韩非子·用人》），"仲尼，天下圣人也，修行明道以游海内，海内说其仁，美其义，而为服役者七十人"（《韩非子·五蠹》），"恃人之为吾善"（《韩非子·显学》），等等。从所征引文献来看，法家人物的批判矛头主要集中在了儒家的仁义治国立场上，用韩非的话来说便是儒家"释法术而心治"（《韩非子·用人》）。儒家身上所呈现出的这些标签在法家看来，恰恰如同"心治"一样缺乏成文法那样的客观理性与确定性，不仅潜藏着亲疏远近之情，而且由于没有一定的客观标准可依凭从而具有不可避免的随意性与不确定性。具体到孔子的身上来说，在韩非看来，孔子乃天下之圣人，名闻海内，饶是如此，追随他的也不过七十人而已，这与天下万民相比自是难以相提并论。故而，就天下治理而言，仅凭仁义道德是不足以管理好天下万民的，更不能指望每个人都会自律，主动追求仁义道德："盖贵仁者寡，能义者难也。故以天下之大，而为服役者七十人，而仁义者一人。"（《韩非子·五蠹》）韩非这种"不务德而务法"（《韩非子·显学》）的立场无疑是非常客观理性的，在切中了春秋晚期战国时期礼乐崩坏、政治失序社会现实的同时，也洞悉到透着自律精神的礼乐文化此时已难以约束政治野心日益膨胀与功利主义思想主导的贵族集团了，因此，"法家尤其是韩非的法制建构工作，从一开始便带上了不要伦理说教而只问法律条文的极端主义倾向"②。诚然，这正是韩非思想的深刻之处。

当然，法家并没有彻底否定道德仁义本身的价值与意义，否则商鞅

---

① 关于孔子的法家新形象，周炽成称之为孔子的正面形象。他在总结《韩非子》一书中的孔子正面形象时，认为其具有明赏罚、明信、明平和明君臣上下之分的显著特点。详见周炽成《论韩非子对孔子及其思想的认识和态度》，《哲学研究》2014 年第 11 期。

② 韩东育：《法家的发生逻辑与理解方法》，《哲学研究》2009 年第 12 期。

便不会说"仁者能仁于人","义者能爱于人"(《商君书·画策》),韩非也不会说"海内说其仁,美其义"(《韩非子·五蠹》)了。对此,宋洪兵评论说:"韩非子之所以反对仁义道德,并非就仁义道德的'存在价值'而言,而是就仁义道德相对于他所处的现实社会是否能够真正解决问题而言的,是就古今、虚实、多寡层面而言的。"① 这种评论是符合法家对仁义道德所持的立场的,因而是可信的。可见,法家对于道德的价值与意义并非一味地反对与排斥,其对儒家价值立场的消解主要针对的是后者将道德延伸至政治领域的做法,以及道德于当今之世的不合时宜性(《韩非子·五蠹》即云:"是仁义用于古不用于今也。")②,由此也可以看到,法家对于儒家立场的这种消解是有所保留且极具理性的。

那么,作为由王道政治(周制)向中央集权政治(秦制)过渡的春秋晚期战国时期③,什么样的治国理念、政治主张才是切实有效的呢? 较之老庄的无为退守立场,儒家的厚古与理想化倾向,法家的务实理性在当时可能是最为有效的。老庄的无为主张,固然有消解人欲,为社会松绑的积极意义,但对于当时的贵族集团而言是难以做到的,故而对于东周时期的社会政治实际上影响不大。与此相似,由于推崇周制,守持厚古立场,儒家对于其时乱局采取的是仁义修身、仁政治国的主张,因为理想化的原因同样很难见用于当权者。与道家和儒家不同的是,法家主张以法治国,这种治国理念,"实质上是以法治秩序替代传统礼治秩序的一次积极努力"④。这样的法治秩序,不仅是对根基于宗法血缘伦理之上贵族政治的削弱与瓦解,更是为君主权力日益集中和中央集权不断加强

---

① 宋洪兵:《韩非子政治思想再研究》,中国人民大学出版社 2010 年版,第 231 页。

② 对此,宋宽锋也评论说,"韩非批判和质疑的并不是'道德'本身,而是在政治思考中对'道德'进行了批判性阐释"。他的这种理解是准确的。也就是说,韩非对于道德的批判是有范围与限度的,其批判的矛头主要指向了儒家将道德延伸至政治领域的立场与做法,这种公私不分、两相杂糅的政治立场实际上很有可能会给国家治理带来极大的不利与消极影响。为了与正文文意保持一致,引文经笔者转述化处理,具体见宋宽锋《先秦政治哲学史论》,中国社会科学出版社 2019 年版,第 236 页。

③ 关于这种时代的变化,嵇文甫也说:"战国时代实际政治上的趋势,是从贵族政治过渡到君主集权政治,也就是从氏族贵族的统治过渡到新兴地主的统治。法家学说正反映这种趋势,也就是说,是适应这种趋势而产生出来的。"嵇文甫:《春秋战国思想史话》,北京出版社 2014 年版,第 96 页。

④ 彭新武:《论先秦法家的道德观》,《北京行政学院学报》2013 年第 1 期。

提供了制度性保障。由于崇周的立场，孔子给世人留下的是厚亲情、重伦理的仁者形象，这自是与韩非"法不阿贵，绳不挠曲"（《韩非子·有度》）的政治诉求发生冲突。故而，韩非若要寓己意于孔子，势必要对其进行一定程度上的改造，进而以改造过后的孔子新形象作为自己思想立场的代言人。

由于儒家学说与儒家立场在战国时期影响力的不断扩大，再加上儒家类文献不断累积所形成的儒家形象渐趋固化，在儒家群体的身上便有着鲜明的标签式身份与精神文化符号，故而法家在进行理论创建的过程中，主要采取了以儒家人物中的孔子（也兼及其他儒家人物）寓己意的方式，这种方式当然不能罔顾孔子身上的这些标签与特点了。同时，"破"是"立"的前提。结合本文立意来看，所谓的"破"，即是要弱化乃至消解孔子身上的儒家身份。无论是商鞅还是韩非，虽然并非同一历史时期的人物与文本，但都采取了诘问儒家仁义治国立场缺陷与不足的方式来作为自己言说和立论的前提。对于儒家仁义治国立场缺陷与不足的不断诘问，为法家文本中孔子儒家身份的弱化与消解提供了理论依据与可能，从而为后来的立论，以及将孔子成功置换为法家人物作了理论上的清理与准备工作。

可以说，《韩非子》文本中的孔子新形象，新在其具有浓厚的法家特点与精神，从而成为符合法家立场的法家式人物。关于这方面，将是我们下文重点研究的内容。

三 《韩非子》文本中的孔子新形象

在对孔子的儒家身份进行深刻批判以后，韩非接下来要做的工作便是以自己的思想立场来完成对其的理论改造，进而以改造后的孔子新形象作为法家思想与精神的代言人。那么韩非是如何对孔子进行理论改造的呢？

根据《韩非子》文本的内容来看，"圣人"是被韩非高频次使用的一个词。就这一点而言，表面上韩非与老子、孔孟似乎并无不同，但实际上并非如此。首先需要指出的是，"圣人"是一个在先秦诸子时代被思想家们所普遍使用的词汇，并非儒家专用，在包括道家、墨家、法家、儒家在内的文献里都多次出现过圣人一词，而且多有当权者、在位者的义涵指向①,故而在很多时候可以与侯王相等同。接下来,在研究法家的圣人之前,我们先结合儒家的圣人观念来简要分析一下道家文献《老子》中的圣人。

与庄子后学对圣人持有的批判性立场不同(《庄子·骈拇》即云:"圣人则以身殉天下。"《庄子·马蹄》亦云:"及至圣人,屈折礼乐以匡天下之形,县跂仁义以慰天下之心,而民乃始踶跂好知,争归于利,不可止也。此亦圣人之过也。"),老子对于圣人则多有肯定与赞赏。当然两者所言圣人并不完全相同,庄子及后学所肯定的是无名的圣人(文见《庄子·逍遥游》),批判的是儒家式的圣人,是"心怀名利欲望之心的执政者,是不可能对社会与民众行'不言之教'的"②,这样的圣人恐怕即便是老子也是无法认可与接受的。这是因为,作为早期道家代表人物的老庄,其对于儒家仁义道德的态度与立场整体上是一致的:儒家所认可的以仁义道德立场经国治世的圣人,在老庄看来无异于是将己意强加于民众的做法,非但经营不好天下,而且还深陷功名利禄之泥淖,是无法达到无己、无功和无名的逍遥游境界的。(《庄子·逍遥游》云:"至人无己,神人无功,圣人无名。")老子之所以肯定和赞赏圣人,是因为《老子》文本中的圣人已经经过了他的理论改造,重塑以后的圣人形象已与儒家式的圣人大为不同:"处无为之事,行不言之教"(《老子》第二章),"不尚贤"(《老子》第三章),"不仁"(老子》第五章),"无为""好静""无事""无欲"(《老子》第五十七章),"无为""无执""欲不欲""学不学"(《老子》第六十四章)等。由《老子》文本所示,经过老子改造后的圣人被赋予了"道"的特点与表现形式,给世人留下的形象是洒脱、自得,与世无争(不与万物争功),不妄为、不强为。这样的圣人由于被老子赋予了"道"的性质与特点,因而也就获得了"道"在万物身上的表现形式——德。不过,老子所言的德,是对道的获得,是得道之德,由于是由道所赋予,故而《老子》文本中的""德'显然并

---

① 即便是强烈反对儒家仁义道德立场的老子,与其相关文献《老子》中的圣人,在很多时候都可以被视为"政治用语,意即统治者,或有位之人"。罗安宪:《以道治国与以德治国——儒道治国理念的比较》,《现代哲学》2015年第1期。

② 李友广:《政治的去道德化努力——韩非对政治与道德关系之思考》,《哲学动态》2019年第2期。

非一般意义上的'德'，而是'玄德'①，承'道'而来，与'道'相合"②，为了有别于儒家的"德"（主要包括修养德③与政治德④），老子将承"道"而来的"德"称之为"孔德"（《老子》第二十一章）、"常德"（《老子》第二十八章）、"上德"（《老子》第三十八章、《老子》第四十一章）、"玄德"（《老子》第五十一章、《老子》第六十五章）、"不争之德"（《老子》第六十八章）等，有着显著的"道"的特点与色彩。于此可以看出，《老子》文本中的"德"与儒家立场下的"德"有着很大不同，"它非但绝少道德色彩，而且还具有极强的抽象性、超越性和永恒性，故而往往在'德'之前缀之以'孔'、'常'（马王堆汉墓帛书《老子》甲本、乙本写作'恒'），'上'、'玄'等哲学意味深厚的语词，以示其不同以及和'道'关系的密切性"⑤。

经由上述阐述可以看出，《老子》文本中独特圣人形象的出现是有其坚实的思想基础与理论依据的。老子建构的圣人形象之所以迥异于儒家，是因为《老子》文本中的圣人并不以内在的心性为根基，而是以其哲学性创建的"道"和"德"作为理论旨归的，是形上本根在现实世界中的政治行为与表现，是形上与形下的统一。可见，鉴于老子于春秋晚期对于"道"所作的哲学化诠释与形上建构，将"道"由道路义提升为规律

---

① 《老子》第十章："生而不有，为而不恃，长而不宰，是谓玄德。"《庄子·天地》："其合缗缗，若愚若昏，是谓玄德，同乎大顺。"

② 李友广：《自然与益生之间：道家道教生命态度比较的重要向度》，《现代哲学》2016年第3期。

③ 牛嗣修称之为"修身之德"，并将周公之德与孔子之德区分为政治之德（工具理性）与修之德（价值理性）。这种划分方法虽然未必完全符合思想发展的实际情况，但大体上还是可以看出"德"观念在两周时期的发展与变化的。参牛嗣修《孔子论周公之德——从孔子对周公"使骄且吝"的评价谈起》，《孔子研究》2016年第5期。

④ 郑开称之为"政德"。他认为与天命相比，周人更为关注现实政治中德的展开。（见郑开《德礼之间》，生活·读书·新知三联书店2009年版，第272页。）晁福林则称其为"制度之德"。他认为当时人们所理解的"德"，在很大程度上是源自制度与礼的规范。（见晁福林《先秦时期"德"观念的起源及其发展》，载《中国社会科学》2005年第4期。）两者叫法虽略有差异，实则本质相同。与此相同，林佩儒也认为，周初德字大多体现政治领域，当与政治事务有密切关联。对君王而言，就是他政治能力的展现，这种政治能力不是修养高超品德，而是实际处理国家社会事务的能力。详见林佩儒《先秦德福观研究》，新北：花木兰出版社2012年版，第9—10页。

⑤ 详见李友广《从"道"观念看先秦子学思想的转向》，《社会科学》2016年第10期。

义、本根义及生成义①，具有浓厚的本体性、生成性与超越性；在此基础之上，又将"德"从政治领域和修养领域剥离出来，从而成为道物之间发生联系的桥梁。这就使得《老子》中的圣人虽不离政治，但并不以政治价值的实现为根本目的，这就与儒家汲汲于功名的圣人形象有了很大不同。老子所言的圣人，以不为（不强为、不妄为）的方式在客观上不仅达成了对于政治价值的合理化实现，而且还辅助了天地万物的生长："以辅万物之自然而不敢为"（《老子》第六十四章）。可以说，老子的圣人观可以包含政治价值的实现，但绝不仅限于此，还要以无为的方式实现人的自然价值②，是社会价值与自然价值的统一。

与老子对于圣人所进行的改造理路相同，为了更好地挺立起自己的治国理念与政治主张，韩非同样也对诸子时代所普遍关注的圣人观念进行了重新诠释，并以法家化了的圣人新形象作为己意的代言人。那么，他对于圣人观念是如何进行重新诠释的？这是本文在解决韩非构建孔子新形象问题之前需要研究的。与老子主要以自己的立场来建构圣人新形象不同，由于儒家学派在战国时期持续扩大的影响力（韩非在《韩非子·显学》中将儒家列为显学加以批判），在战国时期的文本《庄子》和

---

① 就老子所开创的道论思想体系而言，"道"在道家、道教那里，本身就不同程度地含有宇宙万物的本原；万物化生、生成的动力和根据；天地运转的自然规律等义项与内容。详见李友广《自然与益生之间：道家道教生命态度比较的重要向度》，《现代哲学》2016 年第 3 期。

② 自然价值是一个环境伦理学的概念，主要反映的是人与自然的关系状况。万慧进、朱法贞认为，自然价值具有"以人为尺度"和"以宇宙为尺度"两种不同的向度。由于人的理性能力的界限和人类对自身各种利益整合能力的微弱，"以人为尺度"带有不可避免的局限性。"以宇宙为尺度"，从超越主、客体二分的视角来考察人与自然的关系，是认识自然价值的一种新的向度。自然价值的宇宙尺度，可以使人类突破自身需要和利益的狭隘眼界，拓宽对自然价值的认识视野，使人类能够从整个宇宙、一个地球的角度来重新审视和规范自身的行为。（详见万慧进、朱法贞《论自然价值的双重向度》，《浙江大学学报》（人文社会科学版）2002 年第 1 期。）所谓人的自然价值，实际上是指"人是自然的一部分，人与自然是一个价值共同体。在这个共同体中，人是自然存在物，人自身必须顺其自然"（毛建儒、王常柱：《论自然价值问题上几种观点的竞争与转换》，《自然辩证法研究》2010 年第 6 期）。根据上述环境伦理学的相关理论，我们可以发现，老子的主张蕴含着对于天地万物的尊重，认为从道的高度与视野来看，天地万物的存在与运转自有其良好的状态与趋势，当权者不应该强力干预而使这种状态与趋势遭到破坏，这实际上是对人和天地万物所作的道化处理。在老子看来，当权者以不强为、不妄为的方式辅助万物之自然，便是顺道而为，便可以促进人的自然价值之实现。

《韩非子》当中所集中批判的对象均已被打上了儒家思想和儒家身份的烙印。① 无论是庄子后学对于"以身殉天下圣人"（文见《庄子·骈拇》）的批判，还是韩非对于儒家圣王尧舜禹之间"禅让"情形所进行的经验性重构，都有着进一步消解儒家圣王贤能政治神话的功能与作用。

韩非在《韩非子·五蠹》中说："尧之王天下也，茅茨不翦，采椽不斫；粝粢之食，藜藿之羹；冬日麂裘，夏日葛衣，虽监门之服养，不亏于此矣。禹之王天下也，身执耒臿以为民先，股无胈，胫不生毛，虽臣虏之苦，不苦于此矣。以是言之，夫古之让天下者，是去监门之养，而离臣虏之苦也，古传天下而不足多也。"与传统意义上基于厚古、托古立场的儒家美化尧舜禹之间的禅让事件不同，韩非基于现实主义的立场认为，"尧舜禹时期的部落联盟首领位子以禅让的方式实现了最高权力的和平交接，其原因主要是为了使自己能够从艰苦辛劳的工作事务中解放出来，从而也就与儒家关于德性这一类的说辞有了完全不同的面目"②。韩非的这种批判无疑是针对儒家的贤能政治立场的，在他看来，道德有其适用的范围与历史阶段（《韩非子·五蠹》即云："故文王行仁义而王天下，偃王行仁义而丧其国，是仁义用于古不用于今也。"），并非如儒家所认为得那样具有普遍性价值③，故而他认为道德不能凌驾于法律之上，如果发生于政治领域内往往就会弊端丛生："皆以尧、舜之道为是而法之，是以有弑君，有曲于父。尧、舜、汤、武，或反君臣之义，乱后世之教者也。尧为人君而君其臣，舜为人臣而臣其君，汤、武为人臣而弑其主、刑其尸，而天下誉之，此天下所以至今不治者也。"（《韩非子·忠孝》）

---

① 对此，徐复观先生也认为，庄子虽对孔子常采取调侃的态度，但是"心斋"是他所提出的基本功夫，"坐忘"是他所要求的最高境界，而皆托于孔子、颜渊之口。徐复观：《中国经学史的基础》，台北：学生书局1988年版，第40页。

② 李友广：《政治的去道德化努力——韩非对政治与道德关系之思考》，《哲学动态》2019年第2期。对此，王中江也说："对于帝王退休为他们养生带来的益处，一种传说认为，古代帝王都是身先士卒的最辛苦的劳动者。……因此，帝王让位和退休，对他们来说就是从艰苦的工作中解放出来。"见王中江《〈唐虞之道〉与王权转移的多重因素》，《陕西师范大学学报》（哲学社会科学版）2011年第4期。

③ 对此，曾振宇也说："仁义忠孝的适用范围是有限的，君子之德只能是单株的小草，无法形成草上之大风。换言之，仁义忠孝并非是超越时空的绝对真理，并不具备普适性。"言之有理。引文见曾振宇《"以刑去刑"：商鞅思想新论》，《山东大学学报》（哲学社会科学版）2013年第1期。

与儒家式的圣人相比,韩非所称颂的圣人则具有很显著的法家式的务实理性色彩:"圣人之治国也,赏不加于无功,而诛必行于有罪者也。"(《韩非子·奸劫弑臣》)"圣人尽随于万物之规矩,故曰:'不敢为天下先。'"(《韩非子·解老》)"圣人之治也,审于法禁,法禁明著则官法;必于赏罚,赏罚不阿则民用。"(《韩非子·六反》)"夫圣人之治国,不恃人之为吾善也,而用其不得为非也。恃人之为吾善,境内不什数;用人不得为非,一国可使齐。为治者用众而舍寡故不务德而务法。"(《韩非子·显学》)与对圣人新形象的建构相同,韩非在建构孔子新形象的时候也非常注重发掘其务实理性的一面,实际上是对儒家孔子所作的法家化处理。

诚如上文所言,法家对于儒家的批评,并不在于仁义道德本身,也没有否定其价值①,法家批判的是儒家仁义道德在天下治理上存在的局限性,认为它并不具有必然性和普遍有效性:"仁者能仁于人,而不能使人仁;义者能爱于人,而不能使人爱。是以知仁义之不足以治天下也。"(《商君书·画策》)在法家看来,执政者一旦受困于伦理亲情,势必会在执政过程中体现出远近亲疏之别,从而使国家治理缺少客观而明确的标准与依据,是"释法任私"(《商君书·修权》)、"废法而服私"《韩非子·奸劫弑臣》的行为,这样的话往往会赏罚失当、弊端丛生:"夫施与贫困者,此世之所谓仁义;哀怜百姓不忍诛罚者,此世之所谓惠爱也。夫有施与贫困,则无功者得赏;不忍诛罚,则暴乱者不止。"(《韩非子·奸劫弑臣》)故而韩非一再宣称:"君不仁,臣不忠,则可以霸王矣。"(《韩非子·六反》)"君通于不仁,臣通于不忠,则可以王矣。"(《韩非子·外储说右下》)由此来看,韩非基于国家富强、称霸天下的功利性目的,洞悉到了儒家仁义道德在实现这一目标上的缺陷与不足,进而他强调要"以道为常,以法为本"(《韩非子·饰邪》),彰显了韩非试图"将

---

① 在《韩非子》文本中,此类言论并不鲜见:"明主厉廉耻、招仁义"(《用人》),"倒义,则事之所以败也;逆德,则怨之所以聚也"(《难四》)。"群臣居则修身"(《说疑》),"仁义无有,不可谓明"(《忠孝》),等等。

伦理元素从政治中剔除出去"[1]，"划道德于政治领域之外"[2] 的努力。

基于上述立场，韩非对于孔子形象进行了重塑，韩非的这种建构性努力主要集中于以下三个情境化极强的案例当中。在此，我们将作重点考察。

我们先看第一则案例：

> 鲁人从君战，三战三北。仲尼问其故，对曰："吾有老父，身死莫之养也"。仲尼以为孝，举而上之，以是观之，夫父之孝子，君之背臣也。上下之利，若是其异也。而人主兼举匹夫之行，而求致社稷之福，必不几矣。（《韩非子·五蠹》）

从这则故事可以看到，儒家所一贯守持的仁孝立场与国家利益并非完全一致，尤其是到了家国同构政治结构日趋瓦解的战国时期，两者之间的冲突更为明显。孔子对于逃兵的行为实际上是一种变相鼓励：士兵因念及家有老父而不能全力打仗，并解释原因说，自己死了父亲便无法得到赡养。士兵的说辞当然符合儒家孝亲的立场，故而得到了孔子的肯定，并举荐其做官。然而，在韩非看来，孔子对于士兵的肯定固然保全了个人的小家，却是对逃跑行为的默许，如此三战三北便不难理解。三战三北，损害的是国家和君主的利益。由此来看，孔子所肯定的"父之孝子"，在法家的眼里则变成了"君之背臣"。"父之孝子"与"君之背臣"，两种不同的评价集于一人之身，正是儒法两家立场产生冲突的具体表现。这则故事中的孔子，韩非沿用了其传统的儒家身份，并借此来反思儒家仁孝立场与君国利益之间的关系。韩非的这种反思，无疑切中了战国时期礼乐崩坏对于贵族政治所造成的冲击与影响。礼乐的崩坏，贵族政治的日趋瓦解，仁义孝亲观念在政治治理上的无力感，都为法家的反思与学说的建立提供了必要的社会历史条件。

除了对孔子的儒家立场加以批判以外，韩非还基于孔子固有的正名

---

① 详见夏中南《韩非政治与伦理思想边界问题研究》，《河北师范大学学报》（哲学社会科学版）2015 年第 4 期。

② 萧公权：《中国政治思想史》（一），辽宁教育出版社 1998 年版，第 216 页。

思想（《论语·颜渊》即云:"君君，臣臣，父父，子子。"）对其形象加以重构，从而使重构后的孔子形象更加符合法家的立场。这在《韩非子·外储说右上》中的案例表现得非常典型:

> 季孙相鲁，子路为郈令。鲁以五月起众为长沟，当此之时，子路以其私秩粟为浆饭，要作沟者于五父之衢而飧（同"餐"，下同）之。孔子闻之，使子贡往覆其饭，击毁其器，曰:"鲁君有民，子奚为乃飧之?"子路怫然怒，攘肱而入，请曰:"夫子疾由之为仁义乎?所学于夫子者，仁义也;仁义者，与天下共其所有而同其利者也。今以由之秩粟而飧民，不可何也?"孔子曰:"由之野也!吾以女知之，女徒未及也，女故如是之不知礼也?女之飧之，为爱之也。夫礼，天子爱天下，诸侯爱境内，大夫爱官职，士爱其家，过其所爱曰侵。今鲁君有民，而子擅爱之，是子侵也，不亦诬乎!"

尽管这则故事中的孔子还保留了正名思想的影子，但已与《论语》文本中的传统形象大为不同。韩非笔下的孔子不仅强调守礼法、正名分，而且对于社会各等级的职责与权限有着严格的限定，故而他认为仁义应由君王施，否则便是与君争民，劫弑之患易生。可见，这里的孔子在韩非的改造之下已去掉了仁孝的标签，非常注重维护君上的尊严与地位。子路以自己的俸米请劳作的民众吃饭，从表面上看与孔子的仁义精神并不相违，但是不区分场合地实施仁义，就有可能会损害君上的威望与利益，这对于礼乐崩坏的现实政治来说无异于雪上加霜。由此来看，韩非在面对孔子这一历史人物的时候，一方面，尊重和依凭了他正名分、尊君上的固有立场与态度;另一方面，特意设置了与子路行为发生冲突的具体情境，借此强化和突出了他的尊君思想。当然，除了《韩非子》文本所示，这则故事还出现在《孔子家语·致思》和《说苑·臣术》中，除了保留故事的梗概以外，对于韩非的原有立场也给予了比较完整的保留。由此可见，韩非在此故事中的立场对于中央集权政治制度逐渐确立起来的后世儒家产生了影响，或者说儒家类文献对于法家思想进行了一定程度上的认同与吸收。

到了第三则案例，就变成了韩非对于孔子形象的全新创造，故而这里的孔子已完全告别了传统的儒家身份与温和形象。据《韩非子·内储说上七术》记载，鲁哀公曾就救火一事向孔子请教，孔子对曰："救火者尽赏之，则国不足以赏于人，请徒刑罚。"孔子并下令曰："不救火者比降北之罪，逐兽者比入禁之罪。"令下未遍而火已救矣。故事中的孔子认为刑罚比奖赏更有效用，这里已全然改变了《论语》中"为政以德"（重德轻刑、先教后诛）的温和形象，俨然成为为政以法、注重刑罚的法家式人物。至此，在韩非的努力下，孔子一改传统的儒者形象，被建构成了与法家人物并无二致的新形象。

可以说，儒家对于政治所作的伦理化处理①，到了韩非这里则变成了政治的去道德化努力。② 这里所言的道德，实际上指向了儒家所深为认可的适应于周制的宗法伦理规范，诸如仁义、孝亲，恭、宽③、惠等。这一类的伦理规范固然在家国同构的西周时期曾起过维护宗族团结和利益的积极作用，但在家国逐渐疏离的东周时期却会使国家与君主的利益被弱化甚或被忽视，这是守持中央集权政治立场的法家所不能接受的，也成了他们眼中的旧道德，故而在《商君书》《韩非子》等法家文本中都对此一再反思与批判。儒家所认可的旧道德，渊源并适应于以血缘亲疏、宗族大小为原则建立起来的天下层级政治权力体系（周制）。这样的道德曾很好地维护了家国之间的平衡，协调了两者之间的关系，但在向中央集权政治制度（秦制）过渡的历史阶段，这样的道德在政治上的无力感便被凸显了出来。儒家式的道德往往具有浓厚的血缘伦理色彩，而对此类道德德目的强调无疑具有张私家弱国家的危险，这也是韩非所一再警惕的，故而其言谓："凡人主之国小而家大，权轻而臣重者，可亡也。"（《韩非子·亡征》）对此，《韩非子·五蠹》举例说："楚之有直躬，其父窃羊，而谒之吏。令尹曰：'杀之'。以为直于君而曲于父，报而罪之。

---

① 参见李友广《政治的伦理化：早期儒家在政治文化领域理论建构的一种向度》，《管子学刊》2012年第1期。

② 参见李友广《政治的去道德化努力——韩非对政治与道德关系之思考》，《哲学动态》2019年第2期。

③ 基于自己的法家立场，韩非对于仁义作出了不同于儒家的新界定："仁义者，不失人臣之礼，不败君臣之位者也。"（《韩非子·难一》）以君臣之礼来作为判定一个人的行为是否仁义的标准与依据。

以是观之，夫君之直臣，父之暴子也。"故事中的令尹，其基于孝亲、维护父子亲情目的的做法，无疑非常符合儒家"子为父隐，父为子隐"（《论语·子路》）的伦理立场。但问题在于，直躬者被杀意味着再有此类窃羊犯罪的行为便不会有人去告官，由于君臣与父子之间并非具有天然的一致性，冲突难以调和①，故而这固然维护了伦理亲情却助长了犯罪，损害了国家和君主的利益，这种矛盾与冲突在《韩非子·外储说右下》中也有反映：

> 秦昭王曾有病，百姓纷纷买牛而为王祈祷。对此，昭王言谓："夫非令而擅祷者，是爱寡人也。夫爱寡人，寡人亦且改法而心与之相循者，是法不立；乱亡之道也。"

百姓爱昭王，并纷纷买牛为王祈祷，从表面上看这种行为值得肯定，但是否真的应该如此呢？爱寡人，爱的是寡人之势还是寡人本身？不管爱的寡人什么，总归是私行。在韩非看来，自是公利要高于私行，如此则国治。反过来说，人人相爱虽是美好愿景，但由于远近亲疏关系的存在，爱则必有差等，情有私而亲有别。如此，则法不立，国难治，可谓是"爱多者则法不立"（《韩非子·内储说上七术》）。故而从法家的立场来看，仁慈、慈惠对于君王而言并非值得肯定的品德，因为同情心会使赏罚失当，政令难行，轻则政乱兵弱，重则亡国失位。依此来看，儒家所深为认可的伦理规范，在法家看来却是漏洞百出，难以兼顾家国两者之间的价值与利益（《韩非子·奸劫弑臣》云："夫严刑重罚者，民之所恶也，而国之所以治也；哀怜百姓，轻刑罚者，民之所喜，而国之所以危也。"），也就无法适应变化了的社会新形势。

在这种情况下，法家强调公利高于私行的政治立场，对于公私混杂、

① 关于这种冲突，詹世友评论说："韩非认为儒家德论的根本谬误之处在于把私人之德的原则与政治之德的原则相混同，或者总是从私人之德的原则中借贷政治之德的原则。""儒家在此冲突中宁可保全私人之德，而牺牲政治之德。这显然源于儒家政治之德的原则是建立在亲情联系纽带之上的，认为家庭的伦理价值是绝对需要得到珍视的。"言之有理。所引文见詹世友《韩非"德"论的逻辑结构及其内部不自洽性——兼论韩非是否有德治思想》，《国学学刊》2013 年第 3 期。

家国不分的行为表现总是给予严厉地反对与批判。儒家向来以德行高下来衡量一个人的贤能与否，言称贤能实则偏向于"贤"，"能"往往成为"贤"的派生物，处于从属性地位。鉴于法家的上述立场，针对兵力争锋、权谋诡计盛行的战国时代，韩非对于贤能重新进行了定义："已自谓以为世之贤士，而不为主用，行极贤而不用于君，此非明主之所臣也"（《韩非子·外储说右上》），"不事力而衣食则谓之能，不战功而尊则谓之贤；贤能之行成，而兵弱而地荒矣。人主说贤能之行，而忘兵弱地荒之祸，则私行立而公利灭矣"（《韩非子·五蠹》）。在此，韩非认为，一个人如果于君于国皆无益的话，即便品德再高，也只能算作私门、私家之德，尤其是"不事力而衣食""不战功而尊"的表现对于耕战无益，并不值得肯定与赞赏，更不能以此作为官员举荐和选拔的标准，而是以能和功作为授官的依据："因能而受禄，禄功而与官。"（《韩非子·外储说左下》）因而，他主张要将私门、私家之德从政治领域中彻底剥离出来："外举不避仇，内举不避子。"（《韩非子·外储说左下》）以公门治国为上，举贤不避仇也不避亲，不受私门、私家之德方面的任何影响。

概而言之，韩非在阐述自己理论学说的时候，主要借助的是对于孔子儒家身份的消解，以及对于其法家新形象建构的方式。韩非批判儒家仁义立场在治国上的缺陷与不足，认为这种立场常常会使家国之间的关系处于失衡状态，是以损害国家与君主利益为代价来保全个人及其家族宗法伦理价值的。在弱化甚或消解了孔子的儒家身份以后，韩非以自己的法家立场重塑了孔子为政以法、注重刑罚的法家式新形象。可以说，孔子的这种新形象既是以法家的方式对其儒家身份的揖别，也是法家思想与精神的理想代言人。

参考文献

B

白奚：《学术发展史视野下的先秦黄老之学》，《人文杂志》2005 年第 1 期。

白奚：《论先秦黄老学对百家之学的整合》，《文史哲》2005 年第 5 期。

白奚：《从〈左传〉、〈国语〉的"仁"观念看孔子对"仁"的价值提升》，《首都师范大学学报》（社会科学版）2007 年第 4 期。

白奚：《从否定的方面看孔子对"仁"的规定》，《孔子研究》2011 年第 4 期。

白奚：《先秦哲学诠释的方法论探讨》，《经史传统与中国哲学会议论文集》，中国社会科学院哲学研究所、中国哲学史学会，2017 年 10 月 27—29 日。

C

程树德：《论语集释》，中华书局 1990 年版。

陈丽桂：《战国时期的黄老思想》，台北：联经出版事业公司 1991 年版。

苏舆撰，钟哲点校：《春秋繁露义证》，中华书局 1992 年版。

陈鼓应：《老庄新论》，上海古籍出版社 1992 年版。

陈咏明：《儒学与中国宗教传统》，宗教文化出版社 2003 年版。

陈鼓应：《管子四篇诠释——稷下道家代表作解析》，商务印书馆 2006 年版。

陈鼓应：《庄子今注今译》，中华书局 2007 年版。

陈鼓应:《黄帝四经今注今译——马王堆汉墓出土帛书》,商务印书馆
　2007 年版。

陈丽桂:《汉代道家思想》,中华书局 2015 年版。

晁福林:《论殷代神权》,《中国社会科学》1990 年第 1 期。

晁福林:《战国授田制简论》,《中国历史文物》1999 年第 1 期。

晁福林:《先秦时期"德"观念的起源及其发展》,《中国社会科学》
　2005 年第 4 期。

曹峰:《〈黄帝四经〉所见"执道者"与"名"的关系》,《湖南大学学
　报》(社会科学版) 2008 年第 3 期。

陈启云:《中西文化传统与"超越"哲思》,《学术月刊》2009 年第 2 期。

陈少明:《〈论语〉的历史世界》,《中国社会科学》2010 年第 3 期。

陈光连:《论荀子为性趋恶论者,而非性恶论者——兼论人性发展三境
　界》,《新疆社会科学》2010 年第 4 期。

曹峰:《〈保训〉的"中"即"公平公正"之理念说——兼论"三降之
　德"》,《文史哲》2011 年第 6 期。

陈鑫:《〈管子〉四篇中的道论》,《管子学刊》2012 年第 2 期。

陈林:《"化性起伪"何以可能——荀子工夫论探析》,《道德与文明》
　2012 年第 2 期。

陈赟:《"家天下"与"天下一家":三代政教的精神——以王国维〈殷
　周制度论〉为中心》,《安徽师范大学学报》(人文社会科学版) 2012
　年第 5 期。

曹峰:《出土文献视野下的黄老道家研究》,《中国社会科学》2013 年第
　2 期。

崔广洲:《北宋〈春秋〉尊王思想探析——以孙复、刘敞、孙觉为中心》,
　《江苏开放大学学报》2014 年第 3 期。

曹峰:《作为一种政治思想的"形名"论、"正名"论、"名实"论》,
　《社会科学》2015 年第 12 期。

蔡孟翰:《论天下——先秦关于"天下"的政治想象与论述》,《文化纵
　横》2017 年第 2 期。

陈壁生:《〈论语〉的性质——论一种阅读〈论语〉的方式》,《人文杂
　志》2018 年第 1 期。

陈来：《〈周易〉中的变革思想》，《社会科学研究》2019 年第 2 期。

陈赟：《儒家思想中的道德与伦理》，《道德与文明》2019 年第 4 期。

陈霞：《从哲学史到哲学——中国哲学知识体系的回顾、反思与重构》，《中国哲学的传统及其现代开展——纪念张岱年先生诞辰 110 周年学术研讨会》论文集，清华大学，2019 年 10 月 20—21 日。

D

（清）段玉裁：《说文解字注》，上海古籍出版社 1988 年版。

丁四新：《郭店楚墓竹简思想研究》，东方出版社 2000 年版。

杜正乾：《中国古代土地信仰研究》，四川大学博士学位论文，2005 年。

段秋关：《中国传统法律文化的形成与演变》，《法律科学》1991 年第 4 期。

丁四新：《"易一名而含三义"疏辨》，《中国哲学史》1996 年第 3 期。

丁四新：《〈周易〉德义利略论》，《周易研究》1999 年第 2 期。

杜洪义：《〈太平经〉道论解析》，《宗教学研究》2007 年第 2 期。

董琳利：《简论"武王克商"的政治正当性问题》，《中国人民大学学报》2012 年第 5 期。

杜保瑞：《论〈韩非子〉法家思想的内在理路及其与儒道的关系》，《管子学刊》2019 年第 1 期。

东方朔：《差等秩序与公道世界——荀子思想研究》，上海人民出版社 2016 年版。

东方朔：《秩序与方法——荀子对政治与道德之关系的理解》，《复旦学报》（社会科学版）2017 年第 1 期。

东方朔：《权威与秩序的实现——荀子的"圣王"观念》，《周易研究》2019 年第 1 期。

E

《二程集》（第一册），中华书局 1981 年版。

［日］儿玉六郎：《荀子性朴说的提出——从有关性伪之分的探讨开始》，《日本中国学会报》（第二十六集），1974 年版。

F

方同义：《儒家道势关系论》，《孔子研究》1993 年第 1 期。

方勇：《庄子学史》（第一册），人民出版社 2000 年版。

付雪莲：《〈管子〉四篇对老子道论的继承和突破》，《四川省社会主义学院学报》2016 年第 1 期。

冯坤：《〈庄子〉儒家故事杂考二则》，《国学学刊》2018 年第 3 期。

G

高亨：《周易古经今注》，中华书局 1984 年版。

［美］顾立雅：《孔子与中国之道》，高专诚译，大象出版社 2000 年版。

［英］葛瑞汉：《论道者：中国古代哲学论辩》，张海晏译，中国社会科学出版社 2003 年版。

高亨：《周易古经今注》，《高亨著作集林》（第一卷），清华大学出版社 2004 年版。

［美］格里德尔：《知识分子与现代中国》，单正平译，广西师范大学出版社 2010 年版。

高亨著，王大庆整理：《高亨〈周易〉九讲》，中华书局 2011 年版。

郭沫若：《十批判书》，人民出版社 2012 年版。

郭沂：《帛书〈要〉篇考释》，《周易研究》2004 年第 4 期。

郭梨华：《道家思想展开中的关键环节——〈管子〉"心—气"哲学探究》，《文史哲》2008 年第 5 期。

葛荃：《中国政治思想史的学理特点及方法论刍议——以董仲舒天人政治论为例》，《政治思想史》2010 年第 4 期。

干春松：《贤能政治：儒家政治哲学的一个面向——以〈荀子〉的论述为例》，《哲学研究》2013 年第 5 期。

高士荣：《秦国商鞅变法中〈分户令〉的重大意义》，《西安财经学院学报》2013 年第 6 期。

高婧聪：《宗法制度视角下的西周社会变迁》，《第二届西周金文与西周史学术研讨会论文集》，陕西师范大学，2019 年 9 月 20—22 日。

干春松：《文明天、天命、天道：早期中国思想中的"理性"和"信

仰"》,《中国哲学的传统及其现代开展——纪念张岱年先生诞辰110周
年学术研讨会论文集》,清华大学,2019年10月20—21日。

H

(汉)何休解诂,(唐)徐彦疏:《春秋公羊传注疏》,上海古籍出版社
2014年版。

(梁)皇侃撰,高尚榘校点:《论语义疏》,中华书局2013年版。

(唐)韩愈:《读荀》,《韩昌黎文集校注》,马其昶校注、马茂元整理,
上海古籍出版社1986年版。

侯外庐、赵纪彬、杜国庠:《中国思想通史》(第一卷),人民出版社
1957年版。

侯外庐:《宋明理学史》,人民出版社1984年版。

韩德民:《荀子与儒家的社会理想》,齐鲁书社2001年版。

胡适:《中国哲学史大纲》,台湾商务印书馆2008年版。

[英]海伍德:《政治学核心概念》,吴勇译,天津人民出版社2008年版。

何怀宏:《世袭社会——西周至春秋社会形态研究》,北京大学出版社
2011年版。

郝长墀:《政治与人:先秦政治哲学的三个维度》,中国政法大学出版社
2012年版。

洪燕梅:《出土秦简牍文化研究》,台北:文津出版社有限公司2013
年版。

侯外庐:《中国古代社会史论》,张岂之主编:《侯外庐著作与思想研究》
(第5卷),长春出版社2016年版。

胡家聪:《稷下道家从老子哲学继承并推衍了什么?——〈心术上〉和
〈内业〉的研究》,《社会科学战线》1983年第4期。

宫桂芝:《论韩非法治思想的本体依据和理论阐释》,《求是学刊》1998
年第1期。

韩冬雪:《政治哲学论纲》,《政治学研究》2000年第6期。

韩东育:《〈性自命出〉与法家的"人情论"》,《史学集刊》2002年第
2期。

黄裕生:《什么是哲学与为什么要研究哲学史?——兼谈中国哲学的合法

性》,《中国哲学史》2004 年第 3 期。

花琦:《董仲舒体系构建对黄老学的吸收借鉴》,《重庆师范大学学报》（哲学社会科学版）2006 年第 1 期。

干春松:《世界和谐之愿景：〈中庸〉与儒家的"天下"观念》,《学术月刊》2008 年第 9 期。

韩水法:《什么是政治哲学》,《中共中央党校学报》2009 年第 1 期。

干春松:《"天下"与"中国"：寻求突破的中国哲学——最近十年的中国哲学转向扫描》,《学习与探索》2009 年第 3 期。

韩东育:《法家的发生逻辑与理解方法》,《哲学研究》2009 年第 12 期。

黄克剑:《〈论语〉的义理旨归、篇章结构及与"六经"的关系——我之〈论语〉观》,《哲学动态》2011 年第 6 期。

黄钊:《〈太平经〉的道教思想特色浅探》,《商丘师范学院学报》2013 年第 11 期。

亨里克·斯内德:《韩非子与西方法哲学的正义：一种非比较的方法》,《哲学研究》2014 年第 3 期。

黄浩然:《〈庄子〉中的孔子形象与道儒之争》,《中国文学研究》2015 年第 3 期。

黄裕宜:《〈韩非子〉的法哲学探义——以中西比较哲学为进路》,《国学学刊》2016 年第 4 期。

洪元植:《"家的发见"与儒学中"家"的特殊性》,《中国人民大学学报》2017 年第 3 期。

周炽成:《先秦有法家吗？——兼论"法家"的概念及儒法关系》,《哲学研究》2017 年第 4 期。

J

（清）焦循:《孟子正义》,中华书局 1987 年版。

[英] 基思·福克斯:《政治社会学》,陈崎、耿喜梅、肖咏梅译,华夏出版社 2008 年版。

贾新奇:《论家族主义的内涵及其与儒家文化的关系》,《哲学动态》2004 年第 2 期。

吉兴:《解蔽与成圣：荀子认识论新探》,《河北学刊》2004 年第 5 期。

金东洙：《〈论语〉中"避世之士"的隐者行谊》，《当代韩国》2004年冬季号。

汲广林、武凌竹：《〈管子〉"道"的思想刍议》，《理论界》2010年第7期。

嵇文甫：《春秋战国思想史话》，北京出版社2014年版。

景海峰：《从〈中庸〉所言"诚"看儒家人文精神的宗教性》，《社会科学战线》2016年第2期。

靳腾飞：《从秦简中的吏治思想看秦代儒法关系》，《中华文化论坛》2016年第6期。

L

（唐）陆德明：《经典释文》，上海古籍出版社2013年版。

（宋）黎靖德编，王星贤点校：《朱子语类》（第二册），中华书局1986年版。

（清）李光地：《御纂周易折中》，《景印文渊阁四库全书》第38册，台湾商务印书馆1983年版。

（清）刘宝楠：《论语正义》，中华书局1990年版。

梁启雄：《荀子简释》，中华书局1983年版。

李学勤：《东周与秦代文明》，文物出版社1984年版。

龙宇纯：《荀子论集》，台北：学生书局1987年版。

李镜池：《周易通义》，中华书局1988年版。

林聪舜：《西汉前期思想与法家的关系》，台北：大安出版社1991年版。

刘师培：《经学教科书》，《刘师培全集》第4册，中共中央党校出版社影印本1997年版。

李学勤主编：《周易正义》，北京大学出版社1999年版。

李学勤主编：《礼记正义》，北京大学出版社1999年版。

李朝远：《中弓》，《上海博物馆藏战国楚竹书》（三）（马承源主编），上海古籍出版社2003年版。

罗安宪：《虚静与逍遥——道家心性论研究》，人民出版社2005年版。

梁涛：《郭店竹简与思孟学派》，中国人民大学出版社2008年版。

刘笑敢：《老子古今》，中国社会科学出版社2009年版。

［美］列奥·施特劳斯、［美］约瑟夫·克罗波希主编：《政治哲学史》，
李洪润等译，法律出版社 2009 年版。

［美］列奥·施特劳斯：《什么是政治哲学》，李世祥等译，华夏出版社
2011 年版。

林佩儒：《先秦德福观研究》，新北：花木兰出版社 2012 年版。

廖名春：《〈荀子〉新探》，中国人民大学出版社 2014 年版。

林聪舜：《汉代儒学别裁——帝国意识形态的形成与发展》，台北：台湾
大学出版中心 2014 年版。

林存光：《政治的境界——中国古典政治哲学研究》，中国政法大学出版
社 2014 年版。

李友广：《先秦儒家人性论的演变——以郭店儒简为考察重点》，陕西人
民出版社 2014 年版。

李泽厚：《由巫到礼　释礼归仁》，生活·读书·新知三联书店 2015
年版。

刘述先著，郑宗义编：《儒家哲学的三个大时代》，中华书局 2017 年版。

梁涛主编：《中国政治哲学史》（第一卷），中国人民大学出版社 2017
年版。

李文娟：《安乐哲儒家哲学研究》，中国社会科学出版社 2017 年版。

李友广、王晓洁：《传道与出仕：共同体理论视野下的先秦儒家》，人民
出版社 2018 年版。

李翔海：《孔子的中庸思想与儒学的中道性格》，《人文杂志》1996 年第
3 期。

李景林：《论〈中庸〉的方法论与性命思想》，《史学集刊》1997 年第
2 期。

刘笑敢：《孔子之仁与老子之自然——关于儒道关系的一个新考察》，《中
国哲学史》2000 年第 1 期。

刘文英：《关于孔子梦见周公的几个问题》，《孔子研究》2004 年第 4 期。

梁涛：《竹简〈性自命出〉与〈孟子〉"天下之言性"章》，《中国哲学
史》2004 年第 4 期。

刘又铭：《当代新荀学的基本理念》，庞朴主编《儒林·第四辑》，山东大
学出版社 2008 年版。

李岩：《"以欲解性，以恶解欲"：由天道及人道——论荀子反诸"性善"而合乎德性的"性恶论"》，《船山学刊》2008年第4期。

梁涛：《论早期儒学的政治理念》，《哲学研究》2008年第10期。

李友广：《真实不伪：前孟荀时代的人性论——以"眚自命出，命自天降"为基点》，《兰州学刊》2008年第11期。

李友广：《经与权的统一：孟子之礼再考察》，《中南大学学报》（社会科学版）2010年第4期。

廖名春：《清华大学藏战国竹简〈保训〉释文初读》，《出土文献》（第一辑），中西书局2010年版。

廖名春：《清华简〈保训〉篇"中"字释义及其他》，《孔子研究》2011年第2期。

梁涛：《清华简〈保训〉的"中"为中道说》，载《清华简研究》第1辑，中西书局2012年版。

李友广：《政治的伦理化：早期儒家在政治文化领域理论构建的一种向度》，《管子学刊》2012年第1期。

李景林：《论儒家的王道精神——孔孟为中心》，《道德与文明》2012年第4期。

林光华：《庄子真的反对儒家仁义吗？——兼驳李磎〈广废庄论〉》，《人文杂志》2012年第5期。

李平：《秦"法治"的理论困境透析——以睡虎地秦简〈语书〉、〈为吏之道〉为中心》，《学术探索》2012年第11期。

李友广、王晓洁：《伦理的政治化：早期儒家政治文化的理论构建向度》，《江西社会科学》2012年第11期。

梁涛：《清华简〈保训〉与儒家道统说——兼论荀子在道统中的地位问题》，《邯郸学院学报》2013年第1期。

李友广：《家庭伦理对早期儒家共同体形成的价值及影响》，《云南社会科学》2013年第6期。

李友广：《"俟时"与"用时"——先秦儒家与汉儒政治态度之比较》，《人文杂志》2013年第7期。

路德斌：《性朴与性恶：荀子言"性"之维度与理路——由"性朴"与"性恶"争论的反思说起》，《孔子研究》2014年第1期。

李猛：《自然状态为什么是战争状态？——霍布斯的两个证明与对人性的重构》，《云南大学学报》（社会科学版）2014 年第 5 期。

刘莘：《现代性政治哲学的基础共识：从施特劳斯到罗尔斯》，《西南民族大学学报》（人文社会科学版）2014 年第 6 期。

路德斌：《荀子人性论：性朴、性恶与心之伪——试论荀子人性论之逻辑架构及理路》，《邯郸学院学报》2015 年第 1 期。

罗安宪：《以道治国与以德治国——儒道治国理念的比较》，《现代哲学》2015 年第 1 期。

李友广：《在天下通往新秩序道路上的先秦儒家》，《华夏文化》2015 年第 2 期。

梁涛：《荀子人性论辨正——论荀子的性恶、心善说》，《哲学研究》2015 年第 5 期。

李祥俊：《儒家思想中的“父亲”》，《当代中国价值观研究》2016 年第 1 期。

李友广：《自然与益生之间：道家道教生命态度比较的重要向度》，《现代哲学》2016 年第 3 期。

李友广：《从“道”观念看先秦子学思想的转向》，《社会科学》2016 年第 10 期。

梁涛：《荀子人性论的历时性发展——论〈富国〉〈荣辱〉的情性—知性说》，《哲学研究》2016 年第 11 期。

李友广：《论战国时期子学思想由重道体向重道用的转向——以〈管子〉四篇为考察重点》，《管子学刊》2017 年第 2 期。

刘红卫：《儒学的德性进路对评价管仲、齐桓公的影响》，《管子学刊》2017 年第 3 期。

梁涛：《荀子人性论的中期发展——论〈礼论〉〈正名〉〈性恶〉的性—伪说》，《学术月刊》2017 年第 4 期。

黎汉基：《父命抑或王父命？——从聩辄争国事件看儒家政治伦理的发展》，《中山大学学报》（社会科学版）2018 年第 4 期。

李巍：《中国哲学：从方法论的观点看》，《深圳大学学报》（人文社会科学版）2018 年第 5 期。

李友广：《论先秦儒家对“家”的执守、突破及依归》，《东岳论丛》

2018 年第 9 期。

李友广：《先秦儒家王道理想的应然指向与现实困境——以〈孟子〉为探讨中心》，《现代哲学》2019 年第 1 期。

李友广：《论孔子"仁"的特性及其对历史人物的评判问题——以〈论语〉"令尹子文三仕"章为例》，《中国哲学史》2019 年第 1 期。

李友广：《政治的去道德化努力——韩非对政治与道德关系之思考》，《哲学动态》2019 年第 2 期。

李友广：《经学视野下的〈论语〉及孔子尊王立场研究》，《中国思想史研究·2019 卷》，中国社会科学出版社 2019 年版。

李萍、吴之声：《荀子"礼"教的伦理秩序向度及其逻辑》，《伦理学研究》2020 年第 1 期。

李友广：《性朴欲趋恶论：荀子人性论新说》，《现代哲学》2021 年第 2 期。

M

牟宗三：《名家与荀子》，台北：学生书局 1979 年版。

蒙文通：《儒学五论题辞》，《古学甄微》，巴蜀书社 1987 年版。

马如森：《殷墟甲骨文实用字典》，上海大学出版社 2008 年版。

蒙文通：《法家流变考》，《蒙文通全集》第二卷，巴蜀书社 2015 年版。

孟世凯：《甲骨文中的"礼""德""仁"字的问题》，《齐鲁学刊》1987 年第 1 期。

蒙培元：《〈中庸〉的"参赞化育说"》，《泉州师范学院学报》（社会科学版）2002 年第 5 期。

蒙培元：《仁学的生态意义与价值》，《中国哲学史》2007 年第 1 期。

毛建儒、王常柱：《论自然价值问题上几种观点的竞争与转换》，《自然辩证法研究》2010 年第 6 期。

N

聂中庆：《早期儒道关系考辨——从楚简〈老子〉与今本〈老子〉比较谈起》，《社会科学辑刊》2004 年第 1 期。

牛嗣修：《孔子论周公之德——从孔子对周公"使骄且吝"的评价谈起》，

《孔子研究》2016 年第 5 期。

O

（明）蕅益智旭撰，明学主编：《蕅益大师全集第十八册·四书蕅益解》，
　　巴蜀书社 2015 年版。

P

庞朴：《郢燕书说》，武汉大学编：《郭店楚简国际学术研讨会论文汇编》，
　　湖北人民出版社 2000 年版。
彭新武：《论先秦法家的道德观》，《北京行政学院学报》2013 年第 1 期。

Q

钱穆：《论语新解》，九州出版社 2011 年版。
邱海文：《周公立中营洛新解》，《第二届西周金文与西周史学术研讨会论
　　文集》，陕西师范大学，2019 年 9 月 20—22 日。

R

（宋）孙复：《春秋尊王发微》，文渊阁四库全书第 147 册，上海古籍出版
　　社 1987 年影印版。
［日］日尾荆山瑜德光（门人相摸大屋直校）：《管仲非仁者弁》1852 年
　　（嘉永五年）刊，写真版。
任剑涛：《天道、王道与王权——王道政治的基本结构及其文明矫正功
　　能》，《中国人民大学学报》2012 年第 2 期。
任剑涛：《轨制的形成：孔子的经典解释进路》，《文史哲》2012 年第
　　5 期。
任建峰：《何谓法家？——先秦法家的政治观探析》，《“当代法家研究的
　　新视野”学术研讨会》，中国人民大学国学院，2018 年 11 月 3—4 日。

S

宋洪兵：《韩非子政治思想再研究》，中国人民大学出版社 2010 年版。
［日］山崎正：《〈史记〉人物四十五讲》，许云鹰译，中华书局 2018

年版。

宋宽锋：《先秦政治哲学史论》，中国社会科学出版社 2019 年版。

宋洪兵：《论先秦儒家与法家的成德路径——以孔孟荀韩为中心》，《哲学研究》2015 年第 5 期。

孙晓春：《政治哲学的使命及其当下意义》，《天津社会科学》2016 年第 6 期。

时婧、韩星：《汉初政教互动中的儒家特质辨析》，《深圳大学学报》（人文社会科学版）2017 年第 5 期。

宋大琦：《论中国法律思想史学向中国法哲学转进》，儒家法政哲学研讨会，中国人民大学国学院主办，2018 年 10 月 27 日。

宋洪兵：《方法与理论：面向未来的法家研究》，《"当代法家研究的新视野"学术研讨会》，中国人民大学国学院，2018 年 11 月 3—4 日。

宋洪兵：《善如何可能？圣人如何可能？——韩非子的人性论及内圣外王思想》，《哲学研究》2019 年第 4 期。

孙甜甜、傅永聚：《荀子"礼"论的多维意蕴》，《东岳论丛》2019 年第 6 期。

T

唐君毅：《中国哲学原论·原性篇》，香港：新亚研究所 1974 年版。

唐端正：《先秦诸子论丛》，台北：东大图书公司 1981 年版。

唐端正：《先秦诸子论丛·续编》，台北：东大图书公司 2009 年版。

谭绍江：《荀子政治哲学思想研究》，华中科技大学出版社 2014 年版。

田春来：《〈论语〉在汉代之地位考》，《江南大学学报》（人文社会科学版）2007 年第 2 期。

田文军：《德性之"仁"与规范之"仁"——简论早期儒家的"仁"说及其现代价值》，《道德与文明》2010 年第 5 期。

田探：《〈管子〉四篇的道气关系与"气道乃生"命题的哲学意蕴》，《江汉论坛》2013 年第 5 期。

陶佳：《形上与形下：韩非之法的老子渊源》，《湖北第二师范学院学报》2013 年第 11 期。

W

（东汉）王弼：《老子道德经注》，楼宇烈校释，中华书局 2011 年版。

（清）王夫之：《读四书大全说》（上册），中华书局 1975 年版。

（清）王夫之：《船山全书 第四册·礼记章句》，岳麓书社 1988 年版。

（清）王先谦：《荀子集解》，中华书局 1988 年版。

（清）王先谦：《韩非子集解》，中华书局 2013 年版。

韦政通：《中国思想史》（上册），上海书店出版社 2003 年版。

王灵康：《荀子哲学的反思：以人观为核心的探讨》，台湾政治大学哲学
　　系博士论文，2008 年。

［美］孟旦：《早期中国"人"的观念》，丁栋等译，北京大学出版社
　　2009 年版。

王国维：《殷周制度论》，《王国维儒学论集》，四川大学出版社 2010
　　年版。

王光松：《在"德"、"位"之间》，华东师范大学出版社 2010 年版。

王中江：《儒家的精神之道和社会角色》，中华书局 2015 年版。

王雷松：《胡安国〈春秋传〉校释与研究》，北京师范大学出版社 2016
　　年版。

王威威：《治国与教民：先秦诸子的争鸣与共识》，中国社会科学出版社
　　2019 年版。

魏义霞：《庄子哲学论》，中华书局 2020 年版。

王奇伟：《论商代的神权政治——兼论商代的国家政体》，《殷都学刊》
　　1998 年第 3 期。

王晖：《周初改制考》，《中国史研究》2000 年第 2 期。

万慧进、朱法贞：《论自然价值的双重向度》，《浙江大学学报》（人文社
　　会科学版）2002 年第 1 期。

王岩：《政治哲学论纲》，《哲学研究》2006 年第 1 期。

王博：《论〈劝学篇〉在〈荀子〉及儒家中的意义》，《哲学研究》2008
　　年第 5 期。

魏书胜：《从人的生命本性看道德与伦理的区分》，《道德与文明》2009
　　年第 2 期。

王保国:《"夷夏之辨"与中原文化》,《郑州大学学报》(哲学社会科学版) 2009 年第 5 期。

王孝春:《论荀子的"群"》,《东北师大学报》(哲学社会科学版) 2010 年第 1 期。

王玉彬:《孔子与隐逸思想——以〈论语·微子〉为中心的考察》,《管子学刊》2011 年第 3 期。

王中江:《〈唐虞之道〉与王权转移的多重因素》,《陕西师范大学学报》(哲学社会科学版) 2011 年第 4 期。

王灿:《〈尚书〉"圣王"形象"被同质化"研究——尧、舜、禹、汤、武形象考察》,《广西社会科学》2011 年第 7 期。

王中江:《早期道家的"德性论"与"人情论":从老子到庄子和黄老》,《江南大学学报》2012 年第 4 期。

武树臣:《变革、继承与法的演进:对"古代法律儒家化"的法文化考察》,《山东大学学报》(哲学社会科学版) 2012 年第 6 期。

王心竹:《董仲舒王道论浅析》,《河南社会科学》2012 年第 7 期。

吴光:《荀子的"仁本礼用"论及其当代价值》,《孔子研究》2015 年第 4 期。

王正:《"法儒"还是"儒法"?——荀子与法家关系重估》,《哲学研究》2017 年第 2 期。

武树臣:《法家"法治"思想再考察》,《甘肃社会科学》2017 年第 4 期。

王正:《礼与法——荀子与法家的根本差异》,《中国哲学史》2018 年第 4 期。

X

夏甄陶:《论荀子的哲学思想》,上海人民出版社 1979 年版。

熊十力:《韩非子评论》,台北:学生书局 1984 年版。

徐复观:《中国经学史的基础》,台北:学生书局 1988 年版。

徐中舒主编:《甲骨文字典》,四川辞书出版社 1988 年版。

萧公权:《中国政治思想史》(一),辽宁教育出版社 1998 年版。

萧振声:《荀子的人性向善论》,台湾大学哲学研究所硕士论文,2005 年。

徐梵澄:《玄理参同》,《徐梵澄文集》第 1 卷,华东师范大学出版社

2006 年版。

徐复观：《学术与政治之间》，华东师范大学出版社 2009 年版。

徐复观：《中国经学史的基础》，九州出版社 2014 年版。

谢晓东：《人性、优良政府与正义——政治哲学视角下的先秦儒学与古典
　　自由主义研究》，中国社会科学出版社 2019 年版。

徐复观：《在非常变局下中国知识分子的悲剧命运》，载周阳山编《知识
　　分子与中国》，台北：时报文化出版企业有限公司 1980 年版。

邢义田：《天下一家：中国人的天下观》，收于《中国文化新论：源流
　　篇——永恒的巨流》，台北：联经出版事业公司 1991 年版。

谢宝笙：《读马王堆帛书〈要〉篇谈〈易经〉的若干问题》，《船山学刊》
　　1997 年第 2 期。

熊燕华：《〈论语〉中的孔子和隐者——兼论孔子的仕与隐》，《湖北经济
　　学院学报》（人文社会科学版）2007 年第 2 期。

邢文：《〈诗论〉之"改"与〈周易〉之〈革〉》，《中国哲学史》2011 年
　　第 1 期。

许雪涛：《论孔子的崇古与天命思想——以早期公羊学和〈论语〉为中心
　　的考察》，《学理论》2011 年第 7 期。

许纪霖：《天下主义/夷夏之辨及其在近代的变异》，《华东师范大学学报》
　　（哲学社会科学版）2012 年第 6 期。

徐克谦：《私德、公德与官德——道德在韩非子法家学说中的地位》，《国
　　学学刊》2013 年第 4 期。

夏中南：《韩非政治与伦理思想边界问题研究》，《河北师范大学学报》
　　（哲学社会科学版）2015 年第 4 期。

谢晓东：《政治哲学视域下荀子的礼——以人性、优良政府和正义为中心
　　的考察》，《厦门大学学报》（哲学社会科学版）2015 年第 3 期。

谢晓东：《性危说：荀子人性论新探》，《哲学研究》2015 年第 4 期。

许纪霖：《现代中国的家国天下与自我认同》，《复旦学报》（社会科学
　　版）2015 年第 5 期。

徐良高：《由考古发现看商周政体之异同》，《南方文物》2017 年第 4 期。

向世陵：《儒家视域中的"天下一家"观》，《中国人民大学学报》2017
　　年第 3 期。

徐翔：《从"工匠制作"的隐喻看荀子的"先王制礼论"》，《中山大学学报》（社会科学版）2020 年第 5 期。

Y

（唐）杨士勋疏，李学勤主编：《春秋谷梁传注疏》，北京大学出版社 1999 年版。

杨伯峻译注：《论语译注》，中华书局 1980 年版。

杨庆中：《周易经传研究》，商务印书馆 2005 年版。

姚蒸民：《法家哲学》，台北：东大图书股份有限公司 2006 年版。

杨庆中：《周易解读》，中国人民大学出版社 2010 年版。

叶纯芳：《中国经学史大纲》，北京大学出版社 2016 年版。

杨逢彬著，陈云豪校：《论语新注新译》，北京大学出版社 2016 年版。

杨柳桥：《〈管子〉的哲学思想》，《管子学刊》1987 年第 2 期。

喻博文：《论〈周易〉的中道思想》，《孔子研究》1989 年第 4 期。

虞圣强：《荀子"性恶"论新解》，《复旦学报》（社会科学版）1999 年第 6 期。

俞吾金：《西方的人权理论与儒家的人的学说》，《学术界》2004 年第 2 期。

余树苹：《多面圣人——〈庄子〉中的孔子形象》，载刘小枫、陈少明编《经典与解释》第 24 辑，华夏出版社 2008 年版。

颜炳罡：《郭店楚简〈性自命出〉与荀子的情性哲学》，《中国哲学史》2009 年第 1 期。

杨泽波：《从德福关系看儒家的人文特质》，《中国社会科学》2010 年第 4 期。

袁刚、任玥：《从〈管子〉看齐法家的治国思想》，《人民论坛》2012 年第 1 期。

俞荣根：《法先王：儒家王道政治合法性伦理》，《孔子研究》2013 年第 1 期。

俞吾金：《再论中国传统人性理论的去魅与重建》，《哲学分析》2013 年第 1 期。

杨汉民：《先秦诸子"王道"思想的演变与发展》，《南华大学学报》（社会科学版）2013 年第 4 期。

余开亮：《"性朴"与"性恶"：荀子论人性的双重维度》，《中国社会科学报》2013 年 9 月 16 日。

姚大志：《什么是政治哲学》，《光明日报》2013 年 9 月 24 日。

杨国荣：《政治哲学论纲》，《学术月刊》2015 年第 1 期。

杨阳：《韩非非道德主义政治思想述论》，《政治学研究》2015 年第 2 期。

杨儒宾：《〈中庸〉的"参赞"工夫论》，《湖南大学学报》（社会科学版）2016 年第 1 期。

于文哲：《清华简〈保训〉与"中道"的传承》，《中国文化研究》2016 年冬之卷。

杨海文：《"庄生传颜氏之儒"：章太炎与"庄子即儒家"议题》，《文史哲》2017 年第 2 期。

杨国荣：《中国哲学：内涵和走向》，《上海师范大学学报》（哲学社会科学版）2018 年第 5 期。

喻中：《经史之间：蒙文通对法家的阐释》，"当代法家研究的新视野"学术研讨会，中国人民大学国学院，2018 年 11 月 3—4 日。

杨小召：《西周春秋金文中的威仪与德》，《第二届西周金文与西周史学术研讨会论文集》，陕西师范大学，2019 年 9 月 20—22 日。

Z

（宋）朱熹：《四书章句集注》，中华书局 1983 年版。

（宋）朱熹撰，黄坤点校：《四书或问》，上海古籍出版社、安徽教育出版社 2001 年版。

（宋）朱熹：《仁说》，《晦庵先生朱文公文集》卷六十七，《朱子全书》第 23 册（朱杰人等主编），上海古籍出版社、安徽教育出版社 2002 年版。

中国科学院考古研究所：《甲骨文编》，中华书局 1965 年版。

张光直：《中国青铜时代》二集，生活·读书·新知三联书店 1990 年版。

中国社会科学院考古研究所：《殷周金文集成》，中华书局 1994 年版。

张岂之：《中国思想学说史》先秦卷（上），广西师范大学出版社 2007 年版。

郑开：《德礼之间》，生活·读书·新知三联书店 2009 年版。

周耿：《先秦道家人性论研究》，湖南大学，博士学位论文，2011 年。

曾暐杰：《打破性善的诱惑——重探荀子性恶论的意义与价值》，新北：花木兰出版社 2014 年版。

张千帆：《为了人的尊严——中国古典政治哲学批判与重构》，中国民主法制出版社 2014 年版。

张立文：《和合学——21 世纪文化战略的构想》，中国人民大学出版社 2016 年版。

曾亦、黄铭：《董仲舒与汉代公羊学》，上海人民出版社 2017 年版。

张岱年：《中国哲学大纲》，《张岱年全集》（第二卷），中华书局 2017 年版。

张树业：《德性、政治与礼乐教化——〈礼记〉礼乐释义研究》，中国社会科学出版社 2020 年版。

张茂泽：《〈性自命出〉篇心性论大不同于〈中庸〉说》，《人文杂志》2000 年第 3 期。

［日］池田知久：《上海楚简〈孔子诗论〉中出现的"豊（礼）"的问题——以关雎篇中所见节制人欲的"豊（礼）"为中心》，曹峰译，《池田知久简帛研究论集》，中华书局 2006 年版。

张克宾：《由占筮到德义的创造性诠释——帛书〈要〉篇"夫子老而好〈易〉"章发微》，《社会科学战线》2008 年第 3 期。

朱承：《儒家的"如何是好"——以孟子为中心的考察》，《中国哲学史》2010 年第 4 期。

曾振宇：《"以刑去刑"：商鞅思想新论》，《山东大学学报》（哲学社会科学版）2013 年第 1 期。

詹世友：《韩非"德"论的逻辑结构及其内部不自洽性——兼论韩非是否有德治思想》，《国学学刊》2013 年第 3 期。

张帆：《对人的本质的再认识》，《西安交通大学学报》（社会科学版）2013 年第 6 期。

周炽成：《董仲舒对荀子性朴论的继承与拓展》，《哲学研究》2013 年第 9 期。

周炽成：《论韩非子对孔子及其思想的认识和态度》，《哲学研究》2014

年第 11 期。

张敏:《论〈老子〉语境中的"仁"》,《道德与文明》2015 年第 1 期。

钟书林:《从子书到经书:〈论语〉地位的升格》,《孔子研究》2015 年第
　　3 期。

周炽成:《〈性恶〉出自荀子后学考——从刘向的编辑与〈性恶〉的文本
　　结构看》,《中山大学学报》(社会科学版) 2015 年第 6 期。

周炽成:《性朴论:〈荀子〉与〈庄子〉之比较》,《商丘师范学院学报》
　　2015 年第 8 期。

张昭:《"道"与"德"、道德与非道德——韩非道德观的历史唯物主义
　　考察》,《哲学研究》2016 年第 4 期。

张蝶:《各家注〈周易·革〉卦新释——论革命的策略、道德价值观与合
　　理性》,《现代哲学》2016 年第 6 期。

张志强:《经学何谓? 经学何为? ——当前经学研究的趋向与"经学重
　　建"的难局》,《经史传统与中国哲学会议论文集》,中国社会科学院哲
　　学研究所、中国哲学史学会, 2017 年 10 月 27—29 日。

张曙光:《从"天下"到"天人"——兼论中国思想的基本问题》,《探
　　索与争鸣》2017 年第 11 期。

张利军:《西周五服制与国家形态构建》,《第二届西周金文与西周史学术
　　研讨会论文集》,陕西师范大学, 2019 年 9 月 20—22 日。